隧道及地下工程
喷混凝土支护技术

关宝树　编著

人民交通出版社

内 容 提 要

本书试图针对隧道及地下工程喷混凝土支护技术这一专题进行深入、细致、透彻的介绍和解释，以给予广大读者切实的指导。

本书就喷混凝土支护的作用、设计、材料及配比设计、施工及施工设备、试验和检查方法，以及钢纤维喷混凝土、高性能喷混凝土，从工程实践、理论、试验等方面，进行了详细、实际的介绍和解释。

本书将对喷混凝土施工技术应用中遇到的各式各样的问题，一一加以解答，读来必有益处。

本书可供隧道及地下工程施工技术人员使用，亦可供相关专业科研人员和学生阅读参考。

前言 QIAN YAN

《隧道工程施工要点集》、《隧道工程设计要点集》和《隧道工程维修管理要点集》相继出版后，许多热心的读者给了我很大支持，一些读者提出能不能针对其中某个专题，集中来写，写深写透。事实上，想对某一个问题写深写透是不容易的，起码对我来说，是有难度的，但我想试一试，《隧道及地下工程喷混凝土支护技术》一书，就是一种尝试，希望对大家有益。

大家知道，在地下工程的支护技术中，喷混凝土具有独特的地位，它不仅可以作为初期支护确保隧道施工过程中的安全，维护坑道的稳定，也可以与其他支护构件或配合或单独地作为结构物的永久支护，维护结构物的长期稳定和安全使用。

最近几年，在喷混凝土技术中，为了适应不同的围岩条件和施工方法，出现了许多新型的喷混凝土，如高强度喷混凝土、初期高强度喷混凝土、高刚性喷混凝土、低粉尘高性能喷混凝土、纤维喷混凝土、聚酯喷混凝土等等。这充分说明，喷混凝土的应用越来越受到地下工程界的重视，在许多工程领域中应用越来越广泛，它已经成为地下工程和岩土工程支护中最有效的支护手段之一。

在推行喷混凝土技术的同时，也遇到各式各样的问题，如喷混凝土应该具备怎样的性能，喷混凝土是如何发挥其支护作用的，如何进一步提高喷混凝土支护的效果，施工中如何确保其性能的实现，以及喷混凝土的耐久性问题等等。编写本书的目的就是想从工程实践、理论以及试验上，尽可能地对上述问题做出解释。

本书引用的资料主要来自一些国家和机构颁布的有关喷混凝土技术的规定、指南和相关的文献，详见本书参考文献，在此一并表示感谢。

由于水平所限，本书必定存在很多不足，敬请读者批评指正。

作者

2009. 3

目录 MU LU

第1章　绪　　论

本章重点说明与坑道支护有关的基本知识，其中包括坑道稳定性、支护结构及围岩分级的概念和相互关系；坑道支护的基本类型与构成以及喷混凝土与浇筑混凝土的不同，作为认识和理解以后各章的预备知识。

1-1　坑道稳定性、支护结构与围岩分级

从根本上说，在坑道开挖过程中，都要回答一个关键性的问题，即：**围岩具有多大的自支护能力？是否需要人工支护？用什么类型的人工支护和怎样支护？**这样一些问题。因为在地下工程的设计、施工中，如何**保证坑道的暂时稳定**（施工期间）**和长期稳定**（运营期间）始终是一个基本的、关键性的问题。而要做到这一点，就要从理论上、实践上解决坑道稳定性、围岩分级与支护结构之间的相互关系这样一个问题。但是，解决这样的问题，是不容易的，因此，到目前为止仍然只能采用经验的、类比的以及工程试验的方法予以定性的解决。

1. 坑道的稳定性

这里所谓的坑道“稳定性”是指一定尺寸的坑道，在不加任何人工支护条件下的稳定状态。

坑道稳定性受到许多因素的影响，如埋深、地质条件、施工方法、坑道断面形状与尺寸等。因此必须从多种角度去研究坑道稳定性问题。下面提出的坑道稳定性分级是根据坑道尺寸大致在高 6.0m、宽 5.0m 左右的单线铁路深埋隧道的工程实践提出的。

根据铁路隧道施工实践，隧道开挖后的稳定状态可分为以下 4 类：

(1)充分稳定

如前所述，在坚硬（$R>60$MPa）、整体（裂隙间距大于 1.0m）、耐风化的围岩中（如坚硬的花岗岩、石灰岩等），开挖坑道后，由于围岩强度高、围岩构造完整、不易松弛，坑道在长时间内有足够的自稳能力和自支护能力。因而无需任何人工支护而能维持长时间的稳定，无坍塌，偶尔有掉块。在特殊情况下会出现岩爆现象；在有涌水

的条件下，对施工作业不利，但对坑道的稳定性不会构成威胁。例如，单线铁路隧道围岩分级中的Ⅰ级围岩，就属于坑道充分稳定的围岩。

(2)基本稳定

在大块状构造的围岩及整体状的中硬岩($R>30$MPa)中开挖坑道时，坑道会因爆破、岩块结合松弛而产生局部掉块，但不会引起坑道的坍塌，坑道总体上是稳定的，围岩具有相当的自支护能力。在层间结合差的平缓岩层，顶板可能弯曲、断裂，此时应采取局部人工支护或轻型的人工支护。在有涌水的条件下，会使部分围岩软化，强度降低，但坑道还是稳定的。例如，铁路隧道围岩分级中的Ⅱ级围岩，就属于坑道基本稳定的围岩。

(3)暂时稳定

大多数坑道都属于这个类型。在具有碎(石)块(石)状构造的围岩中，坑道开挖后常常呈现出不同程度的坍塌现象，坍塌后的坑道常呈拱形状态处于暂时稳定状态。暂时稳定的时间有长有短。在外界(如爆破、支撑顶替、回填不及时等)和内部(如地下水等)条件影响下，坑道如不及时采取人工支护会进一步丧失稳定。因此，在这种围岩中，必须采取各种类型的人工支护措施，来提高或保护围岩的自支护能力。例如，铁路隧道围岩分级中的Ⅲ、Ⅳ级围岩，就属于坑道暂时稳定的围岩。工程实践证实：这种类型围岩坑道失稳的特点，多数是从拱部或侧壁失稳开始，而后扩展到整个隧道。

(4)不稳定

在块石土、堆积土、砂质土等土砂围岩中，包括断层破碎带、全风化带等，坑道在不支护条件下是难于开挖的，随挖随塌，常常要“先支后挖”，围岩无自支护能力，或自支护时间极短。不仅需要强有力的初期支护，还需要采取稳定掌子面的辅助施工方法，如管棚以及各种超前支护。有时为了稳定掌子面还需要采取稳定掌子面前方围岩的措施。坑道的坍塌发生迅速、影响范围大，在浅埋条件下，有时可塌到地表面或在地面形成沉陷盆地。在有水的情况下，土体流动造成极大荷载。在这种情况下，需要采取专门的人工支护措施和特殊的施工方法来保证坑道的稳定。例如，铁路隧道围岩分级中的Ⅴ、Ⅵ级围岩，就属于坑道不稳定的围岩。工程实践证实：这种类型围岩的坑道失稳特点，多数是从掌子面正面挤入或底部鼓起开始，而后扩展到整个隧道。

由此可见，坑道围岩状态的不同，坑道开挖后的稳定状态也是不同的，其失稳的特点也不一样，因此，采取的控制稳定的技术措施也是不同的。

上述坑道稳定性的划分，主要是根据地质条件，即围岩条件划分的，也是划分围岩级别的主要判据。实际上，影响坑道稳定性的因素很多，其中地质的不确定性是主因。以当前的地质分析手段，还很难做出十分可靠的判定。因此，不能单纯用围岩条件划分。例如：在同样的围岩条件下，坑道开挖断面积越大，坑道稳定性也随之降低；

埋深越小,坑道越易于坍塌等,这是不言而喻的。为了解决这个问题,大多数国家都采取不改变围岩级别而改变支护结构参数的做法,因为这是最直接、最可靠的方法,这也是我们目前采用的基本方法。

2. 坑道支护

依上所述,与坑道稳定性分级相对应的控制坑道稳定性的支护措施,也可进行分类。

坑道支护,从性质上看,主要分为**自支护**和**人工支护**两部分。自支护是指围岩自身所具有的支护能力,而人工支护则指在围岩自支护能力不充分的条件下采取的人为的支护措施。两者共同构成了坑道的永久支护体系,即:

坑道支护=围岩的自支护特性+人工支护

前面的坑道稳定性分级,就是坑道的自支护特性研究的一个实用而确实的方法。**围岩自支护的能力是由围岩自身条件所决定的,是客观存在的、固有的、自然的围岩特性。**这种特性在开挖过程中,视开挖方法的优劣,会受到一定的损伤,从而降低了固有的自支护能力。为了尽可能地减少这种损伤的程度,除了在开挖方法上采取一定措施外,更为主要的是,通过人工支护的方法,来提高围岩的自支护能力或控制这种自支护能力的降低。这就是采用人工支护的根本目的和要求。

人工支护通常又分为**一次支护**(初期支护和超前支护)和**二次支护**(永久支护或二次衬砌)两大类。

在施工期间为了保证施工安全,减少坑道围岩松弛,及时地控制围岩松弛的发展,更主要的是为了控制围岩自支护能力的降低,从而更充分地利用围岩的自支护能力,常常需要对坑道进行一次支护,也就是所谓的初期支护。它是在施工过程中采用的支护措施,在这个意义上,也可以称为施工支护。由于一次支护的力学特性,它不仅在施工期间能够维护坑道的稳定或暂时稳定,还能够与二次支护一起,发挥永久支护的作用。

在现代的隧道施工中,一次支护主要采用喷混凝土、锚杆等既能够在施工期间维护坑道的稳定、控制围岩自支护能力的降低,又能够作为永久支护结构一部分的支护方法。

另外,也要认识到,有时仅仅采用喷混凝土、锚杆及钢架等一般人工支护方法不能保证坑道的稳定时,还需要采取辅助的支护措施来维护坑道的稳定。这种措施,在支护的意义上看,也是一种人工支护方式,如小导管注浆、管棚、锁脚锚杆、留核心土、掌子面锚杆、围岩注浆等支护方式。这是保护围岩自支护能力的重要措施。一般说,这种人工支护的措施,多数是在地质条件差的情况时采取的。而在设计中,常常忽视了其可能产生的支护作用,仅仅作为临时的支护措施。一般说,在坑道不稳定的条件下,必须辅以辅助支护措施,才能确保坑道的稳定和开挖的顺利进展。

二次支护,也是人工支护的一种类型。在目前的设计原则中,主要是在运营期间和一次支护一起,维护坑道的长期稳定和耐久性的基本结构,又称为永久支护或衬砌。

根据地质条件和施工实践,二次支护的功能可分为两种情况考虑,即:

(1)在施工阶段,基本上是不承载的。即:在一次支护变形基本收敛后,才施作二次支护的情况,此时二次支护是不承载的。一般说,在不采用超前支护的地质条件下,都可以按照不承载的原则进行设计和施工。

(2)在有些情况下,如需要控制地表面下沉、控制较长时间内一次支护变形不收敛,特别是先行修筑仰拱的情况下,二次支护在一次支护变形没有收敛的情况下就要修筑。在这种情况下,二次支护也需要在施工期间发挥其作用,承受相应的荷载。一般说,在采用超前人工支护的情况下,二次支护应按承受一定荷载的情况进行设计和施工。

应该指出,两种支护手段都是重要的,在选择时必须通盘考虑。

依上所述,坑道支护可作如下分类(图 1-1):

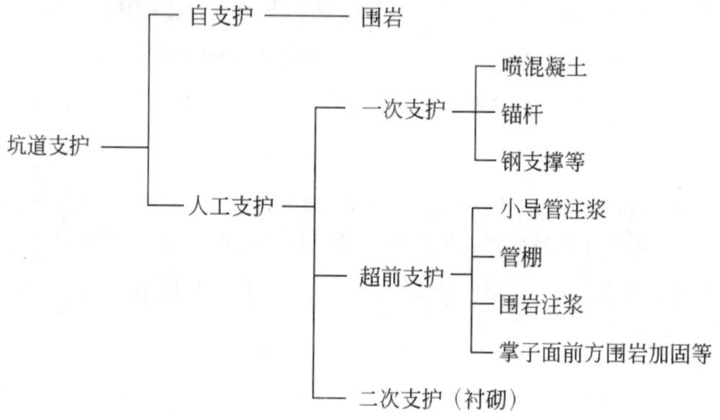

图 1-1 坑道支护的类型

实质上,支护措施常常是采取自支护和人工支护的组合形式。原则上,在充分利用和发挥围岩自支护能力的条件下,配合采取不同的人工支护方式,共同地进行有效的支护。

根据坑道稳定性的分级和构筑支护方式的组合情况,人工支护类型大体上分为以下 4 类。

(1)**饰面支护**或**防护支护**:围岩本身有充分的自支护能力,仅用以防止围岩的风化或局部掉块;

(2)**构造支护**:利用围岩的自支护能力,为防止围岩在长期使用过程中自支护能力的降低而采取的构造上的措施;

(3)**承载支护**:由围岩自支护能力和一般人工支护构成,二次支护是不承载的;

(4)**特殊承载支护**：由围岩自支护能力、一般人工支护和超前支护构成，二次支护是承载的。

饰面支护应用于坑道充分稳定的情况。它的作用是封闭岩面、防止围岩风化。一般在围岩表面喷射2～3cm的水泥砂浆或5cm的混凝土。在确保围岩无风化和局部掉块的情况下，亦可不施加防护支护。

构造支护是指仅仅按结构的最小厚度设置的支护。它应用于坑道基本稳定的情况。这种支护受到的荷载很小，或者说，基本上是不承载的。依计算确定的厚度很小，但施工很难做到。因此，厚度多视施工的可能，按具有最小承载力的要求，采用最小值。采用喷混凝土时，通常采用不小于8cm的喷混凝土。如有局部掉块的可能，也可设置一定长度的局部锚杆。

承载支护是具有一定承载能力的支护。它应用于坑道暂时稳定的情况，是目前采用最多的支护模式。根据荷载的性质、方向、大小、分布等的不同，其类型与构造是多种多样的。这种支护的厚度多数是依经验决定的。目前在铁路隧道中，在这种围岩中修筑时，一次支护多采用厚10～15cm的喷混凝土和一定长度的系统锚杆。二次支护，基本上采用浇筑混凝土衬砌。

特殊承载支护应用于坑道不稳定的情况。由于荷载大，而且是具有特殊性的，如膨胀性、偏压等，因此在这种情况下，多要采用“先支后挖”的支护措施及强有力的一次支护。此时一次支护通常采取“先支后挖”的超前支护措施，如小导管等。同时采用厚15～25cm的喷混凝土、一定长度的系统锚杆或特殊锚杆、格栅或钢支撑等。特别需要说明的是：在这种围岩条件下，二次支护也要承受一定的荷载，必要时要采用钢筋混凝土衬砌。

3. 围岩分级

隧道的围岩分级，是把具有不同坑道稳定性和支护结构的围岩组合到一起进行分级的一种方法。

根据单线铁路隧道的施工实践，目前采用的围岩分级与坑道稳定性和支护类型之间的关系如表1-1所示。

围岩分级、坑道稳定性和支护级别间的大致关系 表1-1

围岩级别	I	II	III	IV	V	VI
稳定性划分	充分稳定	基本稳定	暂时稳定		不稳定	
初期支护	喷混凝土或砂浆	喷混凝土、局部锚杆	喷混凝土、锚杆		喷混凝土、锚杆、钢架等	
超前支护	—	—	—		超前小导管、管棚以及稳定掌子面的支护技术，如留核心土、正面喷混凝土和正面锚杆等	
二次衬砌	饰面衬砌	构造衬砌	不承载衬砌		承载衬砌	

上述分析是针对单线铁路隧道而言的。双线铁路隧道或双车道公路隧道、大断面坑道的情况下，原则是基本相同的，仅仅在支护结构的参数和构成上有些差异而已。

1-2 人工支护的基本要求

人工支护应满足以下要求：

• 能够与隧道周边围岩大面积地牢固接触，即保证支护－围岩体系作为一个统一的整体工作；

• 不仅能够发挥一次支护的作用，并能够作为永久支护，发挥长期的支护作用；

• 既能够控制围岩的变形和松弛，又能够与围岩协调变形，其支护刚度是能够调节的；

• 支护能够及时施作，强度、厚度能够及时调节；

• 能够适应各种围岩条件。

应该说，要想采用一种支护手段来满足上述要求是很困难的。因此施工中常常是多种支护手段并举，如喷混凝土、锚杆和钢架等，但不管采用何种方法，喷混凝土是不可缺少的。因为喷混凝土是唯一的能够全面满足上述要求的支护手段，因而也是地下工程支护最有效的支护手段。

1-3 喷混凝土与浇筑混凝土

制造混凝土的方法多种多样，如喷混凝土是用喷射方法制造的混凝土，浇筑混凝土是用浇筑方法制造的，而挤压混凝土又是用挤压的方法制造的混凝土。由于制造方法的不同，造出的混凝土性质也有所差异。作为地下工程的初期支护，喷混凝土因其具有适合的特性，而被广泛地采用。

喷混凝土与一般浇筑混凝土不同，是用空气压把新鲜混凝土喷出，用空气的力量压送，添加、搅拌、混合速凝剂后，在空气中搬送、附着壁面的方法。

这样的喷混凝土的材料也是使用混凝土的材料，但施工方法与一般浇筑混凝土不同，是用压缩空气“喷射”的，因此就产生各种各样的优缺点。与一般浇注混凝土最大的不同是材料的回弹、配比。表 1-2 列出两种方法制造的混凝土特征的比较。

喷混凝土与浇筑混凝土的特征比较 表 1-2

制造阶段的划分	喷混凝土	浇筑混凝土
材 料	构成材料，一般与浇筑混凝土相同，但混合材使用速凝剂，湿喷的场合，必要时还要使用混合剂	构成材料是水泥、水、细骨料、粗骨料及混合材等
配 比	粗骨料最大尺寸在 15mm 以下，比较小，细骨料率比较大，一般不考虑含气量； 水灰比根据单位水泥量和单位水量而定，不根据配比强度设定； 单位水泥量，根据过去的实际情况决定，一般在 360～450kg/m^3； 施工后的附着配比，受到回弹、粉尘等影响，与制造配比不同	粗骨料尺寸 20～40mm，含气量根据耐久性、和易性选定； 水灰比根据设计基准强度（配比强度）、耐久性等选定； 单位水泥量，根据水灰比和单位水量选定； 施工后的配比，与制造时的配比几乎相当
制 造	速凝剂和水在施工地点添加（干喷的场合），除此以外，都在制造设备中计量、拌和	所有的材料都由制造设备计量与拌和
模板、钢筋	一般不需要设置模板、钢筋	模板及钢筋基于设计图纸配置
运搬（浇筑或喷射）	一般有用压缩空气的空气压送及空气压送和泵压送组合 2 种方法	一般用混凝土泵压送运搬按落下高度 1.5m 以下进行浇筑
捣 固	一般不使用捣固机械，喷射有自捣效果	一般使用内部捣固器捣固
养 护	一般说，隧道内比洞外的温度变化小，湿度高； 从与围岩附着开始，随着围岩的变形而变形，也会受到爆破振动的影响；	施工后，按规定天数进行湿润养护或保温养护； 需保证不受外力、振动的影响

在喷混凝土施工中，因为使用压缩空气，压送管的脉动、堵塞会降低压送性，从而造成压送管的损伤，是非常危险的，要加以避免。其次，喷射时发生的粉尘有可能损伤作业者的健康。另外，喷混凝土与围岩的附着以及初期强度，是为了确保开挖后尽可能早地使围岩稳定的重要性能，如果此性能不能充分发挥，喷射作业中，会发生混凝土剥落，显著地降低作业的安全性。因此，喷混凝土施工的好坏，不仅对硬化后的品质产生影响，也会对施工的安全性产生影响，这与一般的浇筑混凝土是不同的。

用压缩空气的力把混凝土喷射到壁面的方法，由于提高了与壁面的附着性能，还没有充分硬化的混凝土也不会因自重而剥离，其次在硬化发展过程中，也能够充分发挥喷混凝土的支护效果。

其次，在还没有硬化的混凝土上面，用很大能量喷射新的材料所产生的捣固效果，可以提高混凝土的密实度，从而增进强度和提高耐久性，这就是喷混凝土的自捣固效果。

众所周知，因利用空气搬送和使用速凝剂，可以在任意方向，不使用模板进行施工。因此"喷射"作为支护手段，是一个非常好的方法。喷混凝土又常常被称为无模板的混凝土施工方法。

"喷射"并不是一件容易的事，例如其施工的好坏、喷嘴工的技术素质等，都会造成混入空气和回弹物、钢架背后留有空隙、速凝剂添加量的不合适，或者表面不平整等问题，其结果是降低喷混凝土自身和支护的品质，引起危险，这是不可否认的。幸好，喷混凝土的品质可以通过各种试验管理等手段来控制，只要严格按操作规则办，一般都可以确保其质量，不会发生大的问题。

此外速凝剂的添加、搅拌、混合，也会出现不均匀以及粉尘的发生，这都与速凝剂有关，因此，开发新的速凝剂和速凝剂搅拌装置是很必要的。

一般说来，喷混凝土只要严格按照施工工艺、技术要求来做，是完全可以保证其质量的。

第2章　喷混凝土的支护作用

本章重点说明喷混凝土是如何发挥其支护作用的。与围岩和二次衬砌相比，薄薄一层喷混凝土为什么能够控制围岩的变形和松弛？为什么在地下工程中获得如此广泛的应用？本章准备从工程实践等方面做出解释。

2-1　喷混凝土的工程应用

喷混凝土支护为什么能够起到稳定坑道围岩的作用？下面我们首先通过一些事例来说明喷混凝土在不同地质条件下的应用情况，也许会提高我们对喷混凝土支护作用的认识和理解。

1. 在砂质土、黏质土等土砂围岩中的应用

这是城市隧道以及山岭隧道洞口段非常普遍的地质条件，埋深比较浅，在数米到数十米之间，砂质土由于未固结、细颗粒少，只要有少量涌水，掌子面自稳性就显著恶化。黏质土属于围岩强度应力比比较小，垂直荷载大，地基承载力不足的围岩，相当于Ⅴ～Ⅵ级围岩。

喷混凝土与锚杆和钢架并用，用以及时闭合断面。喷射混凝土厚度约为20～25cm，在这种情况下拱部锚杆的效果不能充分发挥，喷混凝土多与型钢钢架配合使用。

喷混凝土分多次喷射，开挖后立即进行初次喷射，可防止拱顶部和正面掌子面的围岩掉块和松弛(图2-1)。

接着架设钢架并进行二次喷射，随着喷混凝土的初期强度的产生，支护阻力和刚性增加，抑制了围岩松弛的扩大(图2-2)。

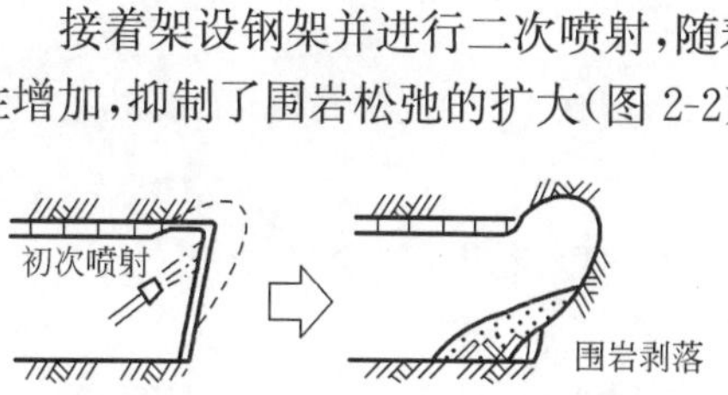

图2-1　向拱顶和掌子面进行的初次喷射

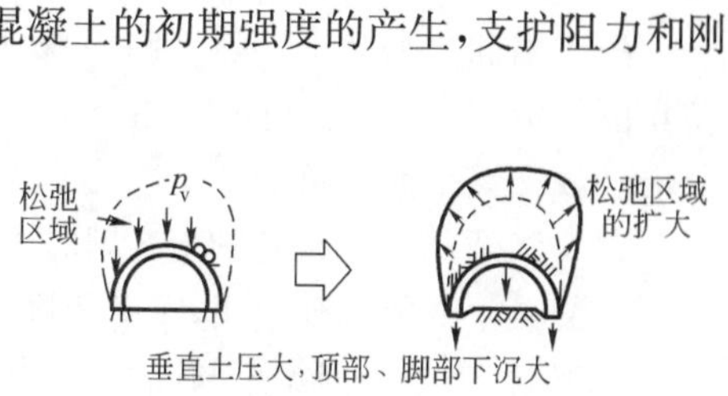

图2-2　控制松弛扩大的二次喷射

最终断面闭合后，与围岩一起形成喷混凝土支护结构体，位移开始收敛。位移大的场合，喷混凝土结合部可能发生开裂(图 2-3)。

在上述场合，由于围岩初期变形速度快而且变形量大，采用初期强度高的喷混凝土控制围岩变形的效果极好。

2. 在软岩中的应用

单轴抗压强度在 20～30MPa 以下，受变质和挤压、破碎作用，掌子面自稳性差，由于应力释放和围岩的蠕变特性，会出现塑性土压增长现象。在这种场合，多同时采用喷混凝土、锚杆和钢架，用以闭合断面。特别是喷射初期采用早强喷混凝土，效果更好。喷射厚度一般约为 15～20cm。

初次喷射后，虽然围岩强度小，但喷射后可防止拱顶和掌子面掉块。

二次喷射后，如喷射厚度充分，随混凝土强度出现，则能够控制围岩位移的增加，防止松弛的发生(图 2-3)；最终断面闭合后，围岩位移收敛。如围岩位移大、喷层过厚时，结合部可能发生弯曲开裂(图 2-4)。

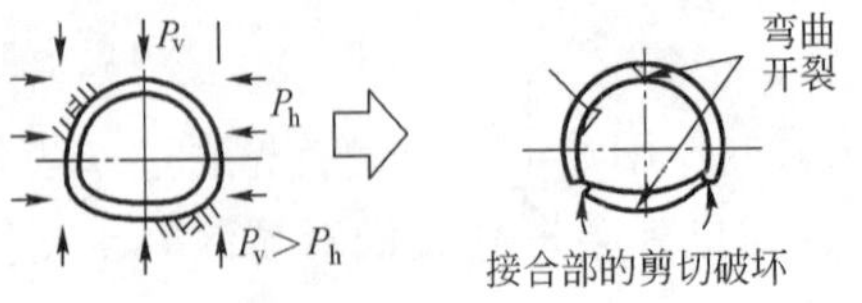

图 2-3　喷射的最终状态

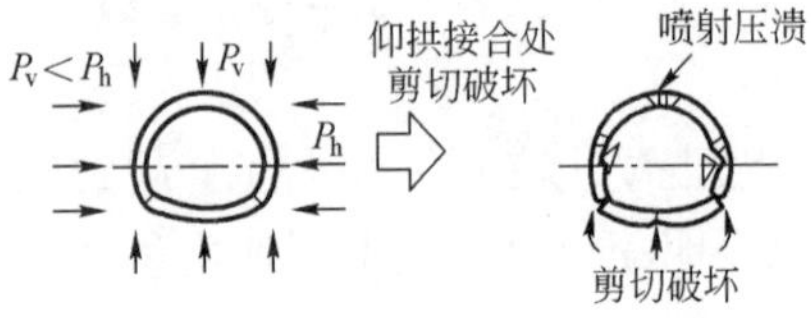

图 2-4　喷射的最终状态

3. 在中硬岩中的应用

岩块本身很硬(单轴抗压强度在 30～60MPa)，但节理发育，具有显著各向异性。因裂隙的抗剪强度小和开挖后的应力释放，产生松弛，也易于产生掉块和偏压。

喷混凝土可单独使用，但基本上与锚杆并用，喷射厚度为 10～20cm。

一次喷射后可防止沿节理的围岩剥离、剥落(图 2-5)。

由于增加喷射厚度和强度的出现，能够防止围岩沿节理的剥落(图 2-6)。

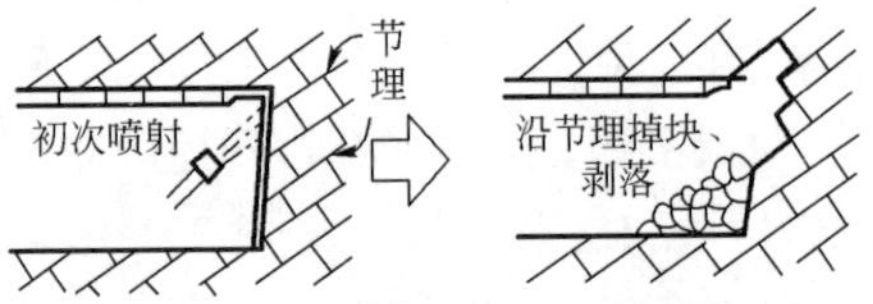

图 2-5　节理发育围岩中的喷射

4. 在硬岩中的应用

岩块坚硬，裂隙少，有黏土充填时可能出现岩块剥落。

喷混凝土一般单独使用，喷射厚度约为 8～10cm。

喷射后，由于喷混凝土与围岩的附着作用，能够防止大岩块的剥落(图 2-7)。

这种场合的喷混凝土，要求具有较高的附着强度。

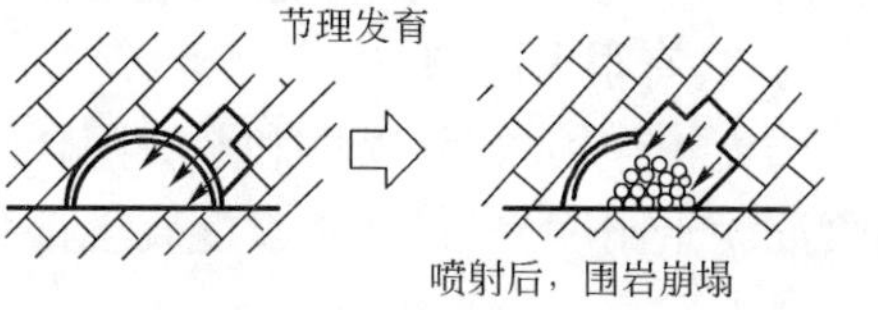

图 2-6　喷射的最终状态

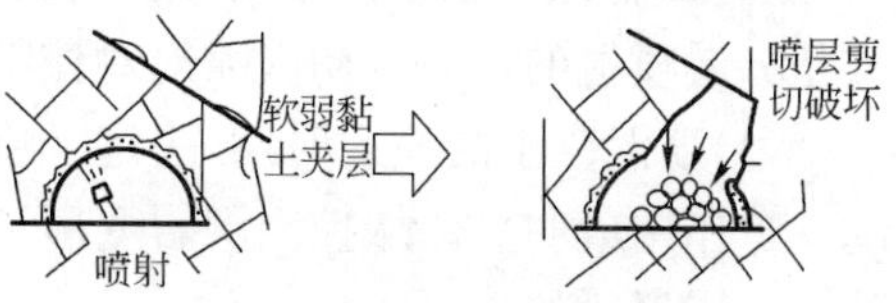

图 2-7　用以防止局部剥落的喷射

5. 在断层破碎带中的应用

在软岩和硬岩中，伴有局部围岩强度小的断层破碎带的围岩。有涌水时会发生围岩崩塌。

喷混凝土需要与钢架并用，喷射厚度在 15～25cm。

最终喷射后，能够防止沿断层破碎带的围岩崩塌和偏压引起的支护变异(图 2-8)。

在这种场合，一般不增加喷层厚度而采用纤维喷混凝土或高强度喷混凝土加强初期支护控制变形的作用。

6. 在膨胀性围岩中的应用

由于具有膨胀性的黏土矿物和组成矿物的吸水膨胀，围岩位移长时间增加的围岩被称为膨胀性围岩。

喷混凝土需要与长锚杆或钢架并用，喷射厚度比较厚，一般在 20～30cm。

多次喷射后，可使断面闭合、围岩位移收敛(图 2-9)。

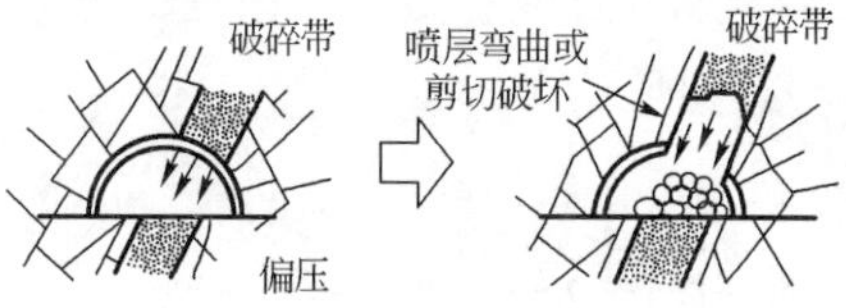

图 2-8　断层破碎带的喷射

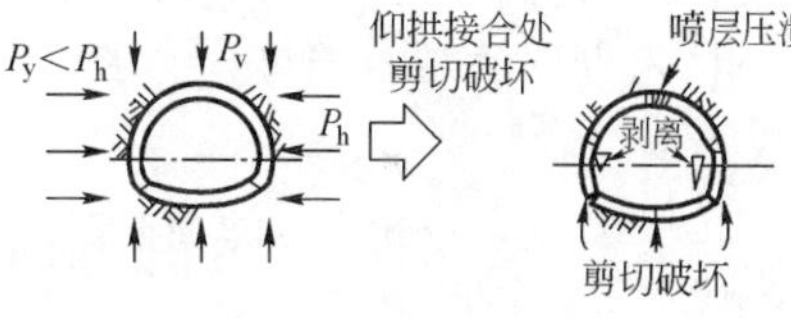

图 2-9　膨胀性围岩中的喷射

由于膨胀性围岩的特性，在多数场合，都采用加大预留变形量和多重支护的方法予以对应，喷混凝土的总厚度可达 40cm。

上述事例说明：

(1)喷混凝土广泛地用于各种不同的地质条件，发挥不同的支护作用。因此，喷混凝土的支护作用和原理，在不同的地质条件下，有不同的解释。例如在软弱围岩中，可以用力学作用加以解释，而在坚硬岩质围岩中，可以用非力学作用，如覆盖作用解释等。

(2)在初期支护中，不管围岩性状如何变化，喷混凝土支护是不可缺少的、有效的支护手段。也就是说，喷混凝土支护具有广泛的地质适应性，这也是喷混凝土支护的一个重要特性。

(3)围岩性状、喷射时期不同,喷混凝土的支护作用也不同,一般说,喷混凝土多数是分层喷射的,其中,初次喷射对控制围岩松弛,具有很大影响。

(4)喷混凝土的喷射时期,决定了喷混凝土的支护作用,初次喷射和及时闭合时的支护作用最明显。从控制围岩变形和调整喷混凝土刚度来看,通常喷混凝土都是几次分层喷射的。

(5)与围岩全面密贴的喷射,会极大地提高喷混凝土的支护作用。喷混凝土是与围岩全面接触的支护手段,因此,施工中确保喷混凝土与围岩牢固、全面附着是非常重要的。

(6)从喷混凝土的破坏形式和力学作用看,主要是剪切和附着破坏,压溃破坏是次要的。

(7)喷混凝土除力学效果外,还存在非力学的被覆效果,能够防止土砂的干燥、风化、涌水等,这也是喷混凝土重要的非力学效果。

(8)为适应围岩性状的变化,喷混凝土经常要与锚杆、钢架等共同使用构成支护体系。与锚杆和钢架并用,会极大限度地提高喷混凝土的作用,因此,在软弱破碎围岩中,一般说,喷混凝土、锚杆、钢架是组合使用的。但在有超前支护的场合,拱部可以取消锚杆。

(9)由于围岩特性的不同,要求的喷混凝土性能也不同。例如在初期变形速度快的场合,就要求喷混凝土的初期强度具有产生早、强度高等性能。

总之,在初期支护中,喷混凝土是最基本的支护方法,是不可缺少的。工程实践证实:加强和提高喷混凝土的性能,会大大提高喷混凝土的支护效果。这也是当前喷混凝土技术发展的基本趋势。

2-2　喷混凝土的支护作用、原理

根据目前施工实际及研究结果看,为确保喷混凝土的支护效果,喷混凝土支护必须满足以下条件:

- **及时**:初次喷射要及时,用喷混凝土初期强度的出现控制围岩的松弛;
- **分次**(层):分几次喷射,逐步增强喷混凝土的刚度;
- **与壁面附着**:与壁面全面、牢固地附着是确保喷混凝土支护发挥作用的关键;
- **密实**:充分利用喷射的自捣固效应,增强喷混凝土的密实度。

这是确保发挥喷混凝土支护作用的关键,也是喷混凝土施工中不容忽视的要点。

在确保上述条件的前提下,我们可以把喷混凝土的支护作用分为力学作用和非力学作用两大类。

1. 非力学作用

被覆开挖围岩表面,防止围岩因与空气接触而劣化,或者防止与涌水接触而软化和土粒子流失等，均属于非力学效果。被覆不充分的场合，围岩与空气接触，会逐渐劣化，而损伤坑道的稳定性。虽然不是直接的力学效果，但对发挥、维持围岩固有强度也有显著的效果。

2. 力学作用

这是喷混凝土主要的支护作用。

(1)与围岩的附着(密贴)形成的附着力和抗剪阻力

在喷混凝土和周边围岩的接触(附着)面上，发生如图 2-10 所示的抵抗剥离的附着力和沿接触面的剪切阻力，这是喷混凝土发挥支护作用的主要因素之一。喷混凝土中的轴力，是由喷混凝土与围岩界面的剪切阻力(S)支持的。在此界面上剪力以切向应力传递到围岩，这有助于围岩内形成拱状的压应力带。

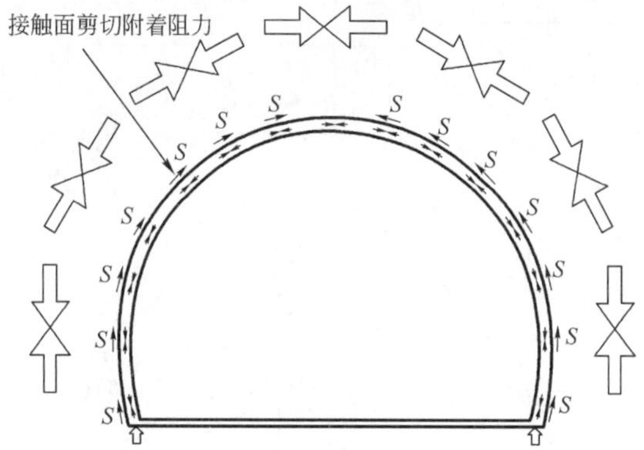

图 2-10 围岩界面的剪切阻力的支护效果

此外，如图 2-11 所示，对浮石和块体或偏压等局部外力，喷混凝土的一部分可视为板或梁。由剪切阻力和弯曲阻力支持外力的场合，预定的梁或板的端部，即与围岩附着的支点是很重要的。如与围岩的附着不良和喷混凝土剥离的支点间隔变长，就易产生较大的弯曲应力。

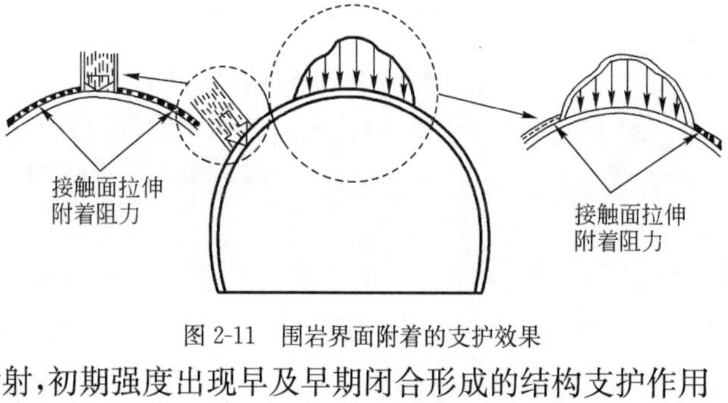

图 2-11 围岩界面附着的支护效果

(2)及时喷射，初期强度出现早及早期闭合形成的结构支护作用

这是发挥喷混凝土支护作用的另一个主要因素。应该指出：**及时喷射、初期强度出现早**和**早期闭合**是喷混凝土支护发挥力学作用的关键所在。

由于喷混凝土的及时喷射形成一定厚度的喷层，再加上喷混凝土初期强度高，因而喷层可视为拱形结构，用其轴压力支持外力，即所谓的支护反力（或支护阻力），控制围岩的变形和松弛，此效果如图 2-12 所示。围岩在此支护反力的作用下，如图 2-13所示，使喷混凝土背后附近的围岩应力状态从一维状态变成三维状态，隧道的稳定性也随之增加。

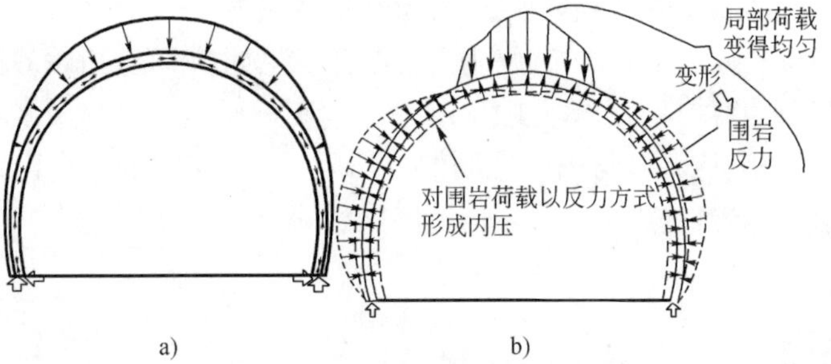

图 2-12　拱结构的支护效果模式图

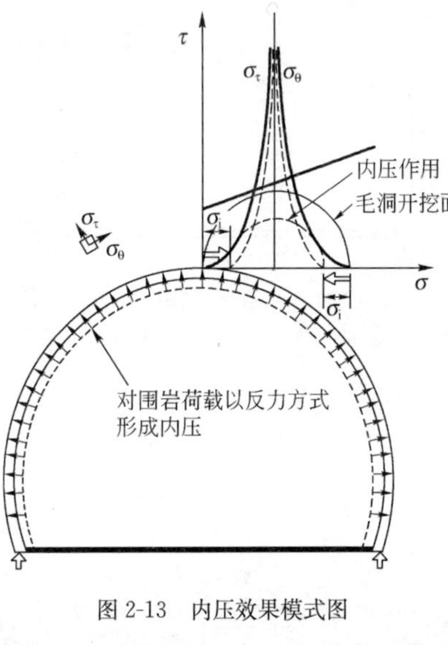

图 2-13　内压效果模式图

这也是当前研究喷混凝土支护作用的基本的计算模式。

图 2-14 是采用有限单元法分析施设时期和支护刚性对控制围岩变形的一个解析结果。

图 2-14 说明：喷混凝土喷射时期越早，对控制变形越有利；喷混凝土初期刚性越大，对控制初期变形速度越有利。因此，在近期，初期高强度喷混凝土获得了一定的发展。

（3）仰拱喷射的闭合效果

围岩差的场合，可能发生侧压增大、偏压作用以及拱脚部承载力不足等问题，支护将发生比较大的断面力和变形。在这种情况下，用仰拱闭合断面，是使隧道构造上稳定的有效措施。特别是围岩差、位移大、位移没有收敛倾向的场合，在掌子面附近喷射具有初期高强度的混凝土，早期闭合断面是非常有效的。

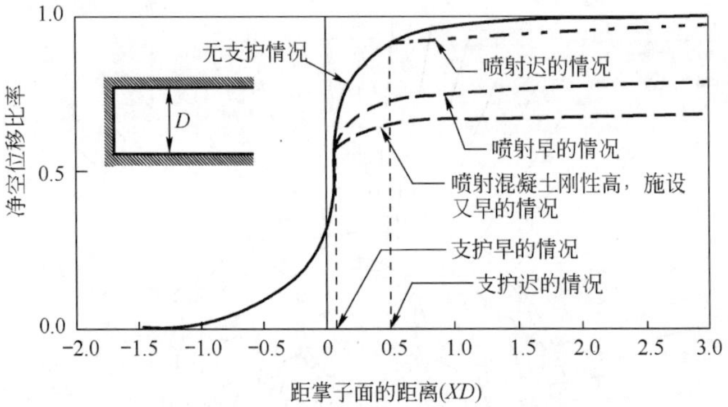

图 2-14　解析结果概念图

仰拱喷射，是作为承载力不足的脚部稳定的对策和控制膨胀性围岩变形对策而采取的。仰拱喷射的施工效果，由于设置面积大和早期闭合断面的闭合环效果，能够有效地控制位移和变形，在辅助工法中是最有效的方法之一。

在未固结的围岩中，作为脚部稳定对策的喷混凝土，可在上半断面喷射临时仰拱(图 2-15)。临时仰拱使断面闭合促使稳定的同时，因设置面积大能够抵抗承载力的不足，也可以起到控制隧道变形和地表面下沉的横撑的作用。

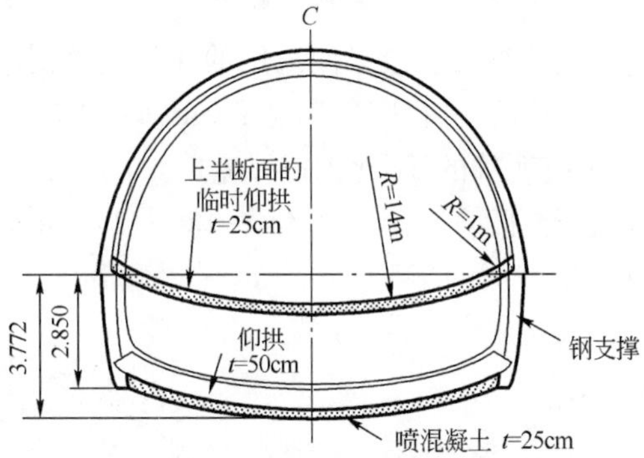

图 2-15　上半断面临时仰拱施工示意图

上半断面的临时仰拱可根据测量结果及掌子面状况施工，但开挖下半断面时，需要拆除。这样除降低施工效率外，还会因拆除临时仰拱，释放了约束力而使隧道变得不稳定，位移也将增大。在这种场合，下半断面开挖时也要确保仰拱喷射及早闭合断面。

在膨胀性围岩中，一般说掌子面自稳性很差，围岩的松弛随时间显著增大，因此尽可能早期闭合开挖断面是极为重要的。其次，在短台阶法和超短台阶法中，可用上半断面的临时仰拱闭合断面(图 2-16)，以控制位移。

在仰拱喷射时，要求起抵抗侧压的横撑作用的场合、抵抗侧压的场合和抵抗底鼓的场合等，也要在拱部和侧壁的接合部喷射混凝土，抵抗荷载。

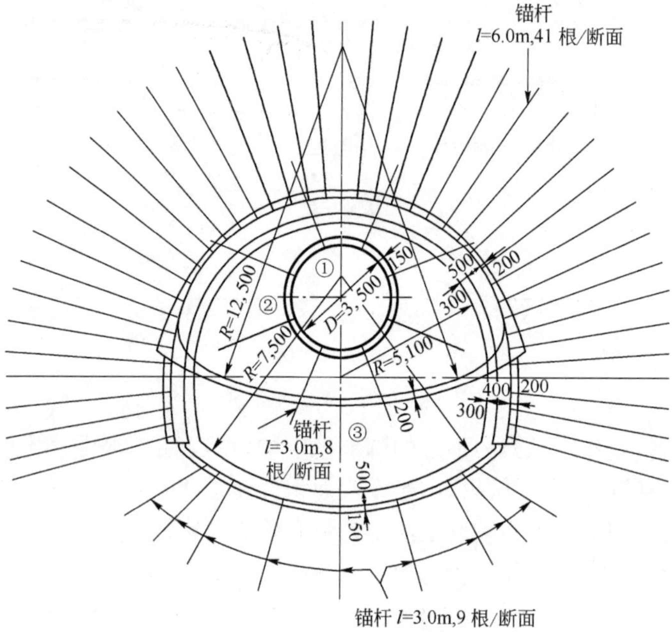

图 2-16　膨胀性围岩的施工例

①,②,③-开挖步骤

图 2-17 是为了提高仰拱喷混凝土效果而采用的高强度喷混凝土的实例。1d 强度 22.3MPa，28d 强度 43.0MPa。仰拱喷射厚度 25cm（仰拱混凝土厚度 25cm，合计 50cm）。其控制变形的效果是明确的，不比钢横撑差。

同时，如图 2-18 所示，断面闭合后形成闭合环，除可以承受很大荷载外，因支持面积的增加，还补充了地基承载力的不足。

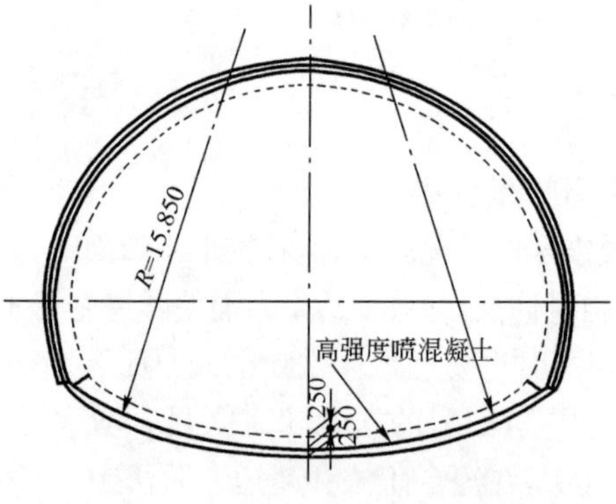

图 2-17　高强度仰拱喷混凝土形状

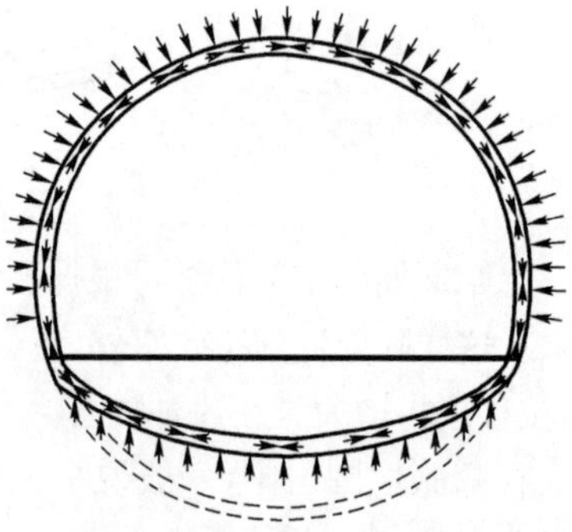

图 2-18　闭合环的闭合效果模式图

(4)外力分配效果

喷混凝土有使外力和围岩及喷混凝土应力，沿隧道径向和切向分散的效果。

隧道切向应力分布如图 2-19 所示(位移大和作用荷载大的围岩，喷混凝土表面凹凸的场合)。此时，有以下可能的情况发生：

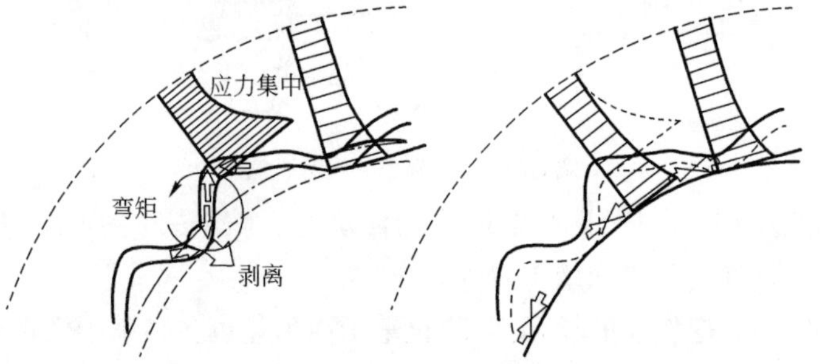

图 2-19　切向应力分布圆顺的模式图

- 在喷混凝土和围岩中产生应力集中；
- 喷混凝土易于剥离、剥落；
- 喷混凝土产生弯曲应力等。

但凹部用喷混凝土充填使之圆顺，也同时使喷混凝土和围岩的切向应力分布圆顺。因此，为保证喷混凝土的支护效果，喷射面的事前处理是很重要的。

隧道径向应力分布如图 2-20 所示。图 2-20 有局部配置的锚杆和钢支撑等支持效果扩大到面状范围，有局部荷载和偏压时，也分散支持到面状范围。

(5)正面喷射喷混凝土的约束效果

在隧道施工中，从三维空间效应出发，掌子面的稳定与否至关重要。为了控制掌子面的挤入和松弛，在开挖过后喷射 3～10cm 的混凝土覆盖正面掌子面，是防止正面围岩松弛，提高掌子面自稳性(图 2-21)的重要措施。开挖过后尽可能早期施工，抑制发生的位移松弛和浮石，防止初期的崩落和约束掌子面，提高掌子面的稳定性。在未固结和膨胀性围岩中，一个循环间的围岩劣化可能很显著，会发生掌子面掉块等不同程度的崩落。在这种场合正面喷射混凝土是有效果的。因此，正面喷射混凝土作为稳定掌子面的对策是一个使用频率很高的辅助工法。正面喷射的喷混凝土不是起轴力构件的功能，而是以面的剪切抵抗支持掌子面。

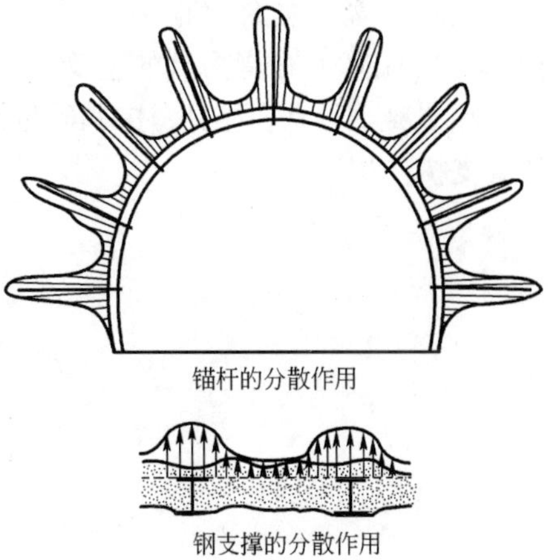

图 2-20　钢支撑等约束力的分散

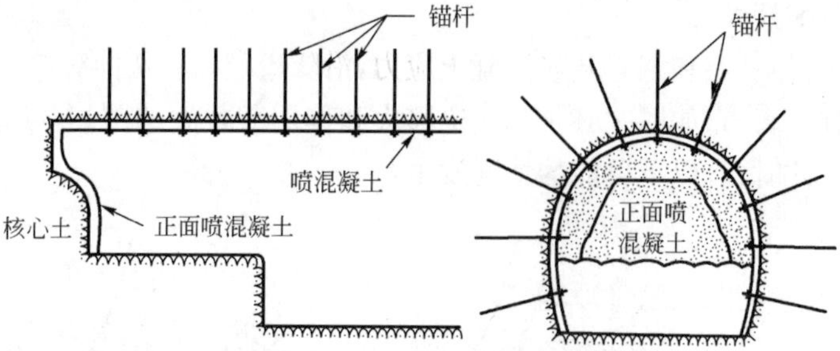

图 2-21　正面喷射的施工示意图

正面喷射混凝土适用于易产生崩落和掉块的裂隙围岩、膨胀性围岩、断层破碎带、埋深小的风化围岩和未固结围岩等。

其次，在停止开挖作业的场合，为防止掌子面劣化也多在掌子面正面施做喷混凝土。此时，要比上述的掌子面稳定对策的厚度大一些，一般采用 10～20cm。

上述说明喷混凝土是如何发挥其支护作用的？对此我们必须有一个明确的认识。在一般情况下，喷混凝土的力学作用，可以归纳为：

首先，喷混凝土必须与围岩**密着**，与围岩成为一体才能起支护作用。因此我们要求喷混凝土的一个重要性能，就是与围岩的附着性，或者说喷混凝土与围岩的附着强度。

其次，隧道开挖后，希望能在**"最短的"**时间内，控制住围岩的松弛或变形。因此要求以**"最快的"**速度向围岩喷射混凝土。

喷混凝土的强度是随时间增长的。要其发挥支护作用，就必须让喷混凝土在**"短时间"**内达到一定的强度。也就是说，喷混凝土必须具备在短时间内达到一定强度的性能，就是所谓的**"初期强度"**。

最后，具有一定厚度的喷混凝土层，这样才具有**结构作用**。喷混凝土的结构作用，是我们在设计中考虑到的主要作用。

喷混凝土只有在充分考虑其**附着性、初期强度和结构作用**的条件下，才能充分发挥其支护作用。

第3章　喷混凝土性能及其核查方法

本章的内容实质上是喷混凝土设计的内容。喷混凝土设计已经从单纯的确定厚度的设计，转变为喷混凝土性能的设计。在什么样围岩条件下，采用什么样性能的喷混凝土，是当前喷混凝土技术重要的发展趋势。本章重点说明喷混凝土应该具有怎样的性能才能满足作为初期支护和永久支护的要求；这些性能指标是如何确定的；采用什么方法确认这些性能指标。

3-1　概　　述

如前所述，要想发挥喷混凝土的支护作用，首先就必须使喷混凝土具备相应的性能，例如强度性能（初期强度、长期强度、弯曲韧性、附着强度等）以及良好的施工性能（压送性、回弹、粉尘等），这是不言而喻的。

一般说，喷混凝土的性能与要求的支护作用密切相关。目前喷混凝土主要用于地下工程的初期支护和永久支护，因此对作为初期支护的喷混凝土和作为永久支护的喷混凝土，在性能的要求上，应该有所不同。

作为永久支护的喷混凝土，如欧洲各国采用的所谓“单层”衬砌，不仅要满足喷混凝土基本性能的要求，还要满足结构耐久性能、防水性能以及抗开裂、抗剥落性能等的要求。在腐蚀环境中，还要有防腐蚀的性能等。

作为初期支护的喷混凝土，例如在日本和我国，在山岭隧道中，多采用复合式衬砌，喷混凝土完全被二次衬砌覆盖。因此使用性能、对第三者影响的性能、以及耐久性能等，可以不作为性能要求来考虑。特别是，耐久性能在有二次衬砌的场合，受到碳化作用、冻融作用、化学作用或磨耗作用的影响可能性很小。对水密性，如果有防水对策，隧道整体的防水性得到保证，也没有问题。因此，仅要求具有与安全性能和使用性能有关的力学性能（设计基准强度、初期强度、弯曲韧性等）即可。

除上述性能外，为了充分发挥喷混凝土的功能，一个重要的要求就是喷混凝土应与围岩形成一体的性能。为此，喷混凝土和围岩要有良好的附着性，这是喷混凝土独具特性的一个性能指标。附着性，分为开挖过后能够与围岩附着的性能和能够抵抗喷混凝土和围岩界面脱离的力，保持与围岩成为一体的性能。后者可分为沿界面错动的剪切阻力和作用在界面法线方向的拉伸剥落的抗拉附着力。附着性良好的场合，可以发挥以下效果：

- 在裂隙岩体中可以防止岩块掉落和局部挤出的不稳定地点的扩大；
- 在裂隙岩体中可以产生拱作用；
- 在土砂围岩中，可以减少隧道的切向应力。

但是，附着的原理、基准值的设定及其性能的定量的测定方法，目前还没有充分确立。因此，在设计中只要满足力学性能（初期强度、设计基准强度）或者回弹率的规定值，就可以认为具有确保与围岩成为一体的附着性能。

以上是有关喷混凝土施工后的性能，在喷混凝土中，施工的好坏对施工后品质的影响很大。因此以喷射施工性（压送性、回弹率、粉尘浓度）为代表的施工中的喷混凝土特性也是非常重要的。关于喷混凝土的施工性能将在第 5 章中说明。

综上所述，有关结构物与喷混凝土要求性能之间的关系列于表 3-1。

结构物及喷混凝土要求的性能　　表 3-1

结构物的要求性能			喷混凝土的要求性能：有二次衬砌的情况（初期支护的情况）	喷混凝土的要求性能：无二次衬砌的情况（永久支护的情况）
结构物要求性能	安全性能	承载性能	力学性能：设计基准强度、初期强度、弯曲韧性、附着性能	力学性能（同左）
		其他安全性能		
	使用性能	有关使用性的性能		抗开裂性能、防水性能
		有关功能的性能		
	有关对第三者影响的性能			抗剥离（落）性能
	美观·景观			美观·景观
	耐久性能	与安全性能有关的		耐久性能
		与使用性能有关的		
		与对第三者影响有关的		
		与美观·景观有关的		

作为材料的喷混凝土的要求性能，是基于某种施工条件设定的，即使能够确保其中一个性能，对其他性能也有不能确保的场合，因此，会出现不能满足结构物要求性能的情况。例如，不能确保要求初期强度很高的设计基准强度；重视压送性的混凝土会使塌落度增大，水灰比也增大，强度降低等；减小压送空气量和压送压力可以减小回弹率，但会产生与围岩的附着不良等现象。因此在设定要求性能和基准值时一定要考虑各种性能之间的相互关系。

特别是，在设计阶段，设计人员规定要求性能。在施工计划阶段施工人员规定施工性能，两者不一定是一致的。因此，在施工计划阶段，应该以不降低设计规定的要求性能为原则，但在不能满足全部要求性能的场合，可以重新设定要求性能。

3-2 喷混凝土的力学性能

不管作为初期支护，还是作为永久支护，喷混凝土都必须满足各自要求的力学性能。

1. 强度等级或设计基准强度

喷混凝土的强度等级或设计基准强度，因隧道功能、断面形状等构造条件、荷载条件等而异。一般说，多采用抗压强度划分其等级并同时给出设计基准强度，例如我们采用的C25、C30……。有的国家则直接给出设计基准强度，如日本规定普通喷混凝土采用18N/mm^2、高强度喷混凝土采用36N/mm^2 等。

表3-2列出一些国家和机构采用的喷混凝土强度等级的一般规定。

各国的喷混凝土抗压强度基准 表3-2

材　龄	抗压强度(N/mm^2)	国名、团体名、其他
8h	5	Wood
1d	5	日本
	8①	法国
	10	加拿大、南非、EFNARC
3d	20	Wood
7d	17①	法国
	25	喷混凝土协会、Wood
	30	EFNARC

续上表

材龄	抗压强度(N/mm^2)	国名、团体名、其他
28d	18	日本
	25②	法国
	30	南非、EFNARC
	35	瑞典
	35③	德国
	40①	德国
	40	加拿大、南非、瑞典、Wood
	45	瑞典
90d	35	EFNARC

注:①算术平均值;②特性强度;③一个值。

从表 3-2 可以看出,各国的抗压强度的基准差异较大。总的来说,欧洲各国基准强度的水准较高。我国和日本的基准强度较低,但日本最近几年有向高强度喷混凝土发展的趋势。例如,在第二东名、名神高速公路的三车道隧道中,材龄 28d 的抗压强度就提高到 $36N/mm^2$。表 3-3 是日本目前采用的喷混凝土的抗压强度基准值。

喷混凝土设计基准强度实例

表 3-3

单位	类别	设计基准强度(28d)(N/mm^2)
道路协会	喷混凝土	18
铁道建设·运输设施	高品质喷混凝土	18
道路公团	喷混凝土	18
	高强度喷混凝土	36
	高强度纤维喷混凝土	36

其他国家,如欧洲的 EFNARC,其喷混凝土强度划分列于表 3-4,该标准同时给出现场采样进行试验的应满足的最小强度值(表 3-5)。

喷混凝土抗压强度等级表

表 3-4

抗压强度(N/mm^2)							
强度等级划分	C24/30	C28/35	C32/40	C36/45	C40/50	C44/55	C48/60
圆柱体试件	24	28	32	36	40	44	48
立方体试件	30	35	40	45	50	55	80

原位置取样最小抗压强度等级表(N/mm²)　　表 3-5

最小抗压强度							
强度等级划分	C24/30	C28/35	C32/40	C36/45	C40/50	C44/55	C48/60
试件强度	20.5	24	27	30.5	34	37.5	41

澳大利亚在 1999 年的“喷混凝土指南”中规定的喷混凝土强度等级列于表 3-6。

喷混凝土的强度等级表　　表 3-6

强度等级	抗压强度平均值(N/mm²)	强度等级	抗压强度平均值(N/mm²)
S_PB10	≥10	S_PB25	≥25
S_PB15	≥15	S_PB30	≥30
S_PB20	≥20	S_PB40	≥40

同时规定，隧道初期支护的喷混凝土最小强度等级是 S_PB25，而作为单层衬砌的强度等级不小于 S_PB30。

挪威在“岩石支护的喷混凝土”(1999)中规定的强度等级列于表 3-7。

喷混凝土抗压强度等级表(N/mm²)　　表 3-7

抗压强度等级	C30	C35	C40	C45	C50	C55
立方体试件的最小抗压强度	30	35	40	45	50	55
取样试件(h/d=2)的最小抗压强度	19.2	22.4	25.6	28.8	32.0	35.2

喷混凝土协会把强度分为 3 个等级，即：

等级	28d 强度
30	30MPa
40	40MPa
50	50MPa

表 3-8 是芬兰的强度分级。

喷混凝土强度等级表　　表 3-8

等　级	最低抗压强度	备　注
1	K30	结构要求严格的场所
2	K30	围岩补强、一般混凝土结构
3	K20	填土喷射、结构物重要性低的场合
4	K20	为开挖安全的临时支护

从上述有关喷混凝土强度等级的划分看：

• 多数国家规定的最小强度等级是 C30，我国“锚杆喷射混凝土支护技术规范(GB 50086—2001)”规定：喷混凝土的设计强度等级不应低于 C15，对重要的隧道工程不应低于 C20。

• 在支护结构的标准设计中，喷混凝土的设计基准强度，多采用与衬砌混凝土同等，材龄 28d 的抗压强度。日本规定的设计基准强度 $18N/mm^2$ 与二次衬砌同等。德国的规定也是如此，二次衬砌与喷混凝土均采用 B25。只有我国，用于地下工程初期支护的喷混凝土强度等级较二次衬砌混凝土的强度等级低。但这种情况也在改变，许多设计单位已经意识到这个问题，将喷混凝土的强度等级采用与二次衬砌混凝土同样的强度等级。

• 喷混凝土的强度等级的变化范围，大致在 C25～C60 之间，作为初期支护，一般多采用 C25～C30，而作为永久支护则多在 C30 以上。

从我国目前的技术条件和水平看，喷混凝土作为初期支护的强度等级设定在 C25，作为永久支护的强度等级设定在与模筑混凝土强度等级同等的水准是比较合适的。

2. 初期强度

前面已经提到，喷混凝土由于混入速凝剂，使其初期强度出现早，这是喷混凝土的一个重要特性。也就是说，喷混凝土在喷射后很短时间内，就会出现比较高的初期强度，而后随着时间的推移，强度逐渐增长，直到 28 天，甚至更长的时间达到要求的强度。喷混凝土强度的这种随时间增长的特性，如果与坑道开挖后掌子面附近围岩变形的规律相匹配，就会更好地发挥喷混凝土的支护效果。图 3-1 表示掌子面附近围岩变形与喷混凝土支护作用的关系，说明不同强度特性的喷混凝土是如何控制围岩变形的。

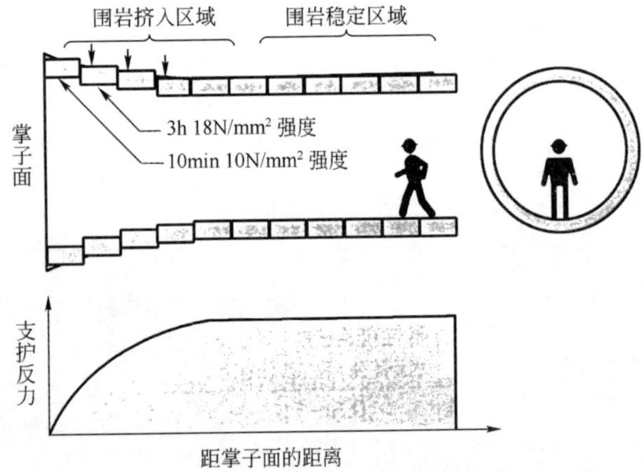

图 3-1 不同强度特性的喷混凝土的支护示意图

例如，坑道开挖后初期变形速度都是比较大的。如果能够控制初期变形速度，就可以控制围岩的变形和松弛。因此，强调开挖后要及时喷射、而且喷混凝土要具备一定的初期强度。否则，就很难达到控制围岩变形和松弛的目的。

喷混凝土初期强度的设定，应考虑隧道开挖条件及随掌子面进展产生的围岩动态，以充分确保掌子面及其附近围岩的稳定，一般取 24h 以内的强度为标准。如有特殊要求，也可设定 3h 及 8h 强度值。

因为喷混凝土在开挖后迅速施工，保持围岩稳定是最重要的。所以确保有效率的作业、附着的喷混凝土不因自重而剥落、同时能够承受爆破和振动荷载的早期强度是非常重要的。初期强度的设定值与设计基准强度一样，因隧道功能、断面形状等构造条件、荷载条件及设计方法等而异。表 3-9 是日本各单位的初期强度设定实例。

日本喷混凝土初期强度设定实例 表 3-9

单　位	类　别	材龄 3h 抗压强度 (N/mm^2)	材龄 24h 抗压强度 (N/mm^2)
道路协会	喷混凝土	—	5
铁道建设·运输设施	高品质喷混凝土	1.5	8
道路公团	喷混凝土	—	5
	高强度喷混凝土	2	10
	高强度纤维喷混凝土	2	10

欧洲，根据掌子面的进展，考虑确保掌子面及其附近的围岩稳定的重要性，要求喷混凝土具有图 3-2 初期强度。

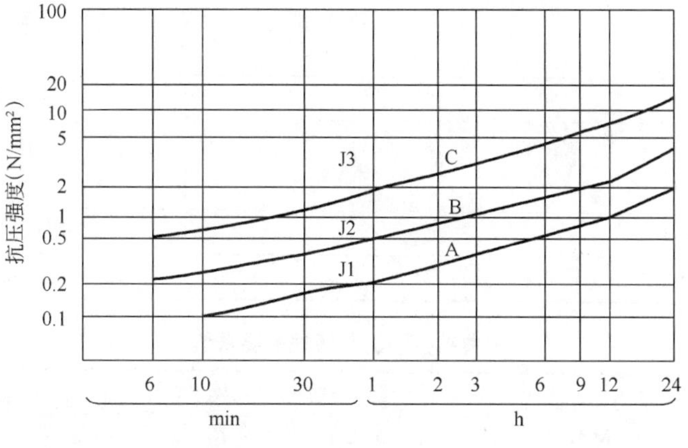

图 3-2　喷混凝土初期强度的划分

注：J1(A～B)：适用于干燥围岩、薄层施工的场合；

J2(B～C)：适用于厚层施工和有涌水，受到后续作业直接作用的场合；

J3(C 以上)：只适用于特殊条件的场合(例如，大量涌水的场合)。

我国在有关规范中对喷混凝土初期强度的规定，大体上要求 24h 的强度在 5～10MPa左右。

3. 弯曲韧性

混凝土易于发生脆性破坏，是其弱点。纤维喷混凝土是针对这个弱点使用的，可以大幅度地改善弯曲韧性。因此，在隧道洞口段和断层破碎带或膨胀性围岩等围岩条件差、会产生大的土压作用、发生大的变形地点，采用纤维喷混凝土是有效的。在隧道交差部、扩宽部等构造上复杂地点、支护构件受到多向应力的地点、纤维的分散效果也很好。

弯曲韧性的性能规定实例如图 3-3 所示。

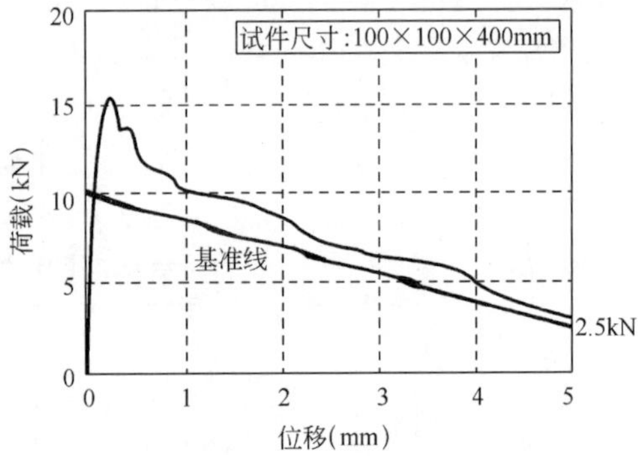

图 3-3　高强度纤维喷混凝土的弯曲韧性的规定实例

对于纤维喷混凝土的强度和以变形特性为特征的韧性，许多国家都作了规定(表 3-10、表 3-11)。

喷混凝土的弯曲韧性　　表 3-10

数　量	材　龄(d)	值
I_5	7 28	3.5 5.0
I_{10}	7 28 28	5.0 7.0 8.0
I_{20}		10.0
I_{30}	28 28	19.0 21.0
$R_{5,10}/100\ f_s$		4.0(MPa)
$R_{10,30}/100f_s$		2.5(MPa)

弯曲抗拉强度及韧性的要求值　　表 3-11

强度等级	平均弯曲强度(MPa)	韧性指数				最大设计强度(MPa)
		I_{30}	I_{20}	I_{10}	I_5	
C25 C25 C25	3.5 3.5 3.5	10 20 30	8 15 20	5 7 10	3.5 4 5	0.8 1.7 2.1
C35 C35 C35	4.2 4.2 4.2	10 20 30	8 15 20	5 7 10	3.5 4 5	1.0 2.1 2.5

续上表

强度等级	平均弯曲强度(MPa)	韧性指数				最大设计强度(MPa)
		I_{30}	I_{20}	I_{10}	I_5	
C45	4.6	10	8	5	3.5	1.1
C45	4.6	20	15	7	4	2.3
C45	4.6	30	20	10	5	2.7
C55	5.0	10	8	5	3.5	1.2
C55	5.0	20	15	7	4	2.5
C55	5.0	30	20	10	5	2.9

美国 ASTM 规定的韧性指标列于表 3-12。

美国 ASTM 规定的各种性能水准的韧性 表 3-12

性能水准	韧性指标 I_5		韧性指标 I_{10}	
	规定值	试验值	规定值	试验值
I	2.7	3.0	5.4	6.0
II	3.6	4.0	7.2	8.0
III	4.7	5.0	9.0	10.0
IV	5.4	6.0	10.8	12.0

通常采用前 3 种,第 4 种多用于凹凸不平的场合。

4. 附着强度

喷混凝土与围岩的附着性可以用喷混凝土与围岩的附着强度表示。

在喷射面充分清洗和良好喷射的条件下,附着强度一般在 0.2～1.8MPa 间变动。

喷混凝土与围岩的场合:大于 0.5MPa;

喷混凝土与喷混凝土的场合:在 0.5～1.0MPa 之间。

德国规定 6 个试件的平均值在 1.5MPa 以上。

日本要求附着强度的最小值不得低于 1.0MPa。

表 3-13 是 EFNARC 要求的附着强度值。

EFNARC 要求的附着强度最小值(MPa) 表 3-13

附着的划分	与混凝土的附着	与围岩的附着
非结构物	0.5	0.1
结构物	1.0	0.5

一般说,附着强度应通过现场试验施工确定。

表 3-14 是挪威获得的一些附着强度实测值。

挪威获得的喷混凝土与围岩的附着强度实测值　　表 3-14

岩 类 等	矿 物	粒子大小	附着强度(MPa)	
			粗糙面	破坏面
片岩	黏土矿物、绿泥石	非常细	0.24±0.18	0.28±0.11
云母片岩	石英、长石、云母	中位	0.58±0.19	0.85±0.35
片麻岩(叶状构造)	石英、斜长石、云母、角闪石	中位	0.19±0.05	0.51±0.11
片麻岩(叶状构造)	石英、斜长石、云母、角闪石	中位	1.53± 0.28	1.8
砂岩(裂隙多)	石英、长石	细	(1.1)破坏面	(1.1)破坏面
砂岩	石英、长石	细	1.8	1.8
泥灰岩	方解石、黏土矿物	细	1.49	1.84
石灰岩	方解石	细	1.58±0.12	1.54±0.30
大理岩	方解石	中位	1.38±0.30	1.52±0.28
花岗岩、闪绿岩	石英、斜长石、黑云母	粗	0.34±0.12	1.12±0.20
花岗岩、闪绿岩	石英、斜长石、黑云母	中位	1.04±0.32	1.40±0.26
花岗岩、闪绿岩	石英、斜长石、黑云母	细～中位	1.48±0.45	1.71±0.14
辉绿岩	斜长石、辉石	细～中位	1.56±0.25	1.7
木版	—	—	1.7	1.7
喷混凝土表面	—	—	1.7	1.7

我国规定，I、II 级围岩不低于 0.8MPa，III 级围岩不低于 0.5MPa。附着强度可以通过拉拔试验或剪切试验决定。

喷混凝土的附着性是喷混凝土一个重要特性，在这方面我们研究得很不充分。为了发展和提高喷混凝土的施工技术，加强喷混凝土附着性的研究，十分必要。

3-3　喷混凝土的耐久性能

喷混凝土作为初期支护时，一般不要求其耐久性指标。因为，在组合式衬砌中，喷混凝土是被二次衬砌及防水板覆盖和保护，其环境条件比较稳定。当喷混凝土作为永久支护时，就要满足作为结构物要求的耐久性能。

耐久性能与环境条件直接相关。对隧道结构物来说，与地面结构物不同，其洞内的腐蚀性环境条件主要来自地下水的侵蚀和围岩中的有害物，在寒冷地区可能出现有害的冻融环境。因此，对隧道这样的结构物来说，在耐久性设计中，主要考虑冻融环境下的耐久性能和钢筋混凝土衬砌的氯离子侵入，使钢筋锈蚀的环境条件以及洞内空气环境可能产生的碳化作用。

作为永久支护的欧洲各国都建议喷混凝土的耐久性能按照混凝土结构物的耐久

性能处理，仅仅在应用条件上有些区别。

下面介绍喷混凝土耐久性能的一些研究成果。

1. 碳化

日本道路公团曾对施工后约27～44年的边坡喷混凝土进行调查，结果发现碳化速度系数最大在2.03左右，用钢筋保护层厚度50mm计算，碳化到钢筋位置大约需要50年。因此，对边坡来说，可以省略碳化的核查。此次调查发现喷混凝土的背面也有碳化的现象。根据喷混凝土表面的碳化速度和背面的碳化速度比较，能够推定背面碳化开始的时期，而且可以用喷混凝土与围岩附着性能降低的指标表示。一般说，洞内空气环境与大气环境相比，比较稳定，因此，推测洞内的喷混凝土如果按保护层厚度50mm计算，其使用寿命可能不止50年。

调查位置和碳化深度、碳化速度系数的关系如图3-4所示。

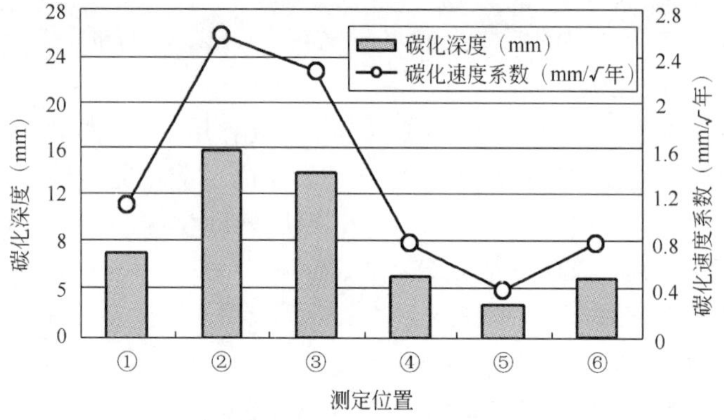

图3-4　调查位置和碳化深度、碳化速度系数关系图

对钢筋混凝土结构物而言，混凝土在空气中因二氧化碳等的影响，pH值降低，如果达到混凝土中的钢材位置，就易于腐蚀。一旦腐蚀开始，腐蚀生成物的体积膨胀就会引起混凝土开裂，进一步腐蚀钢材，使之有效断面减小。因此日本规定，**碳化核查的基本要求是：在结构物使用期间内碳化深度不达到钢筋位置**，即：应确保碳化深度的设定值 y_d 与钢材发生腐蚀的极限深度 y_{lim} 之比乘以结构物系数 γ_i 的值在1.0以下。

$$\gamma_i \cdot y_d / y_{lim} \leqslant 1.0 \tag{3-1}$$

式中：γ_i——结构物系数，一般取1.0，重要结构物取1.1；

y_d——碳化深度的设计值，一般按(3-3)式计算。

y_{lim}——钢材发生腐蚀的极限深度，一般用式(3-2)求出。

$$y_{lim} = c - c_k \tag{3-2}$$

式中：c——保护层期待值(mm)，一般取设计保护层；

c_k——碳化残值(mm)，一般在通常环境下，取10mm；盐分小的环境下，取10～25mm。

$$y_d = \gamma_{cb}\alpha_d t \tag{3-3}$$

式中：α_d——碳化速度系数的设计值(mm/年)；

$$\alpha_d = \alpha_k \beta_e \gamma_c$$

α_k——碳化速度系数的特性值(mm/年)；

t——对碳化的耐用年数(年)，一般用式(3-3)评价的碳化深度计算，耐用年数的上限取100年；

β_e——表示环境作用程度的系数，一般不易干燥的环境，向北的面取1.0，易干燥的环境，向南的面取1.6；

γ_{cb}——考虑碳化深度设计值y_d离散性的安全系数，一般取1.15，高流动性混凝土的场合取1.1；

γ_c——混凝土材料系数，一般取1.0，但上面的部位可取1.3，养生条件差的场合一律取1.0。

采用普通硅酸盐水泥的混凝土的水灰比在50%以下，保护层大于30mm的场合，一般可不进行碳化核查。

对喷混凝土来说，一般是不配筋的。因此，碳化作用主要使喷混凝土的有效厚度减小，如果厚度减小到一定程度，就会损伤其安全的承载性能。根据日本的调查结果，认为如果碳化速度系数控制在1.0，100年后的碳化深度，根据式(3-3)计算为11.5mm，结构物的承载能力是充分的。一个前提条件就是确保喷混凝土的碳化速度系数在1.0以下。实际上，在设计喷混凝土厚度时，只要增加一个碳化残值的厚度就可以确保喷混凝土长期的支护功能。

2. 氯离子浓度

同样地，氯离子侵入对钢材和混凝土的腐蚀，也是降低结构物耐久性的一个因素。日本根据边坡喷混凝土的调查结果(图3-5和表3-15)得出以下认识。

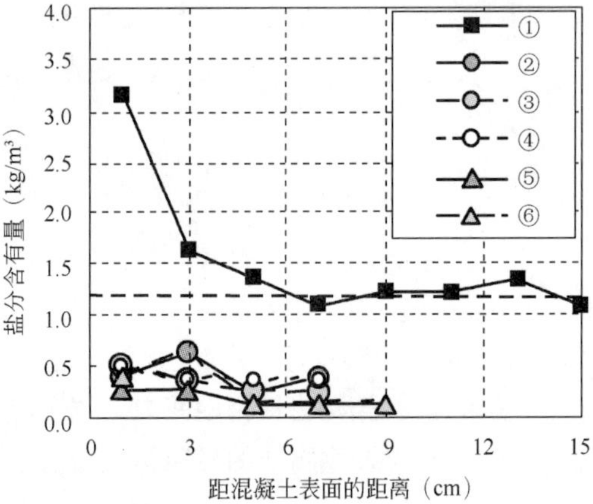

图3-5 盐分含有量

盐分含有量的试验结果 表3-15

符号	距海岸的水平距离(km)	试件抗压强度(N/mm^2)	表面盐分量(kg/m^3)		扩散系数(cm^2/年)		推定初期盐分量(kg/m^3)	
			试件1	试件2	试件1	试件2	试件1	试件2
①	0.1	31.2	2.8	2.5	0.065	0.010	1.23	1.23
②	1.5	17.3	0	0	0.001	0.001	0.38	0.38

续上表

符号	距海岸的水平距离(km)	试件抗压强度(N/mm^2)	表面盐分量(kg/m^3)		扩散系数(cm^2/年)		推定初期盐分量(kg/m^3)	
			试件1	试件2	试件1	试件2	试件1	试件2
③	1.5	13.1	0.4	0	0.084	0.001	0.25	0.25
④	1.5	15.9	0.4	0	0.012	0.001	0.37	0.37
⑤	35	26.6	0.1	0.1	0.064	0.064	0.20	0.20
⑥	35	39.3	0.5	0.5	0.270	0.031	0.13	0.13

(1)在距海岸100m的边坡喷混凝土(图3-5中的①)距喷混凝土表面5cm盐分量开始减少,这说明,喷混凝土受海岸飞沫带来盐分的影响的部分,只有5cm左右;距喷混凝土表面7cm以后,盐分量大致是一定的;

(2)在其他场合,(图3-5中的②~⑥),几乎没有盐分侵入。

(3)除①以外的场合,喷混凝土对氯离子的侵入,具有相当的耐久性。

因此,对具有高浓度氯离子侵入的核查应确保在钢材位置的氯离子浓度的设计值 C_d 与钢材发生腐蚀极限浓度 C_{lim} 之比乘以结构物系数 γ_i 的值在1.0以下。

$$C_d/C_{lim}\cdot\gamma_i\leqslant 1.0 \tag{3-4}$$

式中:C_{lim}——钢材腐蚀发生限界浓度,一般取1.2kg/m^3,受到冻融作用的场合,取比1.2kg/m^3小些的值;

γ_i——结构物系数,一般取1.0,重要结构物取1.2;

C_d——钢材位置的氯离子浓度的设计值,一般按式(3-5)计算。

$$C_d=\gamma_{cl}\cdot C_0\left[1-\mathrm{erf}\left(0.1\frac{c}{2D_d}\cdot t\right)\right] \tag{3-5}$$

式中:C_0——混凝土表面的预计氯离子浓度(kg/m^3),一般取表3-16的值;

c——保护层的期待值(mm),一般取设计保护层厚度;

t——对氯离子侵入浓度的使用年限(年),一般以使用年限100年为上限;

γ_{cl}——考虑钢材位置氯离子浓度设计值离散性的安全系数,一般取1.3。高流动性混凝土的场合取1.1;

D_d——对氯离子的设计扩散系数(cm^2/年),一般用式(3-6)评价。

$$D_d=\gamma_c D_k+(W/l)\cdot(W/W_a)D_0 \tag{3-6}$$

式中:γ_c——混凝土材料系数,特别取1.0;

D_k——对混凝土的氯离子扩散系数的特性值(cm^2/年);

D_0——表示混凝土中开裂对氯离子移动影响的常数(cm^2/年),一般取

200cm²/年；

W——开裂宽度(mm)；

W_a——容许开裂宽度(mm)；

W/l——开裂宽度与开裂间隔比。

混凝土表面的氯离子浓度 C_0(kg/m³) 表 3-16

飞沫带	距海岸的距离(km)				
	定线附近	0.1	0.25	0.5	1.0
13.0	9.0	4.5	3.0	2.0	1.0

对隧道结构物来说，氯离子侵入主要来自地下水中的含有量和含有氯离子成分的围岩。对海底隧道则主要来自海水的侵入。欧洲各国的海底隧道多采用钢纤维喷混凝土作为永久支护，都要对海水的侵入进行核查。

3. 冻融作用

喷混凝土的冻融特性除与喷混凝土品质有关外，还与最低温度、冻融循环次数、内部空隙的饱和度等有关，对此进行正确地评价有一定困难。因此，只能通过促进冻融试验加以解决。

下面是日本对边坡喷混凝土进行促进冻融试验的一个结果。

试验采用的材料如表 3-17 所列。

使用材料 表 3-17

材料	规格	密度(g/cm³)
水泥	普通硅酸盐水泥 早强硅酸盐水泥	3.15 3.13
细骨料	河砂(吸水率 1.66%、粗粒率 2.71) 碎石砂(吸水率 1.96%、粗粒率 2.81) 海砂(吸水率 1.61%、粗粒率 2.69)	2.58 2.62 2.62 2.74
钢纤维	纤维长度:30mm	7.58

从大板上采取角柱形试件(10cm×10cm×40cm)，在水中养护 21d 后进行冻融试验。冻融试验采用水中冻结水中溶解(A 法)和气中冻结水中溶解(B 法)两种方法进行。

冻融试验的结果如下。

表 3-18 表示耐久性指数，图 3-6～图 3-8 表示冻融循环数与相对动弹性系数的关系；图 3-9～图 3-11 表示冻融循环数和质量变化率的关系。

耐 久 性 指 数　　　　表 3-18

编　　号	配　　比	冻融试验方法	耐久性指数
1	C:400kg/m³	A	79
2	C:360kg/m³	A	60
3	C:430kg/m³	A	98
4	碎石砂+山砂	A	89
5	海砂	A	48
6	碎石砂+山砂	B	99
7	钢纤维	A	99
8	C:400kg/m³	B	98
9	C:400kg/m³	A	74
10	早强水泥	A	92

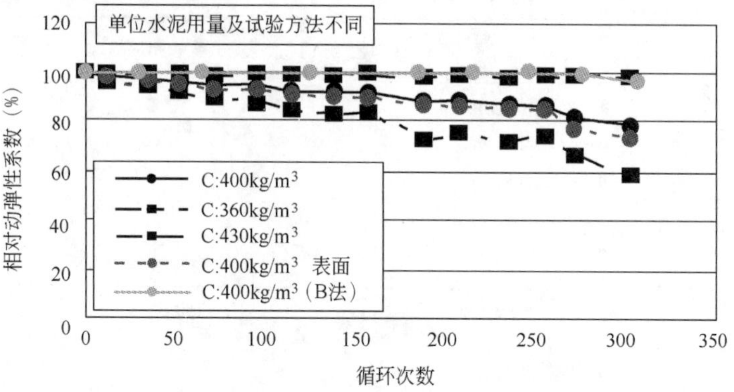

图 3-6　冻融循环次数与相对动弹性系数的关系

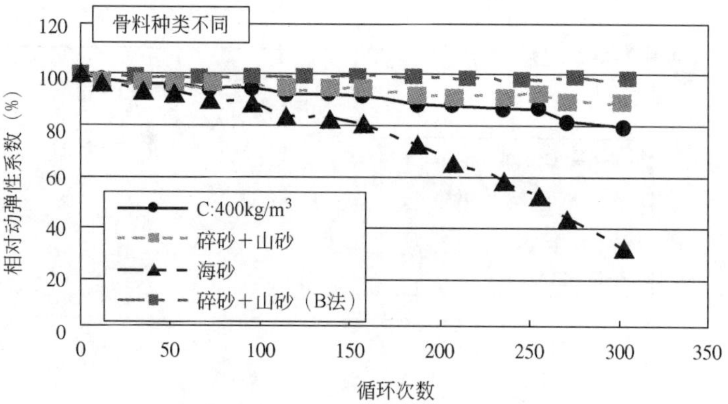

图 3-7　冻融循环次数与相对动弹性系数的关系

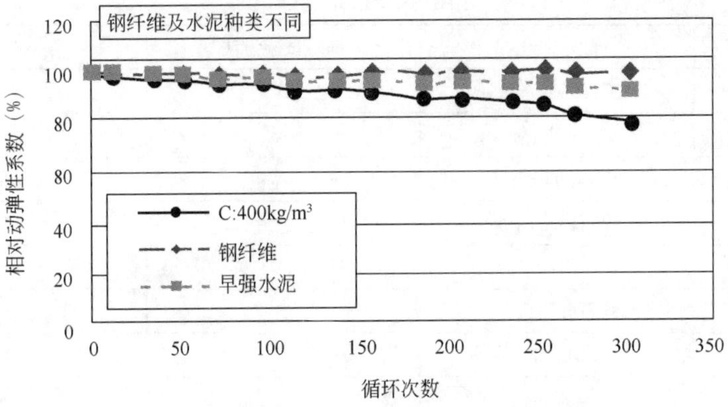

图 3-8　冻融循环次数与相对动弹性系数的关系

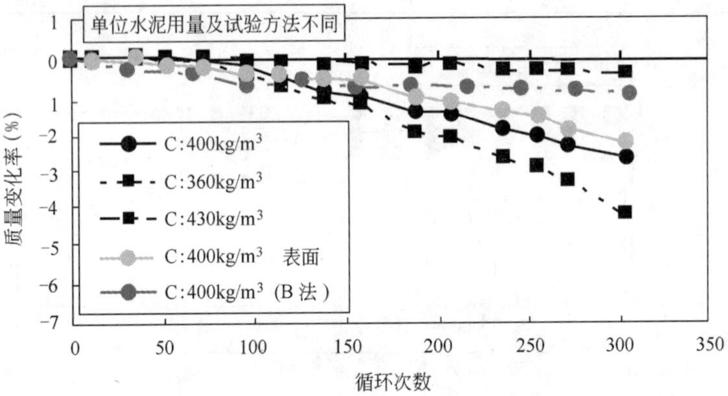

图 3-9　冻融循环次数和质量变化率的关系

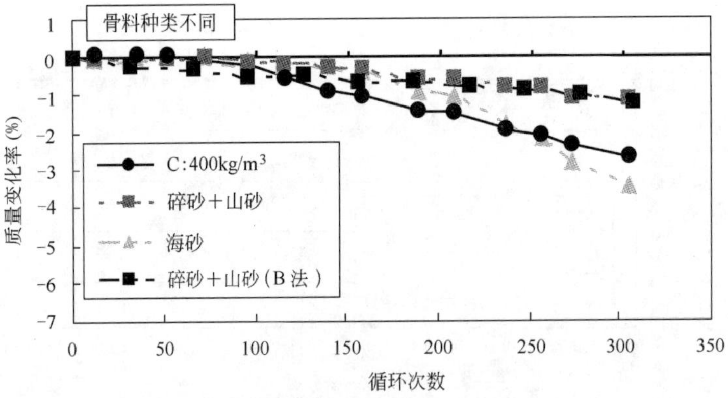

图 3-10　冻融循环次数和质量变化率的关系

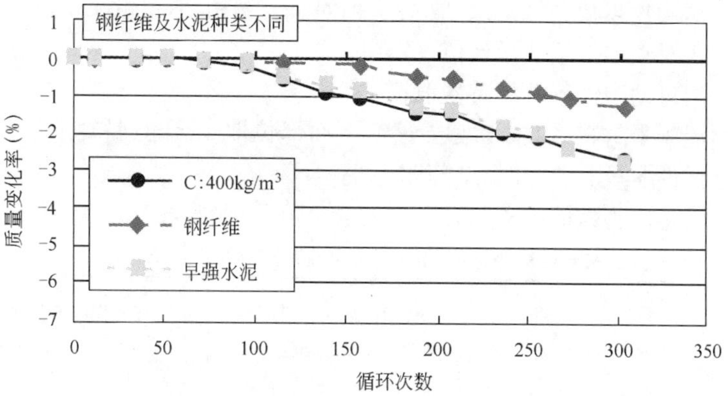

图 3-11 冻融循环次数和质量变化率的关系

从上列图表中可以得到以下认识：

(1)改变单位水泥用量，不管何种情况 300 次冻融循环的耐久性指数都在 60% 以上。随单位水泥用量从 $430kg/m^3 \rightarrow 400kg/m^3 \rightarrow 360kg/m^3$ 逐次减少，相对动弹性系数也逐次降低。在此范围内单位水泥用量越多，耐久性指数越高；

(2)采用混合砂(山砂＋碎石砂)的喷混凝土比用河砂的喷混凝土，耐久性指数高出 10 以上；

(3)采用海砂的喷混凝土，300 次冻融循环的耐久性指数只有 48%，比目标值 60%低。但在 210 次冻融循环时耐久性指数在 60%以上，还是有一定耐久性的；

(4)采用钢纤维喷混凝土时，300 次冻融循环的耐久性指数接近 100%，采用早强水泥的喷混凝土也在 90%以上，这两种喷混凝土比基准配比的喷混凝土的耐久性要高；

(5)采用 B 法进行冻融试验的场合，采用河砂及混合砂时，其耐久性指数都接近 100%；

(6)试件采取位置的不同，耐久性指数略有不同，从喷射表面采取的试件比从中心采取的试件的耐久性指数稍低一些；

(7)本试验得到的气泡间隔系数都在 220μm 左右，一般具有良好抗冻性的喷混凝土应在 250μm 以下；

(8)评价喷混凝土耐久性的指标，与普通混凝土一样，多采用相对动弹性系数作为核查的指标。

根据相对动弹性系数的最小限界值 E_{min} 和其设计值 E_d 之比乘以结构物系数之值 γ_i 小于 1 为原则，即：

$$\gamma_i \times E_{min}/E_d \leqslant 1.0 \tag{3-7}$$

式中：γ_i——结构物系数，一般最好取 1.0，但对重要结构物，可取 1.1；

E_d——相对动弹性系数设计值，$E_d=E_k/\gamma_c$；

E_k——相对动弹性系数的特性值；

γ_c——混凝土材料系数，一般取 1.0，上面部位取 1.3，但混凝土与标准养生的试件质量有差异时，全部取 1.0；

E_{min}——满足冻害性能的动弹性系数的最小值，一般按表 3-19 取值。

满足冻害结构物性能的相对动弹性系数的最小值 E_{min}（%） 表 3-19

结构物露出状态 \ 断面 \ 气象条件	气象作用激烈场合或冻融循环反复的场合		气象作用不激烈的场合，冰点以下的气温的场合	
	薄的场合	一般场合	薄的场合	一般场合
(1)连续的或水饱和的场合	85	70	85	60
(2)普通的露出状态，不属于(1)的场合	70	60	70	60

注：(1)水路、水槽、桥台、桥墩、隧道衬砌等接近水面，水饱和的部分及这些结构物的板、梁等离开水面，融雪、流水等能够涉及到，也按水饱和部分处理；

(2)断面厚度 20cm 以下的部分。

相对动弹性系数特性值 E 在 90%以上的场合，一般可不进行核查。

4. 水密性

要求具有水密性的结构物是指易受到透水而影响结构物安全性、耐久性、功能、维修管理、外观等的结构物。如各种贮藏设施、地下结构物、水工结构物、贮水槽、上下水道、隧道等。这些结构物在长时间内，由于混凝土中的钙的溶出，对结构物的性能会造成损伤。

水密性核查不是对结构物全体进行的，而是针对结构物某部分进行的。其指标原则上可采用透水量。其中，容许透水量是根据结构物性能、排水设施的处理能力和结构物表面的水分蒸发等而定。混凝土结构物的水密性，不仅与良好的混凝土的水密性有关，更与开裂和接缝等不连续面的水密性有密切关系。一般说，开裂和垂直施工缝的透水与良好混凝土比要重要得多。因此，要求结构物水密性的场合，希望能够避免开裂的发生。采用控制开裂的钢筋和采用膨胀材等对控制开裂的发生和开裂宽度是有效的手段。同时，在施工中确实地处理好浇注缝等也非常重要。

不能防止开裂和施工缝等不连续面的透水的场合，应考虑其位置设定核查部分。对其影响要用进行评价。核查部分的透水过程按一维问题处理的场合，可用式(3-8)的健全部分透水量和开裂及施工缝的透水量的总和来评价。

开裂部分的透水量可根据既有研究成果和工程实践，采用下式评定：

$$Q_{cjd}=\frac{\gamma_W}{12}a\mu_W\cdot bw^3\cdot\frac{h}{L} \tag{3-8}$$

式中：γ_W——水的单位重量，取 9 790(N/m^3)；

a——考虑开裂构件内部的弯曲和开裂表面粗度影响的系数；

μ_W——水的黏性系数，取 1.002×10^{-3}(Ns/m^2)；

b——核查部分的开裂长度(m)；

w——开裂宽度的设计值(m)。

根据日本研究成果，系数 a 取 25 后，几乎就是上限的透水量，此时温度为 20℃，水的单位重力 9 790N/m^3，水的黏度系数 1.002×10^{-3}Ns/m^2。

关于施工缝透水量的研究成果比较少，但一般处理时，都按施工缝单位长度的透水系数 $1\times10^{-8}\sim1\times9^{-9}$m/s 左右的值。施工缝透水量评价时，不采用其面积，而采用其长度。

为了确保混凝土结构物的水密性，要求水密性的部位，可铺设防水板和设置开裂诱导缝，开裂发生后进行适当的施工处理。

水密性核查应根据结构物核查部分的单位时间的透水量的设计值 Q_d 和容许透水量 Q_{max} 的比值乘以结构物系数 γ_i 的值在 1.0 以下。

$$\gamma_i Q_d / Q_{max} \leqslant 1.0 \tag{3-9}$$

式中：γ_i——结构物系数，一般取 1.0，重要结构物取 1.1；

Q_{max}——单位时间的容许透水量(m^3/s)；

Q_d——单位时间的透水量设计值(m^3/s)。

$$Q_d = \gamma_{pn}\{K_d \cdot A \cdot h/L + Q_{cjd}\} \tag{3-10}$$

式中：γ_{pn}——考虑单位时间的透水量设计值(m^3/s)离散性的安全系数，一般取 1.15；

K_d——结构物中混凝土透水系数的设计值(m/s)$=K_k\times\gamma_c$；

K_k——混凝土透水系数特性值(m/s)；

γ_c——混凝土材料系数，一般取 1.0；

A——相当透水经路断面的混凝土全面积(m^2)；

h——结构物内面和外面的水头差(m)；

L——相当透水经路长度的核查部分的断面厚度的期待值(m)，一般取设计断面厚度；

Q_{cjd}——核查部分的开裂或施工缝的透水量设计值(m^3/s)。

对结构物进行防水处理，以确保结构物的水密性，应采用适当方法对防水效果进行评价。

5. 抗剥离性

抗剥离性与喷混凝土的附着强度和起因于干燥收缩的开裂等种种因素有关。抗剥离性目前能够进行综合评价的试验方法和基准还没有建立起来。但可以采用喷混凝土附着强度进行核查。喷混凝土的附着强度与抗压强度同样，要求其实测值除以安全系数的值大于 1.0N/mm^2 以上。这里设定的 1.0N/mm^2，是否合适有待进一步论证，但从到目前为止的工程实际看，喷混凝土的附着强度如超过 1.0N/mm²，就可以基本保证不出现剥落。因此把 1.0N/mm² 作为最低限度的附着强度的限定值。其核查式如下：

$$\gamma_p f_{bck}/f_{bcp} \leqslant 1.0 \tag{3-11}$$

式中：γ_p——与 f_{bcp} 精度有关的安全系数，一般取 1.0～1.3；

f_{bck}——喷混凝土附着强度的设定值，一般设定 1N/mm²；

f_{bcp}——喷混凝土的附着强度，一般通过试验求出。

6. 抗裂性

喷混凝土的开裂是与喷混凝土自身的收缩、干燥收缩、静弹性系数、线膨胀系数、与基底的附着等材料特性和荷载作用及施工好坏等有关。目前对喷混凝土的开裂原理还不能解释清楚。因此，评价喷混凝土的抗开裂性的方法还没有建立起来。因为喷混凝土附着在围岩表面，受到围岩的约束，在喷混凝土长度变化很大的场合，喷混凝土就会发生开裂。因此，喷混凝土尺寸的稳定性就与开裂的阻力有直接的关系。

作为尺寸稳定性的评价指标之一的长度变化，就可以作为判断喷混凝土抗裂性的重要材料特性。因此，对喷混凝土抗裂性的核查，可以通过试验求出长度变化率，确认其是否满足要求的水准。

日本有关团体对喷混凝土的长度变化率的限值列于表 3-20。

喷混凝土长度变化的限值表 表 3-20

团 体 名 称	长度变化(率)的限值	团 体 名 称	长度变化(率)的限值
土木研究中心	20×10^{-4}(0.2%)以下(3 个月)	东京港阜头公社	20×10^{-4}(0.2%)以下
高速道路公团	0.05%以下	西日本旅客铁道	0.15%以下
日本道路公团	0.05%以下		

喷混凝土长度变化率试验方法见第 9 章。

应该指出，目前对喷混凝土耐久性的研究还很不充分。上述有关喷混凝土耐久性的阐述，都是引自日本的文献资料，也都是针对作为永久支护的喷混凝土而言的。在这方面，我们基本上没有进行有成果的阐述。为了喷混凝土技术的发展，积极开展这方面的研究是十分必要的。

3-4　一些国家的喷混凝土性能指标

为了更好地理解各国对喷混凝土性能的要求，下面列出一些国家的有关规定。

1. 日本标准

日本有关机构对喷混凝土配比及特性的要求列于表 3-21。

喷混凝土配比及特性的要求　　表 3-21

A 强度特性

机构	划分	设计基准强度(N/mm²)		初期强度(N/mm²)				备注
		强度	材龄	强度	材龄	强度	材龄	
道路学会		18	28d			5	24h	
铁道建设		18	28d	1.5	3h	8	24h	
道路公团	一般	18	28d			5	24h	
	高强度	36	28d	2.0	3h	10	24h	同时要求弯曲韧性
水产省		18	28d					

B 配比特性

机构	划分	粗骨料最大尺寸(mm)	塌落度(cm)	水灰比 W/C(%)	细骨料率 S/a(%)	单位水泥用量(kg/m³)	速凝剂添加率(C·%)	纤维混入率 Vol(%)	含气量(%)	备注
道路学会		10～15		45～65	55～65	360	5～8	0.5～1.0		砂的粗粒率为：2.8～3.2
铁道建设		10～15	8±2 14±2	50～60	60～65	360			4.5±1.5	
道路公团	一般	10～15	8±2			360	5～8			
	高强度	10	18±2	40～50		450	10	0.75		
水产省	干式	15		45	55	360	5.5			
	湿式	15	8	55	60	360	5.5			

设计基准强度，过去多采用材龄 28d 的 18N/mm²。近年，由于大断面隧道的出现，开始采用 36N/mm² 的强度。随着高强度化，初期强度也从过去的 1d 强度 5N/mm²，改为 3h 强度 1.5～2.0N/mm²。

塌落度过去多采用 8cm，但随着高强度化和低粉尘型喷混凝土配比设计的变化，例如单位胶结材或粉体量的增加，混凝土的黏性也有所增加。黏性的增加，造成压送性和施工性的降低。因此，为了改善这种状况，开始采用高性能 AE 减水剂，通过这种方法增加混凝土的流动性。

同时，为了防止剥落、剥离或提高韧性，开始掺入纤维。而为了降低粉尘，开始掺入粉尘降低剂，同时也使用了硅灰和石灰石微粉末来降低粉尘和回弹。

对喷混凝土耐久性能的要求，都未作规定。只有在铁道建设的规定中，有冻融作用的场合，要求进行含气量或冻融试验确认动弹性系数。

2. EFNARC 的标准

EFNARC 是"European Specification for Sprayed Concrete"的简称。该标准对喷混凝土的耐久性有独立的章节,其基本规定如下:

- 最大水灰比不超过 0.55;
- 最小水泥用量取 300kg/m^3;
- 抗冻性,由冻融试验决定;
- 最小保护层厚度。按钢筋或金属网规定,不以钢纤维为对象。

对构筑后的喷混凝土要求的事项如下:

- 抗压强度;
- 弯曲强度;
- 韧性(残余强度、能量吸收量);
- 弹性系数;
- 附着强度;
- 纤维混入率;
- 透过性;
- 抗冻性。

有关抗压强度的划分,按表 3-22、表 3-23 的立方体试件和取样试件进行,大致在抗压强度为 30～60MPa 及 20.5～41.0MPa 的范围内划分。或者考虑采取试件的影响,按圆柱体强度的 85%(立方体强度的 68%)确定。

喷混凝土抗压强度划分 表 3-22

要求强度(MPa)							
强度划分	C24/30	C28/35	C32/40	C36/45	C40/50	C44/55	C48/60
圆柱体试件	24	28	32	36	40	44	48
立方体试件	30	35	40	45	50	55	80

原位置要求的强度 表 3-23

最小抗压强度(MPa)							
强度划分	C24/30	C28/35	C32/40	C36/45	C40/50	C44/55	C48/60
试件	20.5	24	27	30.5	34	37.5	41

弯曲强度,如表 3-24,与抗压强度同样,按试件强度划分。

弯曲强度的划分 表 3-24

最小弯曲强度(MPa)			
强度划分	C24/30	C36/45	C44/55
梁的弯曲强度	3.4	4.2	4.6

韧性及能量吸收量，按图 3-12、表 3-25 及表 3-26 划分。

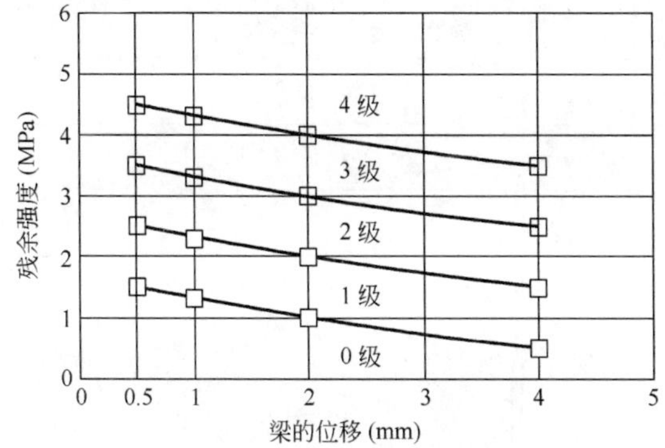

图 3-12　残余强度的划分

残余强度划分的边界值　　表 3-25

变形划分	梁的位移(mm)	残余强度(MPa)			
		1	2	3	4
	0.5	1.5	2.5	3.5	4.5
低	1	1.3	2.3	3.3	4.3
通常	2	1.0	2.0	3.0	4.0
高	4	0.5	1.5	2.5	3.5

能量吸收量　　表 3-26

韧性划分	位移值 25mm 前的能量吸收量(joule)	韧性划分	位移值 25mm 前的能量吸收量(joule)
A	500	C	1 000
B	700		

弯曲强度及韧性，用从大板切出的如图 3-13 的梁试验求出。视梁中央部的位移，根据残余强度，按图 3-12 分为 5 级。能量吸收量用图 3-14 的板试验求出，视板中央部的位移达到 25mm 前的能量吸收量分为 A～C3 级。

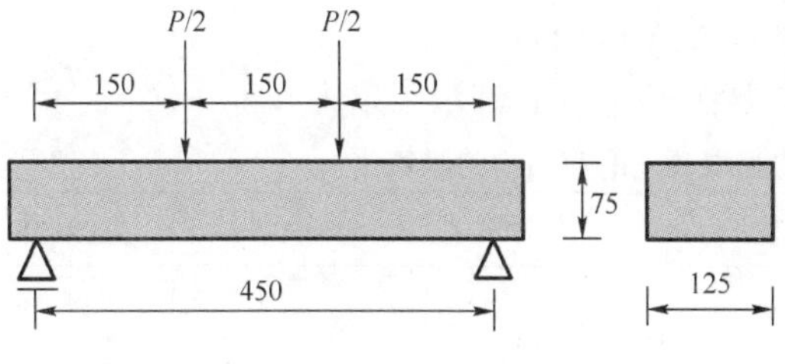

图 3-13　等分点加载的弯曲试验(单位：mm)

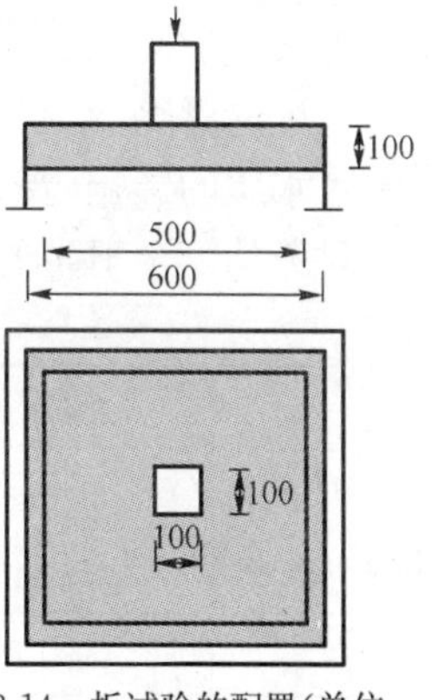

图 3-14　板试验的配置(单位：mm)

附着强度，按表 3-27 的规定取值。图 3-15 是附着强度的试验示意图。

附着强度最小值(MPa)　　表 3-27

附着的划分	与混凝土的附着	与围岩的附着
非结构物	0.5	0.1
结构物	1.0	0.5

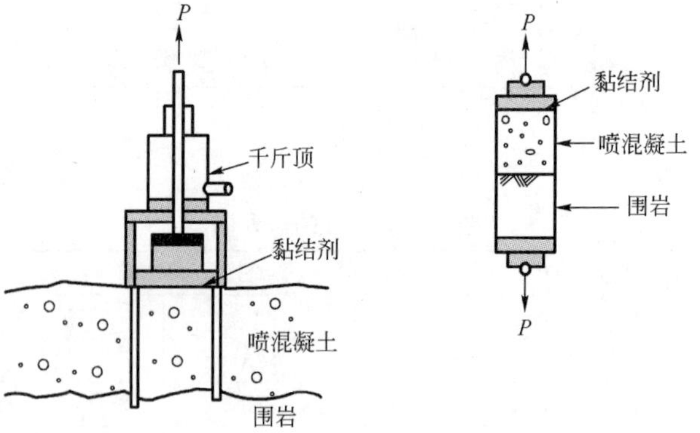

图 3-15　附着强度的试验事例

3. 奥地利的规定

奥利的标准“Sprayed Concrete Guideline 1999”，在其适用范围中，把喷混凝土分为 3 种类型：

- Sp B I：无结构物功能的喷混凝土(例如，表面防护、施工时的短期支护等)；
- Sp B II：具有结构物功能的喷混凝土(例如，隧道支护、开挖时的支护、明挖基础等)；
- Sp B III：具有结构物特殊功能的喷混凝土(例如，单层衬砌等)。

关于喷混凝土的环境适应性，应考虑以下影响：

- 对大气的影响(作业者的健康及安全外，没有什么问题)；
- 土壤的影响(经验上希望回弹率不超过 25%)；
- 对水质的影响(要在表 3-28 规定的范围内)；
- 对劳动安全卫生的影响(粉尘要在表 3-29 容许浓度以内)。

材龄 28d 的喷混凝土的溶出物的限值　　表 3-28

项目	单位	限值	项目	单位	限值
pH	—	≤12	钾	mg/l	≤25
电传导率	ms/m	≤100	钠	mg/l	≤10
钙	mg/l	≤25	铝	mg/l	≤1.0

粉尘容许浓度 表 3-29

浓度(mg/m³)	粉尘类型	评价期间	环境污染物质的负荷
15	全粉尘	年平均	不活性
30	全粉尘	时间平均	不活性
6	细粒粉尘	年平均	不活性
12	细粒粉尘	时间平均	不活性
4	硅质细粒粉尘	—	石英活性
0.15	石英细粒粉尘	—	石英活性

喷混凝土分为上述的3类，为了规定各类喷混凝土的性能，对其特性要求如下：

- 初期强度；
- 最终强度；
- 韧性及残余弯曲强度(纤维喷混凝土)；
- 特别性能的喷混凝土：

水密性及抗冻性(WU、FB)；

耐化学腐蚀性(TST、LST)；

耐机械侵蚀性(MA)；

抗冻融性(FTB)。

关于初期强度，视强度出现特性，按图3-16分为J1～J3三级。

最终强度，按标准规定的材龄，用5个试件，取其强度的平均值机械划分(表3-30)。

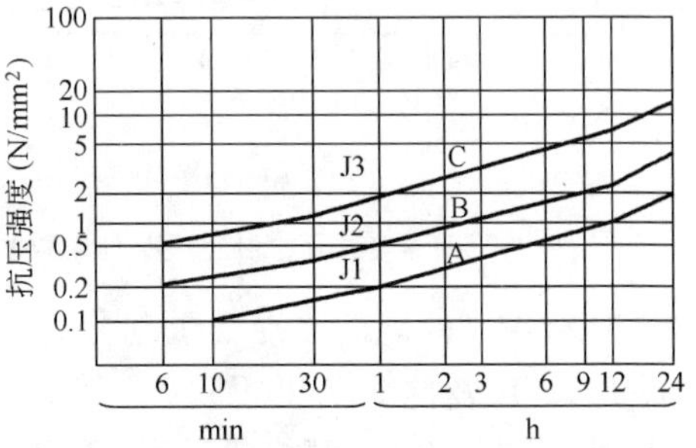

图3-16 喷混凝土初期强度的划分

喷混凝土的强度划分 表 3-30

强度划分	抗压强度平均值(MPa)	强度划分	抗压强度平均值(MPa)
Sp B10	≥10	Sp B25	≥25
Sp B15	≥15	Sp B30	≥30
Sp B20	≥20	Sp B40	≥40

纤维喷混凝土用梁弯曲试验得到的韧性、板的弯曲试验得到的能量吸收量进行评价。韧性的等级，如表3-31所示，按跨度的1/600及1/150位移时的残余弯曲强度进行划分。试验方法采用3等分加载梁的弯曲试验，试件取100mm×100mm×400mm(跨度300mm)或150mm×150mm×600mm(跨度450mm)。图3-17表示设计弯曲强度为5MPa场合韧性等级划分实例。能量吸收量的划分，如表

3-32 所示。

韧性划分和要求的残余弯曲强度 表 3-31

韧性划分	各位移时的残余弯曲强度(对设计弯曲强度的比率%)	
	1/600	1/150
T1	15	5
T2	30	15
T3	50	30
T4	75	45

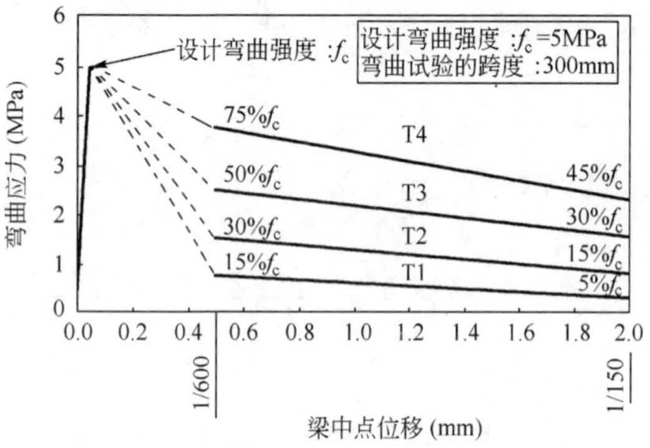

图 3-17 纤维喷混凝土的韧性等级划分实例

能量吸收量的要求 表 3-32

划分	位移 25mm 时的能量吸收量(joule)
E1	500
E2	700
E3	1 000

具有特别性能的喷混凝土划分为:水密性及抗冻性(WU/FB)、耐化学腐蚀性(TST、LST)及抗冻融性(FTB)。其适应的结构物和要求列于表 3-33。用于单层衬砌的喷混凝土,考虑初期强度,要用 Sp B30,作为特别的性能要具有水密性和表面的耐化学腐蚀性。单层衬砌的喷混凝土的应用条件如表 3-33 所示。

单层衬砌用喷混凝土等级及性能要求 表 3-33

应用及要求事项	等　级	应用及要求事项	等　级
隧道衬砌	SpB 25 (56) /II/J2	密封的基层	SpB 15 /II/GK8
导水路永久衬砌	SpB 25 (90) /III/WU	桥梁的补修	SpB 30 /III/FTB/GK4
硫酸腐蚀环境的衬砌	SpB 30 (56) /III/J2/WU/TST/GK11	单层衬砌	SpB 30 /III/WU/GK11/J1orJ2

注:()内的数字:保证标准规定强度的材龄;

GK:粗骨料最大尺寸(mm)。

有关构造要求的补强材的规定列于表 3-34。

构造上要求事项　　表 3-34

划　分	项　目	规　定
金属网	网目间隔	≥100mm
	直径	<10mm
二次补强钢筋	设置位置	单独采用
	直径	≤14mm
保护层	Sp B I	≥1cm
	Sp B II	≥2cm
	Sp B III	≥3cm
补强材接头	现场弯曲加工	≤12mm
	有效断面积	≤80%

4. 挪威的标准

挪威的标准"Sprayed Concrete for Rock Support"(1999)分为 4 个部分。第 1 部分规定了对喷混凝土及配比特性的要求,具体如下:

- 视环境条件划分的喷混凝土配比条件;
- 抗压强度划分;
- 韧性及能量吸收量;
- 初期强度;
- 喷射厚度;
- 其他(附着强度、弯曲抗拉强度、密度、耐久性、静弹性系数)。

关于配比条件,如表 3-35 所示,根据环境条件规定了水胶比及最小胶结材用量。

环境条件和喷混凝土配比条件　　表 3-35

环 境 条 件	环境条件的种类	最大水胶比 $W/(C+k\times S)$	推荐的最小的$(C+k\times S)$
NA	不严格	0.60	360kg/m^3
NMA	稍严格	0.50	420kg/m^3
MA	非常严格	0.45	470kg/m^3
MMA	极严格	0.40	530kg/m^3

注:W 单位水量;k 效率系数;C 单位水泥用量;S 硅灰用量;
NA 屋外结构物、处于湿润环境的屋内结构物及水中结构物;
MA 受盐水影响的结构物以及受腐蚀性气体、盐类和其他化学物质作用的结构物、湿润状态反复的结构物等。

同时，喷混凝土的强度划分如表 3-36 所示。

喷混凝土抗压强度的划分(MPa)　　表 3-36

抗压强度划分	C30	C35	C40	C45	C50	C55
立方体试件的最小抗压强度	30	35	40	45	50	55
取样试件的最小抗压强度	19.2	22.4	25.6	28.8	32.0	35.2

注：取样试件的强度为立方体试件强度的 64%。

纤维喷混凝土的韧性及能量吸收的划分列于表 3-37。

韧性及能量吸收的划分　　表 3-37

A 韧性划分和最小残余应力				
韧性划分	梁试验时开裂发生后的最小残余应力(MPa)			
	0.5mm	1.0mm	2.0mm	4.0mm
0	不补强(规定相应的纤维量和韧性)			
1	2.5	2.3	2.0	1.5
2	4.5	4.3	4.0	3.5
B 能量吸收的划分和能量吸收量				
能量吸收的划分	位移 25mm 时的能量吸收量(joule)			
E700	700			
E1000	1 000			

弯曲抗拉强度的划分列于表 3-38。

喷混凝土弯曲抗拉强度的划分(MPa)　　表 3-38

抗压强度的划分	C30	C35	C40	C45	C50	C55
弯曲抗拉强度	3.8	4.2	4.4	4.6	4.8	5.0

我国对喷混凝土性能的规定，与上述一些国家关于喷混凝土基本性能的规定，有一定的差距，我国的规定基本上限定在把喷混凝土用于坑道的初期支护上，对用于永久支护的喷混凝土的性能研究的较少，这对提高喷混凝土的品质有一定的影响。因此，加强喷混凝土性能的研究和完善有关喷混凝土性能的基准，不仅十分必要，而且势在必行。

3-5　喷混凝土的性能核查

了解喷混凝土应具备什么样的性能，才能充分发挥其支护作用，这是问题的一个方面。但更为重要的是：如何核查喷混凝土是否具备了要求的性能，这个问题已经成为当前喷混凝土技术发展中的重要课题。

喷混凝土的性能核查，目前日本多以“喷混凝土的喷射试验”方法为准并考虑实际的施工条件进行核查。这是用实际配比、施工设备、压送条件及环境条件确认性能的最可靠的核查方法，并为此编制了“喷混凝土的喷射试验”执行标准(详细内容可参考第9章)。

以核查喷混凝土的设计基准强度、初期强度及弯曲韧性等力学性能为目的的试验喷射，一般要在施工前进行，喷射试验的流程示于图3-18。

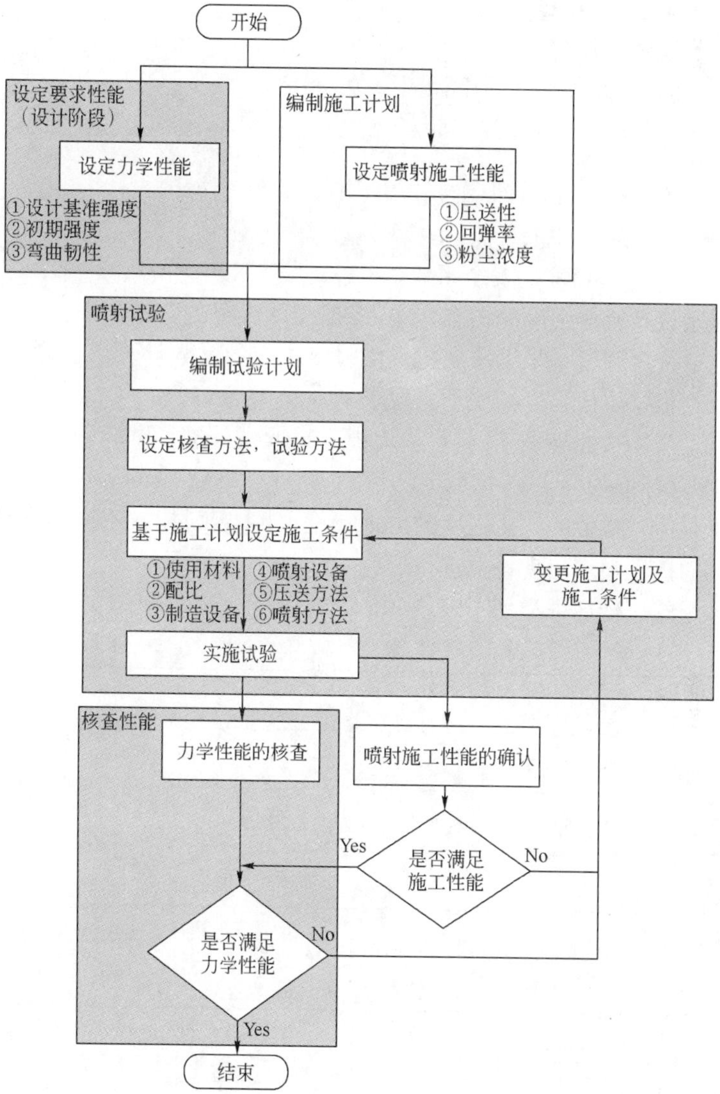

图3-18 喷射试验的核查流程

事前喷射试验的最大目的，就是要提高性能核查的可靠性。因此进行喷射试验时，要以实际施工中采用的材料、配比、制造设备、喷射设备及施工方法等施工条件为准。

核查结果，不能满足设定的各项性能的场合，要分析其原因，修改材料、配比、制造设备、喷射设备（喷射方式、压送方式）或改善压送条件（压送压力、压送距离）等。而后再度进行喷射试验。有关喷射试验的内容可参照第9章。

下面介绍日本对喷混凝土性能的核查方法。

1. 设计基准强度核查

喷混凝土的设计基准强度以满足下式为标准。

$$\gamma_p f_{ck}/f_{cp} \leqslant 1.0 \tag{3-12}$$

式中：f_{ck}——喷混凝土的设计基准强度；

f_{cp}——喷混凝土的抗压强度，一般通过试验求出；

γ_p——有关 f_{cp} 精度的安全系数，一般取 1.0～1.3。

喷混凝土设计基准强度的核查方法，根据实际决定的常数和喷混凝土的变动系数进行核查。抗压强度是根据水灰比及由材料决定的常数计算出预测值，关于精度的安全系数则根据抗压强度的变动系数求出。

喷混凝土与浇筑混凝土不同，是从大板上采取试件进行试验的。其取试件的方法，应符合有关标准的要求。

为了研究任意材龄的抗压强度的出现特性，日本曾对掺入不同速凝剂的喷混凝土任意材龄的抗压强度出现特性进行研究。

试验采用的速凝剂种类列于表3-39。

速凝剂种类 表3-39

种类	主要成分	记号
水泥矿物系粉体速凝剂	矾土	P_1
水泥矿物系粉体速凝剂（高强度类型）	硫铝酸钙	P_2
无碱液体速凝剂	水溶性铝酸盐	L

表3-40、表3-41是试算式设定的条件。隧道断面采用双车道公路隧道断面。

施工条件 表3-40

项目	设定值	项目	设定值
隧道上半断面半径(r)	5m	掘进长度 L	1m
设计喷射厚度(d)	25cm	吐出量	$16m^3/h$

配 比 条 件　　表 3-41

速凝剂种类	混凝土水灰比(%)	速凝剂添加率(%)
P_1	45.6	3.5,5.0,6.5
	56.9	4.9,7.0,9.1
P_2	45.6	7.0,10.0,13.0
	56.9	
L	45.6	6.3,9.0.11.7
	56.9	

核查可按下式进行。

$$\gamma_c f_{ck}/f_{SC} \leqslant 1 \tag{3-13}$$

式中：γ_c——安全系数；

f_{ck}——材龄 T 的喷混凝土抗压强度设定值；

f_{SC}——材龄 T 的喷混凝土抗压强度预测值。

表达抗压强度预测值精度的安全系数，可按下式求出。

$$\gamma_c = \frac{100}{1\,001.645V} \tag{3-14}$$

式中：V——喷混凝土抗压强度的变动系数(%)。

一般说喷混凝土抗压强度的变动符合正态分布，因此按上式核查得到的抗压强度会低于要求值。

设定的材龄及抗压强度列于表 3-42。

设定的材龄和抗压强度(MPa)　　表 3-42

材龄(T)	24h	28d
抗压强度设定值	5.0	18.0
考虑安全系数的目标强度	6.2	22.2

图 3-19 是试算结果。

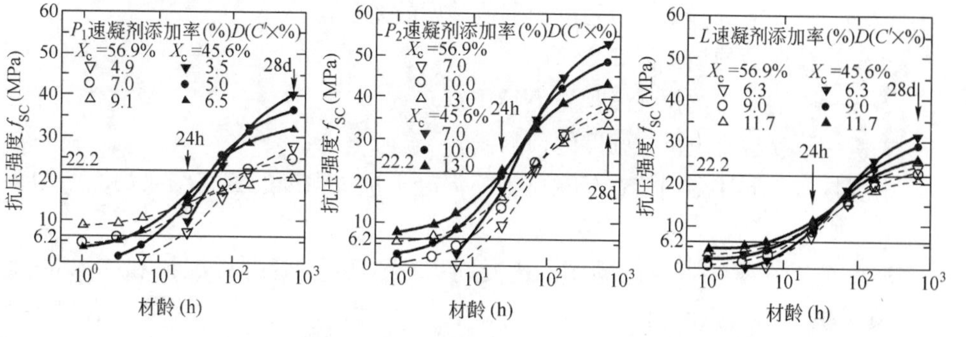

图 3-19　各种速凝剂条件下抗压强度的历时变化及抗压强度的设定值

据此结果，掺入速凝剂 P_1 及 L 时，在水灰比 X_c 为 56.9%而且速凝剂掺入量越大，材龄 28 天的抗压强度越不能达到目标强度。速凝剂越增加，其差异越明显。

2. 附着性能的核查

喷混凝土施工最重要一点是喷射的混凝土在施工中不剥落，保持与围岩牢固附着的状态。同时喷混凝土施工后，要求能够立即具有支持围岩的结构功能。所以与通常的混凝土不同，不仅需要核查抗压强度，还要对附着强度进行核查。

为了核查喷混凝土的附着性能，要定量地研究附着在围岩上的喷混凝土不剥落的条件。首先我们考察喷混凝土与围岩的附着。

围岩表面的状态，由于施工现场而不同，如果要保持围岩无涌水、不剥落的状态，喷混凝土与围岩的附着强度必须大于喷混凝土自身的抗拉强度。因此，喷混凝土的剥落，可认为是由喷混凝土自重引起的拉应力大于抗拉强度所致。一般说，喷混凝土拉应力的最大值多出现在拱顶处，因此，喷混凝土附着性能的核查，采用图 3-20 的模式，只考虑拱顶就可以了。

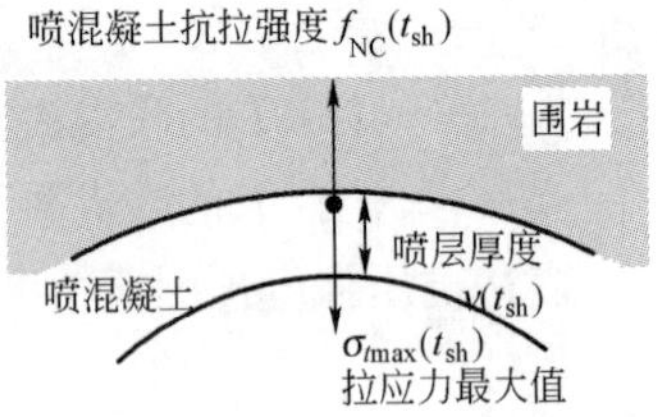

图 3-20　拱顶处喷混凝土的模式图

喷混凝土施工中，其厚度是随时间而增加的。因此，其拉应力也随着增加。设喷混凝土厚度为 d，则产生的最大拉应力为 σ_t 由下式得出。

$$\sigma_t = \rho G d \tag{3-15}$$

式中：σ_t——最大拉应力(MPa)；

ρ——喷混凝土密度(kg/m^3)；

G——重力加速度(m/s^2)；

d——喷混凝土厚度(m)。

这样，喷混凝土在喷射过程中不剥落的条件是：

$$\gamma\sigma_t / f_t \leqslant 1 \tag{3-16}$$

式中：γ——有关喷混凝土抗拉强度预测值精度的系数；

σ_t——拉应力的最大值(MPa)；

f_t——喷混凝土抗拉强度预测值(MPa)。

关键在于喷混凝土抗拉强度的预测值。

根据掺入不同速凝剂核查任意材龄喷混凝土抗拉强度的试算结果如图 3-21 所示。

据此结果在图 3-21 的范围内，速凝剂 P_1 及 P_2，不管哪种配比和掺入量，都能使喷混凝土不发生剥落。而速凝剂 L 在掺入量低的场合，喷混凝土有剥落的可能。

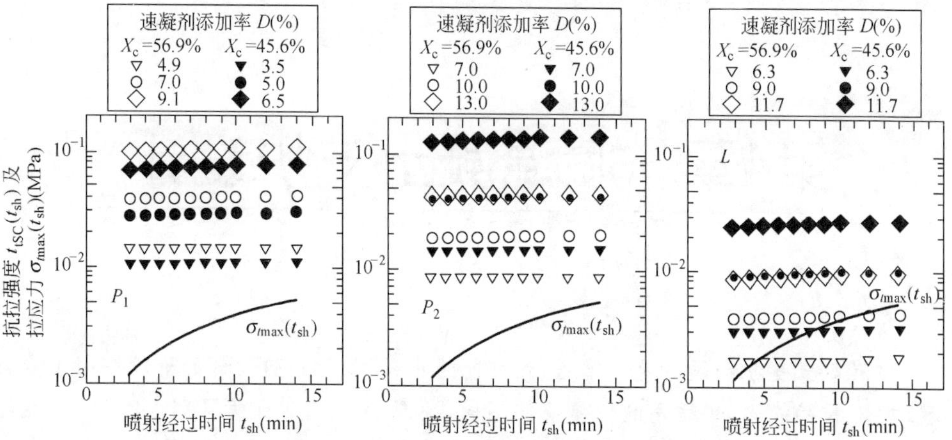

图 3-21 各种速凝剂条件下，抗拉强度与拉应力的关系

3. 初期强度和弯曲韧性的核查

喷混凝土初期强度和弯曲韧性的核查方法与设计基准强度一样，也是以喷射试验进行核查的。确认材龄 24h 的初期强度在设定值以上即可。其试验方法应符合有关标准的要求。

第4章　喷混凝土支护设计

喷混凝土支护的设计是个难题，到目前为止，还处于经验设计的阶段。由于喷混凝土的支护功能不同，适用的地质条件不同，要求的性能也有所区别。因此，其设计方法也不同。本章简要说明喷混凝土设计的基本观点和原则，特别是作为永久支护的喷混凝土的设计方法。

4-1　概　述

如前所说，在施工期间为了保证施工安全、控制坑道围岩松弛，更主要的是为了控制围岩自支护能力的降低，从而更充分地利用围岩自身的自支护能力，常常需要对坑道进行一次支护，也就是所谓的初期支护。它是在施工过程中确保安全和围岩稳定所采用的支护措施，从这个意义上去理解，也可以称为施工支护。由于一次支护的力学特性，它不仅在施工期间能够维护坑道的稳定或暂时稳定，还能够与二次支护一起，发挥永久支护的作用。在现代的隧道施工中，一次支护主要采用喷混凝土、锚杆等既能够在施工期间维护坑道的稳定，控制围岩自支护能力的降低，又能够作为永久支护结构一部分的支护方法。

因此，喷混凝土支护的设计，与喷混凝土的支护功能密切相关。可分为两种情况考虑：

• 作为初期支护的喷混凝土：有两种情况，一是维持坑道的稳定，承受施工期间和运营期间的全部荷载作用，而二次衬砌不承载；二是作为永久支护的一部分与二次衬砌共同承载。通常这两种情况都按照承受施工期间全部荷载进行设计。

• 作为永久支护的喷混凝土：例如所谓的“单层”衬砌，则需要承受施工期间及运营期间可能发生的全部荷载。

两者的设计方法是不同的。

4-2　喷混凝土作为初期支护的设计方法

目前，喷混凝土作为初期支护的设计方法，多数国家都采用标准设计的方法进行设计，实质上是采用经验设计的方法。例如在欧洲各国大都采用根据 RMR 和 Q 值的围岩分级的经验方法，我国和日本则采用标准设计的方法等进行设计。理论意义上的设计方法，还在研究之中。

作为初期支护的喷混凝土设计，主要是决定喷混凝土的设计厚度以及要求喷混凝土应该满足的力学性能（如强度、刚度等）及施工性能（压送性、回弹及粉尘等）。有关喷混凝土的力学性能和施工性能已在有关章节中说明，此处主要说明决定喷混凝土设计厚度的因素及设计方法。

1. 经验设计方法

喷混凝土设计厚度，应采用最小厚度作为设计厚度。因为由于壁面的不平整，喷混凝土厚度的离散性是非常大的。

从各国的施工实践看，对于喷混凝土的厚度大致有如下的认识：

• 从饰面支护的角度出发，喷混凝土厚度，多采用 5cm 左右，喷砂浆的厚度可以采用 3cm；

• 但作为发挥支护构件结构作用的厚度，不宜小于 8cm；

• 喷混凝土的最大厚度，除特殊场合外不宜大于 20cm。在特殊场合可以采用 25cm。更大厚度的喷混凝土施工实例是很少的。因为，采用更大厚度的喷混凝土，已经失去了初期支护的意义。根据日本的统计分析，开挖断面积与喷混凝土厚度的关系如图 4-1 所示。

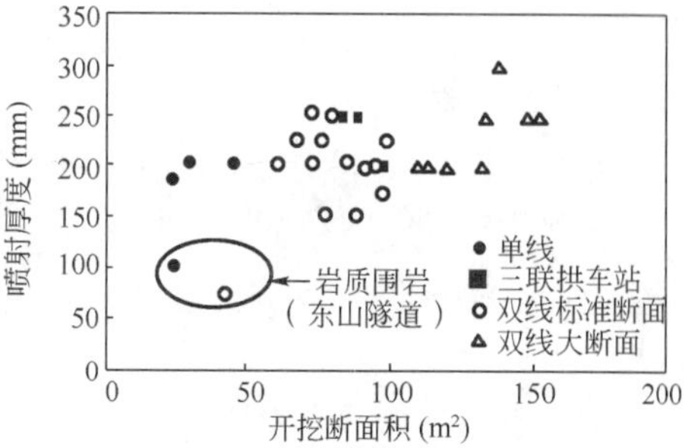

图 4-1　开挖断面积与喷混凝土厚度的关系

此外喷射厚度过大，结果是虽然增加了初期支护的刚度，但会出现较大的弯曲应力，而且使开挖断面面积、喷射量增大，这对施工是极为不利的。在这种场合，应采用不增加厚度的替代方案，如采用高强度喷混凝土或钢纤维喷混凝土等。

硬岩，几乎无土压作用，喷混凝土仅仅是为防止掉块和岩块滑动而设置的，设计厚度可以小些。但在膨胀性围岩土压很大、变形量很大、承载能力小的未固结围岩以及埋深小、极力减少对周边环境影响的情况下，为增加支护刚性控制位移，需要喷射厚度比较大的喷混凝土。

喷混凝土，一般都采用标准支护模式的厚度，但在不能采用标准支护模式时，应采用类似设计和解析方法设计，并参考周边围岩的稳定、容许位移、构件中的应力等因素决定。

表 4-1 和表 4-2 列出按经验法则的喷混凝土支护设计实例。

软弱围岩中喷混凝土设计的经验法则 表 4-1

<table>
<tr><td colspan="2">Alborts 1965</td><td colspan="2">Kobler 1966</td></tr>
<tr><td colspan="2">瑞典的经验法则</td><td colspan="2">根据高速公路隧道的经验</td></tr>
<tr><td>基准</td><td>喷射厚度</td><td>状态</td><td>喷射厚度</td></tr>
<tr><td>围岩裂隙发育的场合，爆破后一次喷射</td><td>3～8cm</td><td>普通</td><td>拱顶 15cm;起拱线下薄些</td></tr>
<tr><td>拱顶崩落和劣化的场合</td><td>10～15cm</td><td>局部压力作用</td><td></td></tr>
<tr><td colspan="4">Cecil 1970</td></tr>
<tr><td>RQD</td><td>平均裂隙间隔</td><td colspan="2">必要的支护</td></tr>
<tr><td>60%</td><td>小于 30cm</td><td colspan="2">最大限:多层喷混凝土、浇筑混凝土、锚杆</td></tr>
<tr><td>60%～80%</td><td>30cm～1.0m</td><td colspan="2">中程度:锚杆、一层喷混凝土、锚杆和一层喷混凝土组合</td></tr>
<tr><td>>80%</td><td>大于 1.0m</td><td colspan="2">最小限:无支护或锚杆</td></tr>
<tr><td colspan="4">1 层喷射厚度 4～6cm,多层喷射厚度叠加</td></tr>
<tr><td colspan="4">Heuer 1974</td></tr>
<tr><td colspan="4">松弛荷载下的初期支护</td></tr>
<tr><td colspan="2">围岩状况</td><td colspan="2">喷混凝土</td></tr>
<tr><td colspan="2">良好围岩:支护问题不大,但因某些理由不容许采用“无支护隧道”,一般 RQD 大于 75%</td><td colspan="2">SL 以上拱部 5cm</td></tr>
<tr><td colspan="2" rowspan="2">普通围岩:围岩裂隙多易松弛,拱部需支护。但侧壁是稳定的。喷混凝土附着良好,一般 RQD 在 50%～75%</td><td colspan="2">拱部 7～8cm,SL 以下被覆程度</td></tr>
<tr><td colspan="2" rowspan="2">拱部 8～10cm,侧壁 7～8cm,马蹄形隧道喷到侧壁底,圆形隧道侧壁的喷射范围根据附着状况而定。如附着良好,只在上部 70 度范围喷射,附着非常差时,要 360 度喷射</td></tr>
<tr><td colspan="2">恶劣围岩:隧道稳定性差,喷混凝土的附着不良,一般 RQD 在 25%～50%</td></tr>
<tr><td colspan="4">非常差的围岩:与恶劣围岩同样处理,但增加 2～3cm 厚度,拱部喷 10～12cm,侧壁喷 10cm</td></tr>
</table>

Q 系统分级的喷混凝土厚度建议值 表 4-2

围 岩 级 别	C2	C1	B2	B1	B0	A
Q 值	1～0.1	4～1	10～4	40～10	40～15	大于 40
锚杆间隔(m)	1.0	1.0	1.5	1.5	2.0	必要时
纤维喷混凝土喷射厚度(mm)	135	65	65	不使用	不使用	不使用

日本新版“公路隧道设计要领”，根据其围岩级别及隧道净空宽度规定的支护结构参数，其喷混凝土厚度大致如表 4-3 所示。

日本公路隧道初期支护中喷混凝土厚度(cm)　　表 4-3

隧道净空宽度(m) \ 围岩级别	B	C1	C2	D1	D2
3.0～5.0	5	5	5	10	10～12
8.5～12.5	5	10	10	10	15
12.5～14.0	10	15	15	20	25

注:本表中的喷混凝土,有时需要与锚杆、钢架等配合采用。

我国铁路隧道初期支护中的喷混凝土厚度,根据不同的净空断面积及围岩级别,可以大致归纳为如表 4-4 所示的厚度值。

我国铁路客运专线双线隧道初期支护中喷混凝土厚度的建议值(单位:cm)　　表 4-4

隧道净空有效断面积(m^2)	设 置 位 置	围岩级别			
		II	III	IV	V
81(时速 200km/h 的场合)	拱墙	5	12	23	27
	底部			10	25
92(时速 250 km/h 的场合)	拱墙	5	12	25	27
	底部			10	25
100(时速 300km/h 的场合)	拱墙	5	12	25	28
	底部			10	28

从表中可以看出,由于钢架的设置,喷混凝土的设计厚度,在 IV、V 级围岩中偏厚。

2. 半理论的经验设计

如果把喷混凝土作为一个具有结构作用的构件来看,就可以用一些理论方法进行研究和设计。例如,挪威根据大量的试验,基于拱理论和落石理论把喷混凝土功能做了如图 4-2 的模式化和表 4-5 的分类。

喷混凝土要求的重要特性　　表 4-5

理　论	对 象 围 岩	喷混凝土重要特性
拱理论	中硬岩～硬岩	弯曲强度、韧性
落石理论	硬岩	附着强度、抗剪强度

例如,普通喷混凝土可按弯曲构件进行设计。如图 4-3 所示,构件中的弯曲应力可由下式决定。

$$M_p = \frac{f_u}{s} \cdot b \cdot \frac{d^2}{6} \tag{4-1}$$

式中:M_p——弯矩(N·m);

f_u——喷混凝土的弯曲强度(N/mm^2);

s——安全系数;

b——荷载宽度(mm);

d——喷射厚度(mm)。

例如设 $f_u=4N/mm^2$；$s=3$；$b=1\,000mm$；$d=120mm$；则：$M_p=3\,200N \cdot m$。

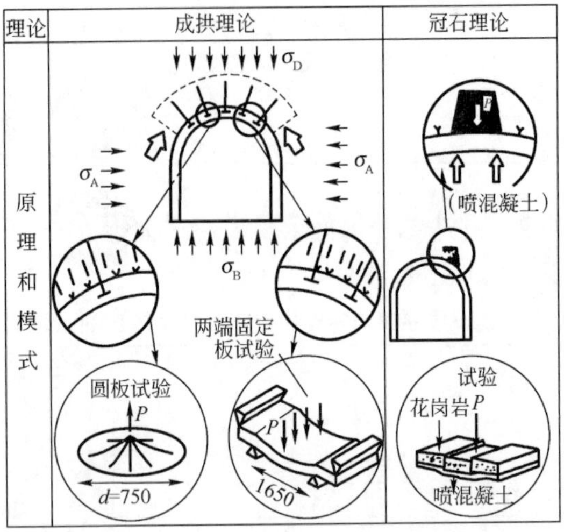

图 4-2　拱理论和落石理论的原理

如加入钢纤维(图 4-4)，试求喷射厚度。仍采用上式，设 f_e 为钢纤维喷混凝土的弯曲强度，其值等于 0.65f_u，则：

$d^2=6 \cdot \dfrac{M_p}{f_e} \cdot b=7\,385mm^2$，故 $d=86mm$。即加入钢纤维后，喷混凝土厚度可采用 90mm。比没有钢纤维时薄了。

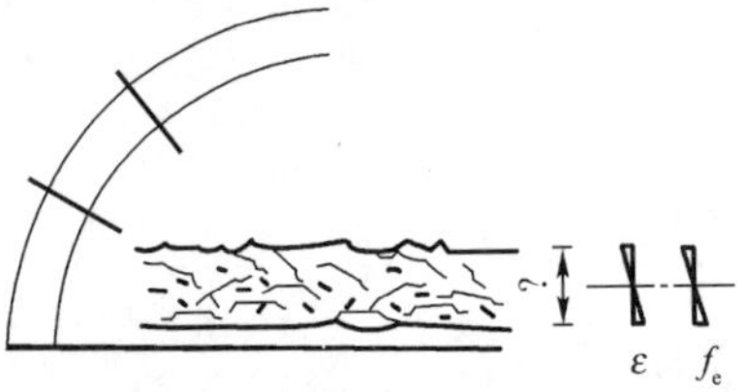

图 4-3　普通喷混凝土的场合

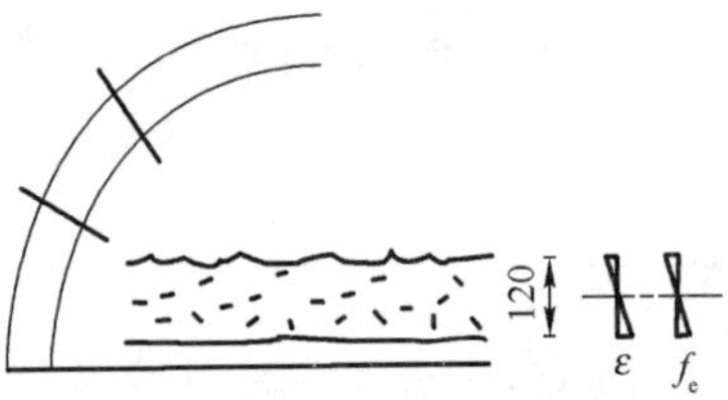

图 4-4　钢纤维喷混凝土的场合

但更为简单的方法是把喷混凝土视为薄壁构件进行经验设计。理论证实：喷混凝土厚度越大，越易于发生弯曲应力，因此喷混凝土厚度，从尽可能地减小弯曲应力发生的角度出发，不易过厚。欧洲各国在实践中，曾建议喷混凝土的厚度按以下三种情况确定。

(1)预计开挖后坑道稳定。喷混凝土围岩附着良好，这时主要是用以填平开挖后岩面的凹陷处。跨越软弱层附着，而且防护因爆破振动和地震等产生的扰动荷载，防止因涌水而引起软弱层内填充物流失，此时喷混凝土厚度可按具有较小的危石效应，并用下式决定：

$$d=D/120 \text{ 或 } d\approx 5\text{cm} \tag{4-2}$$

这种方法不适用于黏附力较弱和大断面坑道。式中 D 为坑道开挖跨度。

(2)预计用喷混凝土的附着强度和弯曲抗压强度能支持局部的松弛荷载,分配锚杆间的荷载,并预计有危石效应等。可用下式计算:

$$5\text{cm}<d\leqslant D/80 \tag{4-3}$$

(3)预计能够利用喷混凝土的弯曲强度和抗压强度,即能分配钢支撑间的荷载或预计有危石效应,在中等程度以下的地质条件时:

$$D/80\leqslant d\leqslant D/40 \tag{4-4}$$

以 10m 跨度的坑道为例,其喷混凝土厚度最大,约在 12.5～25cm 之间。地质不良时,应向掌子面喷射混凝土或喷射临时仰拱。

此外,虽然有一些理论的设计方法,但都建立在一些假定的基础上,如假定喷混凝土是全环闭合的圆形薄壁结构,而且假定围岩是均质的等等,与喷混凝土的实际工作状态不符。因此,作为初期支护的喷混凝土厚度,目前只能按照大家认可的、依据围岩分级建立的标准设计原则确定。

实际上,喷混凝土的厚度,变化范围是不大的。一般多在 5～25cm 之间。如按 5cm 分级,也只能分为 5cm、10cm、15cm、20cm、25cm 5 级。与现行的围岩分级也是对应的。因此,对于喷混凝土的厚度,不宜过多地强调计算决定。而应在如何改变喷混凝土的性能,使之更加适应支护的需求方面多下功夫。如增加喷混凝土的黏性、提高喷混凝土的初期强度、添加纤维增加喷混凝土的韧性等,这也是当前喷混凝土技术的重要发展趋势。

4-3 喷混凝土作为永久支护的设计方法

1. 概述

在欧洲等国家,在各式各样的围岩中多采用没有二次衬砌的"单层"衬砌作为永久支护结构。日本、中国等国家也正在研究和推行"单层"衬砌的技术,但没有普及。应该指出:单层衬砌不仅仅是省略二次衬砌,而是隧道设计理念的一个转变,是力图使隧道结构和施工合理化的一个技术变革。此时初期支护不是临时性的,而是采用良好的材料及施工工艺而构筑的永久性的支护衬砌结构。也是使结构及施工合理化,从而降低隧道建设成本的一项有效措施。

目前单层衬砌有两种形式,一种是用喷混凝土构筑的,一种是用浇筑混凝土构筑的,也有用喷混凝土和锚杆、喷混凝土和浇筑混凝土相结合的构造类型。严格说,过去隧道采用的永久衬砌都属于单层衬砌的范畴,只不过限于当时的技术条件,如采用木支撑作为临时支护,浇注混凝土衬砌时需要支撑顶替等。因此,当喷混凝土和锚杆技术逐渐成熟后,基本上代替了原来的以木支撑为主的支护模式,解决了支撑顶替的施工难题。此时,隧道支护技术出现了两种趋势:一种是向以喷混凝土为主体的单层衬砌技术方向发展;一种是向以喷混凝土为主体的初期支护和以浇筑混凝土为二次支护的组合式衬砌方向发展,也就是我们所谓的复合式衬砌。后者在设计方法上比较成熟,前者的设计方法正在研究之中,还不是很成熟。

2. 单层衬砌的主要类型及构造

目前采用的单层衬砌的主要类型和构造如表 4-6 所示。

单层衬砌的构造形式　　表 4-6

构造形式	第 1 层	第 2 层
1	钢纤维喷混凝土	钢纤维喷混凝土
2	钢纤维喷混凝土	钢纤维模注混凝土
3	钢纤维喷混凝土	钢筋喷混凝土
4	钢纤维喷混凝土	钢筋混凝土
5	钢筋喷混凝土	钢纤维喷混凝土
6	钢筋喷混凝土	钢纤维模注混凝土

表 4-6 中的构造形式,第 1 层采用钢纤维喷混凝土的结构形式如图 4-5 所示。第 2 层的混凝土施工方法或采用喷射方法或采用模注方法,补强方法可采用钢纤维或钢筋。

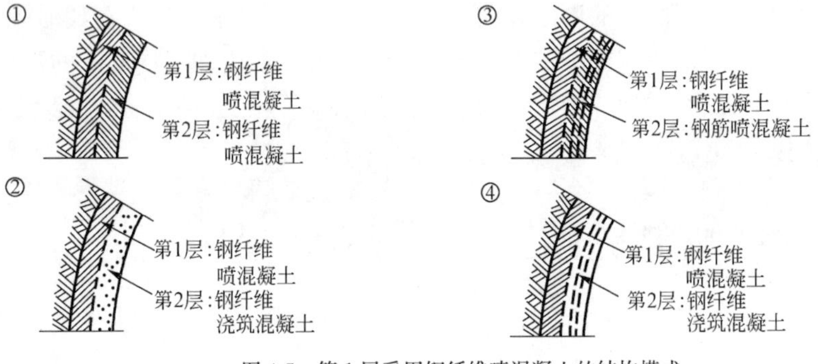

图 4-5　第 1 层采用钢纤维喷混凝土的结构模式

图 4-6 表示第 2 层采用钢纤维浇筑混凝土的构造形式。形式②和⑥仅第 1 层的施工方法不同。这种构造形式的优点是采用与双层衬砌同样的施工方法,第 2 层采用高品质的耐水混凝土。因此在要求具有耐水性的场合采用。

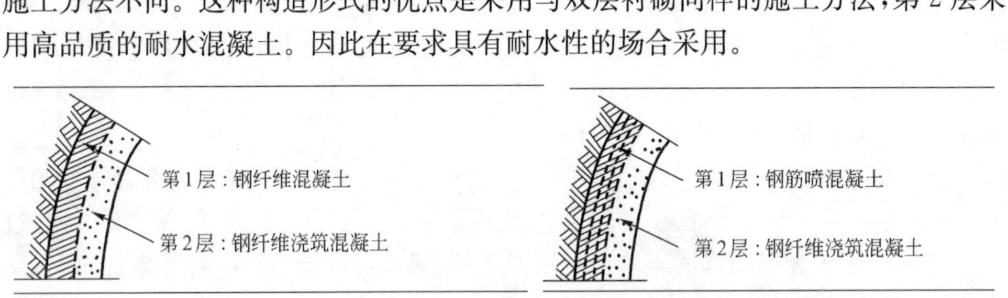

图 4-6　第 2 层采用浇筑钢纤维混凝土的结构模式

在瑞士费拉纳隧道的第2工区，采用了3层的合成构造，其规格列于表4-7。

费拉纳隧道的单层衬砌规格 表4-7

喷 混 凝 土	L_1	L_2	L_3
适用范围	掌子面迅速支护	二次支护稳定围岩	后方永久支护
喷混凝土厚度(cm)	2～4	4～8	8～15
工法	湿喷		
骨料	0～8mm		
抗压强度(N/mm^2)	B40/30	B40/30	B50/40
12h强度(N/mm^2)	15	7	—
试验喷射的强度富裕(N/mm^2)	5～8	6～8	8～10
透水性	40mm以下	30mm以下	20mm以下
回弹率(%)	10以下		
粉尘量(mg/m^3)	4以下		

从表4-7可以看出，单层衬砌对喷混凝土性能的要求是比较严格的。

由此可见，与组合式衬砌不同，所谓的“单层”衬砌，并不是由一层衬砌构成的，也是具有多层构造的衬砌，只是在各层之间，没有设置隔离层而已。单层衬砌的材料多数是采用钢纤维喷混凝土。

3.单层衬砌设计中应关注的问题

在单层衬砌设计中，一个重要的问题是结合面抗剪强度是否能够满足共同工作的要求。德国在有材龄差的混凝土黏附的研究中指出：结合面应满足以下三个条件

• 第1层表面应是粗糙的；

图4-7是一个有关层间剪切动态的试验结果。结果表明：在第1层未加工的喷射面，几乎与人为的做成具有三角形表面的情况相同。其次，如图4-7所示，第2层用钢纤维喷混凝土做成的试件与用钢纤维浇筑混凝土做成的试件比较，基本上，钢纤维喷混凝土传递剪力的能力大。

• 表面有污垢时要清除；第1层假定表面“污染”的状态，如图4-8所示，约降低30%的抗剪能力。

• 容许剪力应满足下式条件。即：

$$T_a = T_o - \mu N \tag{4-5}$$

式中：T_a——容许剪力；

T_o——剪力的0.3倍；

μ——摩擦系数，拉伸轴力时：1.0；压缩轴力时：0.3；

N——作用于结合面的轴力。

不满足上述条件之一者，应在结合面处采用接缝剂。

第二个问题是耐久性问题。在不开裂的混凝土中，钢纤维的腐蚀仅限于靠近表面的。

在有开裂的混凝土中，要满足开裂宽度的限制。因此，在设计中要核查开裂宽度。一般开裂宽度可进行以下核查。

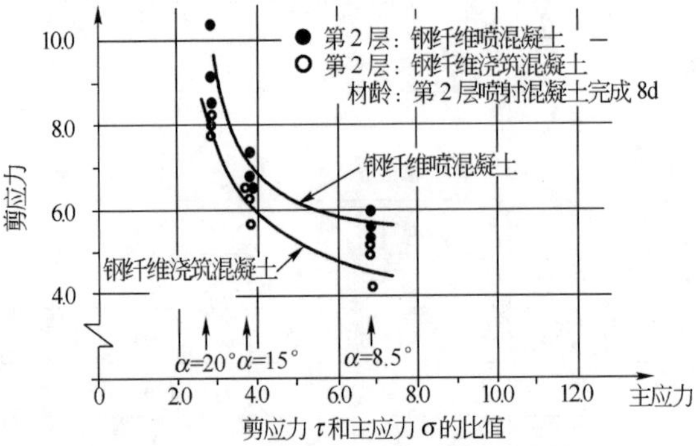

图 4-7　结合面抗剪强度的试验结果

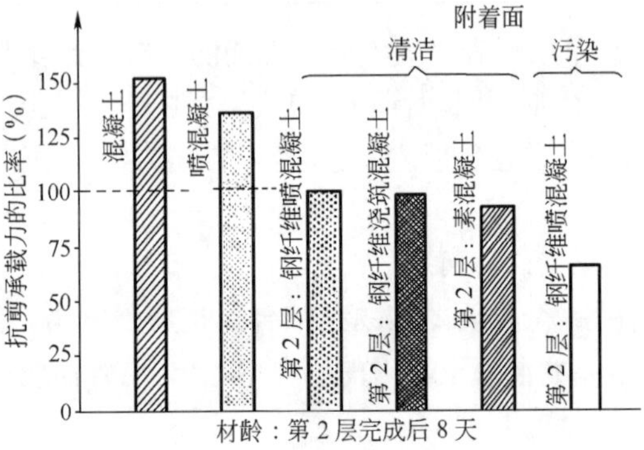

图 4-8　结合面污染的影响

如图 4-9 所示，构件的回转中心取上边缘，构件厚度为 20cm，此节点的回转角 $\theta=0.04(\text{rad})$，可求出开裂宽度（W）：

$$W=d\times\theta=20\times0.04=0.80(\text{cm})=8.00(\text{mm})$$

极限开裂宽度，当构件厚度为 15cm 时是 10mm，此场合的构件回转角与构件厚度 20cm 的情况相同，因此极限开裂宽度

$$W_{极限}=(20/15)\times10=13.3(\text{mm})$$

则有：

$$W/W_{极限}=8.00/13.3=0.60<1.00$$

因此，对设计条件来说，可以确保衬砌的安全性。

第 3 个问题是水密性问题。

要确认使用上的水密性，可采用以下两种方法求出。

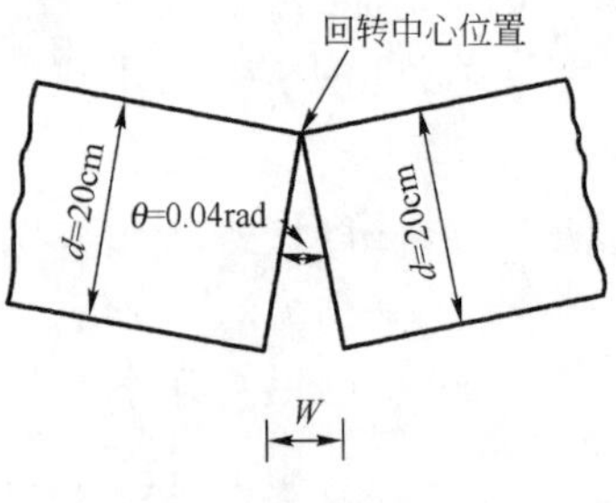

图 4-9　开裂宽度的计算

(1)在使用荷载条件下所有情况都在发生开裂极限以下的强度内，此时的拉应力，可用下式求出。

$$\sigma_{BZ} = (0.8 - \alpha)\beta_{BZ} \tag{4-6}$$

式中：α——压缩时取0；没有拉伸轴力和轴力作用时取0.25；

β_{BZ}——弯曲抗拉强度试验值的95%的概率值。

(2)不发生开裂区域的厚度，至少在15cm以上。此外拉伸区域计算的应变不能超过15%。

当然，还有一些问题，如采用钢纤维喷混凝土时，其最小厚度不要小于钢纤维长度的2倍。如果结合面的抗剪强度不够，可用钢筋加强或采用接缝剂加强等，都应在设计中加以注意。

4. 单层衬砌的设计方法

采用单层衬砌时，与一般隧道一样，要考虑围岩特性、地震的影响、近接工程的影响以及水压、冻胀压力、景观等条件。特别是要考虑喷混凝土、锚杆等作为永久衬砌的耐久性以及喷层可能剥落对第三者的影响等问题。目前在单层衬砌的设计中，采用的方法有以下5种，可以进行比较选定。

- 理论解析；
- FEM解析；
- Q值方法；
- 块体理论；
- 极限状态设计方法。

但不管采用何种方法，有几个前提条件，需要加以说明。

(1)在组合式衬砌中，基本上是用初期支护来控制位移的，而且容许初期支护的喷混凝土有一定程度的开裂。但对单层衬砌，如发生较大变形，衬砌会产生开裂，会造成漏水、影响美观等功能上的问题。因此，为了避免发生喷混凝土变异，不破坏围岩的稳定，要对净空位移加以限制，即与浇筑混凝土一样，容许单层衬砌的开裂限值在0.2mm以内；

(2)在没有很大荷载作用的连续体围岩中，破坏区域比较小，只用单层衬砌就可以了，但在围岩条件变化出现塑性区的场合，为了控制其扩大，同时采用锚杆是有效的。在裂隙发育的围岩中也要采用锚杆。

(3)在单层衬砌中，要确保与通常土木结构物同等的安全系数，要确保长期的稳定性和耐久性。

(4)在力学设计中，首先在概念上要区分支护功能和衬砌功能。一般说，单层衬砌也是由2～3层主要混凝土构成的：第1层不仅要求具有初期支护的功能，也要求具有衬砌的功能；第2层则要求具有衬砌的功能。因此，力学上的安全系数，可以取不同限值进行设计。

(5)由于围岩性质的差异,采用的设计方法也不相同。例如在I、II级围岩中,基本上可以采用经验设计的方法而无需进行任何计算。在II、III级围岩中遇到大块状岩体时,可以采用冠石理论进行计算验证。在IV、V级围岩中,可以采用FEM解析中最简单的弹性解析方法和极限状态设计法进行设计等等。

下面重点介绍有应用前景的极限状态设计方法和欧洲广泛采用的挪威法。

4-4　极限状态设计方法

这是日本在“钢纤维混凝土设计施工手册”(隧道篇)中建议的设计方法。日本建议采用钢纤维喷混凝土做隧道衬砌时,以极限状态设计方法为基本方法。这是因为目前许多国家都开始采用极限状态设计法。日本从1986年起,也向极限状态设计法过渡。这是一种趋势。因此,不仅包括山岭隧道也包括城市隧道,考虑两者共同的趋势和时代的要求,作为设计的基本理念应采用极限状态设计法。

隧道的极限状态是比较复杂的,不能一概而论。一方面是荷载难于确定,其次是影响因素众多。因此,在山岭隧道中,都是基于工程实践和经验决定喷层或衬砌的厚度、对围岩进行分级、决定支护模式,再根据实地量测和施工中的围岩状态变化修正模式,这是一般的设计方法。

采用钢纤维喷混凝土衬砌时,因其用途、构造部位、地层条件、地下水、隧道周边环境等设计条件和开挖方法、衬砌方法等施工条件不同,其衬砌功能也不同。因此,要充分地研究这些条件。此外,对钢纤维喷混凝土衬砌的安全性的确认,不仅在设计时,在施工时和运营中都要认真对待。

根据过去的实践和经验,可以用素混凝土衬砌的围岩中,使用钢纤维喷混凝土以减小衬砌厚度时,或因加固补修但受隧道净空限制,不得不减小厚度时,特别是可不进行计算决定衬砌厚度时,可以参照本方法减小其厚度,但只适用于主要承受轴力的情况。

1. 设计流程

钢纤维喷混凝土衬砌的设计流程,如图4-10所示。

2. 安全系数和修正系数

根据材料强度求设计断面力的过程,要设定材料系数γ_m和构件系数γ_b。而在比较设计断面力和设计断面承载力的阶段,要设定结构物系数γ_i。对钢纤维喷混凝土的强度有以下的变动因素,用材料系数确保其安全性。

(1)浇筑混凝土或喷混凝土的不均匀性;

(2)养护差异的影响;

(3)现场拌和对品质的影响；

(4)浇筑条件或喷射条件的影响。

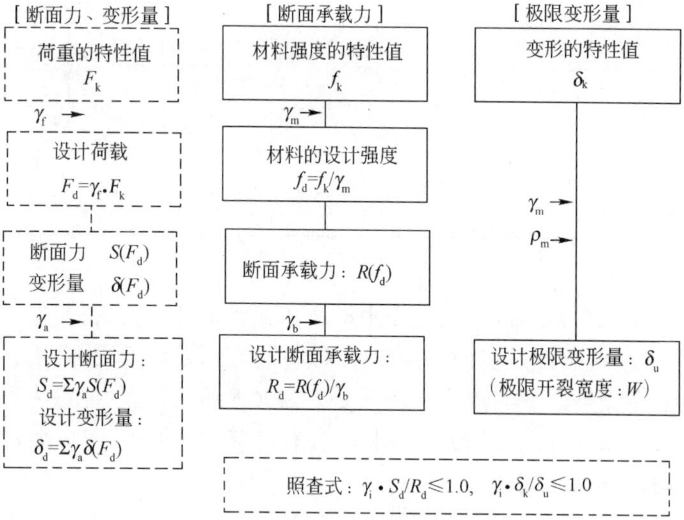

图 4-10　设计中安全性的研究流程

注：γ_f 为荷载系数；γ_a 为结构解析系数。

钢纤维喷混凝土的强度，与素混凝土比，易受上述(1)和(3)变动因素的影响。但是，与素混凝土比，压缩韧性和弯曲韧性是优越的。所以，钢纤维喷混凝土的材料系数，可与素混凝土的压缩和弯曲同样取标准值 $\gamma_m=1.3$。对钢纤维喷混凝土，此标准值不一定是合适的，应根据主管技术人员的判断决定。

像隧道这样的结构物，在最大弯曲应力的发生位置，即使产生过大开裂，在力的再分配过程中，也不会达到破坏，作为结构体承载力很大、安全性很高。此外，衬砌厚度一般都比设计尺寸大。因此，在研究受压缩和弯曲力的构件的安全性时，压缩情况下，γ_b 取 1.3，弯曲情况下，γ_b 取 1.15 为标准值。

结构物系数，根据极限状态取值。极限状态 I 时，取 $\gamma_i=1.1$，极限状态 II 时，取 $\gamma_i=1.0$。

求钢纤维喷混凝土设计断面承载力时的修正系数，可以采用规格值求特性值的材料修正系数，也可以采用试验值求材料特性值、考虑试件尺寸影响的修正系数。

决定材料强度的特性值时，不能依据个个试验值，而应采用其他体系的规格值的修正系数。一般，试验值比规格值大，因此，材料修正系数取 $\rho_m=1.0$。

表 4-8 是安全系数和修正系数的标准值。表中极限状态 I、II、III 是指设计对象的状态。这些值虽然是标准值，但还要根据各个隧道的具体情况，由主管技术人员进行判断，选定合适的值。

安全系数和修正系数(标准值)　　表 4-8

系　　数		极限状态 I	极限状态 II	极限状态 III
材料系数 γ_m	压缩	1.3	1.3	1.0
	弯曲	1.3	1.3	1.0
构件系数 γ_b	压缩	1.3	1.3	1.0
	弯曲	1.15	1.15	1.0
结构物系数 γ_i		1.1	1.0	1.0
材料修正系数 ρ_m		1.0	1.0	1.0

3. 材料的设计值

钢纤维喷混凝土的品质,不仅与使用材料和配比条件有关,也与施工条件和使用环境有关。因为这些条件是多种多样的,所以在通常的设计阶段,采用各种特性的一般值,并以通常环境条件下的混凝土为对象。表 4-8 所表示的值是一个标准值。在条件变化时,变动幅度可能是很大的,因此,如有可资信赖的值,可以取代表列值。

钢纤维喷混凝土的性能,视设计的必要性,可用抗压强度、弯曲强度、抗拉强度等强度特性或弹性系数、韧性、其他变形特性、水密性、耐久性等材料特性表示。

(1)材料的强度

材料强度的特性值 f_k,原则上基于 28d 材龄的试验强度决定。而低龄强度,则应视采用的水泥种类、混合材料的种类、骨料的种类、SF 的混入率及形状尺寸、水灰比等而定。在考虑试验值的离散性的基础上,取大部分试验值不低于该值为保证值。

材料的设计强度 f_d,采用材料强度的特性值 f_k 除以材料系数 γ_m 所得之值。

材料强度的规格值 f_n,在其特性值通过另外途径决定时,材料强度的特性值 f_k 取其规格值 f_n 乘以材料修正系数 ρ_m 所得之值。

抗压强度希望与普通混凝土同等或在其上;

用于计算钢纤维喷混凝土承载力的抗拉强度,不是采用最大荷载时的弯曲强度的计算式,而是采用考虑预计的破坏状态的开裂宽度和开裂深度的关系及构件尺寸影响的钢纤维的抗拉强度 f。

构件尺寸的影响,可参考有关规定,可用钢纤维的抗拉强度乘以下式的试验修正系数评价(表 4-9)。

$$k_{tf} = 0.53/h^{1/3} \tag{4-7}$$

式中:h——构件断面高度(m)。

构件断面高度不满 15cm 时,暂定 $k_{tf}=1.0$。

试 验 修 正 系 数　　表 4-9

构件断面高度(m)	<0.15	0.30	0.35	0.40
k_{tf}	1.00	0.79	0.75	0.72

(2)应力-应变曲线

钢纤维喷混凝土的应力-应变曲线，以普通混凝土的应力-应变曲线为准。在承受弯矩或弯矩和轴力的构件断面的极限状态中，原则上采用图4-11的应力-应变曲线。

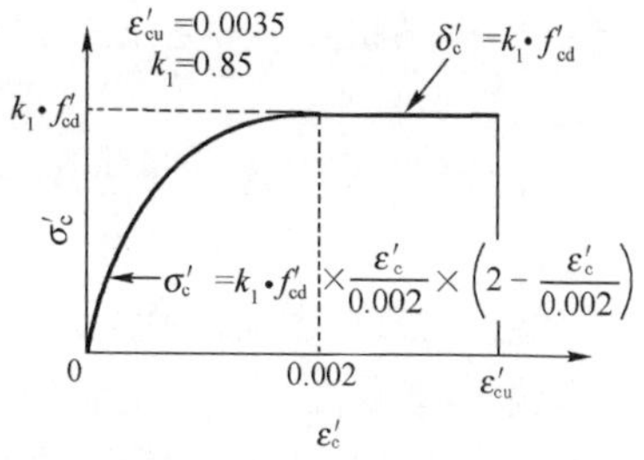

图4-11 SFRC的模式化的应力～应变曲线

钢纤维喷混凝土的应力-应变曲线，研究时最好假定合适的曲线。在普通混凝土时，视混凝土的种类、材龄、作用的应力状态、加载速度及加载经路等，应力-应变曲线相应不同。但是，求构件断面最终承载力时，应力-应变曲线的不同对其结果影响不大，所以可以采用普通混凝土的应力-应变曲线。

(3)弹性系数

钢纤维喷混凝土的弹性系数，原则上，根据试验决定。求出应力-应变曲线，采用抗压强度的1/3点和应变为50×10^{-6}点的联线的切线弹性系数试验值的平均值。低龄混凝土，视水泥种类、水灰比、养护条件、材龄等，采用合适值。

求钢纤维喷混凝土的弹性系数的试验方法和确定方法，与普通混凝土同样。采用弹性计算的钢纤维喷混凝土的弹性系数，钢纤维的混入率在2%以下时，几乎不受钢纤维的影响。

一般说，钢纤维的混入率在0.5%～2.0%范围之内，可采用表4-10所示的普通混凝土同样的值。

钢纤维喷混凝土的弹性系数 表4-10

f_{ck}(N/mm²)	18	24	30	40	50	60
E_c(kN/mm²)	22	25	28	31	33	35

弹性系数随强度增加而逐渐增大。此外，配比也有影响，同时在低龄混凝土时，因混凝土的流变或松弛，应力缓和显著。钢纤维喷混凝土的情况，流变或松弛比普通混凝土小，但与此有关的资料很少。

为此，在大体积混凝土施工时，参考低龄混凝土的弹性系数，并考虑流变、松弛等，可采用有效的弹性系数。此有效弹性系数的近似值，可由式(4-8)求出。

$$E_e(t)=1.1\times10^4\times\sqrt{f_c(t)}\text{(材龄3d以内)}$$
$$E_e(t)=1.5\times10^4\times\sqrt{f_c(t)}\text{(材龄5d以后)} \quad (4\text{-}8)$$

式中：$E_e(t)$——材龄为t(d)的有效弹性系数；

$f_c(t)$——材龄为t(d)的抗压强度。材龄在3～5d之间用插值法求出。

4. 极限状态

设计隧道衬砌时，应采用的极限状态，是钢纤维喷混凝土构件的“构件极限状态”，分为以下 3 类。

(1)极限状态 I 是根据确保衬砌长期耐久性的观点，规定的极限状态；

(2)极限状态 II 是根据确保承受轴压和弯曲的构件所需的构件承载力的观点，规定的极限状态；

(3)极限状态 III 是根据评价衬砌跟踪围岩大变形的钢纤维喷混凝土构件的变形特性的观点，规定的极限状态。

隧道衬砌中发生的断面力，一般有轴向压力、弯矩及剪力。但闭合的隧道衬砌的局部破坏，多是受到其中的轴向压力和弯矩的控制，即：隧道衬砌的一部分，因弯曲拉应力和弯曲压应力而塑性化，在该处形成塑性铰。因地面环状结构在 3 处形成铰后是稳定结构，所以，如荷载系是同等明确的话，就可以采用塑性设计法(极限设计法)。但是，地中的环状结构，其周边因受围岩的约束，就是形成 4 个以上的铰，围岩是坚固的情况，也不会发生衬砌的总体破坏。图 4-12 概念地表示了这种情况。图中 c)是环状结构的不稳定状况发生在相临的 3 个塑性铰中，中央的铰发生移动，是引起隧道衬砌总体破坏的基本原因。

另外，即使不发生衬砌的总体破坏，而发生大变形等情况，也会显著损害隧道的功能，也可能丧失其使用功能。因此，应作为隧道的极限状态之一加以考虑。例如，因变形量的增加，不能确保所需断面净空时，因漏水也不能维持隧道功能时，或是因隧道变形对周边环境产生影响时，或是不能满足管理基准时的状态等。

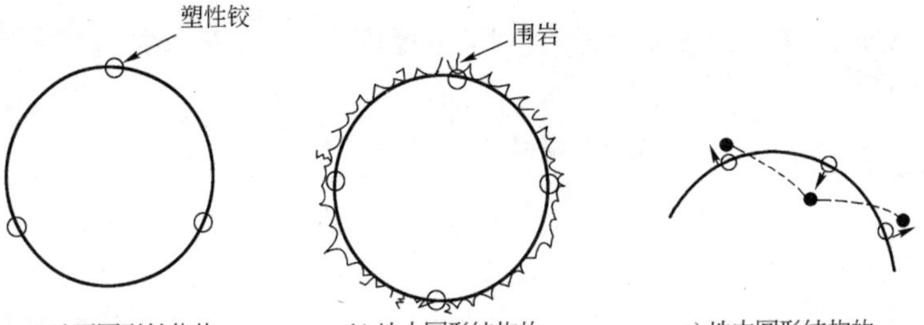

a) 地面圆形结构的稳定状态　b) 地中圆形结构的稳定状态　c) 地中圆形结构的不稳定状态

图 4-12　隧道衬砌的构造特性

根据以上状况，首先，虽然对隧道终极承载力能够进行力学解析，但对变形的限制条件还不明确。因此，规定隧道的极限状态还是困难的。其次，作用在隧道衬砌上的荷载也是千变万化的，随开挖引起围岩松弛也会产生新的荷载，这些状况都是很复杂的。

另外，没有完全闭合的隧道衬砌，除上述轴向压力和弯矩引起的破坏外，偏压等也会造成剪力破坏。而且，作用在隧道衬砌上的荷载，几乎都是按匀布荷载考虑的，很难考虑集中的剪力。因此，只要衬砌确保某一厚度，剪切破坏基本上不会发生。闭合的隧道衬砌的剪切破坏，是急剧的总体破坏，但多在地震的断层滑动等地层发生很大变动的情况时产生。

根据以上观点，在讨论隧道的极限状态时，要充分考虑衬砌的变形特性及强度特性，以安全为基本理念，来规定钢纤维喷混凝土构件的极限状态。

根据钢纤维喷混凝土构件的弯曲试验的结果，荷载与加载点（2 点）的平均垂直位移、中央点的垂直位移及纯弯曲区间的开裂宽度间的关系如图 4-13 所示。

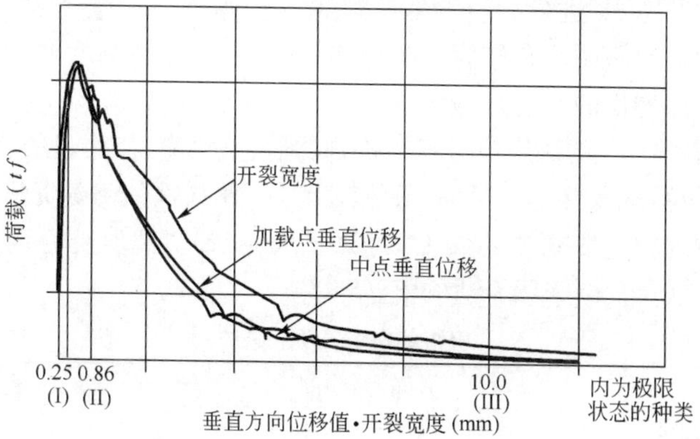

图 4-13　荷载与位移及开裂宽度的关系

由上图可见，开裂发生后的垂直位移，与构件的弹性变形的关系是很小的。因此，开裂宽度和挠度是强烈相关的。

素混凝土时，达到最大荷载后的破坏，对钢纤维喷混凝土来说，是荷载逐步减小。而变形逐步增大，荷载到 0 附近时，构件也没有发生破断，这是一个特征。为有效地利用此特征，应在设计时充分利用此应变能，但目前还没有合适的方法。所以，在设计中，视钢纤维喷混凝土构件的性能，把极限状态分为适用于永久衬砌的极限状态 I、适用于作为永久衬砌一部分的极限状态 II 和适用于临时构件的极限状态 III。

5. 衬砌结构的类型

一般采用钢纤维喷混凝土作隧道衬砌时，因施工方法不同，衬砌的性能也有所不同。ELC 法的直接浇筑混凝土和用泵浇筑的二次衬砌或仰拱、干喷或湿喷构筑的衬砌，都会形成性能各异的衬砌体。因此，考虑结构类型和部位是很重要的。一般说，各种结构类型适应的极限状态的关系见表 4-11。

构件类型及极限状态表　　表 4-11

构筑方法	构筑部位或类型	结构类型		
		结构构件	结构构件的一部分	非结构构件
浇筑钢纤维混凝土	一次衬砌	I	II	III
	二次衬砌	I	I	I
钢纤维喷混凝土	一次衬砌	I	II	III
	二次衬砌	I	I	I
预应力钢纤维混凝土	衬砌板、装饰板等	I	I	I

(1)极限状态 I

极限状态 I 是根据确保衬砌长期耐久性观点规定的极限状态。

极限状态 I 原则上以极限开裂宽度 W_1 进行检查。但采用钢纤维喷混凝土作结构部件时,如能评价设计断面力,可进行结构物安全性的检查。其断面承载力的评价方法可按"极限状态 II"进行。

此外,作用荷载不明确和作为非结构构件时,极限开裂宽度 W 可用合适的材料系数除之,作为该构件的施工管理值。

极限开裂宽度 W_{I} 的决定应考虑结构物功能、重要度、使用目的、使用期间、结构物的环境条件及荷载条件等。目前,虽然没有关于耐久性的明确资料,但是为方便设计,极限开裂宽度暂定取 0.25mm(1/100)(见表 4-12)。此值是暂定的,也可根据试验,由主管技术人员判断采用合适的值。

极限状态 I 的评价方法　　表 4-12

使用目的	极限开裂宽度(mm)	承载力的评价
非结构构件 结构构件 结构构件的一部分	原则上取 0.25mm	以极限状态 II 为准

(2)极限状态 II

极限状态 II 是基于极限开裂宽度 W_{II} 计算的设计断面承载力。极限开裂宽度 W_{II} 是根据钢纤维喷混凝土构件的 2 点弯曲试验求出的。

极限状态 II 的设计断面承载力,用 M-N 曲线表示。

为导出 M-N 曲线进行的弯曲抗拉强度的计算,以下述假定进行。

①断面的应力分布,按图 4-14 所示取;

②线应变与距压缩断面的中性轴的距离成比例;

③中性轴区开裂前端的位置,开裂深度区构件厚度的 70%的位置。即:构件厚度的 30%是受压断面,70%是受拉断面。

极限状态 II 作为钢纤维喷混凝土衬砌的构件性能,可用检验抗弯拉伸性能的抗弯试验决定,决定受弯及受压的构件的承载力时,可以此为准。

极限开裂宽度 W_{II} 可用此除以合适的材料系数,决定合适的施工管理值。

极限状态 II 根据弯曲试验决定。并根据极限状态 II 的极限开裂宽度的荷载状态及变形状态定义之。根据此时的荷载状态求出抗拉强度,并导出 M-N 性能曲线,来检查断面的承载力。

极限开裂宽度 W_{II} 如图 4-15 所示,由钢纤维喷混凝土构件的弯曲试验结构的 B 点定义之。B 点的开裂宽度由式(4-9)表示。

$$W_{\mathrm{II}} = 0.0035 \times \frac{0.7}{0.3} \times I_s \tag{4-9}$$

此处 0.003 5 是压缩侧的极限应变。0.7 及 0.3 是受拉受压断面高度的比值。此外 l_s 的严密值还不能明确的提出，但可根据各种试验的结果，在 0.7～1.0h 范围内选择。

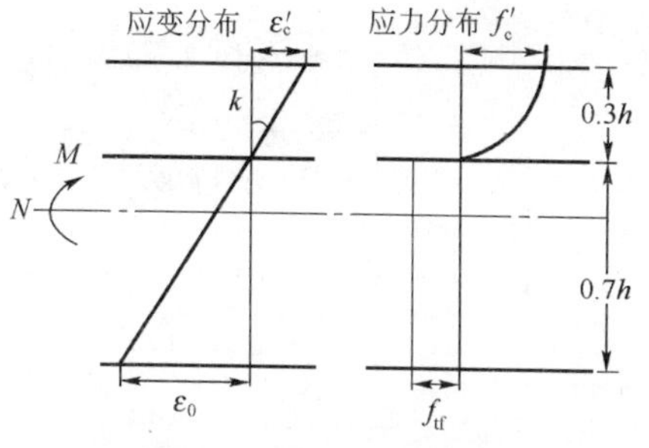

图 4-14 应变分布和应力分布

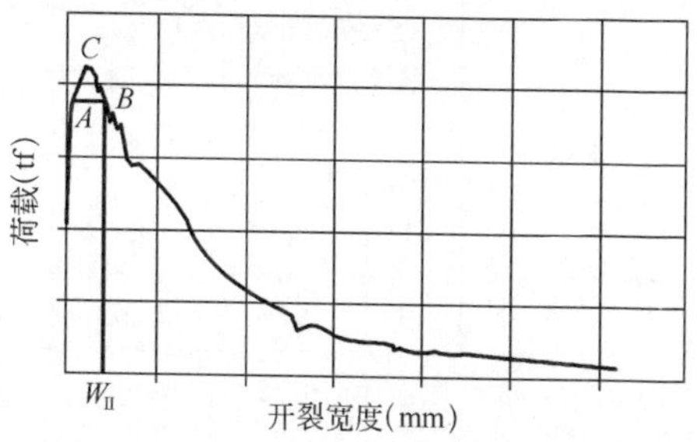

图 4-15 荷载和开裂宽度

参考钢纤维喷混凝土的试验结果，l_s 取 0.7h。所以，极限开裂宽度 W_{II} 在构件厚度为 150mm 时，取 0.86mm。

构件厚度与 150mm 不同时可用式(4-9)求极限开裂宽度。但此时，根据式(4-9)求出的极限开裂宽度，因构件的尺寸效应或钢纤维的形状尺寸等不同，不一定能确保与极限状态 II 等效的应力状态和变形状态。因此，构件厚度与 150mm 不同时，要进行实际构件厚度的抗弯试验，来确认由式(4-9)求出的与极限开裂宽度对应的抗拉强度。

钢纤维喷混凝土在开裂后的抵抗力是优越的，抗拉强度也随钢纤维的混入率增加而增大。同时，开裂横切钢纤维，可传递拉力，保持力的平衡。所以，即使开裂宽度增大，承载力也具有残余的特性。根据这一特点，衬砌的一部分断面发生开裂，设计时也可预计钢纤维承受拉应力。

一般说，在开裂面内，钢纤维传递的力如图 4-16 所示，随开裂宽度的变大，而变小。此时的应力分布见图 4-17a)，但为设计的方便，在开裂面内的钢纤维所受的拉应力 f_{tf}，假定在开裂深度内是均匀分布的如图 4-17b)所示。

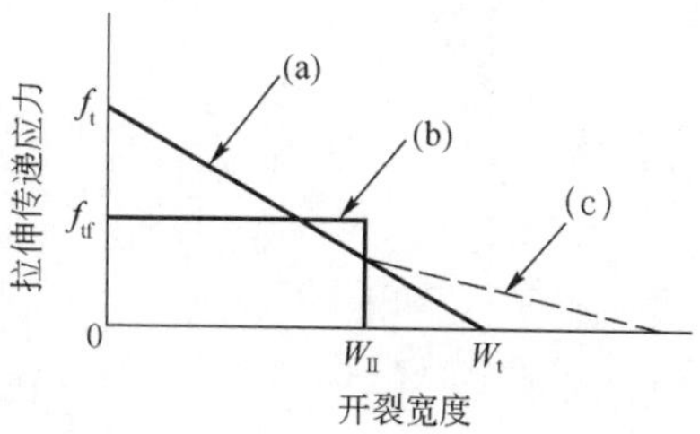

图 4-16 拉伸应力和开裂宽度

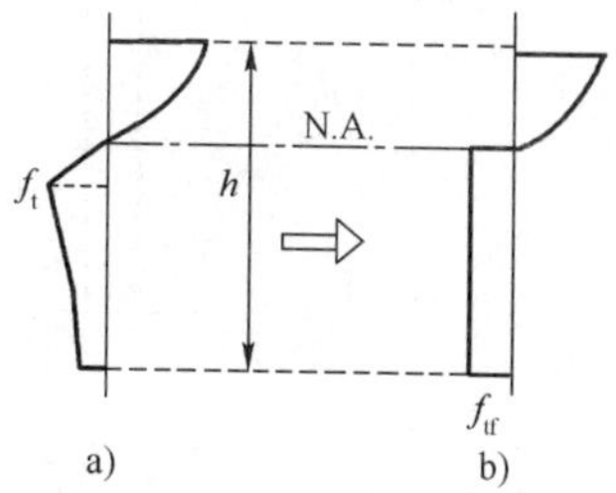

图 4-17 应力分布

表 4-13 是构件厚度为 150mm 时进行的抗弯试验的 A、B、C 点的开裂深度(图 4-16)。其中，弯曲最大荷载时(C 点)，不管钢纤维混入率如何，开裂深度均达构

件厚度的80%。即,钢纤维喷混凝土的构件,对纯弯曲、受压断面的高度为构件厚度的20%时,还有相应的承载能力。

弯曲破坏与开裂深度的关系 表4-13

钢纤维混入率组合	最大荷载前(*A*点)(与开裂宽度0.86mm荷载同)			最大荷载时(*C*点)			开裂宽度0.86mm时(*B*点)		
	荷载(tf)	开裂宽度(mm)	开裂深度(mm)	荷载(tf)	开裂宽度(mm)	开裂深度(mm)	荷载(tf)	开裂宽度(mm)	开裂深度(mm)
浇筑0.5%—1	1.85	0.33	0.67*h*	2.23	0.14	0.76*h*	1.85	0.86	1.00*h*
浇筑1.0%—1	3.16	0.12	0.73*h*	3.67	0.36	0.85*h*	3.16	0.86	0.98*h*
浇筑1.0%—2	3.37	0.23	0.76*h*	3.69	0.41	0.80*h*	3.37	0.86	0.87*h*
浇筑1.5%—1	3.78	0.17	0.69*h*	4.24	0.47	0.79*h*	3.78	0.86	0.84*h*
浇筑1.5%—2	4.60	0.20	0.70*h*	5.11	0.48	0.78*h*	4.60	0.86	0.83*h*
浇筑SFRC平均	—	—	0.71*h*	—	—	0.80*h*	—	—	0.90*h*

另外,衬砌主要是承受轴向压力。因此,采用计算断面承载力的受压断面在极端小的情况下,可不考虑构件的急剧弯曲压缩破坏。

根据上述,弯曲承载力及开裂深度达构件厚度的70%(*A*点)的状态,具有与其同等的弯曲承载力。

根据研究钢纤维喷混凝土变形性能的*B*点的荷载状态,计算抗拉强度f_{tf},求极限状态II的断面承载力时,取*B*点的开裂宽度为变形的极限值。

极限状态II的钢纤维喷混凝土构件的抗拉强度f_{tf}假定为图4-18的应力分布和应变分布。弯曲试验得到的弯矩$M=P_tL/6$及轴压力$N=0$的平衡式,可联立式(4-10)及式(4-11)导出的式(4-12)求出。

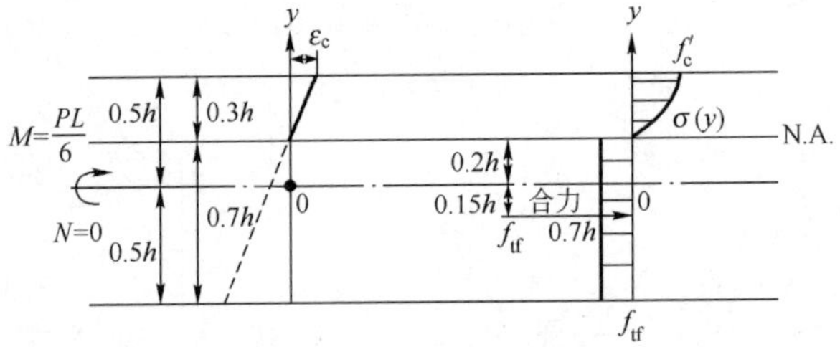

图4-18 应变分布和应力分布

$$M=\frac{P_tL}{6}=f_{tf}\cdot 0.7h\cdot 0.15h\cdot b+b\int_0^{0.3h}\sigma(y)(y+0.2h)\mathrm{d}y \tag{4-10}$$

$$N=f_{tf}\cdot 0.7h\cdot b-b\int_0^{0.3h}\sigma(y)\mathrm{d}y=0 \tag{4-11}$$

式中：$\sigma(y)=k_1\cdot f_c\cdot\frac{\varepsilon(y)}{0.002}\cdot\left[2-\frac{\varepsilon(y)}{0.002}\right]$；

$\varepsilon(y)=\frac{\varepsilon(c)}{0.3h}\cdot y$。

P_t 是弯曲荷载，L 是弯曲试验的试件跨度，b、h 是试件宽度和高度。

$$f_{tf}=0.44P_tL/(h^2b) \tag{4-12}$$

根据采用 150mm×150mm×530mm 试件的试验结果，求抗拉强度时，可采用式(4-13)。

$$f_{tf}\approx\frac{1}{17\,000}\cdot P_t(N/mm^2) \tag{4-13}$$

(3)极限状态 III

极限状态 III 原则上是检查极限开裂宽度 W_{III}。极限开裂宽度 W_{III} 是考虑保持施工中钢纤维喷混凝土构件的破断和剥落的安全性及支护的功能的一个限界。

极限状态 III 是注重钢纤维喷混凝土变形特性的，并不期待抗弯的承载力(图4-19)。

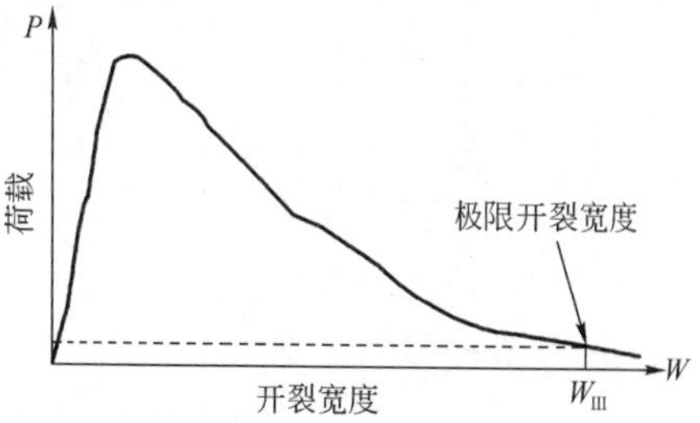

图 4-19 荷载-开裂宽度关系图

喷混凝土作支护时，在设计上最好是不容许开裂。但在不容许剥落剥离的范围内，开裂的发生是不可避免的。为此，采用钢纤维喷混凝土对跟踪围岩的变形有相当的改善，即使产生较大的开裂也不会造成剥离或剥落。所以，在预计可能发生大变形的围岩中，充分利用钢纤维喷混凝土的这种特性，来进行设计是合适的。

极限状态 III 的开裂深度大致与构件厚度相当。根据构件厚 150mm，钢纤维长 25mm 情况的弯曲试验，开裂宽度超过 10mm 也没有发生破断。为此，在 150mm 厚的构件中，极限开裂宽度 W_{III}原则上取 10mm。

此极限宽度 W_{III}除以合适的材料系数可作为施工管理值。但对构件厚度大于 150mm 的最终破断，规定其极限开裂宽度时，要考虑钢纤维的形状和自重的影响。

发生的开裂达到极限开裂宽度时，开裂已到达背面。一断面如产生多处开裂，轴力的传递是不连续的，会造成局部应力集中，会使衬砌丧失作为支护构件的功能。为此，极限开裂宽度 W_{III}也要考虑这一点加以规定。

4-5 挪威法(Norwegian Method of Tunneling)

挪威法是单层衬砌设计的主要方法之一，在欧洲各国得到了广泛的认可和应用。简单地说，挪威法包括：**正确的围岩评价、合理的支护参数选定及高性能的支护材料**

三部分，是一种经济而安全的修筑隧道的方法。它适用于各种地质条件下的铁路隧道、公路隧道、水工隧洞及大型地下岩石工程的永久支护。特别是在硬质围岩中，得到广泛的应用。

挪威法的基本内容和方法如下：

• 基于现场调查、钻孔调查(室内试验)及弹性波探查进行预设计；

• 通常采用 Q 法进行围岩分级的评价；

• 各种支护模式的数值解析验证多采用不连续体解析的 UDEC－BB、3DEC 方法进行；

• 局部锚杆、系统锚杆、系统锚杆＋钢纤维喷混凝土构成的一次支护作为永久支护一部分；最终的支护设计根据施工中的观察和量测记录求出的 Q 值选定支护模式；

• 一次支护作为永久支护时，使用开始后作为漏水、冰霜对策可采用混凝土板或钢板施设二次衬砌；

• 开挖视围岩状况采用爆破或机械方法进行；

• 永久支护的支护模式：边施工、边选定；

• 永久支护由高品质钢纤维喷混凝土($\sigma_{ck}=40\sim50$MPa)和全长附着型、高拉力、耐腐蚀的锚杆构成。

1. 围岩评价——Q 值

正确的围岩评价是挪威法的核心。挪威法采用 Q 值作为围岩评价的方法。这个方法是 20 世纪 70 年代初，由 N・Barton 提出的，在欧洲等国应用较广。

一般说，Q 值是由下述 6 个变量组合而成的。

$$Q=\frac{RQD}{J_n}\cdot\frac{J_r}{J_n}\cdot\frac{J_w}{SRF} \tag{4-14}$$

式中：RQD/J_n——相对块度尺寸；

J_r/J_n——块体间摩擦系数；

J_w/SRF——有效应力。

从 Q 值的构成看，决定 Q 值需要较多的地质参数，在隧道施工前要取得这些参数是有困难的。因此，挪威法编制了一个如图 4-20 所示的 Q 值判定卡。因为，即使是同一种岩石学认为相同的围岩，因现场条件不同，围岩的状态也会有所变化。所以，数据的统计处理是非常重要的。

图 4-20 的 Q 值判定卡是根据对隧道周边围岩性质的统计处理和 RQD 的补充数据编制而成，实用性很强。

判定卡表示了 6 个变量的变动范围(例如 J_n：0.5～20)并做了简要说明。例如裂隙数为 1、2、3 时，J_n 分别为 2、4、9。图 4-20 的左侧说明各级别中频率高的变量值的组合情况。

$$Q=(RQD/J_n)\times(J_r/J_a)\times(J_w/SRF)$$

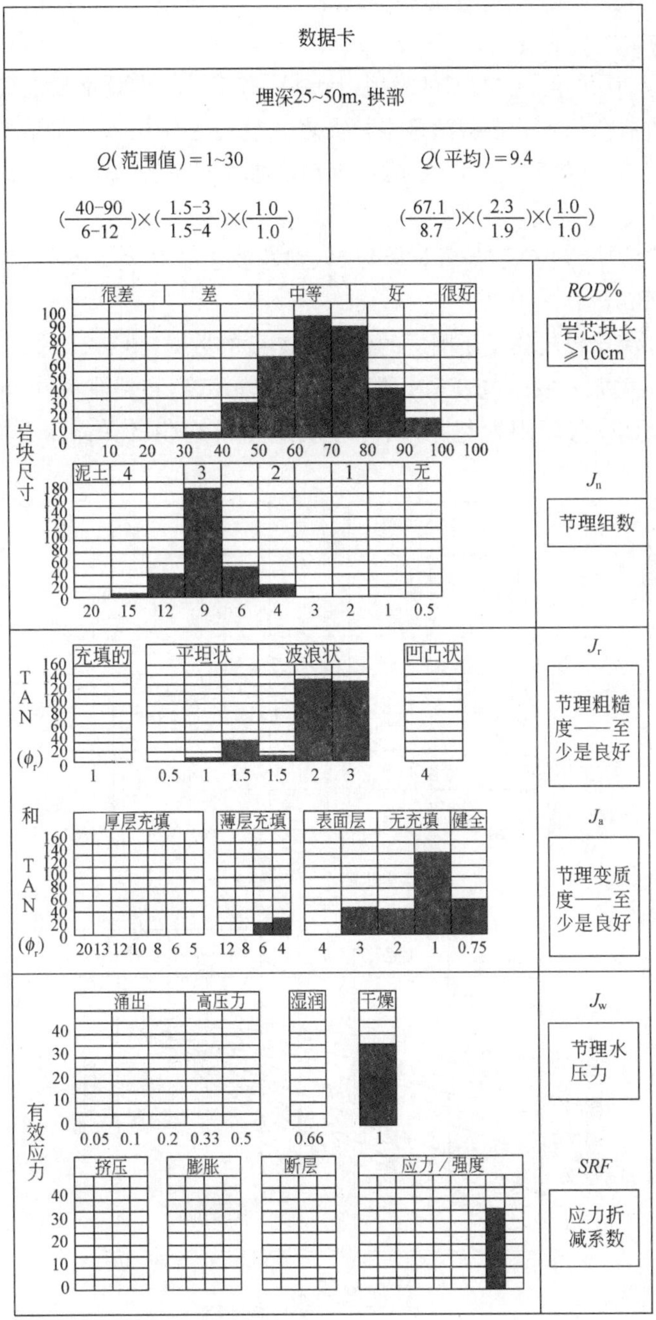

图 4-20　决定 Q 值的判定卡

Q值把围岩分为6级(0.001~1 000),反映了较为广泛的围岩条件(从膨胀性围岩、未固结围岩到裂隙不发育的整体围岩)。围岩的变形系数分为3级(0.05~50GPa),抗剪强度分为2级(0.1~20MPa)。根据这些变量可以求出Q值。

由于最近20几年支护技术的发展,特别是高质量的钢纤维喷混凝土的开发,取得了很大的进展。但作为挪威法基本特征之一的Q系统围岩评价法变化不大,而仅仅是作为围岩应力的变量SRF,考虑到埋深增加时的岩爆及软岩的膨胀性等,其范围值扩大了。

在工程实践中,对Q值与各试验数据(弹性波速度V、σ_r、变形系数)的关系进行了一些试验研究。

基于在埋深比较浅的硬质围岩的弹性波速度的数据,图4-21的a)表示出弹性波速度和Q值的关系。图中也表示出弹性波速度与RQD和裂隙率(F/m)的关系。图4-21的b)表示出埋深、围岩裂隙率、弹性波速度和Q值的关系。下面举例说明图4-21的用法。

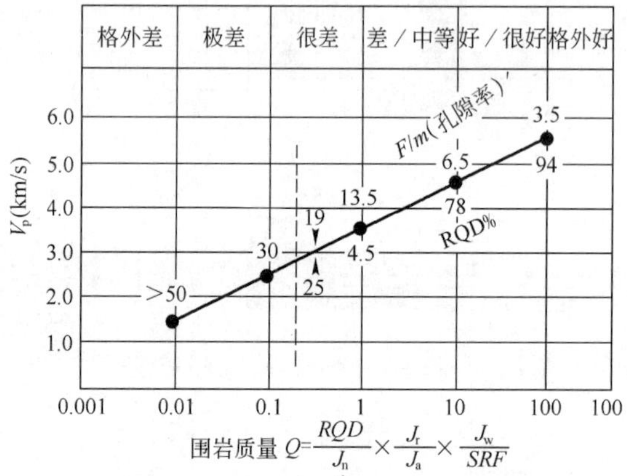

a)

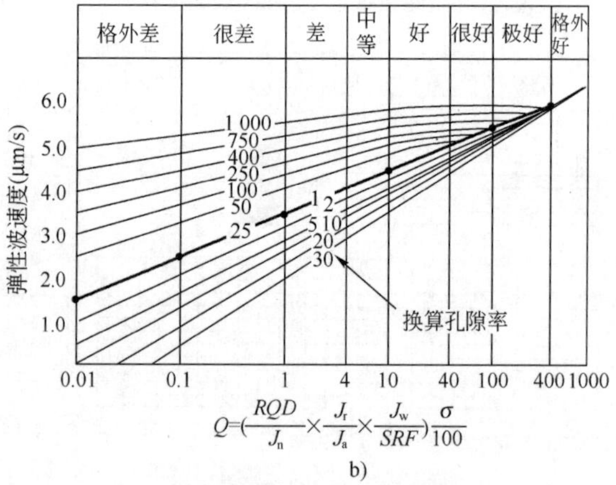

b)

图4-21 V_P和Q值及变形系数的关系

【例 4-1】 (1)设定 $Q=2$,即:$Q_r=1$(钻孔岩芯),$\sigma_c=50$MPa[$J11$ 级围岩:$C(b)$的砂岩];

(2)设定空隙率 $n=10\%$,埋深 $H=100$m;

(3)结果,根据此图,假定围岩的弹性波速度为 $V_p=3.5$km/s。

【例 4-2】 (1)设定 $Q=1$、$\sigma_c=10$MPa,即:$Q_r=0.1$;

(2)设定空隙率 $m=5\%$,埋深 $H=100$m;

(3)根据图 4-21a),$Q_r=0.1$、埋深 $H=100$m 时,从左纵轴知,$V_P=3.7$km/s。

从图 4-21 的 b)知,$n=5\%$时,V_p 减少 0.8km/s。因此,$V_p=3.7\sim0.8=2.9$km/s,变形系数 $M_{(meam)}=6.5$GPa。

在 TBM 隧道中,前方的围岩探查采用弹性波探查是很有效的。实际上弹性波速度(V_p)和 Q 值之间有很强的相关,可用下式表达。

$$V_P = \log 10Q + 3.5 \tag{4-15}$$

2. 合理支护参数的选定

与 Q 值判定卡密切相关的是支护结构选定卡,用以根据围岩等级决定支护的规模和水准。图 4-22 的支护结构选定卡是 1986 年提出的,当时,支护主要是采用网喷混凝土 $S(m_r)$。1978 年以后,钢纤维喷混凝土 $S(f_r)$已作为商品投入使用,到 1984 年已完全代替了 $S(m_r)$。因此 1993 年又根据图 4-22 的 1 250 个事例提供了详细的支护类型和参数(图 4-23)。

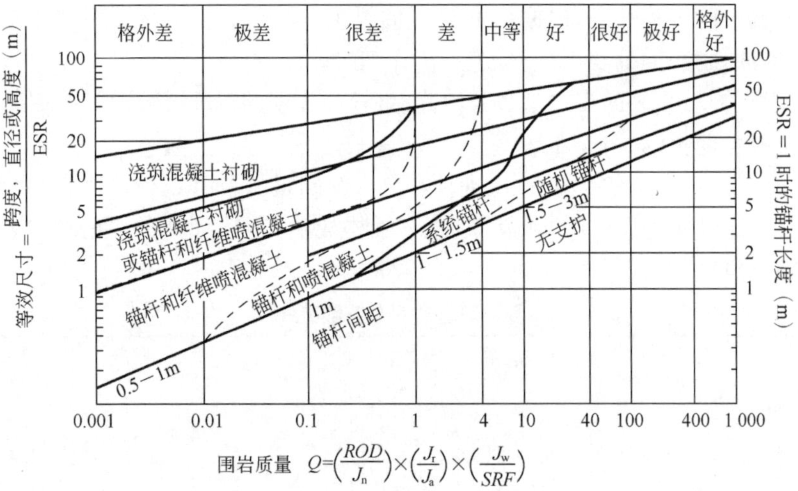

图 4-22 Q 系统的支护设计卡(1986)

图 4-23 的横轴表示 Q 值,围岩级别表示在上侧。这里记述的是基于挪威围岩好坏的评价基准。纵轴是隧道宽度或高度被所谓的安全系数 ESR 除之值,单位为 m。

干线公路隧道、铁路隧道及水力发电用的隧洞的 *ESR* 是 0.9～1.1。水工隧洞的 *ESR* 是 1.6～2.0。*ESR* 随支护规模而变，因此，费用和安全性也会变化。

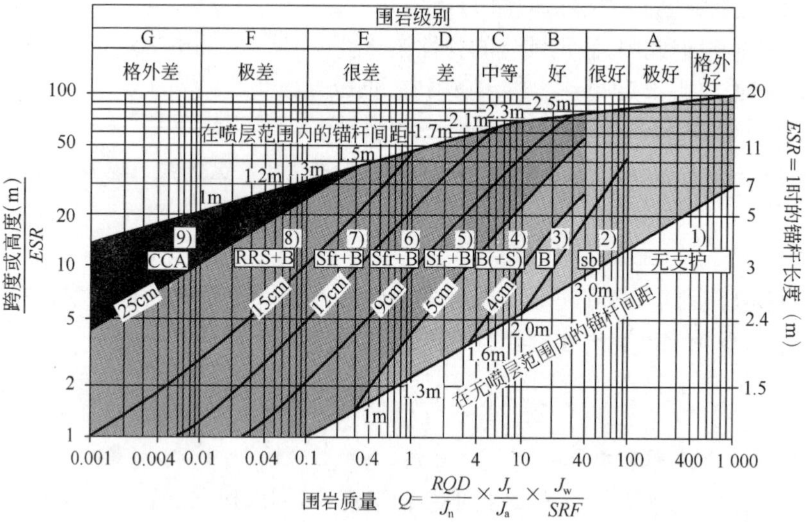

图 4-23　*Q* 系统的支护设计卡(1993)

现以具体例子说明图 4-23 的用法。图中的●表示宽 18m 的公路隧道（*ESR*＝1.0)，*Q*＝20 的例子。永久支护的规模，根据图 4-23 选定为：B1.9m＋Sf_r10cm，其中：B 表示系统锚杆，1.9m 间距(横向)；Sf_r 表示钢纤维湿喷混凝土，厚度 10cm。

系统锚杆的平均长度，根据图 4-23 的右纵轴，选定 5m。但最终的锚杆长度和锚杆轴力(破断强度)的确定，要进行进一步详细的设计。

要注意的是，本表的支护参数是以高品质、高强度的钢纤维喷混凝土和高拉力耐腐蚀的锚杆为前提的。

图 4-23 的支护选定卡中，一次支护和二次衬砌是由表示 *Q* 值(0.001～1 000)的 *x* 轴和表示隧道宽度(1～100m 范围)的 *y* 轴构成的。但隧道尺寸随表 4-14 表示的安全系数 *ESR* 而变。

各种洞室的安全系数 ESR　　表 4-14

洞 室 类 型	ESR
A 矿山临时巷道	2～5
B 矿山永久巷道、引水隧洞、导坑、压力调节室	1.6～2.0
C 储备用地下空洞、水处理设施、地方用铁路公路隧道	1.2～1.3
D 地下发电站、干线铁路公路隧道、隧道洞口、隧道交叉部	0.9～1.1
E 地下原子能发电站、地下车站、体育场及公共设施、地下工厂、地下生命线隧道	0.5～0.8

例如远离动力室的引水隧洞和矿山采掘场非入口地段一样容许一定程度的掉块，*ESR* 取1.6～2.0。而铁路隧道或者发电站的重要隧洞要保证绝对防止落石，*ESR* 采用 0.5～1.1。

根据更新后的支护选定卡，支护形式可在表 4-15 的 9 种类型中选择。

挪威法的永久支护类型 表 4-15

支护模式
1. 无支护； 2. 局部锚杆：sb； 3. 系统锚杆：B； 4. 系统锚杆(及喷混凝土，厚度 4～10cm)：B(＋S)； 5. 钢纤维喷混凝土，及系统锚杆，喷层厚度 5～9cm：Sf_r＋B； 6. 钢纤维喷混凝土，及系统锚杆，喷层厚度 9～12cm：Sf_r＋B； 7. 钢纤维喷混凝土，及系统锚杆，喷层厚度 12～15cm：Sf_r＋B； 8. 钢纤维喷混凝土，喷层厚度大于 15cm，加设钢筋肋的钢纤维喷混凝土及系统锚杆：Sf_r＋RRS＋B； 9. 浇筑混凝土衬砌：CCA

在硬质围岩为主的许多国家中，隧道施工时，经常会有无支护的地段，这可以节省大量的施工费用。而且，从安全性、外观、及照明等方面看，还存在潜在性的费用削减，特别是对公路隧道。因此，研究自稳性围岩的典型特征是很必要的。30 个以上的无永久支护的地下开挖的实例，列于表 4-16 中。这也是决定无支护的条件，或者说是评定无支护坑道稳定性的条件。

永久无支护的条件 表 4-16

1	$J_n \leqslant 9, J_r \geqslant 1.0, J_w = 1.0, SRF \leqslant 2.5$
2	如 $RQD \leqslant 40$，则 $J_n \leqslant 2$
3	如 $J_n = 9$，则 $J_r \geqslant 1.5$ 及 $RQD \geqslant 90$
4	如 $J_r = 1$，则 $J_n < 4$
5	如 $SRF > 1$，则 $J_r \geqslant 1.5$
6	如跨度＞10m，则 $J_n < 9$
7	如跨度＞20m，则 $J^n \leqslant 4$ 及 $SRF \leqslant 1$

表 4-16 所示的 *Q* 变量，例如其中的项目 3“如 $J_n = 9$，$J_r \geqslant 1.5$ 及 $RQD \geqslant 90$”意味着节理有 3 组存在的场合($J_n = 9$)，为进行无永久支护的开挖，围岩的 J_r 值要在 1.5 以上(粗糙、平面)，*RQD* 值至少在 90%(非常好)以上。表 4-16 中 2 的条件是理论上的，如不满足就要进行围岩补强。

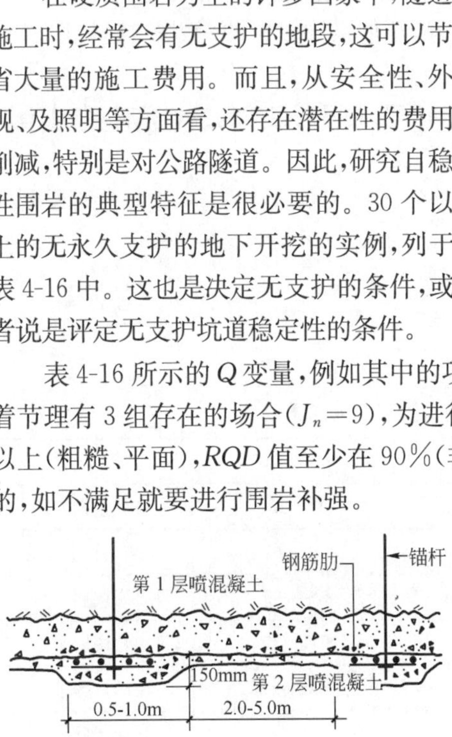

图 4-24 钢筋肋、钢纤维喷混凝土支护示意图

带有钢筋肋的钢纤维喷混凝土的支护类型(表 4-15 中的 8)示于图 4-24。加设钢筋肋的钢纤维喷混凝土是在围岩条件极差的条件下用刚性支护直接支护围岩的较好的方法，根据量测结果和对围岩动态的观察记录可以调整其厚度和间距，同时也可以设置浇筑混凝土的二次衬砌。在奥斯陆

的城市隧道中,已经采用了这种形式的支护。从图 4-24 可以看出:所谓的钢筋肋与我们的格栅极为类似,但其构造比较简单。

同样地,早期设置与围岩直接接触的支护的重要性在图 4-25 的曲线上也得到了反映。

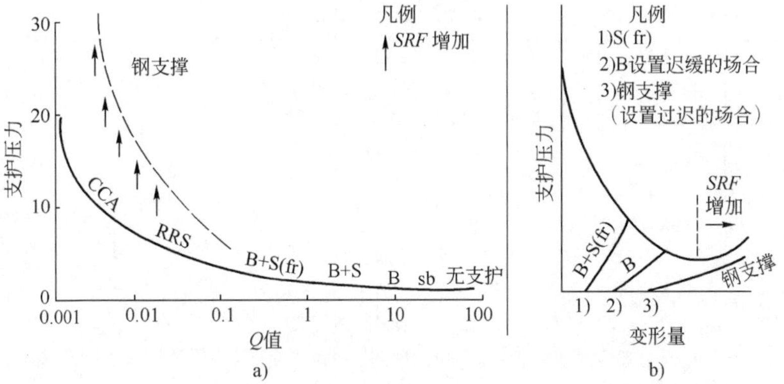

图 4-25 围岩与支护的相互影响概念及松弛的安全系数的关系

围岩的松弛系数 *SRF*,在围岩差的情况和支护设置较迟的情况时,会有很大的增加。使用过去的钢支撑,因与围岩接触不好,不能承受较大的荷载,这是使用 RRS 的主要原因。

在希玛拉亚的水利发电开发中,经常遇到世界上埋深很大的围岩条件,其中有时遇到膨胀性围岩,因缺乏经验,常常遇到极大的困难。

在什么条件下会发生岩爆及膨胀性是一个关键问题,Singh 提出的下列预测式可以作为参考。

临界深度 $H \geqslant 350Q^{1/3}$

准抗压强度(围岩的) $q = 7\gamma Q^{1/2}$

根据上式,预测的结果列于表 4-17。

用 Q 值预测发生岩爆及膨胀性的结果 表 4-17

围岩级别	Q 值	埋深(m)	q(MPa)	现象
A	40～1000	1196～3492	62～182	应变诱发岩爆
B	10～40	754～1196	39～62	地应力诱发岩爆
C	4～10	555～754	29～39	岩块屈服
D	1～4	350～555	18～29	岩块屈服
E	0.1～1	162～350	8.4～18	挤压及膨胀性
F	0.01～0.1	76～162	3.9～8.4	膨胀性
G	0.001～0.01	35～76	1.8～3.9	膨胀性

3. 支护结构材料

前面已经指出：挪威法的永久支护是以高品质、高强度的钢纤维喷混凝土和高拉力耐腐蚀的锚杆为前提的。在工程实践中，挪威对网喷混凝土 Sm_r 与钢纤维喷混凝土 Sf_r 进行了对比试验研究。

(1)钢纤维喷混凝土

在过去的 16 年间钢纤维喷混凝土已在每年新建的 50～100km 的隧道工程中应用。每年约喷射 6～8 万 m^3 混凝土。最新的喷射机械手可对 10～15m 的高处进行喷射，喷射能力达 $25m^3/h$。在从 1984 年后就已完全代替了网喷混凝土。

钢纤维喷混凝土 Sf_r 除应用容易以外，还比目前各国应用的网喷和干喷优越。它具有几个优点：如回弹低(2%～10%)；因不使用金属网也可节省费用和时间；也意味着大量的节省混凝土。因此，Sf_r 已成为经济、安全、不影响环境开挖方法的“必需品”。

挪威法中，支护方法的最大的魅力就是应用的极大灵活性。根据预测的围岩变形的水平，可以极灵活地选定支护各种类型。

混凝土的品质和钢纤维构成的 Sf_r 能够控制掌子面附近的大变形，并决定了掌子面后方的最终支护的最终强度。在裂隙发育和夹有黏土的情况下，Sf_r 比 Sm_r 好。因为在这种情况下，开挖表面往往是不平整的，金属网的设置不仅危险，而且，进行喷射时会留有空隙，消耗的混凝土也多。

临时支护和侧壁支护，可根据表 4-18 的经验选择。围岩强度很低($Q>0.1$)时，基本上拱部和侧壁都采用同样的支护。良好的围岩($Q>10$)时，不需要侧壁支护。

选定临时支护和侧壁支护的方法 表 4-18

1. 临时支护	a)把 ESR 增加到 $1.5ESR$ b)把 Q 增加到 $5Q$(拱) c)把 Q 增加到 $5Q$(侧壁)
2. 侧壁支护	a)选定 $Q=5Q$($Q>10$ 时) b)选定 $Q=2.5Q$($Q>10$ 时) c)选定 $Q=1.0Q$($Q<0.1$ 时)

注：侧壁支护设计采用开挖总高度(H)。

1970 年代初，挪威就开始采用湿喷混凝土。当时为使喷射成为可能，采用了较高的水灰比，这样，混凝土的质量就出现了问题。为此干喷占据了主要地位。

70 年代中期，引入流动剂后，湿喷得到了极大的发展。而且可以供应低成本、高质量的混凝土。

挪威法的最大特点就是采用湿喷钢纤维混凝土作为永久支护。最初开发的钢纤维喷混凝土是用来稳定开挖表面或支护膨胀性黏土、岩爆或膨胀性等地质条件的。喷混凝土的厚度及其与锚杆的组合应用，因围岩状况而异。厚度通常用 Q 系统决定。在预计有大变形的围岩时,喷混凝土的抗弯强度和韧性指数是非常重要的。在小变形的围岩中,抗压强度是比较重要的。不管何种情况,都必需考虑与围岩的附着性。附着性视围岩的矿物成分不同会有很大的变化。所以,要特别加以注意。

采用钢筋肋喷混凝土的场合应基于应力计算决定厚度,支护应力可根据 Q 值决定。

湿喷混凝土由标准的硅酸盐水泥、最大粒径 8～10mm 的骨料、硅灰、流动剂、超流动剂以及速凝剂等构成。通常,混凝土指定的最终强度是 50～60MPa,隧道衬砌的场合,通常指定 C35～C45 的品质。补强的场合,最高达 C55。速凝剂采用硅酸钠,混凝土的强度降低很小。

硅酸钠的添加量是 15～25L/m^3,平均 20L/m^3。水胶比为 0.4～0.45。塌落度为 15～20cm。由于采用硅灰[使用量是水泥的 8%～10%(重量比)],获得了与围岩具有良好附着性的喷混凝土。混凝土在现场拌和,速凝剂在喷嘴处添加。回弹约 10%左右,实际上比较低,多在 1%～6%。

在隧道开挖中为了稳定拱顶部的围岩,要采用短时间、大容量的喷射机械。为了满足这个要求,挪威的许多公司都配备有自行式的喷射机械手。

目前,钢纤维多采用长 20～40mm、厚 0.5mm。

(2)高强度、耐腐蚀锚杆

在欧洲一些国家,特别是北欧 3 国。与我们不同,锚杆和喷混凝土都是作为永久支护使用的,多数场合都不做二次衬砌。即使在海底隧道中,也是如此。二次衬砌仅仅是在洞口段及一些不良地质处采用。在这种情况下,锚杆构造是按永久型结构设计的,要求其寿命等于隧道的寿命。例如挪威的第一座海底隧道是 1983 年建成的,当时为了提高锚杆的防腐蚀性能,采用了中空锚杆和胀圈式锚头相结合及在镀铅层上再涂聚酯粉体的双层涂装构造的锚杆。但在海洋这种"海水＋有害气体排放的腐蚀环境"中,仍然对其长期的耐久性有所怀疑。当时的业主要求的锚杆是"50 年不腐蚀的锚杆"。

因此,又开始从以下两方面进行研究:①革新涂层技术;②新的锚杆系统。

1987 年提出 CombiCoat(镀铅＋环氧树脂粉体涂层),1992 年完成了 CT 锚杆系统,并投入市场。目前已经有 22 座海底公路隧道使用了这种锚杆。根据之后进行的各种调查和研究,CT 锚杆在严酷的环境下,是值得信赖的。

预计 2009 年开始运营的,目前世界上最深的海底隧道(Eiksund)(海面下 273m,海底下 61m),也是采用了这种锚杆。

CT 锚杆的构造如图 4-26 所示。

CT 锚杆两端都有螺纹,在前端安装胀圈,后端带有注浆孔的类似球形的头部及与之连接的带有突起的聚乙烯套管。球形头部配置在设有注浆材料确认孔的垫板和螺帽之间,起到一种球座的作用。开挖面要与垫板紧密贴合在一起。

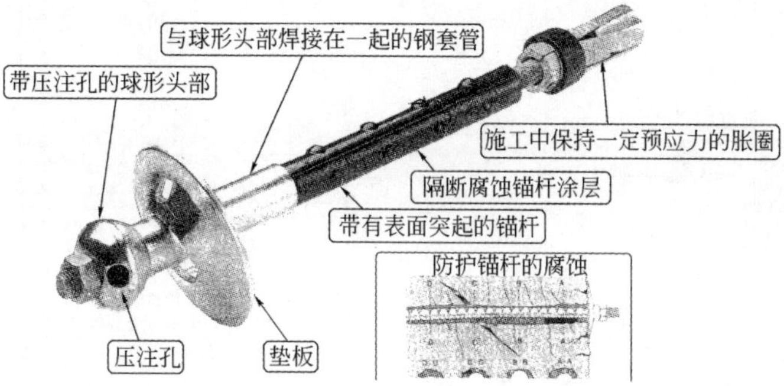

图 4-26　CT 锚杆的构造

CT 锚杆的施工方法如下：

①钻孔；

②插入锚杆；

③用冲击扳手锚固前端胀圈；

④通过专用适配器从球形头部注浆；

⑤从垫板的确认孔确认注浆返回；

⑥完成。

注浆可在任意时间内进行(注浆前具有胀圈式锚杆的功能)(图 4-27)。

CT 锚杆的优点归纳为：

①从构造上看是胀圈式锚杆与注浆式锚杆并用的构造。由于胀圈锚固,可立即发挥锚杆的效果,注浆后可大幅度地提高锚固力(图 4-28)；

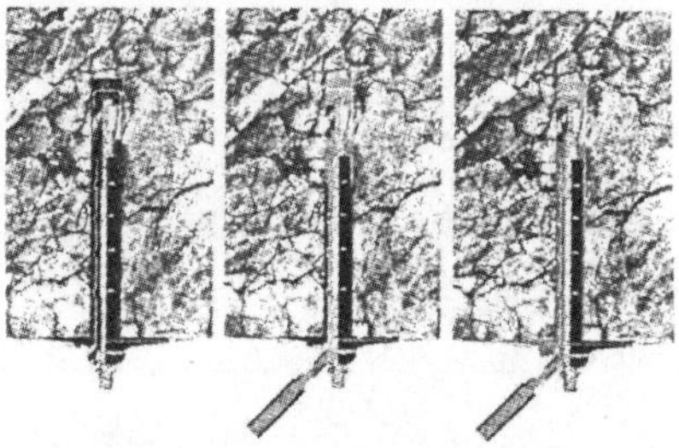

图 4-27　CT 锚杆的施工步骤

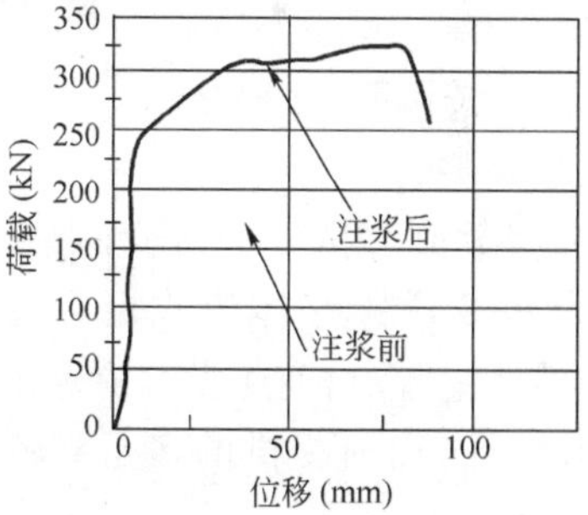

图 4-28　注浆前后的荷载-位移特性

②由于独特的构造,从腐蚀原因上遮断对本体的腐蚀(照片 4-1 和图 4-29)；

③由于采用独特点注浆方式,注浆饱满,易于检查；

④可实现钻孔到注浆的自动化施工。

目前,例如美国在放射性废弃物储藏设施中,要求锚杆使用寿命要超过 100 年,如 Yucca Mountain 的高放射性废弃物储藏设施的设计要求水准是:300 年。

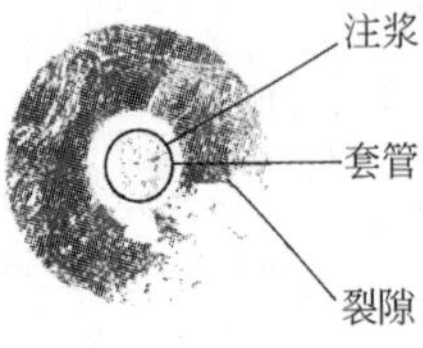

照片 4-1 CT 锚杆断面图

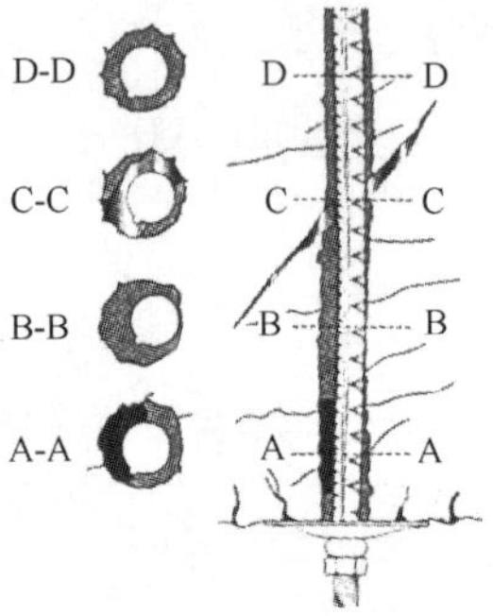

图 4-29 锚杆腐蚀的一般原因

这种锚杆的价格，预计不会便宜，但其中的一些技术，可为我所用。取其所长，加大投入，适当改善锚杆构造，提高其耐久性也是必要的。

4. 挪威法的数值解析

在一般地质条件下，都是采用上述经验设计的方法确定支护结构的参数和类型的。但在恶劣的围岩条件下，为了掌握潜在的破坏形态和作用荷载的各向异性以及改善经验设计法，也要求利用数值解析方法进行解析验证。

在进行解析验证时，首先要解决的一个问题，就是解析方法的选定。

围岩体从物理学观点看，是由两个单元构成的。即节理和其间的完整岩体。使岩体动态复杂化的第 3 个因素是夹有黏土的不连续面和断层。因此，模式化时，应该考虑 4 个单元的组合。即：

(1)完整岩体；

(2)裂隙；

(3)不连续面；

(4)断层。

为用数值解析方法检验，采用不连续体的方法要比连续体模式更为可靠。因为，从整体上看，目前还没有决定围岩强度的试验方法，而所提供的多是对各构成单元的记述。

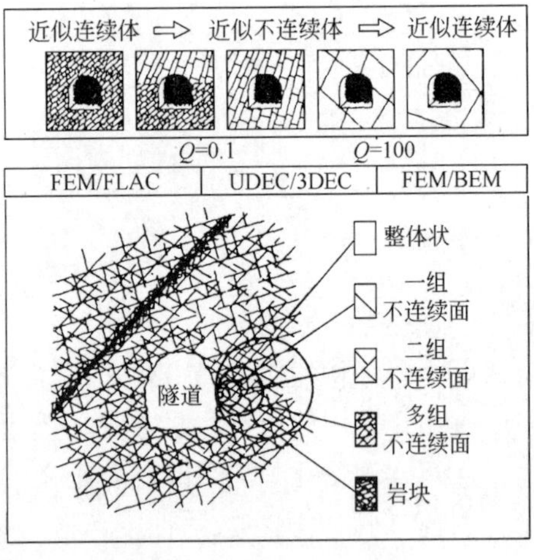

图 4-30 围岩模式化的概念

图 4-30 表示围岩模式化的基本概念。在 Q 值低于 0.1 的围岩时，岩块的数量是庞大的，此时，最好采用 FEM 和 FLAC 或 FLAC3D。相反，Q 值大于 100 以上的整体岩体的性质也没有数值模式化的必要。如图 4-30 所示，Q 值低于 0.1 以后，鉴于是裂

隙非常多的围岩，非常适用于有限单元法的连续体模式。而 Q 值在 0.1～100 之间采用能够考虑裂隙的不连续体模式的 DEM 法比较合适。在埋深极大的整体状围岩中，预测岩爆时，当然采用有限单元法和 BEM 法等连续体模式比较合适。

在地应力大的情况时，Q 值在 0.1～1 时，会发生挤入和膨胀性，但这只限于埋深非常大或地应力非常高的情况。在这种情况时，不管模式化也好，还是施工也好，都应采取大规模的支护手段，而数值解析会得到非常不稳定的结果。

Q 值在 0.1 以下时，因裂隙发育，夹有黏土，可采用连续体模式。如输入适宜的强度和刚性，也可能表现出塑性化岩块的屈服或膨胀性。此外，也可从与位移的量测值或荷载的量测值比较的反分析中获得合适的输入值。

因为，c、ϕ、m 或 s 等值的离散性从试验中也很难取得，通常都是根据 Hoek-Brown 的基准导出的，很难进行定量的评价。

用离散单元法虽然可以预测围岩比较接近实际的动态，但输入数据如与实际的围岩有差异的话，采用反分析会比设计的基础解析更有价值。

Q 值在 0.1～100 范围内的围岩，采用连续体模式会得出错误的结果。图 4-31 是一个公路隧道的二维 FLAC 和 UDEC-BB 的解析结果的直接比较。两者的动态是不同的。在发生拉应力和楔形体的动态的区域，图 4-31 的连续体模式就没有显示出来。

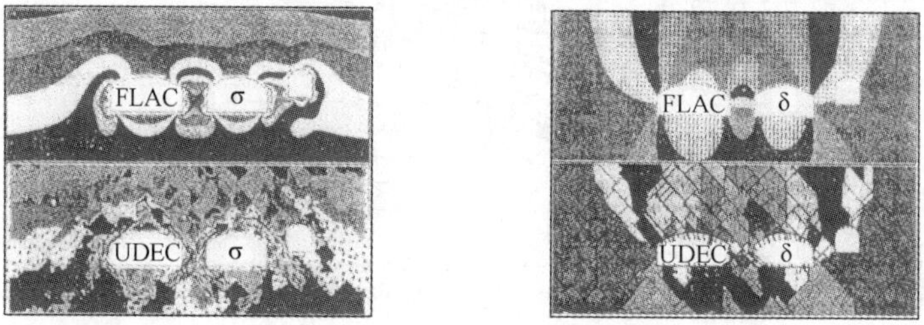

图 4-31　连续体(FLAC)和不连续体(UDEC)模式的应力、位移比较

采用离散单元法时，其输入数据量是庞大的，因此在使用时受到一定的限制。但不管采用何种方法，连续体解析也好，不连续体解析也好，在模式化中一个非常重要的问题是围岩的变形系数的评价。图 4-32 是基于 RMR 值和 Q 值的变形系数的评价法。对 RMR 大于 50 以上的岩块($M=2RMR-100$)，可采用下式评价，但只限于 $Q>1$ 的情况。

$$M=25\log_{10}Q \tag{4-16}$$

最近研究结果提出下式和图 4-33 表示 RMR 与 Q 值的关系：

$$RMR=15\log_{10}Q+50 \tag{4-17}$$

和图中的变形系数与量测值相当一致。图 4-32 的上面的虚线(式 4-18)是与 Q 小于 1、RMR 小于 50 的情况相当一致。

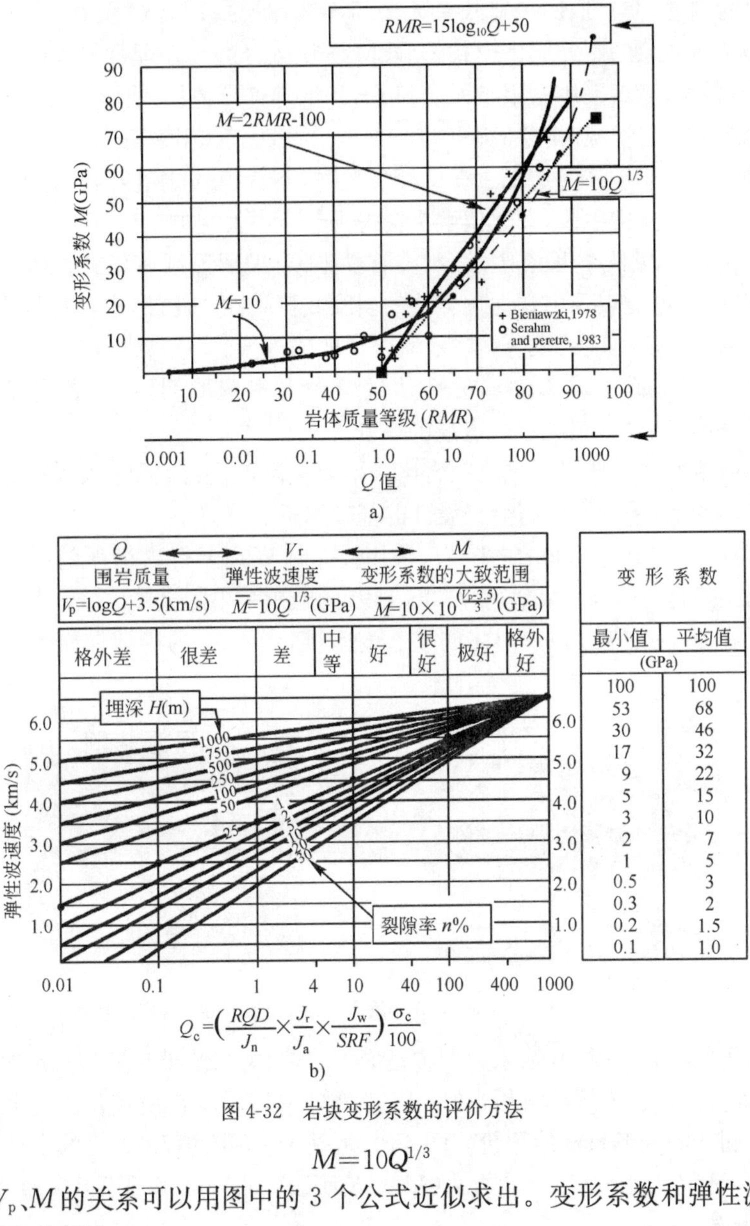

图 4-32　岩块变形系数的评价方法

$$M=10Q^{1/3} \tag{4-18}$$

Q_r、V_p、M 的关系可以用图中的 3 个公式近似求出。变形系数和弹性波速度的关系可用下式表示。

$$M=10\cdot 10^{(V_p-3.5)/3} \tag{4-19}$$

从挪威法现有的经验而言，进行数值解析验证，采用 UDEC－BB 程序，可能是最经济的一种方法。单纯的模式可以由 50～1000 个岩块构成，就能够很快地得到结果。图 4-33 是一个冰球场的模式化的过程，其中图 4-33a)的应力图和位移图是在应力量测前进行的 3 种 K_0(侧压系数)＝0.5、1.0 和 3.0 研究结果之一。

为了把岩块数控制在最低限度，同时也为了防止裂隙长度过长，采取了 50 个岩块的模式。

图 4-33a)的应力图和位移图是更接近实际的模式。根据水压致裂法得到的边界应力为 3.5MPa，埋深 40m；另一个埋深 100m，应力为 5.1MPa。

图 4-33b)是更大范围的模式图和输入数据，用 62m×90m×25m 的尺寸模拟实际的开挖阶段，其中包括了临近的小邮局的地下室。图4-33c)是位移和锚杆的轴力。根据解析预测位移约 6～8mm。

采用上述方法进行的公路隧道实例如图 4-34 所示，表示出主应力、位移矢量及裂隙的剪切位移。

图 4-34 表示的最大位移是 6.3mm(仰拱)、24.5mm(左起拱线)和 3.9mm。

图 4-35 是纤维喷混凝土的解析例。

图 4-35 中 a)、b)、c)、d)表示以下内容：

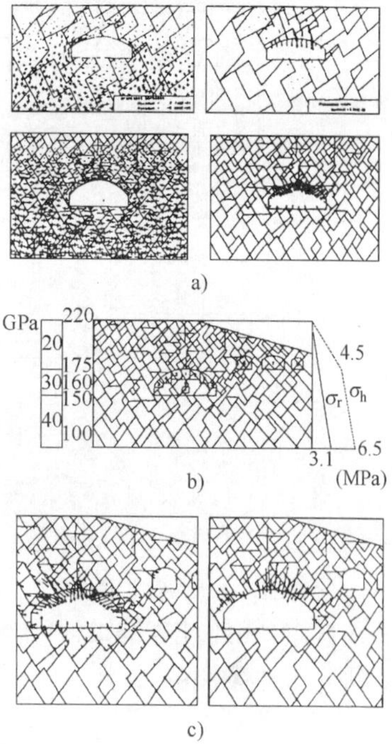

图 4-33 解析结果一例

- 没有 Sf_r 模式化场合的裂隙交差部的锚杆轴力；

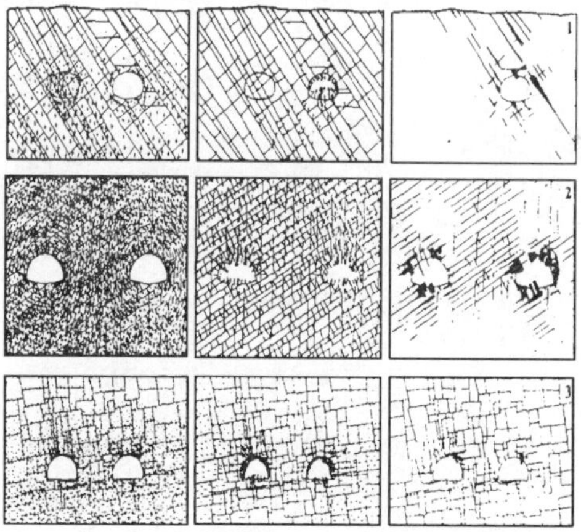

图 4-34 解析结果一例

- 考虑 Sf_r 模式化场合的锚杆轴力；
- 喷混凝土的轴力(忽视冠石效应)；
- 喷混凝土的轴力(考虑冠石效应)。

后面的 e)、f)是冠石处没有打锚杆和打锚杆的效果图。

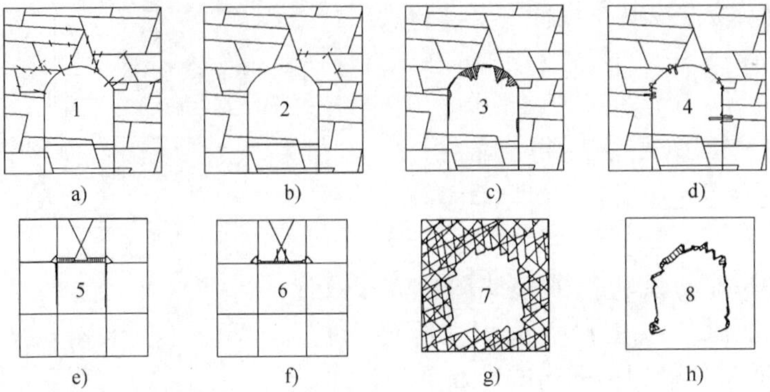

图 4-35 纤维喷混凝土解析实例

图 4-35 的 g)、h)是喷混凝土在超挖断面显示的效果。预计的轴力是各式各样的。

应该指出:挪威法的设计,虽然比较细致,但需要较多的地质参数和有关计算模式的假定,因此计算结果常常与实际出入较大。在地质资料不充分的条件下,其设计方法是很难采用的。

第5章　施 工 计 划

喷混凝土施工，首先要有一个符合工程实际的、切实可行的施工计划。这是确保施工安全、质量的前提条件。因此，施工开始前，为了满足工程要求(环境负荷、施工安全性、工费、工期等)，应基于隧道结构物的设计，考虑环境保护及施工条件，编制隧道工程的总体施工计划。

5-1　编制施工计划的基本原则

在施工的总体计划中，应考虑工程的规模、工期、围岩条件、周边环境等，研究采用适当的施工方法、施工机械及设备等，编制安全而经济的施工计划。编制施工计划时，应根据隧道的要求性能，详细的制订施工计划，同时规定其施工方法以及编制满足工程要求的资财、劳务、机材等计划。

喷混凝土的施工计划，应包括实施各种作业的安全性及环境负荷紧急时的预防措施等如下内容：

①进度计划；

②制造设备计划；

③制造方法计划；

④喷射设备计划；

⑤材料选定及配比计划；

⑥补强材的储藏计划；

⑦补强材的设置计划；

⑧混凝土的运送计划；

⑨喷射面事前处理计划；

⑩压送、喷射作业计划(包括喷射试验计划)；

⑪特殊条件的计划(涌水、长距离运送、长距离运搬、竖井等)；

⑫施工管理计划；

⑬安全卫生计划；

⑭养护计划；

⑮环境保护计划。

在编制喷混凝土施工计划时，应充分考虑安全性、经济性、对环境的影响，以便能够顺利地进行施工。

在编制施工计划时，应遵守的基本原则是：

• 对最重要的施工方法和用工（喷射方式、喷射步骤、喷射作业、喷嘴工等）应重点考虑。

• 施工中，即使发生问题，也要以不中断施工为原则，预计可能产生的问题，事先做好对策；

• 喷混凝土，也有采用商品混凝土的场合，但几乎都是现场制造的。因此，制造设备计划，要与材料调配同时，根据现场的规模、状况和喷射量进行研究；

• 制造喷混凝土时，规划能够满足功能、构造及容量的设备至关重要。同时，应对材料的贮藏、计量及拌和等有效率的制造工程进行规划。制造用的搅拌机有分批搅拌机和连续搅拌机，应根据现场规模、状况及一次施工量、拌和混凝土的均质性等选定；

• 喷射设备的规划，应采用能够按规定配比的材料，连续压送和喷射的设备；

• 喷混凝土的材料，应采用品质可靠的材料。同时配比设计要考虑施工条件，要能够满足喷混凝土的要求性能；

• 金属网及钢纤维等补强材，因易于腐蚀，避免直接放置在地面上，应储藏在库内，如在室外，应加以覆盖；

• 喷混凝土应在开挖后及早施工。设置金属网等补强材时，也应在喷射中及喷射后及早设置；

• 混凝土的运送计划，在现场制造的场合，要迅速运送。商品混凝土的场合，为了顺利施工，应与厂家充分协商编制计划；

• 喷射面事前处理计划，要确保喷射施工的安全及喷混凝土与围岩的附着；

• 压送、喷射作业计划，应根据干喷、湿喷的喷射方式进行研究。压送作业要根据压送性良好的压送量、压送压力进行编制。喷射作业要根据喷射方式、喷射步骤、一次的喷射厚度及喷嘴工的技术水平等进行编制。以上的作业计划及喷射施工性应根据事先进行的喷射试验确认；

• 特殊条件的计划，应充分考虑涌水、长距离压送、长距离运搬及竖井等施工条件，事前进行研究；

• 施工管理计划，包括进度管理、品质管理、成本管理等，应确保要求工期、喷混凝土品质及经济性等进行编制；

• 喷混凝土施工中安全卫生的主要对策，是粉尘对策。距掌子面后方 50m 地点的粉尘量应控制在 $3mg/m^3$ 以下；

• 喷混凝土会受应控制到低温、干燥及急剧温度变化和爆破振动的有害影响的场合，应研究养护计划；

• 喷混凝土的环境保护计划，应遵守有关法规的规定，未规定的项目，应控制在对环境负荷影响最小限度以内。

5-2　施工计划中重点考虑的问题

1. 喷射方式

喷混凝土的喷射方式，应充分考虑现场具体的条件、施工条件及作业环境等。

喷混凝土的喷射方式根据供给喷射机材料的状态，大体上分为干喷和湿喷两种。喷射方式视开挖方法、围岩状态(有无涌水等)、压送距离、喷射量、强度出现特性、隧道长度及形状尺寸等，合理选定。

湿喷方式，与制造普通混凝土相同，是把包括水的材料事先正确计量、充分拌和，再压送到喷嘴附近，添加速凝剂进行喷射的方式。一般喷射都使用压缩空气，分从喷射机在压送管内以浮游搬运的空气压送方式和喷射机用泵压送与浮游搬运并用的空气压送方式。为了减少粉尘也开发出不使用压缩空气，而用离心力及回转力的方法的喷射系统。

干喷方式，是在水泥和骨料拌和时添加速凝剂，用压缩空气压送，而在喷嘴前方加水混合进行喷射的方式。

目前，多采用混凝土管理容易、具有比较大的喷射能力、发生粉尘少的湿喷方式，但在以下场合，也采用干喷方式。

• 长距离压送的场合(例如，自动搅拌机不能进入掌子面附近的小断面隧道、从竖井出发的隧道等)；

• 涌水多的场合；

• 混凝土制造设备离现场很远、从拌和到喷射需要时间的场合；

• 施工后，不能确保喷射机清扫和需要洗净水的场合。

两种方式的施工系统如图 5-1 所示。

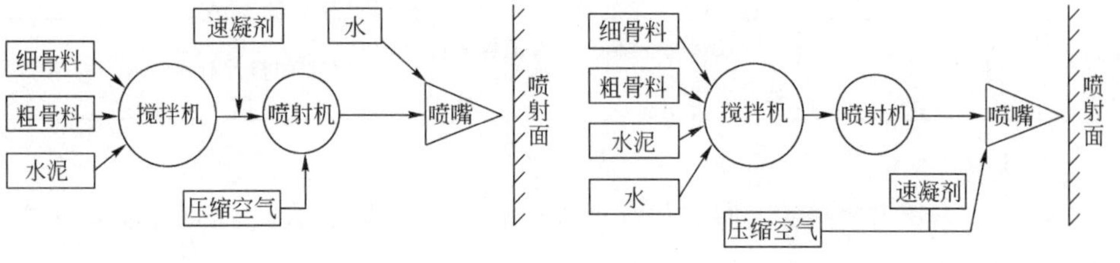

a) 干喷方式　　b) 湿喷方式

图 5-1　施工系统图

两种方式的比较列于表5-1。

两种喷射方式的特征　　表5-1

特征		喷射方式	
		湿喷方式	干喷方式
混凝土性质	配比管理上的特性	因为混凝土是由设备制造的,与普通混凝土管理相同	根据喷射面的状况(干湿),可在喷嘴处变更水灰比。喷嘴工调整水灰比,因此配比可以调整
	强度特性(初期强度)	为了确保压送性,水灰比一般比干喷大,初期强度出现一般比干喷迟	水灰比小,初期强度出现比较早
	修整	因为喷射过后的强度出现稍迟,表面易于出现凹凸不平	喷射过后的强度出现早,喷射面比较平整
施工性	压送距离	水平:100m 垂直:30～50m	水平:150～300m(最大1 000m) 垂直:100～150m
	施工能力	最大:$20m^3/h$	最大:$12m^3/h$
其他	粉尘	一般比干喷少,可以根据运送方法、喷射方法、混凝土配比等把粉尘降低到某种程度	可以根据运送方法、速凝剂种类、喷射方法、干混凝土配比等把粉尘降低到某种程度,一般比湿喷大
	回弹	可以根据运送方法、喷射方法、混凝土配比等把回弹降低到某种程度	可以根据运送方法、速凝剂种类、喷射方法、干混凝土配比等把回弹降低到某种程度
	涌水对策	因为配比调整不容易,所以难于适应	因为调整配比容易,能够适应
	拌和到喷射的时间	1.5h(气温超过25℃) 2.0h(气温在25℃以下)	根据骨料的表面水量,比湿喷有延长的可能
	制造设备、喷射设备	喷射设备规模大,制造设备要有污水处理设备	需要大规模的喷射设备,但简易的、机动性高的设备也能适应,制造设备不需要污水处理设备
	清扫	要求对机械、制造设备、管路等进行充分水洗	用空气进行清扫

2.喷射步骤

喷混凝土的喷射步骤及与其他支护构件的施工步骤,应按能够充分发挥支护效果的原则确定。

围岩的稳定,受到从开挖到支护前的时间的影响,因此,作为喷混凝土施工的一个原则，就是在开挖及出渣处理后，最好立即进行。喷混凝土与其他支护构件并用的场合，应按表 5-2 标准的施工步骤进行。

喷混凝土标准的施工步骤 表 5-2

分 类	标准的施工步骤
喷混凝土和锚杆施工的场合	①喷混凝土②锚杆③衬砌
钢支撑、锚杆和喷混凝土施工的场合	①钢支撑②喷混凝土③锚杆④衬砌
金属网和钢支撑、喷混凝土、锚杆施工的场合	①喷混凝土(第 1 层)②金属网③钢支撑④喷混凝土(第 2 层)⑤锚杆

喷混凝土与其他支护构件的关系如图 5-2 所示。

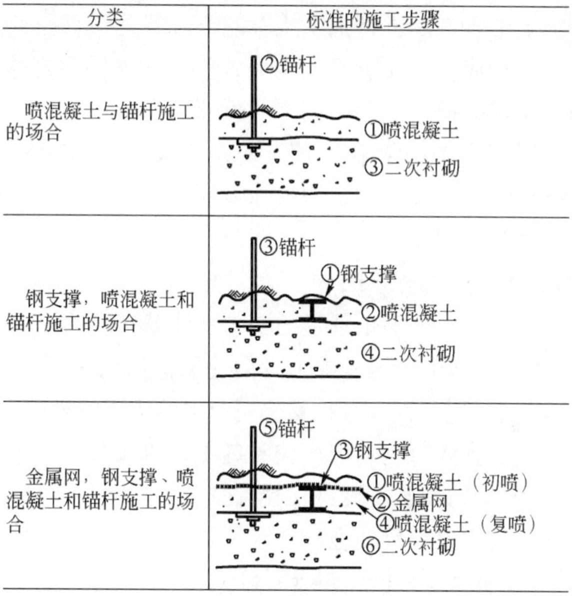

图 5-2 喷混凝土与其他支护构件施工的关系

注：图中○内的数字表示施工步骤。

一次喷射厚度过厚，易于产生剥落。因此，应以适当厚度分层施工，但如何分层，应根据现场的施工计划和剥落程度确定。分层施工的场合，与上一次喷层的时间间隔如过长，会产生附着不良的问题，应尽可能早地进行喷射。

3. 喷射作业

喷混凝土的喷射作业施工计划，要确保作业者安全，考虑围岩条件、施工性、施工规模、开挖方法、涌水的有无等，并能够确保喷混凝土的要求性能。

在喷射作业开始前，应考虑喷混凝土要求的力学性能及喷射的施工性能等，编制与具体的喷射作业方法有关的施工计划。

在喷射作业中，与普通混凝土的施工不同，喷射作业现场是在隧道内开挖最前端，围岩的崩塌、落石等危险性高，因此，要求迅速覆盖掌子面。同时，喷射作业的好坏对喷混凝土的要求性能有影响，因此，在编制施工计划时，确保掌子面周边作业人员的安全是第一位的。同时也要充分研究喷混凝土的压送量和喷射压力、压送距离、喷射角度和喷射距离、一次的喷射厚度等，编制合理的施工计划。

4. 喷嘴工

喷混凝土的品质，受到喷射面的状况和喷射条件等种种施工条件的影响，是比较离散的。实施喷射作业时，喷嘴工的技术熟练程度对喷混凝土的品质有很大影响。因此喷射施工时要充分确认喷嘴工的技术资质，是很重要的。

喷嘴工应熟悉进行喷射作业隧道的构造条件、施工条件、围岩条件及环境条件等，能够根据过去施工经验判断进行施工或者能够直接受到有经验的监督和指导。

喷混凝土的品质，与喷嘴和喷射面的角度、距离、一次喷射厚度有直接关系。因此最好用有经验的、能够根据施工情况调整的喷嘴工进行施工。

目前，美国和欧洲各国，为了提高喷嘴工的技术水平，从1999年开始实施资格认证制度。美国的506. 3R"Guide to Certification of Shotcrete Nozzlemen"中，对喷嘴工的资格认证有所规定。

5. 喷混凝土工程施工计划的确认

喷混凝土的施工计划，应该满足隧道的要求性能及施工的要求，同时还应确保实现设计规定的支护性能。施工计划是施工者向业主提出的施工计划书，通过施工计划书业主予以确认，施工者予以承诺，并反映到业主的检查计划中。

喷混凝土施工各项具体的作业，应反映到施工计划书(表5-3)中，并确保满足设计要求。采用新喷射方法的场合，可以根据既往资料或实际予以确认，也可以进行试验喷射予以确认，这些内容也要反映在施工计划书中。

喷混凝土施工的施工计划确认项目和内容 表5-3

项　目	内　容
工程计划	提炼可能产生的问题，事前的对策研究
制造设备	选定现场制造设备或商品混凝土工厂、贮藏设备、计量设备、拌和设备
制造方法	选定分批搅拌机或连续搅拌机、计量误差、材料投入顺序、拌和时间
喷射设备	喷射机、速凝剂供给装置、空压机
材料选定和配比	材料(水泥、水、骨料、混合材料等)选定 配比设计(粗骨料最大尺寸、单位水泥量、速凝剂添加量等)
补强材贮藏	腐蚀对策、枕木设置
补强材设置	金属网固定等

续上表

项　　目	内　　容
喷混凝土运搬	防止材料离析、防止流动性降低
喷射面事前处理	除去浮石、涌水的事前处理
压送、喷射作业	施工方法(喷射方式、喷射步骤、喷射作业、喷嘴工) 喷射作业(压送量、压送距离、压送压力、喷射角度、喷射距离、一次喷射厚度、与钢支撑一体化) 喷射施工性(压送性、回弹率、粉尘浓度)的确认 施工计划变更
特殊条件	涌水量、压送距离、搬运距离、竖井深度
施工管理	进度管理、品质管理、成本管理及有关的施工管理(喷射施工性)
安全卫生	粉尘对策(速凝剂、保护用具、通风能力、通风量测定、粉尘量测定)
养护	低温、干燥、急剧温度变化、爆破振动
环境保护	洗净水、养护水、现场周边的噪声、振动、粉尘、对自然环境的影响等

5-3　喷混凝土施工性能的确认

喷射施工性能包括压送性、回弹及粉尘这些与喷混凝土喷射质量紧密相关的性能。因此,通过试验喷射确认这些性能是一项十分重要的方法。

1. 压送性的确认

喷混凝土的压送,要能够稳定地确保施工中的良好的洞内环境、作业的安全性及硬化后所要求的品质,不要产生显著的脉动和堵塞。

压送性的确认,要事前考虑实际施工条件进行喷射试验,以目视不发生显著的脉动和堵塞为标准。

混凝土配比条件和施工条件等与过去施工实际大致相同的事例非常多,在明确能够获得要求的压送性的场合,可以省略确认。

喷混凝土,从施工特征上来说,混凝土施工的好坏,决定硬化后的喷混凝土品质的好坏,这是因为喷混凝土是用压缩空气喷射施工所致。

一般的浇筑混凝土是用泵压送的,如图 5-3 所示,压送管内的混凝土是以充满状态,沿管壁表面压送的。而喷混凝土,压送管内部不是充满混凝土,而是以固体部分和气体部分混合的固气混相流压送的,易于丧失均质性,因而成为品质的变动大的重要原因。均质性显著丧失后,材料沿管轴方向发生偏离,而诱发管内应力的脉动。管内应力的脉动越大,速凝剂混入越不均匀,使强度变动越大,增加粉尘及回弹率。脉动变大后,最差的情况是材料附着在管壁上,引起管内堵塞的危险。因此,管内应力的脉动，增大了喷混凝土品质的变动，降低了施工的安全性，应将其控制造最小限度内。

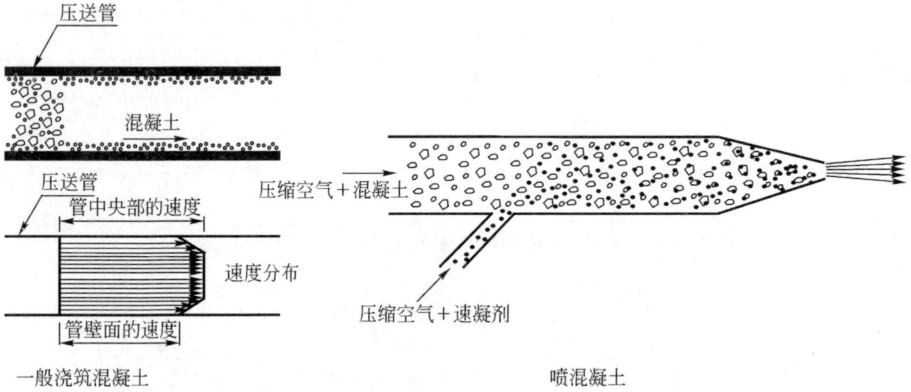

图 5-3　压送管内的流动状态

影响压送性的主要因素有：

- 配比(坍落度、单位水泥量、细骨料率、细骨料的粗粒率、粗骨料的粒形等)；
- 喷射设备(喷射机的种类、压送方式、配管直径等)；
- 压送距离、压送压力、吐出量、压送空气量等施工条件。

因此，确定良好压送性的配比及施工条件，要综合考虑喷射设备、压送距离及运送方法。

与浇筑混凝土一样，喷混凝土的坍落度对泵的压送性影响很大。喷混凝土的压送有泵压送和压缩空气压送两种，压送性除与坍落度有关外，还受到许多因素的影响。同时干喷方式中，考虑到又不能设定坍落度，因此，可以不把坍落度作为喷射施工性的指标，而把包括速凝剂添加在内的压送性作为喷射施工性的一个指标。

所谓合适的压送性，就是指：喷射机种类、混凝土吐出量等是合适的，管内不引起显著的脉动和堵塞、能够进行稳定的喷混凝土施工。为了确保其压送性，压送方法的选定和压送性的确认是重要的。

喷混凝土压送时发生脉动的原因之一，就是喷混凝土从喷射机吐出时发生的。作为压送性的一个指标的脉动，可用喷嘴附近位置的管或管内的应力变动来评价。这种评价与有经验的技术人员的目视观察有很高的相关性(图 5-4)。因此，可以事前进行模拟实际施工条件的喷射试验，以不产生显著脉动或堵塞的压送状态，作为目视确认的标准。

2. 回弹率的确认

在喷混凝土施工中，回弹是一个很重要的问题。喷混凝土的回弹率，是能够确保喷混凝土品质的条件之一。应考虑隧道的围岩条件、环境条件及施工条件等，按尽可能减少环境负荷、确保作业者的安全来设定。

回弹率的确认，应事前进行模拟实际施工条件的喷射试验，以低于已经确认的回弹率为标准。

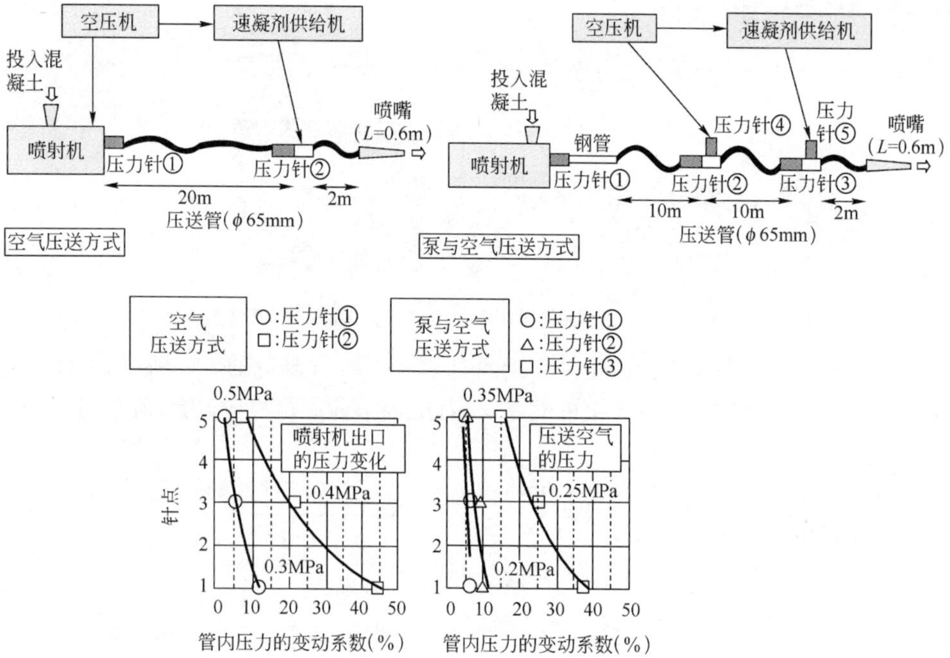

图 5-4　管内应力变动和脉动与目视评价的关系

进行实际喷射作业的构造条件、施工条件、围岩条件及环境条件等与过去的施工事例大致相同的情况下，可以省略确认。

回弹率的范围，大致在 20%～30%之间。此值对制造的混凝土总量来说是一个不少的数值。首先，从施工时间和经济性等施工性的规定来看，最好尽可能小些为宜。回弹率的增大从消费资源方面说，也增加了对环境的负荷。其次，喷混凝土因回弹，使粗骨料飞散，一定量的大块状喷混凝土剥落降低了作业的安全性。因此，从使环境负荷尽可能小的作业安全性意义上说，也最好设定比较小的回弹率。

影响喷混凝土回弹率的主要因素有：配比条件、施工条件(压送量和压送压力、压送距离、喷射角度和喷射距离)、围岩条件等。这些条件，都对喷混凝土的品质有很大影响。因此，使回弹率最小的条件不一定是使喷混凝土品质或与围岩一体性最好的条件。例如，如图 5-5 所示，喷射开始后，为了确保与围岩的附着，容许混凝土中占比值比较大的粗骨料损失，而使砂浆作为基底与围岩附着。此外，减小压缩空气量，适当降低喷射速度虽然会减少回弹率，但也会降低喷混凝土与围岩或已喷射的混凝土的附着。另外围岩表面的凹凸也会损失充填性和与围岩的附着性，以及降低捣固效果和密实性。

因此，只从减少回弹率角度考虑，应避免降低喷混凝土自身品质及与围岩的附着性。所以，喷混凝土的回弹率，首先要考虑喷混凝土要求的品质或与围岩的附着性，能够确保这两点的回弹率就是尽可能小的设定回弹率。

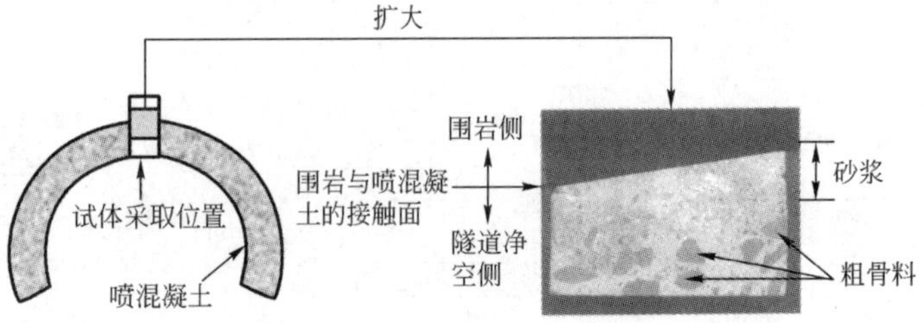

图 5-5　围岩与喷混凝土的边界处取芯试件中粗骨料分布实例

喷混凝土的回弹从喷混凝土施工的特殊性看是不可避免的。一般说，回弹率与材料损失和施工时间增加有直接的关系。因此，要事前进行喷射试验，确认是否满足规定的值。

回弹率试验，可根据有关规定进行，在进行隧道开挖之前的阶段，用大板喷射进行试验，在隧道开挖之后用实体结构物喷射进行试验（表 5-4 及图 5-6 和图 5-7）。

回弹率试验方法的种类　表 5-4

试验场合划分	试验方法种类
开挖前的场合	大板喷射
开挖后的场合	实体结构物喷射

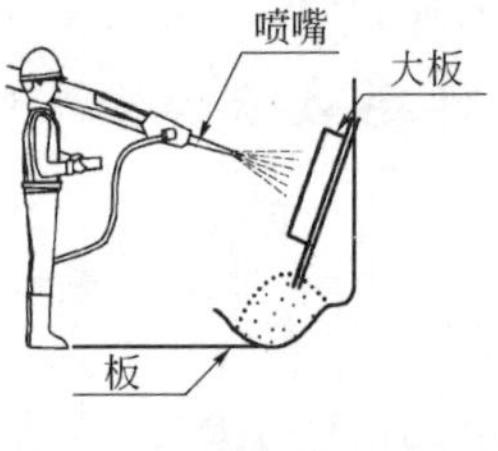

图 5-6　大板喷射试验的测定实例

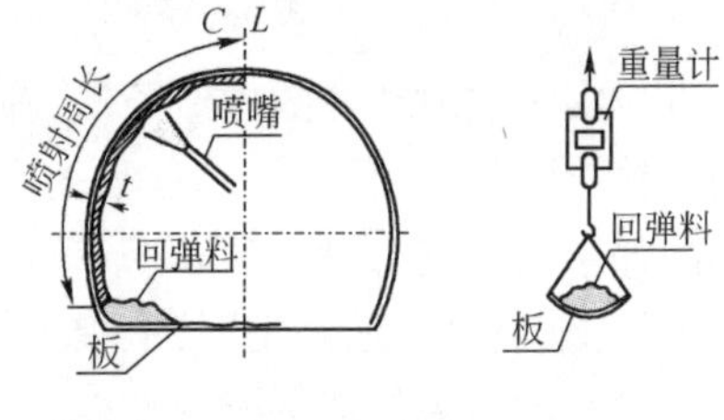

图 5-7　实体结构物喷射的测定实例

3. 粉尘浓度的确认

喷混凝土作业中发生的粉尘浓度，在考虑隧道环境条件及施工条件的基础上，要保持良好的洞内环境，同时，为了确保作业者的安全性，要尽可能设定低一些。

粉尘浓度的确认，应基于根据可靠的粉尘发生量数据计算出来的通风量予以确认，或者事前进行模拟实际施工条件的喷射试验，以低于已经确认的粉尘浓度为标准。

在实际喷射作业的构造条件、施工条件、围岩条件及环境条件等有与过去的施工事例大致相同的情况下，明确粉尘浓度能够低于要求浓度时，可以省略确认。

在喷混凝土作业中，与回弹同样，粉尘的发生也是不可避免的。在隧道施工中，喷射作业发生的粉尘比其他作业发生的要多。根据日本有关部门的调查结果，如图5-8所示，喷混凝土作业比装渣作业的粉尘量要大。

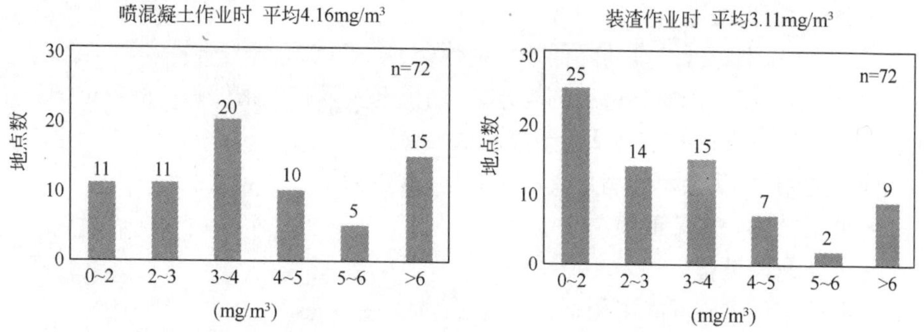

图 5-8 喷混凝土作业与装渣作业时的粉尘浓度比较

降低喷射作业位置处的粉尘浓度的方法有：在喷混凝土中采用降低粉尘的对策；用通风设备及其组合的方法。目前日本规定距掌子面50m处的粉尘浓度要在$3mg/m^3$以下。对中小断面（断面积小于$50m^2$的）隧道，难于降低到此标准的场合，应设定尽可能低的粉尘浓度目标值。

粉尘浓度的确认，在隧道开挖没有充分进行的场合，用试验确认是不现实的。因此，日本规定用根据推定的粉尘发生量数据计算的通风量予以确认。图5-9是其确认方法。

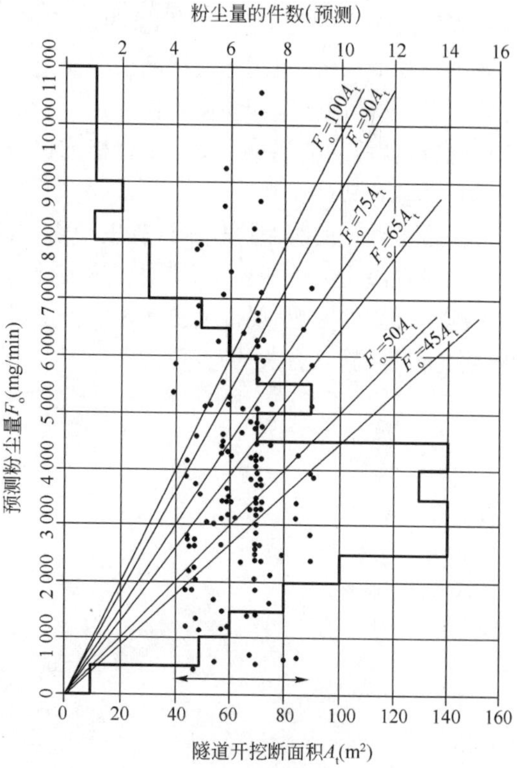

图 5-9 隧道开挖断面积和喷混凝土作业时预测粉尘发生量的关系

在隧道内，喷混凝土作业发生的粉尘，所需要的通风量Q_o与根据现场测定的粉尘浓度值和掌子面通风数据推定的粉尘发生量F_o的关系可用下式表示。

$$F_o=\alpha(90 \cdot A_t) \qquad (5\text{-}1)$$

$$Q_o=F_o/G_a \qquad (5\text{-}2)$$

式中：F_o——喷混凝土作业时粉尘发生量(mg/min)；

90——常数(mg/min/m²)；

A_t——隧道开挖断面积(m^2)；

Q_o——需要通风量(m^3/min)；

G_a——粉尘浓度目标值($3mg/m^3$)；

α——粉尘降低对策的降低效果系数(α=0.5～1.0)。

此外，在隧道开挖充分进行的场合，采用根据实际施工条件确认的方法。利用事前在实际的隧道进行的喷射试验予以确认。

确认的结果，认为不能满足其性能的场合，要采取以下对策：

- 采用低粉尘对策的喷混凝土；
- 扩充通风设备；
- 上述两种措施同时采用；
- 不使用压缩空气喷射。

应该指出：我们在喷射过程中，很少对回弹及粉尘进行测定。而其他国家却非常重视回弹及粉尘的测定。因为回弹过大或者粉尘过多，都意味着喷混凝土中粗骨料及微小颗粒的损失，也意味着影响喷混凝土性能的实际配比有了很大的变化。因此，有些国家，就把回弹率和粉尘量作为判定喷混凝土质量的标志。超过规定的回弹率或粉尘量，就认为喷混凝土质量不合格。这一点应引起我们的关注。

4. 施工计划的变更

在施工计划的编制过程中或施工中需要改变施工方法的情况下，为满足工程的要求及喷混凝土的性能要求，应变更施工计划。

施工计划的变更，要以变更多影响范围最小为原则，来变更喷混凝土的喷射施工性、配比设计、施工方法的范围等。

第6章　喷混凝土的材料及配比设计

喷混凝土材料及配比设计，实质上是喷混凝土的性能设计。也就是说，要求有什么样的喷混凝土性能，就需要有与之对应的材料和配比。本章重点说明喷混凝土材料与配比设计中应该关注的问题。

喷混凝土采用的材料和配比，首先要满足喷混凝土的性能要求、确保其品质，其次要考虑材料容易获得的经济性等条件。

6-1　喷混凝土的材料

喷混凝土的材料，与浇筑混凝土的材料，基本相同，是由水泥、粗细骨料(砂和碎石)、速凝剂、混合材料等构成。

1. 喷混凝土用水泥

喷混凝土的品质与混凝土材料(水泥、骨料、速凝剂等)的品质、配比、施工、养护等有关。而出现强度的原理是由于水化反应使水泥硬化固结在骨料的周围。因此要了解和认识水泥的品质及其保存方法。

水泥正在向多样化、个性化、速硬化方向发展，出现了许许多多品种的水泥。目前采用较多的水泥有：

- 硅酸盐水泥(普通、早强、超早强、耐硫酸盐等)；
- 混合水泥(高炉、硅酸质、火山灰等)；
- 特殊水泥(超速硬、超细、低发热等)。

其中喷混凝土用的水泥主要是硅酸盐水泥和高炉水泥。目前现场几乎都是采用普通硅酸盐水泥。但在有化学侵蚀的场合或有盐害的场合，多采用高炉水泥。

水泥不像骨料那样可以用手或眼睛确认其品质，所以要根据水泥厂的试验结果加以确认。

水泥的温度，一般说其温度变化为 8℃，混凝土的拌和温度会增减 1℃左右，与骨料和水比较，水泥的温度对混凝土温度的影响较小。采用温度过高的水泥，混凝土的温度会上升，引起异常凝结，使塌落度降低值过大。例如，从水泥厂直送的水泥温度，由于季节和运送路径而异，平均在 50～80℃，用船运送的温度会低一些。一般说水泥温度如在 50℃以下，混凝土产生的问题会少一些。

水泥应在现场设置的密闭型的水泥罐中保存，但贮藏中如与空气接触和吸收水分就会产生轻微的水化反应和水泥风化。风化的水泥即使添加速凝剂也不会凝结并使喷混凝土强度降低，增加品质的离散性。因此，在保管时要格外注意，并使用新鲜的水泥。为此，在计划中最重要的是要保持水泥需求和供给的平衡。要切实掌握水泥罐的容量、现时水泥罐的空容量、1 天的水泥用量、今后预计的水泥用量等。在长时间停工的场合，要使水泥罐空置，在使用时加入新鲜的水泥。长时间贮藏的水泥，使用前要进行试验喷射和初期强度试验等确认其品质。

施工中，喷混凝土的强度意外地降低或回弹率大量增加的场合，应研究水泥品质和保管方面的原因。

2. 水

拌和用水，日本规定以上水道水为标准。使用上水道水以外的拌和水的场合，应在确认其能够满足喷混凝土要求性能后使用。

拌和水应确认对喷混凝土的性能，特别是对速凝剂的性能没有影响。喷混凝土因使用速凝剂等特殊的混合材料，最好采用上水道以外的水，并通过事前喷射试验确认之。

3. 骨料

喷混凝土采用的骨料一般分为粗骨料和细骨料。细骨料指全部通过 10mm 筛分，85%以上通过 5mm 筛分的骨料。粗骨料指 85%以上不能通过 5mm 筛分的骨料。

(1)细骨料的种类和特征

细骨料在喷混凝土中是占最大容积的材料，对其品质、回弹、粉尘的发生等施工性能有很大影响。细骨料的种类因地而异，但总体上看，良好品质的细骨料是比较少的。图 6-1 是关于细骨料的调查结果。

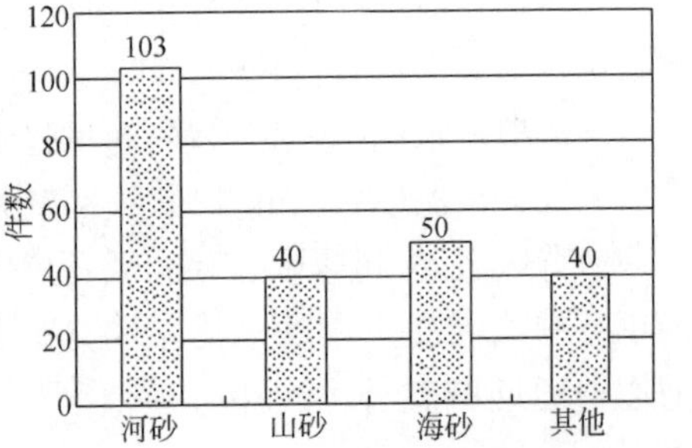

图 6-1 细骨料的种类

细骨料大体上分为以下 4 类：

①河砂：是最适合做细骨料的，但开采有限制；

②山砂：山砂多含有粉细砂、黏土、腐植土、有机不纯物等。使用时要增加单位水量，对混凝土的强度、耐久性有影响。因细骨料表面附有粉细砂、黏土，水泥浆与其结

合弱，混凝土强度会降低。同时腐植土等也会妨碍水泥的硬化，混凝土强度也会降低。因此在基准试验中要确认有机不纯物的含有率；

③海砂：海砂比河砂粒度细，会增大配管内的摩擦阻力，使压送困难。有时要调整粒度。使用海砂时有对金属网腐蚀的可能，因此在基准试验中要确认氯化物的含有率；

④碎砂：碎砂比较有棱有角，而且会含有粒度小的石粉。采用时要加大单位水量。因此，采用碎砂的场合，要确认石质良好的同时，尽可能选用棱角少的，细长的或扁平的骨料。

骨料要选用清洁、坚硬、耐久的，具有粒度适中、不会降低喷混凝土品质，物理上、化学上稳定，适合喷混凝土施工的材料。

喷混凝土有时使用碱含量很多的速凝剂，同时使用混合水泥的情况少，因此，应选用对碱性反应无害的骨料。

骨料要清洁、坚硬而且耐久，不含土、有机不纯物、盐分等。细骨料的粗粒率为2.5%～3.1%，粗骨料的最大尺寸为15mm。但细骨料的粗粒率即使大于上述范围，视骨料的品质，适当调整细骨料率、单位水泥量、水灰比、混合材料的种类及单位量等，也能获得喷混凝土的要求性能。

对碱性反应的安全性，可根据规定的方法判定。通常混凝土采用的骨料，如果对碱性反应有害，就要采取相应对策，如采用低碱性水泥、确认有控制碱性反应的高炉水泥等。采用碱性速凝剂的场合，应控制碱总量不超过3.0kg/m^3。从早期强度观点看，最好采用对碱性反应无害的骨料。

但是，在获取无害骨料很困难的地区和从远方输送在经济上有问题的场合，可采用改善的混合水泥、含碱量低的速凝剂等，这种方法对碱性骨料反应是有效的。

(2)粗骨料的种类和特征

喷混凝土采用的粗骨料的品质，与浇筑混凝土一样，要清洁、坚硬而且具有耐久性、化学稳定性好。粗骨料的种类有河砂砾、碎石等，但因适度的河砂砾较少，多采用图6-2的碎石。为了获得和易性良好的混凝土，采用碎石比采用河砂砾时的单位水量及细骨料要多些。特别是，采用扁平及细长形状的碎石时，这种影响更大，因此采用碎石的场合，要判断碎石粒子的形状是否良好。

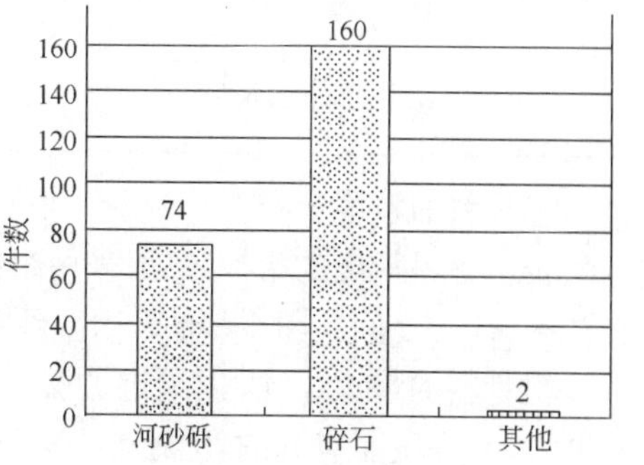

图6-2 粗骨料的种类

(3)骨料要求的品质

①规定的品质管理项目和基准值

表6-1是日本各企业规定的有关喷混凝土骨料的品质。

骨料品质要求的规定值 表 6-1

试验项目		铁道建设公团	道路公团
细骨料	粒径	参考粒径级配	参考粒径级配
	比重	2.50 以上	2.50 以上
	吸水率	3.5%以下	3.0%以下
	黏土块	—	1.0%以下
	冲洗试验的流失物	5.0%以下	5.0%以下
	石炭等浮在比重 1.95 液体以上的物质	—	1.0%以下
	有机不纯物	比标准色浅	抗压强度比 90%以上
	耐久性	10%以下	10%以下
	海砂中盐分含有率	—	按干燥重量换算 NaCl,在 0.04%以下
粗骨料	粒径	参考粒径级配	参考粒径级配
	比重	2.50 以上	2.50 以上
	吸水率	3.0%以下	3.0%以下
	粒径判定实积率	55%以上	55%以上
	黏土块	0.25%以下	0.25%以下
	冲洗试验的流失物	1.0%以下	1.0%以下
	石炭等浮在比重 1.95 液体以上的物质	—	1.0%以下
	耐久性	12%以下	12%以下
	碱性—骨料反应	—	判定划分图的无害范围以外的场合有害

②骨料的粒度分布

表示骨料粒度的指标，一般采用粗粒率(*FM*)。喷混凝土细骨料的粗粒率，大致在 2.3～3.1 之间。图 6-3 是采用河砂场合的细骨料粗粒率的调查结果。

粗骨料的最大尺寸，因最近的喷射机性能、管径等不同，可以采用 25～30mm。粒度大，对强度是有利的，但施工中的回弹会增多，也易于堵管。因此标准配比的粗骨料最大尺寸一般多采用 10～15mm(图 6-4)。

美国“喷混凝土用材料规格”[ASTM C 1436(2004)]中，骨料的最大直径只有 9.5mm 和 4.75mm。取消了 12.5mm 的规定，规定的喷混凝土骨料级配见表 6-2。

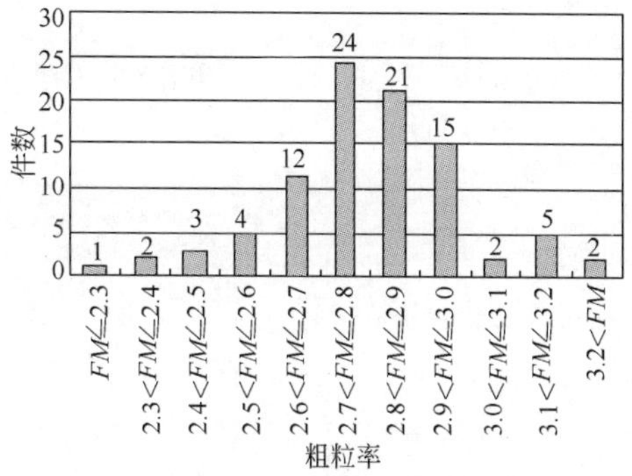

图 6-3 细骨料粒度分布的调查结果

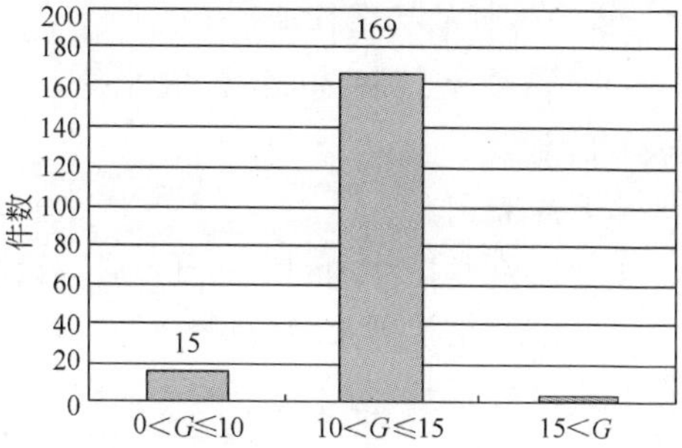

图 6-4 粗骨料最大尺寸调查结果

喷混凝土的骨料级配[(ASTM C1436(2004)] 表 6-2

通过筛子的百分比		
筛子尺寸	级配	级配
美国标准	No1(%)	No2(%)
12.5mm	—	100
9.5 mm	100	90～100
4.75 mm	95～100	70～85
2.36 mm	80～98	50～70
1.18 mm	50～85	35～55
600μm	25～60	20～35
300μm	10～30	8～20
150μm	2～10	2～10

图 6-5、图 6-6 表示适合喷混凝土的粒度分布。一般说，粒度大的骨料抗压强度也大，回弹率也大。

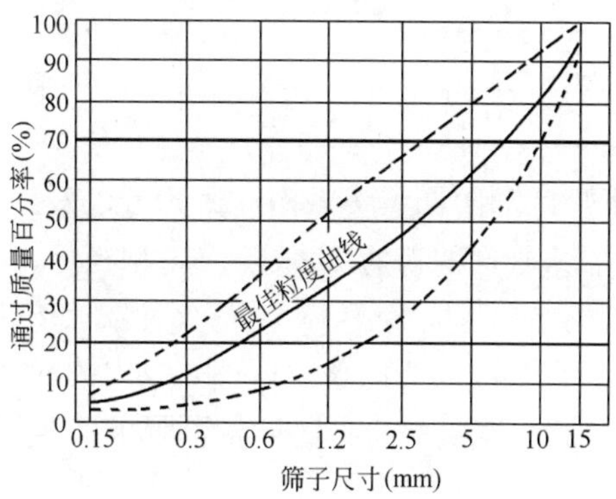

图 6-5 合适的粒度分布(铁道建设公团)

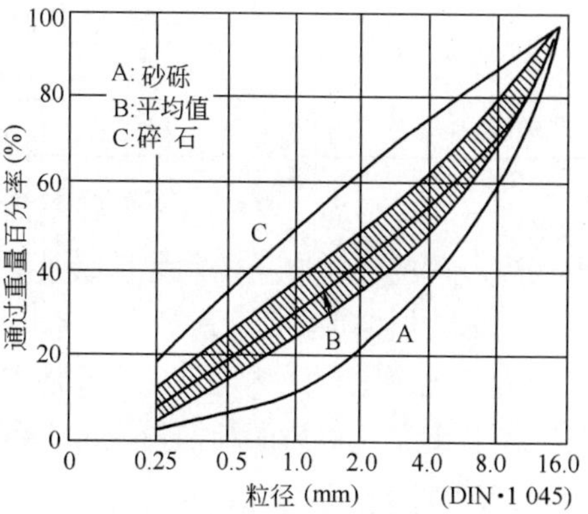

图 6-6 合适的粒度分布(道路公团)

(4)骨料的品质管理

喷混凝土骨料有比重、吸水率、稳定性等品质特性，应通过各种试验(参照表 6-2)确认。

4. 速凝剂

速凝剂是指添加到喷混凝土中，可以增加喷混凝土初期强度的混合剂。

速凝剂可促进水泥的水化反应，对喷混凝土有快速的凝结作用及促进初期强度的出现，同时可以防止喷混凝土的剥落、剥离，与围岩成为一体，从而控制隧道围岩的变形。

1)速凝剂种类

速凝剂种类多种多样，可根据形态、化学性质、成分等进行分类。按形态划分有固体和液体；按化学性质划分有碱性和酸性；按成分划分有有机系和无机系。目前一般的速凝剂都是无碱性的，有机系几乎没有使用。速凝剂的种类列于表 6-3。

喷混凝土用速凝剂的分类 表 6-3

形　态	种类划分	成　分
粉体	水泥矿物系	矾土系、硫铝酸钙系
	无机盐系	铝酸盐系
液体	酸性	水溶性铝盐系(无碱性)
	碱性	无机盐系、铝酸盐系

2)速凝剂的质量

速凝剂的质量在日本土木学会标准(JSCE-D102—2005)“喷混凝土用速凝剂质量标准”中，规定了表 6-4 的质量标准值。此标准值是通过用混入速凝剂的砂浆在室内进行试验得到的。

喷混凝土用速凝剂的品质标准 表 6-4

项　目	凝结时间(min)		抗压强度(N/mm^2)		
	初凝	终凝	12h	24h	28d
标准值	5 以内	15 以内	1.0 以上	9.0 以上	75%以上

图 6-7 是添加速凝剂的喷混凝土的抗压强度和龄期的关系图。据此可以看出，添加速凝剂的喷混凝土的硬化性状，比未添加速凝剂的普通喷混凝土(定型模板、向下喷射时)的初期强度显著上升，但长期强度的增加不明显。

因喷混凝土作为隧道支护构件而发挥其支护功能，所以喷射后 24h 以内的初期强度及龄期 28d 以后的长期强度都很重要。因此，速凝剂的质量非常重要，它直接影响支护的效果。

3)速凝剂的选定和添加量

(1)速凝剂的选定

选定速凝剂的原则是:对喷射对象有充分的附着力和要求的初期强度及长期强度出现的支护承载力。因此,选择速凝剂时要注意以下几点。

①与喷射面的附着力

决定附着力的主要因素是:速凝剂的添加量、单位水量、水灰比、涌水处理、喷射方式、瞬间凝结的速凝剂的变更等。

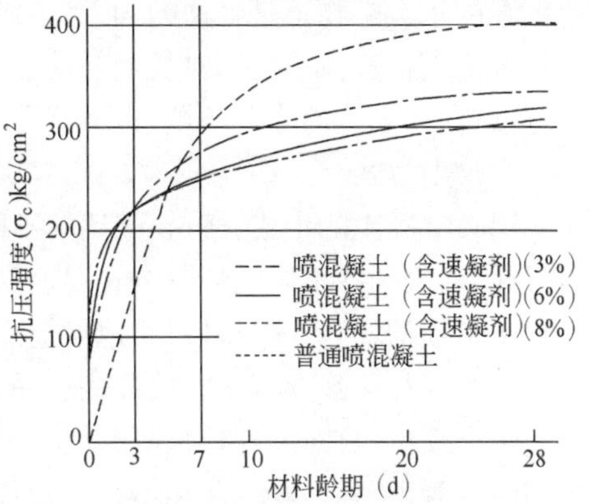

图 6-7　抗压强度和材龄的关系

• 当喷射面是易于剥离的页岩、黏板岩、与空气和水接触易于风化的岩石、土砂等的场合,因回弹多、附着力小,要采用回弹小的速凝剂;

• 向既有混凝土面喷射时,易于夺取混凝土中的水分而降低附着力,应采用适于能够调节水分的干喷的速凝剂;

• 喷射面有涌水的场合,加大喷混凝土的水灰比,会降低附着力,要增加速凝剂的添加量和采用瞬间凝结的速凝剂;

②强度特性

采用速凝剂确保喷混凝土的初期强度是很重要的,但会出现长期强度降低的情况。因此,作为喷混凝土的强度特性,应考虑以下几点,事前进行喷射试验,选定与喷混凝土使用条件适应的速凝剂。

• 材龄 3h 的强度,矿物系比无机盐系要大一些,材龄 1d 的强度应在10～13N/mm²左右为宜;

• 长期强度的增进,矿物系比无机盐系好,使用频率也高;

• 水泥矿物系速凝剂,钙铝酸盐系比矾土系强度可增加 20%～30%,但需要 1.5%～2.0%的添加量;

• 混凝土温度低的场合,喷射时的强度也低,采用矿物系比无机盐系效果显著;

• 即使采用同样的速凝剂,因水泥的不同,其凝结、硬化也会产生很大的差异。因此在实际施工中,要事前用试验方法确认水泥种类和速凝剂的关系。

③耐久性

喷混凝土的耐久性,对维持硬化后的支护效果很重要。因此要选定耐磨性、抗冻性好的、能够抑制碱性-骨料反应的速凝剂。

• 掺入矿物系速凝剂混凝土比掺入无机盐系速凝剂混凝土的长期强度降低少,耐磨耗性也好;

• 喷混凝土的抗冻性,添加无机盐系后,有降低的倾向。此添加量在 5%以内,具有抗冻性,但添加量超过 8%以后抗冻性就大幅度地降低。为此,采用添加量容许范围大的水泥矿物系是合适的，而且钙铝酸盐系速凝剂更有利。

• 无碱性液体速凝剂对长期强度的增进和提高耐久性是有利的。特别是因无碱性，可以获得安全的作业环境，也不担心碱-骨料反应的影响。

④喷射方式

因喷混凝土的生成、搬送、配比的不同，特别是初期强度特性的倾向不同，要考虑以下几点，来选择不影响喷射方式的速凝剂。

• 干喷的场合，喷射材料和速凝剂混合采用液体速凝剂比较好；

• 水泥与速凝剂有化学反应，液体的比粉状的要好；

• 干喷中，目前掺入粉状速凝剂成为主流。但粉状速凝剂投入到喷射机前的干拌和的混凝土，容易产生拌和不充分，使速凝剂游离、飞散而使粉尘增加；

• 湿喷的场合，采用液体速凝剂，易于定量供给管理，与混凝土材料的混合性好；

• 湿喷采用液体速凝剂时，喷射后的喷射面会出现流下现象，反之采用粉状速凝剂的场合，由于有吸湿性，吸收混凝土中的水分，喷射面处于硬固结状态；

• 液体速凝剂含有的水分（50%）增大了水灰比，对速凝性、长期强度都有不良影响。通常速凝剂添加量在 5%～8%，增加水灰比 2%～4%左右，要考虑这种影响；

• 湿喷时拌和后放置时间过长，与水泥产生水化反应，喷射前的速凝剂添加，会降低其效果。

⑤作业环境及施工性

喷混凝土有对人体危害的强碱性，在狭小的隧道洞内，喷射作业会产生粉尘和回弹，因此要考虑确保良好的作业环境和施工性来选择速凝剂。

• 应选择碱性小，对人体无害的速凝剂；

• 钙铝酸盐系粉状速凝剂和无碱性液体速凝剂因碱性成分比矾土系低，几乎不含有，可以确保对作业人员安全的环境；

• 无碱性速凝剂可以改善厚度和涌水时的附着性，也具有附着后的强度，回弹少，粉尘发生量也降低。

(2)速凝剂的添加量

根据喷混凝土的材料、围岩的状况、风化劣化的程度、涌水的多少、喷射方式等，不仅速凝剂的添加量，而且喷射后混凝土的强度也要发生变化。因此，速凝剂的添加量应根据施工现场的试验的凝结、硬化状态来决定。

表 6-5 是日本各企业的标准添加量。此标准添加量大部分是没有问题的，4 周的设计基准强度都能够达到18N/mm^{2}以上。但在实际采用的添加量，因受到围岩状况、喷射过后的附着力、回弹、剥离、涌水、施工性等的影响，添加量应设定比标准添加量大些为宜。

速凝剂的标准添加量(粉状速凝剂)(%)　　表 6-5

	铁　道	公　路	高速公路	实际的采用值
干喷	4.5	5.5	7.0	约 5～8
湿喷	4.0	5.5	7.0	约 6～9

最近,无碱液体速凝剂的添加量,各国大致规定在胶结材量(水泥+硅粉)的7.5%,但实际采用的多在6%～8%。

决定速凝剂添加量时应注意以下几点:

• 速凝剂添加量,对材龄1d的初期强度影响很大。日本道路公团规定材龄1d的强度在 $5N/mm^2$ 以上,日本铁道建设公团规定高品质喷混凝土材龄1d的强度在 $8N/mm^2$ 以上,因此为了获得能够发挥初期强度效果的混凝土,事前进行喷射试验决定添加量是非常重要的。

• 增加速凝剂添加量,材龄3d的强度是增加了,但材龄7d以后的长期强度,与没有添加速凝剂的混凝土强度比低了(通常差20%左右)。一般说,速凝剂添加量在6%～8%左右比较合适,超过10%的添加量,就不能期待改善喷射的效果。此外,回弹,在拱部一般是25%～40%,侧壁是15%～30%左右,侧壁的添加量比拱顶部的添加量少些为宜。

• 速凝剂添加量过多,附着前就开始凝结、硬化,反之会增加回弹。因此,要采用能够保证喷射效果的最低限度的添加量,要控制粉尘的发生和回弹可采用粉尘降低剂和增黏剂。

• 从喷嘴到达喷射面间,由于气体使骨料、水泥、速凝剂等在空气中飞散,而成为粉尘,特别是速凝剂添加量过多的场合,因混合性差,粉尘也会增加;

• 与湿喷比,干喷因水泥、骨料、速凝剂混合良好,凝结时间也短,因此湿喷要比干喷的添加量大些。

5. 使用速凝剂时的注意事项

对于速凝剂的使用,必须使用保护器具(眼镜、防尘罩、手套等)。而且,如不慎入眼,要用大量的清水冲洗干净,必要时要接受医生的诊断治疗。

粉体速凝剂容易吸湿,液体速凝剂容易沉淀、分离、变质,所以要注意保管方法。

用于喷混凝土的速凝剂要选用新鲜的,风化、劣化了的速凝剂对速凝性有损害,附着性也会变差。

液体速凝剂,它们均含有一半左右的水分,所以大量的添加会导致水灰比的增大,也会导致强度降低。另外,喷射时因添加了多余的水,实质上会导致塌落度增大或黏性降低,有可能造成附着性降低。因此,使用液体速凝剂的前提是必须对混凝土的配比进行设计。

干喷时,液体速凝剂比粉体速凝剂显示出更好的分散混合性,反应变快。因此,骨料表面水多时，在离喷嘴太近的地方混合速凝剂的话，因开始硬化，容易产生堵塞。

粉体速凝剂除无机盐类外，凝结性、强度出现性都较好。喷射时，吸收混凝土内的水分，因塌落度降低使喷射时的“下垂”减少。若增加添加量，则黏性增大，附着性提高。因此，适合于对涌水部的喷射、厚喷。

粉体速凝剂不适合连续而定量地混合用空气高速运送的管内混凝土，容易因离析等产生损失。

6. 混合剂

湿喷混凝土，为了获得合适的和易性，有时要采用混凝土用的化学混合剂。商品化学混合剂是非常多的，其品质性能也不尽相同，喷混凝土采用的化学混合剂的品质应符合有关规定。

粉尘降低剂是为了降低粉尘而采用的，粉尘降低剂，会推迟喷混凝土初期强度的出现，长期强度也有降低的可能。因此，使用时，要用事前喷射试验予以确认。

混合剂，由于使用的材料、使用量及施工条件等对喷混凝土的力学性能及喷射施工性有很大影响。因此，混合剂要在品质确认之后使用。

采用除化学混合剂和粉尘降低剂以外的凝结调节剂的场合，要对添加量和强度发现特性对喷混凝土初期强度的影响予以确认。

7. 混合材料

为改善喷混凝土的性能，有时需要添加混合材料。混合材料包括硅粉、粉煤灰、石灰石微粉末等。

(1)硅灰

喷混凝土用的硅粉可改善混凝土自身的品质和施工性、作业性，并有降低回弹率和粉尘浓度的效果(表 6-6)。以提高强度和耐久性为前提的硅灰，要规定其活性度指数和化学成分。但是，在以改善喷混凝土的施工性，即提高压送性和降低回弹率及粉尘浓度为目的的场合，也可不满足此规定的要求。

混合硅灰的喷混凝土特征 表 6-6

混 合 料	优 点	缺 点
硅灰	①不易产生材料离析 ②水泥泌浆少 ③增加长期强度 ④提高水密性和化学抵抗性 ⑤减少回弹 ⑥改善附着性 ⑦改善泵压送性	①增加单位水量 ②增加干燥收缩 ③大半为输入品 ④因产品形态不同(颗粒、浆状)质量各异 ⑤塌落度大，要注意拌和待用时间 ⑥需要与高性能减水剂并用

日本最新拟定的硅灰的品质如表 6-7 所示。

硅灰的品质(JIS A6207—2006)　　表 6-7

主要成分		含量
二氧化硅	(%)	85.0 以上
氧化镁	(%)	1.0 以下
三氧化硫	(%)	3.0 以下
游离氧化钙	(%)	1.0 以下
游离硅	(%)	0.4 以下
氯离子	(%)	0.10 以下
强热减量	(%)	3.0 以上
比表面积	(m^2/g)	15 以上
密度	(g/cm^3)	取试验值
活性指数　(%)	材龄 7d	95 以上
	材龄 28d	105 以上

硅灰的标准配比量，颗粒状的为使用水泥量的 5%～10%，浆状的为使用水泥量的 10%～30%。物性改善效果好的配比量是 10%左右。表 6-8 是日本铁道建设公团采用分批拌和(SEC)的高质量喷混凝土的标准配比表。

高质量喷混凝土的标准配比表(泵运送方式)　　表 6-8

粗骨料最大尺寸(mm)	塌落度范围(cm)	水胶比[W/(C+SF)](%)	细骨料率(S/a)(%)	单位水泥量(C)(kg)	细骨料(石灰石微粉末)[$CaCO_3$](L/S)(%)	混合料		
						速凝剂[C+SF·(%)]	混合料(SF)[C+SF·(%)]	减水剂[C+SF·(%)]
10～15	8±2	55～60	60～65	342	15	4～7	5	必需量

注：• 混合料 SF：硅灰；细骨料率 S/a：(S+L)/(G+S+L)；
• 胶凝材料量(C+SF)每单位质量为 360 kg；
• 减水剂的添加量是满足所需软度的量，大致为 0.5%；
• 粗骨料的最大尺寸是 10 mm 或 15mm，尽量使用大的；
• 泵运送方式的塌落度为(8±2)cm，空气运送方式的塌落度为(14±2)cm；
• 水胶比原则上是 55%，但碎砂则可增加到 60%；
• 细骨料率原则上是 60%，根据骨料粒径可增加到 65%。

采用高性能减水剂时，由于与硅灰的超微颗粒性的相乘效果，可获得微过滤效果的高密度填充性和因活性反应得到的混凝土的性能改善等，提高了高强化的耐久性和抗腐蚀性。

(2)石灰石微粉末

石灰石微粉末(碳酸钙)是将石灰石粉碎为比表面积为(3 000～7 000)cm^2/g 左右的粉末。日本铁道建设公团，因添加石灰石微粉末能抑制回弹和粉尘的产生，用其替换一部分细骨料，将 0.15 mm 以下的微颗粒量作为细骨料重量的大约 15%，调整单位量进行使用。

在使用时,必须事先确认石灰石微粉末的质量、性能、使用实际效果、均匀度、价格等,进行充分调查、试验,获得要求的混凝土性能,以免对喷混凝土造成不良影响。

关于石灰石微粉末的品质,目前还没有统一的标准。表 6-9 是 European Prestandard(ENV 197-1—1992)关于石灰石微粉末的标准。

石灰石微粉末的规格(ENV 197-1—1992)　　表 6-9

项　目	规 格 值	项　目	规 格 值
$CaCO_3$ 纯度	≥75%	全有机炭素含有量	≤0.2%(质量)
黏土含有量	≤1.2g/100g		

日本要求采用的石灰石微粉末的品质规定如下:

- 不含有表土、黏土矿物、有机物、微粒子团等;
- 水分控制在 1.0%以下;
- 比表面积在 3 000cm^2/g 以上;
- 比重在 2.6 以上;
- 成分换算为 $CaCO_3$ 不小于 95%以上。

石灰石微粉末替换一部分细骨料,加上细骨料的 0.15mm 以下的含有量,细骨料重量大概调整在 15%的单位用量。

(3)粉煤灰等

为了减少单位水泥用量或者为了改善喷混凝土的施工性可掺入粉煤灰。掺入粉煤灰后也可以降低粉尘浓度和回弹率、增进长期强度或者改善耐久性。

喷混凝土中掺入高炉矿渣微粉末(表 6-10)可起到碱-骨料反应对策的效果。但要避免与酸性速凝剂同时使用。

高炉矿渣微粉末的品质(JIS A 6206—2008)　　表 6-10

项目 \ 种类		4 000 型	6 000 型	8 000 型
密度 (g/cm^3)		2.8 以上		
比表面积 (cm^2/g)		3 000～5 000	5 000～7 000	7 000～10 000
活性指数 (%)	材龄 7d	55 以上	75 以上	95 以上
	材龄 28d	75 以上	95 以上	105 以上
	材龄 91d	95 以上	105 以上	105 以上
流动值比 (%)		95 以上	90 以上	85 以上
氧化镁 (%)		10.0 以下		
三氧化硫 (%)		4.0 以下		
强热减量 (%)		3.0 以下		
氯离子 (%)		0.02 以下		

日本拟定的粉煤灰的品质如表 6-11 所示。

粉煤灰的品质(JIS A 6201—2008)　　表 6-11

项目 \ 种类		I 型	II 型	III 型	IV 型
二氧化硅	(%)	45.0 以上			
湿分	(%)	1.0 以下			
强热减量	(%)	3.0 以下	5.0 以下	8.0 以下	5.0 以下
密度	(g/cm^3)	1.95 以上			
粉末度	45μm 筛子的残值 (%)	10 以下	40 以下	40 以下	70 以下
	比表面积 (cm^2/g)	5 000 以上	2 500 以上	2 500 以上	1 500 以上
流动值比	(%)	105 以上	95 以上	85 以上	75 以上
活性指数(%)	材龄 28d	90 以上	80 以上	80 以上	60 以上
	材龄 91d	100 以上	90 以上	90 以上	70 以上

混合材料对喷混凝土的力学性能及喷射施工性有很大影响，特别会因使用材料、配比及洞内温度等施工条件的不同，引起初期强度出现迟的情况发生，要加以注意。

8. 补强材

在喷混凝土中混入钢纤维，会改善喷混凝土的物理性能。其弯曲强度和抗剪强度增加了，开裂的抵抗性和弯曲韧性也大幅度地提高，抗冻性等耐久性也有所提高。

钢纤维的尺寸，目前多采用长 30mm 左右，两端有弯钩形状的钢纤维，其长度和混入率对施工性有影响。同时弯曲强度和弯曲韧性受到钢纤维细长比(纤维长度/纤维径)的影响，其比值一般在 35～80 之间。与粗骨料最大尺寸比，钢纤维长度短，很难得到要求的效果，钢纤维的长度一般要在粗骨料最大尺寸的 3/2 以上。

有机纤维有尼龙纤维、聚丙烯纤维等。已经确认掺入有机纤维的喷混凝土，具有隧道火灾发生时的耐爆裂性能、提高作业时的安全性、提高泵的压送性、降低作业机械的磨耗、材料运送及混合作业容易等优点。

金属网主要用于防止喷混凝土剥落，一般可不采用。

6-2　喷混凝土的配比设计

1. 喷混凝土配比设计的一般原则

喷混凝土的配比，应考虑施工条件、施工环境及使用材料的品质变动等，按满足喷混凝土要求性能进行设计。

配比用使用材料的单位容积的质量表示。

喷混凝土的配比，以经过事前喷射试验确认满足喷混凝土要求性能为标准。但能够根据过去的实际、可靠的试验数据选定配比的场合，可以省略喷射试验。

喷混凝土除满足设计基准强度外，还要满足喷射施工性的回弹率小及粉尘浓度小、压送性良好等要求。

喷混凝土的性能因喷射方式、喷射设备等施工条件、喷射的围岩状态和施工场所的温度、湿度等施工环境、使用材料的离散性等不同而变动，要加以注意。喷混凝土配比与普通混凝土配比不同，也与喷射后的附着配比不同，这一点要格外注意。

喷混凝土的施工特征(压送性和回弹率等)对硬化后的品质有很大的影响。因此，喷混凝土的配比，与普通混凝土不同，为了充分确保施工方面的性能，要进行喷射试验，确认其能满足要求性能后再以此配比作为标准。

(1)粗骨料最大尺寸

粗骨料最大尺寸应按满足喷混凝土要求性能来选定。

粗骨料最大尺寸越大，回弹率越大，也易于发生堵塞。因此粗骨料最大尺寸多采用10～15mm的。

(2)单位水量及塌落度

单位水量在满足喷射施工性的条件下，应尽可能地小。

混凝土的塌落度在满足喷射施工性条件下，应规定合适的范围。

在湿喷方式中，混凝土的和易性是用塌落度表示的，在配比设计中应设定最佳的塌落度。一般的喷混凝土，塌落度以8～12cm为宜，但应考虑配比条件、施工机械、施工条件、减水剂和高性能AE减水剂，确保作业性等，设定15～20cm左右塌落度的事例逐渐增多。由于增大塌落度，提高了作业性和施工性，但也出现使喷混凝土发生流淌、速凝剂添加量增加等问题，因此应根据施工实际和事前的喷射试验等确定最佳的塌落度。同时，拌和过后的塌落度由于从拌和到喷射的时间关系，应规定出塌落度的降低值。

(3)水灰比及单位水泥量

水灰比及单位水泥量，应按满足喷混凝土的要求性能，规定合适的值。

设计基准强度为18N/mm^{2}的喷混凝土的基本混凝土的水灰比，设计多在50％～65％左右。对高强度的喷混凝土，水灰比设定在45％以下的场合，压送阻力要增大，脉动增大，粉尘也增加。因此，为了确保作业性，要采用减水剂和高性能减水剂来改善喷射施工性。另外，根据骨料的品质和施工条件，为了获得需要的和易性，要增加单位水泥量，水灰比要加大的场合，也有必要采用减水剂降低水灰比。

在设计基准强度为18N/mm^{2}的喷混凝土中的单位水泥量，约为360kg/m^3。设计基准强度为36N/mm^{2}的场合，单位水泥量多为450kg/m^3。

(4)细骨料率

细骨料率应按满足喷混凝土要求性能，设定适当的值。

一般说，细骨料率取55％～65％范围内适当的值，应考虑细骨料和粗骨料的品质选择。通常,细骨料率大,粗骨料量会减少,回弹也减少。但细骨料率大,单位水量要增加,抗压强度会降低,要加以注意。

(5)速凝剂的添加率

速凝剂的添加率,按满足喷混凝土要求性能,设定适当的值。

速凝剂的效果和使用量因品质不同有很大差异。要基于可靠的资料、施工实际,或根据事前喷射试验确定。速凝剂的添加率一般用单位水泥量(单位结合材量)的质量比来表示。

速凝剂对喷混凝土的初期强度、长期强度影响很大,添加率增加,可得到很高的初期强度,但超过一定范围后,就得不到改善的效果,而且长期强度也会降低,要加以注意。

(6)混合材料的添加率及单位用量

速凝剂以外的混合材料的添加率和使用量,按满足喷混凝土要求性能,设定适当的值。

速凝剂以外的混合剂包括:化学混合剂、粉尘降低剂、凝结调节剂等,作为混合材料有:硅粉、粉煤灰、石灰石微粉末及高炉矿渣微粉末等。

混合材料因品质不同其效果和使用量有很大差异,其添加率或单位用量应通过事前喷射试验或可靠的资料及施工实际设定。

(7)纤维混入率

纤维混入率,按满足喷混凝土要求性能,设定适当的值。

纤维混入率,应以附着配比的混入率为标准。

纤维的混入率,一般取混凝土容积的0.5%~1.5%范围内的值。钢纤维混入率对纤维喷混凝土性能的影响示于图 6-8。

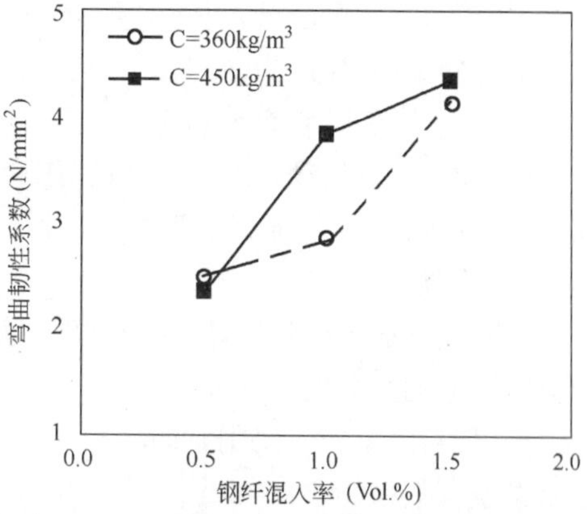

图 6-8 钢纤维混入率和弯曲韧性的关系

纤维混入率对纤维喷混凝土性能影响很大,应根据筛洗分析等方法,掌握附着配比中的实际纤维混入率和配比设计的计划混入率的关系而确定。根据到目前为止的施工案例,拌和时的混入率要设定在80%~90%之间。

进行喷混凝土的配比设计时,要考虑围岩条件、施工条件等,而且要保证能充分发挥支护构件的功能。

喷混凝土配比应按能够获得必要强度、良好的附着性、密实的混凝土来决定,也要考虑洞内作业环境的保护,极力减少回弹和粉尘的发生。

到目前为止必要强度虽然没有明确的根据,但日本通常以 28d 的设计基准强度

$18N/mm^2$ 为标准。喷混凝土的场合，为防止围岩松弛，设计配比时除考虑长期强度外，还要确保达到要求的初期强度。日本道路公团规定 1d 初期强度为 $5N/mm^2$ 以上。

为了确保初期强度，一般要添加速凝剂。但大量添加速凝剂对长期强度会产生不良影响。同时为了降低粉尘可采用粉尘降低剂，但此时也要研究对强度的影响。

喷混凝土的配比设计，基本上与浇筑混凝土同样，但因存在回弹、微粒子的飞散、速凝剂的使用量等，所以还没有充分的建立起来。

特别是对喷混凝土品质有重大影响的骨料，因产地而异，在现场使用时要在试验喷射的基础上决定配比。配比原则上以单位体积喷混凝土的各种材料重量表示。

2. 普通喷混凝土配比的设计

决定配比时，要注意以下几点。

(1)粗骨料尺寸

与普通混凝土一样，粗骨料尺寸越大越经济，但因压送性和回弹关系，最大粒径 $G_{max}=10\sim15mm$ 最合适。实际上，多采用 6 号碎石($G_{max}=13mm$)，湿喷时，$G_{max}=10mm$ 比 $G_{max}=15mm$ 的，吐出顺畅，强度也大、回弹也少。

(2)细骨料粒度和细骨料率

配比时，根据骨料的粒度决定细骨料率、单位水泥用量。细骨料粒度大，强度及回弹也大。

干喷时，采用粗目砂，要使回弹少，细骨料率要大，但水泥用量也要大。同样地，采用细目砂和中目砂，为使回弹少，细骨料率也要小，但会使施工性降低，因此以采用水泥用量大的、细骨料率大的为宜。

湿喷时，为保持稳定的吐出状态，细骨料率大是合适的。同时，细骨料的粒度采用中目砂比粗目砂在强度上有利。

(3)单位水泥用量

喷混凝土的抗压强度，随单位水泥用量的增加，不一定增大，而与细骨料粒度、细骨料率适应的水泥用量有关。

干喷时，随单位水泥用量的增加，回弹减少，但增加到一定程度(通常 $400kg/m^3$)以上也没有效果。

湿喷时，单位水泥用量 $350kg/m^3$ 比 $400kg/m^3$ 的压送阻力小，难以引起脉动，吐出能力也大，强度也大。而 $400kg/m^3$ 时的回弹少。

(4)水灰比

水灰比(W/C)大，会产生喷混凝土的强度的降低和喷射时的流下、剥落。反之，水灰比过小，粉尘的发生和回弹都会增加。

(5)表面水率和送水量

干喷时，骨料的表面水率可以改变水灰比，要加以注意。表面水率小，回弹增加，喷射作业环境恶化。表面水率大，压送性差，因此要有合适的表面水率（通常为5%～6%）。

干喷时，送水量对强度有影响，也可以说是对回弹率有影响。因此，在喷混凝土不产生剥离的范围内，尽可能地增加送水量是合适的。

（6）速凝剂的添加量

速凝剂的效果，因混凝土的拌和时间、洞内温度、拌和后放置时间、喷射面的涌水状况等不同而变动。

增加速凝剂的添加量，不管是干喷还是湿喷都会提高其效果，短时间的强度出现都是良好的。但对材龄7d以后的强度出现有影响，因此决定对长期强度出现无影响的添加量是必要的。一般说在10%左右的限度内不会影响长期强度。

（7）喷射方式

湿喷的水灰比在60%，干喷约在50%左右。这是因为湿喷是根据管内不产生堵塞的条件决定的稠度而定的，而干喷是由喷射工调节添加水量来控制附着性、回弹和粉尘的发生。因此，干喷时，在有涌水地段要少加水，进行喷射。

图6-9是喷射方式不同，速凝剂添加量的倾向。

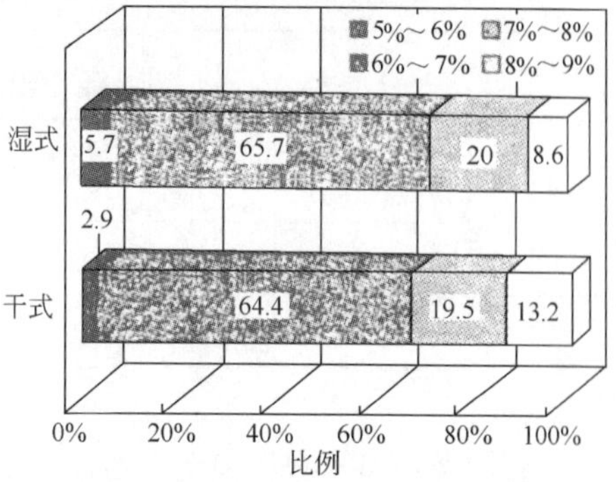

图6-9 速凝剂添加量的倾向

不管湿喷、干喷，添加量为6%～7%的最多，6%～8%的添加量约占全体的85%，现场实际的速凝剂添加量因喷射方式不同的差别并不大。

通常，喷射材料与速凝剂的混合，干喷比湿喷好，凝结时间也短，因此湿喷时的添加量比干喷要多。

因此，要进行现场试验，根据不同的喷射方式的条件，决定合适的添加量。

（8）标准配比实例

日本的喷混凝土标准配比分别列于表6-12（铁道）、表6-13（新干线）、表6-14（公路）及表6-15（高速公路）。

喷混凝土配比实例（铁道） 表6-12

类别	水泥用量 (kg/m^3)	塌落度 (cm)	最大骨料尺寸 (mm)	W/C (%)	S/a (%)	速凝剂 C×(%)
干喷	350	—	15	45	55	4.5
湿喷	390	10	10	55	60	4.0

喷混凝土配比例(新干线、泵送方式)　　表 6-13

类　别	水泥用量 C(kg/m³)	塌落度 (cm)	最大骨料尺寸 (mm)	W(C+SF) (%)	(S+L)/(G+S+L) (%)	速凝剂 (C+SF)×(%)
湿喷	342	8±2	10～15	55～60	60～65	4～7

注:硅粉(SF):水泥用量的 5%;石灰石粉末(L):细骨料量(S)的 15%

喷混凝土配比例(公路)　　表 6-14

类　别	水泥用量 (kg/m³)	塌落度 (cm)	最大骨料尺寸 (mm)	W/C (%)	S/a (%)	速凝剂 C×(%)
干喷	360	—	15	45	55	5.5
湿喷	360	8	15	55	60	5.5

喷混凝土配比例(高速公路)　　表 6-15

类　别	水泥用量 (kg/m³)	塌落度 (cm)	最大骨料尺寸 (mm)	W/C (%)	S/a (%)	速凝剂 C×(%)
干喷	360	—	15	56	62	7.0
湿喷	360	8±2	15	56	62	7.0

(9)现场配比

喷混凝土配比分为从喷嘴吐出的吐出配比和附着在喷射面上的附着配比。为确保附着的喷混凝土的品质,应该采用附着配比。但现场管理比较困难,因此采用了规定吐出配比的管理方法。

水灰比、细骨料率越小喷混凝土的强度越大,但与模筑混凝土比,离散性比较大,因此决定配比时,要满足结构物的要求强度和设计基准强度。

施工时,由于混凝土材料的变更、回弹、粉尘的增加、附着性的降低、涌水的增加、现场施工条件的变更等,配比也要随着变更。在决定现场配比的场合,对以下问题要特别关注。

①获得要求的强度

• 采用能够调整粒度的细骨料,确保强度出现的场合,可用高性能减水剂降低单位水泥用量;

• 抑制长期强度降低的场合,可采用钙铝系速凝剂,力求提高强度和耐久性,并采用硅系及钙矾石系混合材。

②获得附着性好、密实的混凝土

• 喷射面有涌水的场合,应采用粉状速凝剂的干喷方法;

• 采用无碱性液体速凝剂,降低回弹,提高附着性;

• 混合硅粉,充填水泥粒子间的空隙,促进密实,提高密实性;

③获得施工性良好的混凝土

• 细骨料的粗粒率 *FM* 调整到 2.3～3.1 之间，采用细骨料率大、球形的骨料，提高流动性；

• 混合硅粉，改善和易性，提高压送性；

• 为了制约喷射作业时间，采用硬化推迟剂，为了防止材料离析和提高流动性采用高性能减水剂；

④回弹少、粉尘发生少

• 干喷时，细骨料是粗目的场合，让细骨料率的大目在 80%以上，中目、细目的场合，细骨料率的小目在 60%～70%左右，来降低粉尘；

• 湿喷时，粗骨料的最大尺寸接近 10mm，确保顺畅的吐出，其次把细骨料的粒度的粗目变更为中目也可使回弹率降低；

• 为确保良好的作业环境，可采用粉尘降低剂、增黏剂，但在确认其品质的同时，要确保与速凝剂的适应性。最近，已经确认无碱性速凝剂对减少回弹和控制粉尘的发生是有效的。

⑤能够处理涌水

• 根据涌水状况，增加速凝剂的添加量，变更喷射方式为干喷，采用瞬间速凝剂为宜。

3. 高强度喷混凝土的配比设计

最近，隧道喷混凝土的高强度化，非常引人注目，但高强度到何种程度，还不明确。因此，这里根据已经采用高强度喷混凝土的施工实例，对配比设计的基本观点加以说明：

(1)高强度喷混凝土配比设计的目的

喷混凝土高强度化的目的有二：一是混凝土高强度化后，可以降低喷射厚度，总喷射量可以减少。因此在长大隧道中可以期待成本的降低。在小断面和短隧道中，这种效果是不能期待的。二是高强度喷混凝土构筑的衬砌，可以提高衬砌的承载力，可以应用于变形大的围岩和超大断面的隧道。但是仅仅提高强度是不充分的，还必须结合韧性等指标，因此一般都采用纤维补强的方法。

(2)高强度喷混凝土配比设计

喷混凝土也是混凝土的一种，其强度也决定于水灰比。因此，如果拌和可能，就采用较小的水灰比，其强度就会提高，但同时要确保喷射可能的和易性。众所周知，水灰比小，会损伤和易性，而高强度喷混凝土配比设计的要求与此相反，如何解决？当然可以采用早强水泥和高炉水泥来增加强度，但其通用性不高，品质管理也困难，用的不多。

因此，采用多大的水灰比才能确保和易性。目前最常采用的方法是增大单位水泥用量，降低水灰比，添加 AE 减水剂确保和易性的方法。但增大单位水泥用量，必然要增大速凝剂的绝对量，对长期强度的提高也会产生影响。

解决方法是采用长期强度降低小的速凝剂或者增加素混凝土的强度。如采用硫铝酸钙速凝剂，硬化时大量生成硫铝酸，大量固化混凝土中的水分，实质上是降低了水灰比，就能够提高长期强度。

增加素混凝土强度的方法，最近采用硅粉的方法比较引人注目。它可以促进混凝土的高强度化。

日本道路公团第二东名、名神高速公路在隧道中采用了的高强度喷混凝土。对其品质要求如下：

- 高强度喷混凝土设计基准强度：材龄 1d，10N/mm²；材龄 28d，36N/mm²；
- 应掌握高强度喷混凝土强度出现特性与速凝剂添加量的关系；
- 高强度喷混凝土的材料，应满足强度、施工性、耐久性的要求。

从强度看，考虑喷混凝土支护功能的场合，比 1d 小的材龄的强度，更为重要，但因围岩状况、施工速度、回弹等的不同，不能一概而论。一般取材龄 3h 达到 2N/mm² 的。

与普通喷混凝土的强度比较列于表 6-16。

喷混凝土设计基准强度的比较(单位：N/mm²)　　表 6-16

类　别	材龄 3h	材龄 1d	材龄 28d
高强度喷混凝土	2	10	36
普通喷混凝土	—	5	18

满足表 6-16 所列要求的喷混凝土配比示于表 6-17。

日本清水 3 号隧道高强度喷混凝土的配比例　　表 6-17

配比	σ_{28} (N/mm²)	W/C (%)	S/a (%)	配比(kg/m³)					
				C	W	S	G	混合剂	速凝剂
高强度喷混凝土	36	40	60	450	202.5	1 052	567	1.6	45
普通喷混凝土	18	60	62	360	194	1 161	624	—	25.2

由此表可见，增大单位水泥用量，降低水灰比，添加 AE 减水剂是可以确保和易性的。

下面列举一些最近在隧道工程中采用高强度喷混凝土配的工程案例：

(1)日本寒风山隧道的高强度喷混凝土配比实例

寒风山隧道在埋深大的区间，地压在隧道开挖后早期作用在自支护结构上，因此喷混凝土的初期强度特别重要，设计基准强度规定材龄 7d 为 25N/mm² 和 29N/mm² 两种。其配比列于表 6-18。

寒风山隧道的喷混凝土配比 表 6-18

配比	设计基准强度 (N/mm^2)	塌落度 (cm)	空气量 (%)	S/a (%)	W/C (%)	单位用量 (kg/m^3)			高性能减水剂
						C	W	SF	
1	$\sigma_{28}=18$	10±2	4±1	62	59.7	360	215	—	C×0.7%
2	$\sigma_{7}=25$	20±2	4±1	70	59.7	360	215	25	C×2.3%
3	$\sigma_{7}=29$	20±2	4±1	70	53.8	400	215	25	C×2.3%

表 6-18 中配比 1 是标准配比，配比 2 与配比 1 比较，配比 2 混入硅粉，同时加大细骨料率，此时为确保和易性也加大高性能减水剂的混入量。意图不仅是增大初期强度，也要增大长期强度。从配比 3 和配比 2 看，单位水泥用量增大了，水灰比减少，使最终强度增大。

(2)北欧的喷混凝土配比实例

表 6-19 是挪威采用的 C45MA 的标准配比（设计基准强度为 $40N/mm^2$），相当于日本的高强度喷混凝土。

C45MA 的配比例($1m^3$) 表 6-19

材料		重量(kg)	体积(m^3)	密度(g/cm^3)	备注
水泥		515	0.1635	3.15	挪威标准水泥
硅粉		45	0.0205	2.20	
减水剂(Plasticizer)		1.0	0.0008	1.20	SikaBV40
高性能减水剂		5.5	0.0046	1.20	SikaSM110
骨料(0～8mm)	Ardal 砂	731	0.2738	2.67	
	Hovinmoen 砂	674	0.2524	2.67	
钢纤维		45	0.0057	7.00	EE25
含气量(%)		—	0.0300	—	
水		252.9	0.2529	1.00	
合计		2269.4	1004.2	—	

表 6-19 采用的水泥与日本的早强水泥相当。砂是粒径 8mm 以下的天然砂，形状近似球形。是以钢纤维喷混凝土为前提的。该配比采用最大粒径 8mm 的根据是，以前的喷混凝土都在 10mm 以上，都产生回弹。目标塌落度取 18～22cm。

不管怎样，进行配比设计时，参照既有的配比和进行配比试验是必要的。

4. 钢纤维喷混凝土的配比设计

混入钢纤维等的喷混凝土，其力学特性有了很大的改善。从强度方面看，抗剪强度显著增加，开裂的抵抗性和韧性也大幅度提高。而且冻融抵抗性等耐久性也好。

因具有这种特性，一般都用于破碎带等地质脆弱的围岩、膨胀性围岩、或者地下发电站等大断面的空洞以及隧道洞口段等。混入钢纤维和比较方便的钢筋补强都可获得同样的效果，但在隧道连接部位、隅角那样特定的场所，需要承受很大拉应力的构件，钢筋补强是不行的。在这种场合，钢纤维喷混凝土可能是有效的。

(1)喷混凝土采用的纤维材料

喷混凝土采用的钢纤维拌和时或喷射时会发生弯曲，即使能够确保需要的混入率，有时也会发生不能满足强度和韧性的情况。为此，钢纤维要采用拌和、压送、喷射时不易弯曲的、不易堵管道的形状尺寸。

具体地说，要采用40mm以下，纤维直径0.3～0.6mm，细长比(长度/直径)在40～60的产品。混入率约在0.5%～1.0%范围内。表6-20是日本目前采用的钢纤维的种类。

市售的钢纤维 表6-20

厂　家	尺寸形状(mm)	重量(mg)	抗拉强度(kgf/cm^2)	备　注
日本钢管	0.5mm×0.5mm×30mm	58	75	凹凸异形
	0.5mm×0.5mm×25mm	—	—	
住友金属工业	0.25mm×0.5mm×25mm	24	70	波形异形
	0.5mm×0.5mm×32mm	62	—	
川崎制铁	0.5mm×0.5mm×30mm	59	70	端部波形和直线形
新日本制铁	0.5mm×0.5mm×20mm	57	85	直线形
	0.5mm×0.5mm×25mm	—	—	
神户制铁	0.6mm×30mm	46	100	凹凸异形
	0.6mm×25mm	—	—	
	0.5mm×0.5mm×20mm	—	80	异形
	0.5mm×0.5mm×30mm	—	—	
	0.6mm×30mm	—	110	端部弯钩
日本冶金	0.5mm×25mm	32	相当SUB430	弯钩形
	0.5mm×30mm	—	—	
	0.4mm×25mm	—	相当SUB304	直线形
	0.4mm×30mm	—	—	

最近耐碱玻璃纤维和尼龙纤维等高分子纤维也开始应用。这些纤维有：聚丙烯纤维、尼龙纤维、炭纤维等，这些纤维的力学性质具有钢纤维所没有的性质。其中聚丙烯纤维的比重约0.91g/cm^3，比钢纤维轻，材料运搬、混入作业也比较容易。对作业机械的磨耗小，泵的压送性也得到提高。表6-21是市售的高分子纤维的规格。

市售高分子纤维的规格 表 6-21

纤维名称	形状尺寸	比重(g/cm^3)	弹性系数	拉伸系数
耐碱玻璃纤维	绳索状	2.7		
	长 6～25mm			
	长 6～38mm		7 000	120～170
纤维	长 6～13cm	1.44	6 000	280
	0.5mm×0.5mm×25mm	1.45	13 000	280
	0.4mm×30mm	1.4	7 000	310
尼龙纤维	0.42mm×25mm 0.42mm×30mm	1.3	3 000	90
	0.38mm×24mm		2 600	105
氰乙烯纤维	长 L=6、12、18、24mm	1.18	1 900	90
聚丙烯纤维	棒状	0.9	450	100

(2)纤维喷混凝土配比设计的基本方法

进行纤维喷混凝土配比设计时应注意以下两点：

• 一般说，混入纤维后新鲜混凝土的塌落度会降低；

• 结合材与纤维的附着不充分时，纤维周边会产生空隙、成为构件的薄弱部分。

考虑这两点，钢纤维喷混凝土的配比自然是富配比。从配比实例看，比素喷混凝土的单位水泥用量大，S/a 在 70%左右。最近由于喷射机性能的提高，纤维形状的改善，可以在素喷混凝土的配比中，加入纤维。因此，对钢纤维喷混凝土的配比，要考虑机械和搅拌机的性能。

钢纤维喷混凝土的配比设计，基本上是参考既有工程实例和事先进行的配比试验决定的。配比设计时要注意以下几点：

• 钢纤维混入率，因为附着配比比吐出配比的混入率小，因此吐出配比的混入率要大些。附着配比的钢纤维混入率一般为吐出配比的 80%～90%左右；

• 湿喷场合，水灰比与普通混凝土同样考虑，一般在 50%～60%范围内；

• 细骨料率多在 S/a=60%～100%范围内；

• 单位水泥用量，干喷时在 350～450kg/m^3 范围内，湿喷时在 450～500kg/m^3 范围内。

实际的配比，作为参考列于表 6-22 和 6-23。

干喷混凝土配比实例 表 6-22

隧道	W/C (%)	S/a (%)	G_{max} (mm)	单位用量(kg/m³)					
				C	W	S	G	速凝剂	钢纤维
1	50	70	10	400	200	1 221	537	16.0	80
2	50	70	15	350	175	1 272	549	17.5	80
3	50	100	—	380	190	1 776	—	11.0	80
4	45	75	15	350	158	1 399	467	17.5	120
5	50	59	10	360	180	1 130	758	18.0	80

湿喷混凝土配比实例 表 6-23

隧道	W/C (%)	S/a (%)	塌落度 (cm)	单位用量(kg/m³)					
				C	W	S	G	速凝剂	钢纤维
1	59.8	100	7～11	480	287	1 435	—	24	80
2	50.0	60	15	430	215	1 001	687	22	80
3	60.0	79	11	350	210	1370	395	20	80
4	50.0	75	15	450	225	1 189	400	23	80

(3)最近的纤维喷混凝土配比实例

最近采用纤维喷混凝土的工程实例逐渐增多，其中一些有代表性的隧道采用的配比实例如下。

清水 3 号隧道的配比示于表 6-24。岩手隧道的配比示于表 6-25。

清水 3 号隧道的钢纤维喷混凝土配比 表 6-24

配　　比	σ_{28} (N/mm²)	配比(kg/m³)						
		C	W	S	G	混合剂	速凝剂	钢纤维
普通喷混凝土	18	360	194	1 161	624	—	25.2	—
高强度喷混凝土	36	450	202.5	1 052	567	1.6	45	—
钢纤维喷混凝土	36	450	202.5	1 114	478	1.76	45.0	78.5

岩手隧道纤维喷混凝土配比 表 6-25

S/a(%)	C(kg/m³)	SF(%)	速凝剂(%)	VF 混入率(kg)	减水剂(%)
65	360	5	5.5	10	2

这里介绍的喷混凝土配比实例说明，喷混凝土配比应根据具体条件，如要求的喷混凝土性能、喷射方式以及具体的施工条件等，因地制宜、灵活处理，一切通过现场喷射试验确定。

第7章　制造及施工设备

工欲善其事，必先利其器。制造合格的喷混凝土及其构件，除了正确的设计、精心施工外，一个重要的环节就是要采用先进的、具有要求功能的喷混凝土制造设备和施工设备。本章主要介绍喷混凝土制造和施工设备应具有的功能和必须满足的基本要求，以及使用这些设备时应关注的事项。

7-1　概　　述

喷混凝土制造及施工设备，具有要求的功能是十分重要的。这里所要求的性能包括下面所述的制造设备、喷射设备等的设备性能、构造性能以及设备的容量。为了制造符合要求品质的混凝土，也要关注材料储藏、计量及拌和等有效率的制造行为。

混凝土制造设备，一般有固定式和移动式两种。固定式设备通常由材料储藏设备、计量设备、拌和装置、控制装置、其他装置（材料运送装置、房屋、锅炉等附属装置等）构成。移动式的制造设备，是由为迅速运送这些设备而搭载在台车上的一组或数组设备构成的。

材料储藏设备，需要具有在确定时期内能够储藏材料所需量的容量。一般配备骨料斗，以便骨料的储藏。计量设备，配备了可将各材料单独精确计量的装置。

混凝土的拌和装置有分批搅拌机和连续搅拌机。前者是反复进行计量—拌和—吐出这一过程而断续地制造、输送混凝土的装置。后者是预先在干拌状态下所拌和的材料加水后，再从另一方连续地输出混凝土的形式。

选择混凝土制造设备时要考虑的主要因素有以下几点：

①固定式或移动式；

②运输方法是无轨式或有轨式；

③需要多大的供给能力；

④设置地点的地形和用地面积条件如何；

⑤混凝土的总制造量是多少；

⑥作业时间带如何；

⑦运输距离是多少；

⑧隧道现场是否为积雪、寒冷地带等。

如前所述，通常，隧道现场内设置有作为临时设备的混凝土制造设备。但是，在喷射施工区间短、总喷射量少时，有时利用预拌混凝土工厂在经济方面是有利的。在这种情况下，需要确认在可能的搬运范围内是否有可供给的预拌混凝土工厂，研究是否设置现场制造设备。

在现场设置的混凝土制造设备，不管是干喷还是湿喷，一般是采用固定式的混凝土制造设备。采用管片时，由于细骨料的表面水率高，施工时易产生堵塞，所以尤其需要选择有表面水率小、变化少的材料储藏设备的混凝土制造设备。而移动式的混凝土制造设备，在像隧道补修工程那样喷射数量少、简易的临时设备适合的情况下采用。

在用地面积狭小、且是斜坡地时，选择可利用斜坡地搬运骨料的设备为好。在用地面积窄、需要在隧道洞内设置时，选择高度小的横放式设备为好。

作为积雪、寒冷地带用的设备，可采用把油压抓斗、高架吊车、拌和装置放在一个房屋内的类型。作为寒冷地带的材料管理，为保证混凝土的拌和温度在 10～15℃以上，要使用暖风加热器等骨料保温装置和温水锅炉。

7-2　制造设备

1. 储藏

水泥及混合材的储藏设备要有防湿的构造，同时能够按品种分别储藏。

骨料的储藏设备，要按种类、粒度分别储藏，要具有大小粒难于分开的，并能够从底部排水，易于保持表面水率稳定的构造。

混合剂的贮藏设备能够按不同种类的混合剂分别贮藏，并具有能够防止不纯物混入、变质、粉体混合剂吸湿、液体混合剂分离等功能的设备。

混凝土制造要求的储藏设备，原则上，与一般混凝土制造要求的储藏设备是一样的。因此，对制造喷混凝土的储藏设备的性能，要满足制造包括速凝剂在内的通常混凝土同样的性能。在隧道内设置贮藏设备，因隧道洞内温度较高而且多湿，要注意各种材料贮藏设备的防湿。

干喷用的新鲜混凝土，不能象湿喷用的混凝土那样进行塌落度等的品质管理，拌和后的品质很难确认，但贮藏设备要同等。骨料的储藏方法示于图 7-1。

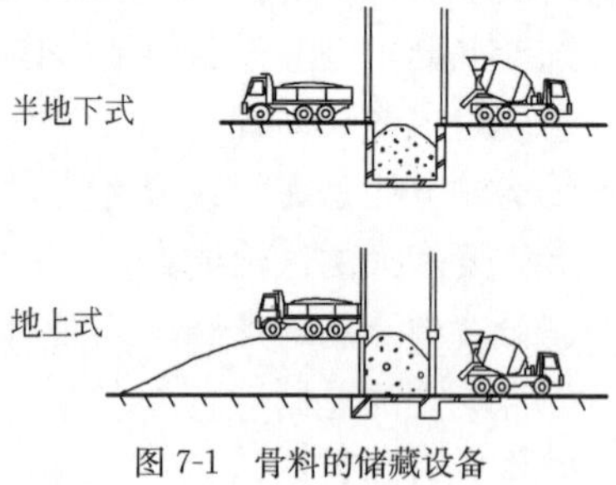

图 7-1　骨料的储藏设备

2. 计量及其他机器设备

材料的计量，采用质量计量装置，以能够在规定误差范围内进行计量为标准。

各材料的计量设备，使用开始前及使用中，要定期检查调整。

分批搅拌机的现场制造设备，需要对各投入材料，装备有可按表 7-1 所示的精度计量的计量装置。

连续搅拌机的制造设备，水泥和骨料等的计量方法是容积计量，由于材料的种类和质量(表面水率的变化)等容易产生计量误差，因此，在施工开始前及施工中要对合适的计量装置进行校准，需要进行如表 7-2 所示的在计量的容许误差以内的质量管理。

分批式搅拌机计量误差的最大值 表 7-1

材 料 种 类	计量误差的最大值(%)
水	1.0
水泥	1.0
骨料	3.0
混合料	2.0
混合剂	3.0

连续式搅拌机计量误差的最大值 表 7-2

材 料 种 类	计量误差的最大值(%)
水	1.0
水泥	1.0
骨料	3.0
混合料	2.0
混合剂	3.0

采用其他机器的场合，也要事前设定必要的计量精度，确认能够在规定误差范围内进行计量。

混凝土的计量设备，与浇筑混凝土的计量设备相同。干喷用的新鲜混凝土，因拌和后的品质难于确认，但计量设备要求是同等的。干喷时，因为在喷嘴处加需要水量，水的质量不能用质量计量，可采用流量计等计量。

3. 拌和设备

采用分批式搅拌机和连续搅拌机的场合，要进行拌和性能试验，确认能够获得规定的拌和性能。

采用其他拌和设备的场合，应以具有分批式搅拌机和连续搅拌机同等程度的拌和性能为标准。

分批式搅拌机分重力式和强制拌和两类。重力式搅拌机有倾筒式和罐式；两种强制式搅拌机有单轴型和软轴型等。拌和性能应根据有关规定进行抗压强度试验、含气量试验、塌落度试验等。不满足表 7-3 值的场合，多是搅拌机构造不合适或拌和用的搅拌叶片磨耗所致。因此为了确保拌和性能，要进行定期检查。

分批式搅拌机的拌和性能　　表 7-3

项目		混凝土拌和量	
		公称容量的场合	公称容量 1/2 的场合
混凝土中砂浆的单位容积质量差		0.8%以下	0.8%以下
混凝土中单位粗骨料量差		5%以下	5%以下
与平均值之差	抗压强度	7.5%以下	—
	含气量	10%以下	—
	塌落度	15%以下	—

拌和楼的系统示于图 7-2。连续式搅拌机系统示于图 7-3。

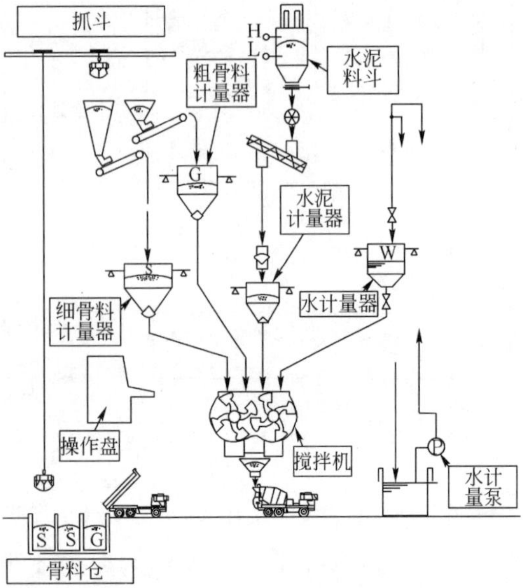

图 7-2　拌和楼系统

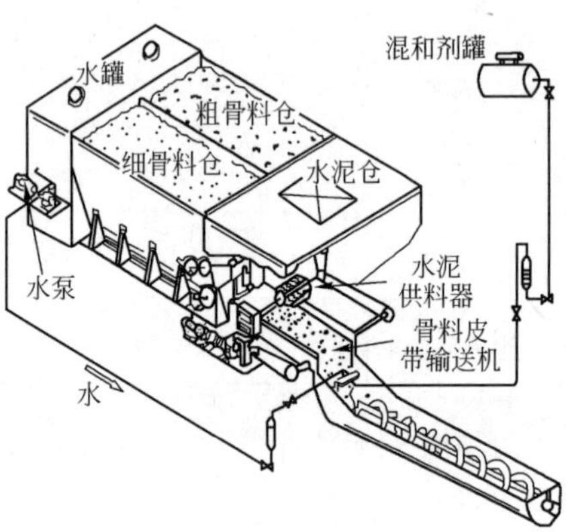

图 7-3　连续搅拌机系统

7-3　制 造 方 法

1. 计量

一罐容量应考虑配比、拌和设备的性能、运搬方法、喷射量等因素决定。

各材料按每一罐质量计量。水及液体的混合剂，可按容积计量。

采用连续搅拌机的场合的容积计量误差，应根据搅拌机容量换算为质量计量。

材料的计量多少会有些误差，表 7-4 是 1 次计量的计量误差的最大值。

计量误差的最大值 表 7-4

材料种类	计量误差的最大值(%)	材料种类	计量误差的最大值(%)
水	1	混合剂	2①
水泥	1	混合材	3
骨料	3		

注:①高炉矿渣微粉末的计量误差最大值为1%。

2.拌和

材料投入搅拌机的顺序,应事前规定好,并依此进行。

拌和时间以试验决定的为标准。

采用混合材的混凝土,混合材要能够均匀分散在混凝土中进行充分的拌和。

混凝土混入纤维时的拌和,采用分批式搅拌机、自动搅拌车的场合,以能够确保同等品质为标准。此外,纤维投入和拌和,要使纤维能够均匀分散在混凝土中。

新的材料投入,应在搅拌机内的混凝土排出后进行。

采用连续搅拌机的场合,拌和开始后最初排出的混凝土不能用。

分批拌和和其他拌和方法,其材料投入顺序和拌和时间,应事前规定好,并依此进行。

(1)材料投入搅拌机的顺序,因搅拌机形式、拌和时间、骨料种类及粒度、单位水量、单位水泥量、混合材等不同而异,因此要按规定进行强度试验、泌浆试验等,并根据试验结果或者参考工程实际决定。

(2)采用分批式搅拌机的场合,为充分拌和,需要的时间随搅拌机形式不同而有显著的差异,因搅拌机容量、混凝土配比、混合材的种类、投入顺序等的不同而不同,因此要根据试验结果决定。

砂浆单位容积质量差在0.8%以下、而且单位粗骨料量差在5%以下的场合,一般都可以进行满意的拌和。此外,要测定搅拌机的负荷电流和时间的关系,负荷电流增大后,要减少达到稳定的时间,来规定拌和时间。

不进行拌和时间试验的场合,其最短时间:采用可倾式搅拌机的场合为1min30sec,采用分批式搅拌机的场合为1min。

采用混合材的混凝土、高强度混凝土的场合,拌和时间要长些。以改善和易性和防止材料离析为目的掺入混合剂的场合,视其种类选择合适的拌和时间,长时间拌和会造成材料离析,产生过多的气泡,纤维也易于变形等,因此要合理选定拌和时间。

连续搅拌机的场合,每次都是强力拌和少量的混凝土,拌和时间是很短的,但也要进行充分的拌和。

纤维混凝土的场合,为均匀分散纤维所需要的拌和时间,因纤维种类和混合率、投入方法、纤维混凝土的和易性等不同而异,因此要事前进行试验,来确认获得需要品质的拌和时间。

(3)为了均匀分散混凝土中的混合材,一般混合材和水泥同时或在投入水泥之后立即投入搅拌机中。

为了获得拌和均匀的混凝土需要的拌和时间,因搅拌机形式、混凝土配比、混合材种类、材料投入顺序等不同而异。拌和时间由试验决定的场合,除进行砂浆单位容积质量差及单位粗骨料量差试验外,还要进行抗压强度、含气量及塌落度等试验。

(4)纤维的投入及拌和方法不合适的场合,纤维没有均匀分散、产生特定方向的配列,而不能确保要求的性能,要加以注意。

纤维混凝土拌和时间因混入纤维负荷增加,与不混入纤维的混凝土比较,要长些。为此,采用拌和能力低的搅拌机对纤维混凝土的品质会有不良影响,因此要采用具有均匀充分拌和能力的搅拌机。

纤维的投入,有与其他材料同时投入的方法[图 7-4a)]和向自动搅拌车内直接投入的方法[图 7-4b)]。选定哪种方法由纤维混凝土配比、生产设备、施工方法等决定。

连续搅拌机的场合,为了定量混入纤维,要并用定量式供给机。

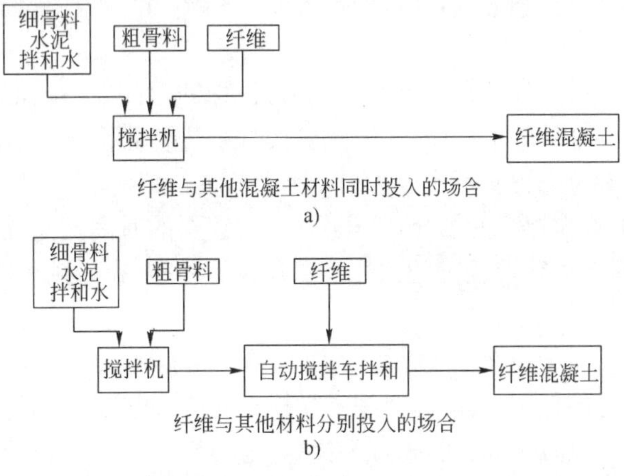

图 7-4　纤维混凝土的制造流程

(5)分批拌和方式,通常是混凝土材料一起投入的拌和方法,其制造流程示于图 7-5。

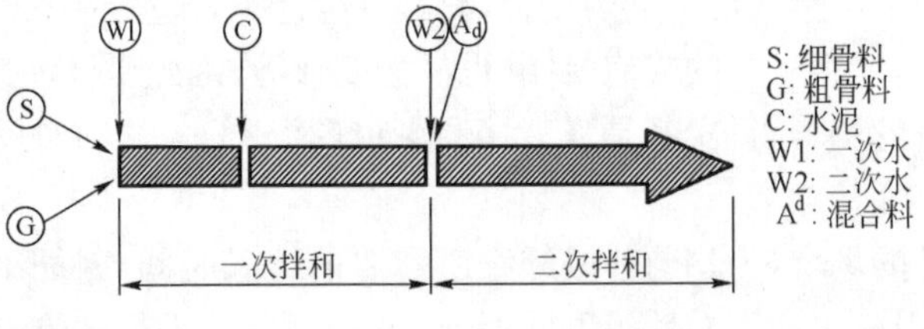

图 7-5　分批拌和方式混凝土制造流程

7-4 喷射设备

1. 一般要求

喷射设备，要满足喷混凝土的要求性能，能够连续的压送、喷射。

一般山岭隧道中所采用的喷射机械，如照片 7-1、照片 7-2 所示，主要有：①运送混凝土的喷射机；②喷射设备（机械手）；③速凝剂供给装置，机器搭载在一台自行式台架上。

照片 7-1 喷射机械例

照片 7-2 喷射机械例

过去喷混凝土施工采用的主要设备有喷射机、喷射机械手等单独使用的所谓分离型的设备。最近，随着施工的合理化，施工机械的发展，出现了可在一台自行式台车上搭载喷射机械手、喷射机、速凝剂供给机、压缩空气机等施工所需要机器的一体型喷射设备。湿喷方式采用粉体速凝剂的场合，采用的分离型喷射设备的构成示于图 7-6。一体性喷射设备的构成示于图 7-7。

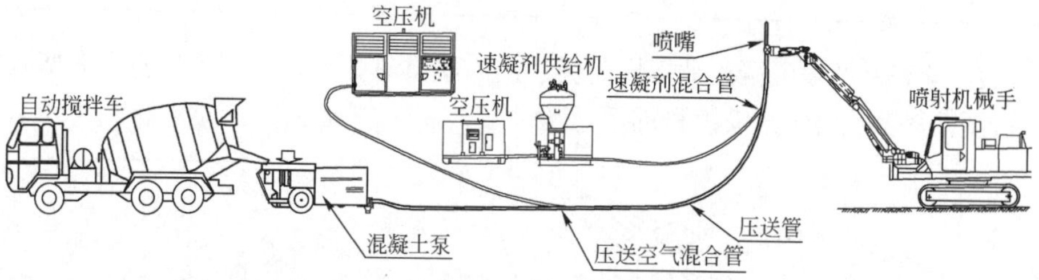

图 7-6 分离型喷射设备的构成

2. 喷射机

(1)喷射机的种类和特征

表 7-5 列出目前实用的一些喷射机。如表 7-5 所示，运送方式大致分为空气压送方式和泵压送方式。在此，湿喷的泵压送方式中，如后面所述那样与称为“松散空气”的空气压送并用的方式，是主流方式。在喷射方式的关系中，泵压送方式仅限于湿喷，而转子式的空气压送方式无论湿喷还是干喷均可适用。

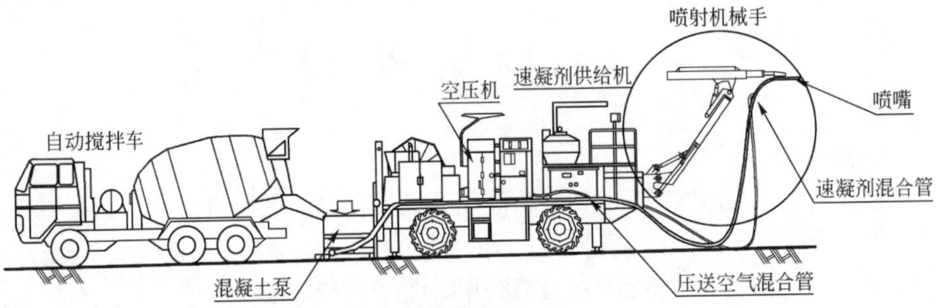

图 7-7　一体性喷射设备的构成

喷 射 机 种 类　　表 7-5

喷射方式	运送方式	材料送出方式	机械名称
干喷	空气压送	给料箱式	SBS
		转子式	阿里瓦 280、阿里瓦 285、尼德恩及其他
湿喷	泵压送（+空气压送）	挤压式	极东喷射混凝土
		活塞式	普图迈斯塔、S旋转臂、特库曼及其他
	空气压送	转子式	阿里巴 280、阿里巴 285、尼德恩及其他

表 7-6 表示湿喷混凝土的不同材料送出方式具有的特征。图 7-8 表示活塞式喷射机，图 7-9 表示转子式喷射机的示意图。

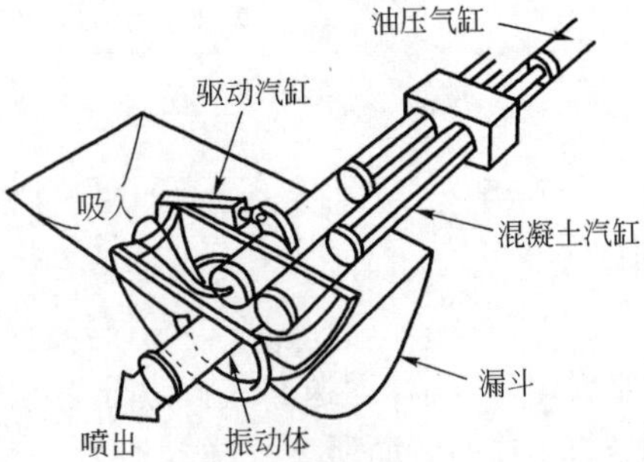

图 7-8　活塞式喷射机

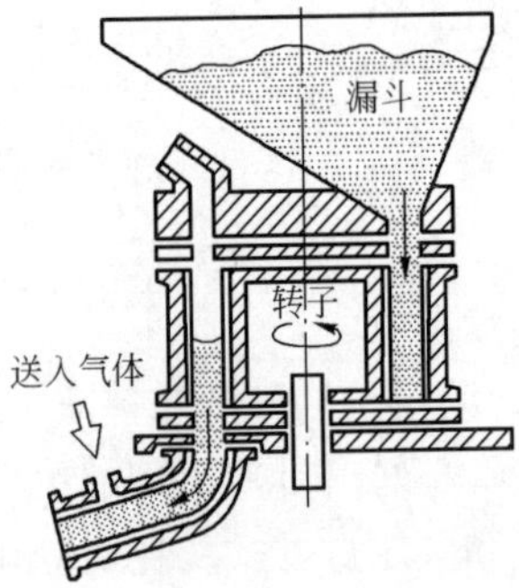

图 7-9　转子式喷射机

如表 7-6 所示，湿喷混凝土无论哪种方式都具有大致相同的性能，因此无论采用活塞式或转子式都可以。

湿喷混凝土不同的材料送出方式的特征 表 7-6

	转子式(例如阿里巴 285)	活塞式(例如特库曼 M2 000V)
输出能力(m^3/h)	6～21	最大 24
机动性	喷射机较小、机动性高	一般比空气压送方式大型，机动性较差
压送能力(m)	水平 80(干式:水平 300)	水平 300
维修保养和管理	结构简单，维修保养和管理比较容易	结构比空气压送方式复杂，维修保养和管理没有大的差别
配比条件	通过采用自动强制供给材料装置，即使是低塌落度和高黏性的混凝土压送能力也不降低，但有时因脉动而降低施工性	低塌落度和高黏性的混凝土通过付予适当的流动性可进行施工。不过，低塌落度的可压送距离缩短
安排、完工处理	容易清扫软管内残留的混凝土等，比泵压送方式简单	需要清扫软管内残留的混凝土等，比空气压送方式花时间

(2)喷射机的选择

关于湿喷混凝土喷射机的选择，必须考虑隧道长度和断面、地质和涌水量等围岩条件和混凝土配比和喷射数量等施工条件，选择可获得良好施工性和经济性的喷射机。

喷射机要满足喷混凝土所要求的性能，特别是不要产生脉动和堵塞，能够确保稳定的压送性和均匀、连续的压送与喷射。

实用的喷射机种类很多，但其性能差异很大，因此选定使用机械时，要参考既有工程实践，并事前进行喷射试验确认能够获得喷混凝土所要求的品质。材料的压送和喷射时，因为采用压缩空气，如材料堵塞会造成压力暂时升高，因此机械的各部和管路安装部位等都要具有充分的强度。喷射机不具备均匀、连续压送材料的性能会使作业效率降低。

表 7-7 是目前用于公路及铁路隧道中的主要的一体型喷射机。

主要的一体型喷射机 表 7-7

厂家名称	古河机械金属	TCM	KBC 机械制造	诺梅特	富士物产
形式	CJM2200	tS27C	GMB35C-CZ	9150WPC	B-SFWIC-IIS
喷射方式	湿式	湿式	湿式	湿式	湿式・干式

续上表

厂家名称		古河机械金属	TCM	KBC机械制造	诺梅特	富士物产
主要使用喷射机械手及混凝土压送规格	全长(mm)	12 700	17 740	15 770	12 100	15 800
	全宽(mm)	3 000	3 210	2 835	2 400	3 000
	全高(mm)	3 635	4 100	4 325	2 900	4 190
	重量(t)	22.0	22.0	24.0	19.5	24.0
	喷嘴前端可动范围(m)	高8.2×宽13.0	高7.3×宽9.8	高11.2×宽15.2	高15.0×宽16.0	高9.9×宽16.0
	喷嘴滑动长度(mm)	2 000	2 500	3 000	2 200	2 000
	喷嘴前后倾斜角(度)	135(前105:后30)	120(前90:后30)	120(前90:后30)		270(前225:后45)
	悬臂滑动长度(mm)	1500	2000	2000		1500
	悬臂摆动角度(度)	右45:左45	右45:左45	右40:左40	右40:左40	右45:左45
	混凝土喷射机	CPI	特库曼(M2700)	新特库MKW-25SNt	BPN300RE	阿里巴285
	搬运方式	泵压送(+空气压送)	泵压送(+空气压送)	泵压送(+空气压送)	泵压送(+空气压送)	空气压送
	最大送出能力(m^3/h)	23.7	27.0	25.0	33.0	21.0
	喷嘴输出能力(m^3/h)	约16.0	约18.0	18.0	25.0	18.0
	缸数×汽缸直径×冲程	2×Φ100×1000	2×Φ180×700	2×Φ160×550	2×Φ180×630	—
	吐出空气量(m^3/min)	14.0	14.7	17.8	16.0	12.0
	吐出空气压(kgf/cm^2)	7.0	7.0	7.0	7.0	7.0

注:泵压送方式中,采用在运送中途加入称之为松散空气的压缩空气进行空气压送。

表7-7所示的喷射机,无论哪一种都搭载了每小时吐出量在$20m^3$以上的高能力的喷射机。即使水灰比小、黏性高的混凝土,只要给予适当的和易性,就能进行稳定的喷射作业。喷射机械手,对应上半断面台阶法和超短台阶的全断面法等开挖方法,包括掌子面正面和仰拱前方及向下方的范围内都能喷射。这样,实用的喷射机械,就要具备以快速施工的大容量喷射和高质量化为目的的有效的喷射混凝土的能力。

一般说,喷射机大体上分为泵和压缩空气并用、空气压送两种方式,这两种方式仅在开始压送的初始位置有所不同而已。

在空气压送方式中,到混凝土吐出前的整个区间都是用压缩空气压送的(参照

图 7-6)。泵与空气压送并用的方式，是在混凝土泵与喷嘴间插入压缩空气进行压送的(图 7-10)。

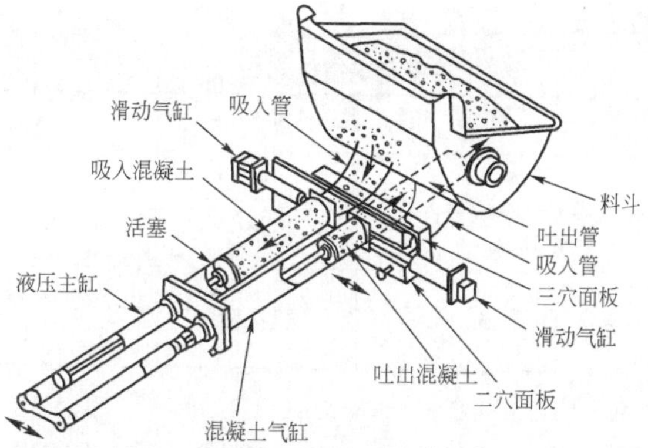

图 7-10　泵与空气压送并用的喷射机(混凝土泵)的构成

泵与空气压送并用的喷射机(混凝土泵)示于图 7-11。

3. 喷射机械手

通常，喷射作业为改善操作员的安全和卫生环境，可通过遥控喷射机械手进行远距离喷射。

喷射机械手，要在喷射面和喷嘴间保持适当距离，并具有获得要求品质的喷混凝土的功能。

照片 7-3 是一体型湿喷用的活塞式喷射机械搭载的喷射机械手、搬运设备等的情况。

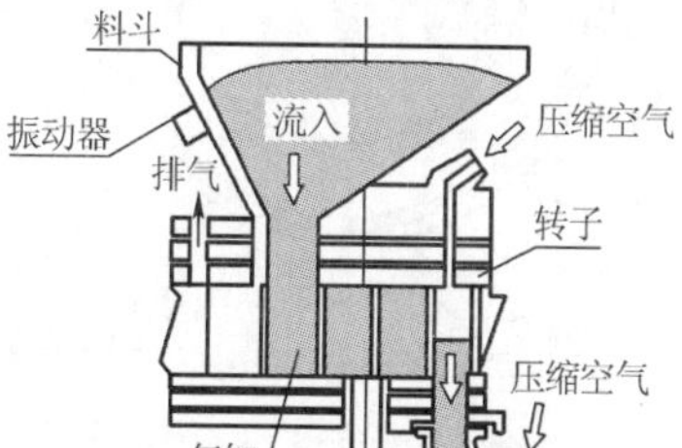

图 7-11　空气压送方式喷射机的构成

照片 7-3　一体型喷射机械

如照片 7-3 所示，喷射机械手的前端安装了喷嘴，该喷嘴通过配管和给料管与台架后面的喷射机连接。从速凝剂供给装置进行空气压送的速凝剂，在喷嘴前 2～3m 处的混合部与压送中的混凝土混合，用空气压送到喷嘴前端。目前使用的很多湿式泵压送方式的喷射机械，采用在给料管前添加压缩空气、浮游运输压送中的混凝土的方法。这是因为消除了混凝土堵塞和脉动引起的故障，提高了速凝剂的混合效率及施工性的缘故。

4. 速凝剂供给机

速凝剂供给机要能够连续添加速凝剂,并装备有一次喷射混凝土施工所需要容量的罐体。其规格列于表 7-8。

速凝剂供给机规格　　表 7-8

项　目	规　格	项　目	规　格
罐容量	250L	电力	2.6kW
粉体压送能力	约 15kg	重量	约 650kg
回转数	2～14kg/min	机械尺寸	1 250mm×900mm×1 840mm(宽×长×高)

5. 其他设备

喷射机、喷射机械手、速凝剂供给机以外必要的设备,要考虑其他喷射设备的性能适当选定。

(1)细骨料表面水率调整机

细骨料表面水率的管理是制造良好的混凝土的重要项目,用离心力强制调整细骨料表面水率的机械示于图 7-12。

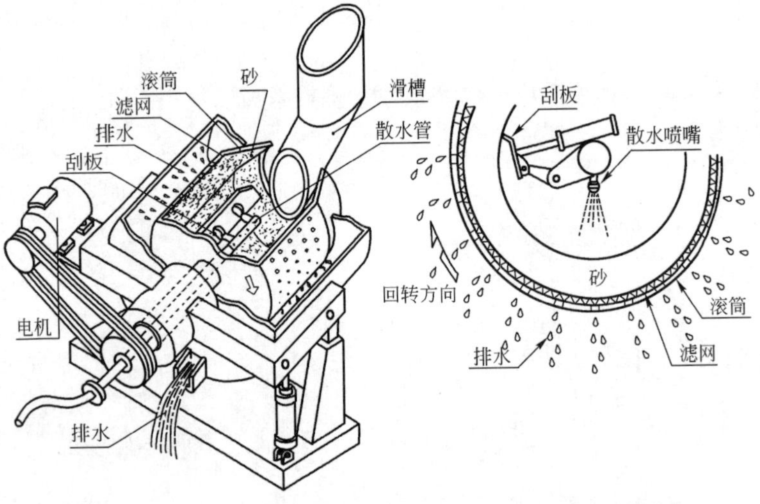

a) 构造图　　b) 滚筒断面图

图 7-12　细骨料表面水调整机的构造例

向罐内投入细骨料,提高罐的转速,由于离心力使表面水向砂粒子间移动,并通过贴附在罐内面的空隙排出罐外,使细骨料表面水率处于稳定状态。

(2)钢纤维分散供给机

钢纤维分散供给机示于图 7-13 和照片 7-4。这是一个自动、分散供给的机械。

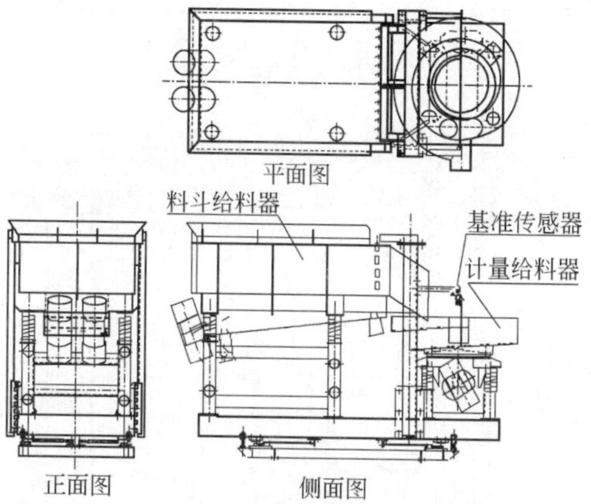

图 7-13 钢纤维分散供给机例

照片 7-4 钢纤维分散供给机

(3)粉尘降低剂添加机

粉尘降低剂多数是粉体状。图 7-14 和照片 7-5 是粉尘降低剂添加机的图示。

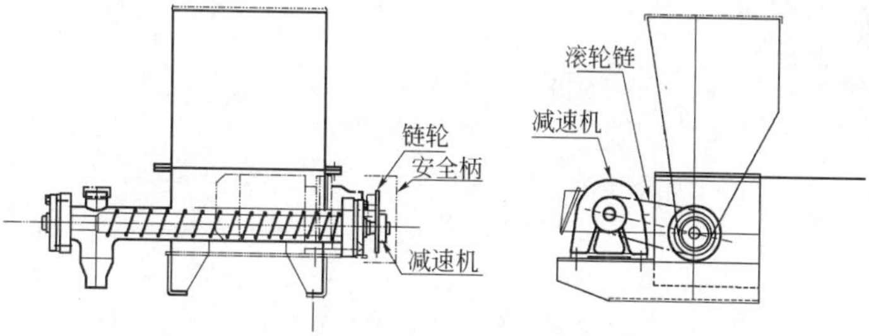

图 7-14 粉尘降低剂添加机

6. 喷混凝土施工设备在使用上的注意事项

(1)采用分批拌和方式的 SEC 的混凝土制造设备使用时的注意事项

为了制造采用分批拌和方式的 SEC 喷混凝土用的新鲜混凝土,需要在现场设置能满足以下功能的混凝土制造设备:

照片 7-5 粉尘降低剂添加机

• 需要向搅拌机内分批添加一次水和二次水。因此就需要两套加水供给装置;

• 需要能任意设定材料投入顺序和各材料投入后的拌和时间的控制装置;

• 由于比通常的单位水泥量 360kg 的配比的黏性高,添加一次水时的拌和负荷大,所以要装备拌和能力高的拌和装置;

• 添加作为胶凝材之一的硅灰的方法,有粉体添加的方法和浆状添加的方法,因此，需要有水泥仓或有搅拌功能的储存槽；

• 使用高性能减水剂等混合剂时，需要带有计量装置的自动添加装置。

图 7-15 是二轴强制型搅拌机对应 SEC 的混凝土制造设备系统。

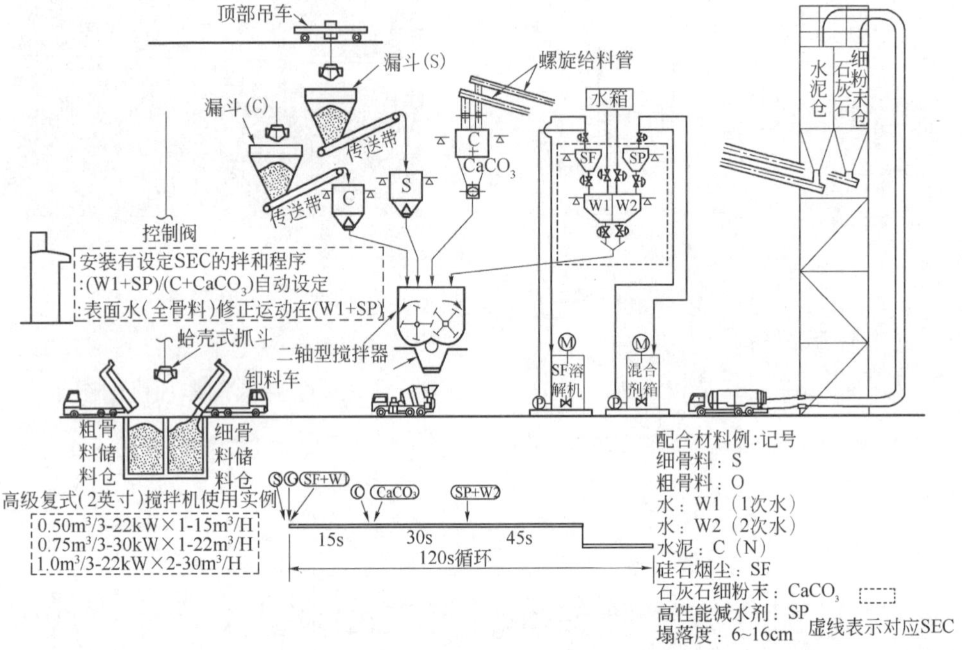

图 7-15　二轴强制式搅拌机对应 SEC 的混凝土制造设备

(2)制造高强度混凝土设备的使用注意事项

制造高强喷混凝土用的制造设备，使用前要根据以下事项决定设备的规格：

①在拌和适用于第二东名、名神高速公路隧道等的单位水泥量为 450kg 的喷射配比和单位水泥量更多的(水灰比小)的混凝土时，要比通常的单位水泥量 360kg 的每批投入材料多，因此，需要比通常容量大的大容量计量装置；

②单位水泥量多的配比，比通常的黏性高，拌和的负荷大，因此，需要具有高拌和能力的拌和装置；

③胶凝材多的高强度喷混凝土，由于比通常的混凝土的黏性高，因此为了保证施工性，需要给予适当的流动性。为此，制造设备需要装备能高精度计量高性能减水剂等混合剂的自动添加装置；

④第二东名、名神高速公路隧道等山岭隧道的开挖断面积大，喷射厚度也厚，所以，一个掘进循环所需的混凝土量比通常的要多。因此，在装备每批拌和量多的拌和装置的同时，也要把骨料、水泥等的储藏装置换成大容量的；

⑤高强度混凝土如③所述，由于是高黏性，所以在性状方面也容易附着于拌和装

置。因此，在混凝土的制备作业结束后，要时刻牢记清扫拌和装置，努力除去糊状物。另外，拌和装置结构必须是易清扫的。

(3)使用具有连续搅拌机的混凝土制造设备时的注意的事项

在喷射数量少的工程和隧道长度短的工程中，有时采用具有连续搅拌机的混凝土制造设备。这种采用连续搅拌机进行混凝土制造的设备，由于各材料的计量是容积计量，所以有时计量误差变化比带有质量计量装置的混凝土制造设备都大。

即使是连续搅拌机进行的混凝土制备，也要满足表 7-2 的计量误差，才能制造出质量稳定的混凝土。因此必须注意以下事项：

①施工开始前对实际用于工程的材料通过计量装置进行检测；

②要进行骨料表面水率的测定，预先准备能顺利修正其水分的管理体制，对于表面水率的测定，采用红外线含水率测定仪等简易方法为好；

③为了在储藏仓减少的情况下也能均匀混合材料，各材料储藏仓要配置材料供给装置。在对骨料储藏仓装备振动装置的同时，再利用皮带输送机把材料投放到骨料仓。输送机的长度要合适，也就是说，若皮带输送机短，则如图 7-16a)所示，储藏仓的材料减少，就不能定量供给拌和材料。因此，必须按图 7-16b)的形状决定皮带运输机的长度。

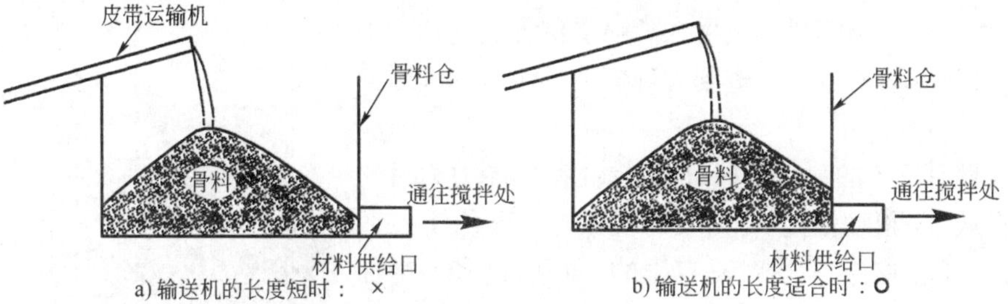

图 7-16　连续式搅拌机混凝土制造设备的材料供给方法

7. 超大断面的喷射与喷射设备

近年，在山岭隧道中，三车道公路隧道等大断面隧道屡屡出现，而大断面隧道的喷射特点是：

- 随喷射面积的增大，喷射量急剧增加；
- 伴随大断面化，喷射范围扩大。

因此，为了在大断面条件下进行有效率的喷射，应根据以上两点进行喷射。

(1)随着喷射面积的增大，喷射量增加

喷射面积的增大，从喷嘴吐出的喷射量也要增加。其对应的方法就是：首先，在泵送的场合，要增加混凝土的压送量，在回转喷射的场合，要提高回转数，提高搬送能力;其次,提高空气量、空气压力也能提高吐出能力;再次,可在加大配管直径方面下工夫,但要注意与材料管接续部的混凝土堵塞。

此时要注意的是:从喷嘴吐出量过高,除了喷射表面粗糙外,也会出现喷射厚度过厚,喷射混凝土剥落的可能。为此,要与喷射作业配合设定混凝土压送量、空气量、空气压等。此外,因速凝剂的添加量达10%,比较高,最好搭载能够添加比较多的速凝剂的装置。混凝土吐出量的增加,速凝剂均匀的混合比较难,在选择速凝剂时也要注意。

(2)伴随大断面化的喷射范围扩大

支持喷嘴的手动支架,喷射范围大,可以覆盖包括高度、宽度的很大面积,臂的根部有摆动机构的机种和加长向隧道纵向方向的滑动量都可以对应。最好的机种可以实现最大350m大范围的喷射作业。

第二东名、名神的超大断面的喷射作业是在掌子面处设两台喷射机,是一个确保大面积喷射的实例。此时也要同时提高喷混凝土的制造能力。

因喷射机械手是大型的,会损害臂的操作的灵活性,其结果有可能降低喷射的吐出能力。今后在提高臂的刚性的同时,要尽量使其轻量化。该喷射机械,是以提高喷射操作性和外装为目的,在喷射机械手悬臂的中段装备了可搭载喷嘴操作员箱的喷射机械。这种喷射机械,可以进行喷射能力在$20m^3/h$以上的大容量喷射,而且由于喷嘴操作员可在离喷射位置近的地方确认喷射情况,所以可引进到大规模地下洞室和大断面隧道等的建设中。

照片7-6的喷射机械,是以提高喷射能力为目的而搭载了两套喷射设备的喷射机械。由于用1台在单位时间内提高喷射量是有限的,而且,过多地增加单位时间的吐出量,则容易使喷射表面的凹凸增大,因此认为搭载多个具有适当喷射能力的喷射机是实现大容量化的有效方法。

照片7-6　两台一体型喷射机械

7-5　新型喷射系统

喷混凝土技术发展的另一个特点,就是适应各种需求的新型喷射系统不断涌现。下面介绍几个新型喷射系统。

1.使用浆状速凝剂的喷射系统

此喷射系统,是采用专用的粉体速凝剂,在添加到混凝土中之前使之成浆状的喷射系统，因为速凝剂是浆状添加的，不仅降低了粉尘的发生，也改善了与混凝土的混合性，能够获得降低回弹率和良好的强度特性。

本系统与过去的系统比较，具有以下特点：

• 能够获得良好的附着、速凝特性和强度早出现特性；

• 能够降低粉尘的发生，改善了作业环境（见图 7-17）；

• 提高了混凝土和速凝剂的混合性，品质稳定；

• 能够降低混凝土的回弹率，减少施工时间和成本；

• 能够适应采用一般粉体速凝剂的喷射系统。

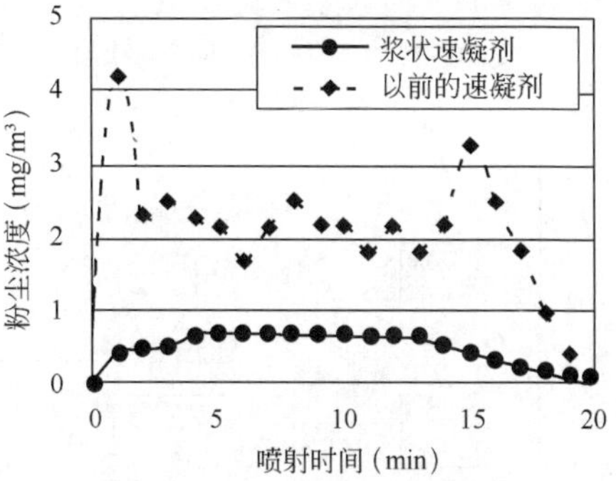

图 7-17 粉尘浓度测定结果图

采用浆状速凝剂的混凝土配比，示于表 7-9。因添加浆状速凝剂，喷混凝土的用水量增大，混凝土的单位水量要考虑这种情况。一般说，浆状速凝剂的混凝土，在制造混凝土时，添加速凝助剂可以改善混凝土的性状。

喷混凝土配比 表 7-9

用途分类	速凝剂种类＼配比项目	塌落度 (cm)	W/C (%)	S/a (%)	C (kg/m³)	速凝助剂 C×%	高性能减水剂 C×%	速凝剂 添加量 C×%	速凝剂 水/速凝剂 (%)
普通强度用	浆状	15±2	55.0 (60.0)	62.0	400	0.05	—	7	80
	粉体	8±2	42.0	60.0	360		—	7	—
高强度用	浆状	18±2	42.0 (49.0)	62.0	450	0.02	1.2	10	70
	粉体	18±2	45.0	65.0	450	—	1.0	10	—

注：1. W/C 的（ ）内的数值，是喷混凝土的 W/C；
2. 速凝助剂，采用特殊水溶性高分子；
3. 通常强度用的速凝剂是铝酸钙矿物系列的，高强度用的速凝剂是硫铝酸钙矿物系列的。

使用浆状速凝剂的喷射系统概况示于图 7-18。图中表示出比过去粉体速凝剂喷射系统增加的机器、设备。即追加了粉体速凝剂浆化的水流量计及其控制盘，调整混凝土压缩空气量的空气流量计和调整阀等。

浆状速凝剂的喷射系统和喷混凝土的施工状况，示于照片 7-7 和照片 7-8。

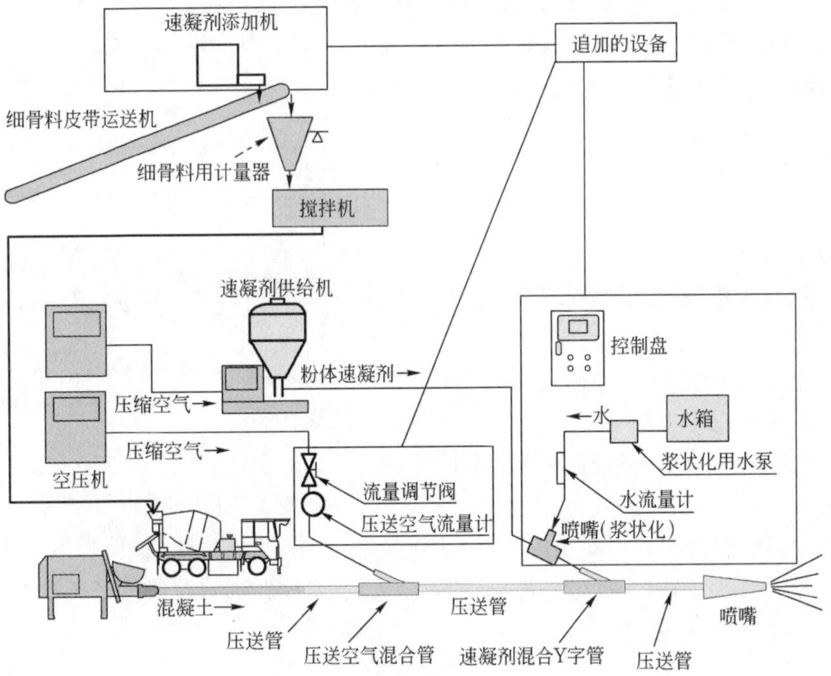

图 7-18 浆状速凝剂喷射系统的概况图

照片 7-7 一体型喷射系统

照片 7-8 施工状况

2. 低碱性速凝剂的喷射系统

1970 年～1980 年间液体速凝剂多使用硫酸盐系(pH 值为 12 以上)的产品,但因碱性高,从喷射作业时对人体的危险性和长期强度的降低观点出发,现在几乎没有使用了。代替的是水溶性的硫酸盐系(低碱性,pH 值为 2～4),没有使皮肤烧伤的危险,强度也能稳定的出现,从而得到广泛应用。

本系统与过去系统比较,有以下优点:

• 产生的粉尘极少,可改善作业环境;

照片 7-9　喷射状况

- 能够降低回弹；
- 由于是弱碱性，对人体和环境影响小；
- 对混凝土长期强度影响小；
- 表面光滑。

其喷射状况示于照片 7-9。

不掺速凝剂的混凝土单位水泥用量（单位胶结材量）为 380～420kg/m³，水灰比（水胶比）多在 50%以下。与粉体速凝剂的配比比较，单位水泥用量要小，可以确保泵送性及喷混凝土的附着性。也有对应单位水泥用量 360kg/m³ 的速凝剂。

采用液体速凝剂的系统，由于是用泵压送到喷嘴，需要保证良好的泵送性，因此，基本混凝土的塌落度采用 18～22cm 比较合适。

速凝剂的主成分是水溶性铝酸盐系，添加率是水泥质量的 8%～12%。一般说，喷射的施工性和强度的出现性左右着基本混凝土的配比。因此，为了获得经济的喷混凝土施工，事前要进行配比选定试验及喷射试验，来决定配比。

表 7-10 是基本混凝土的适应性条件。

基本混凝土的适应性条件　　表 7-10

水灰比 W/C(%)	单位水泥用量 C(kg/m³)	塌落度(cm)	速凝剂添加率(%)
50 以下	360～450	18～22	8～12

压缩空气及速凝剂添加位置示于图 7-19。

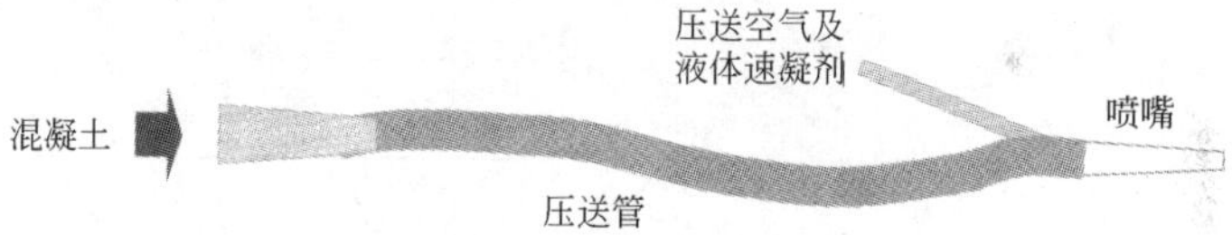

图 7-19　压缩空气及速凝剂添加位置

该系统的原理是：用泵压送混凝土到喷嘴，在液体速凝剂专用喷嘴内用比较少量的气体混合液体速凝剂（示于图 7-20）。同时用压缩空气进行喷射，需要的压缩空气量比粉体速凝剂少得多，因此压缩空气机可以小型化。

因为是液体速凝剂，即使在喷射过程中，也能补给速凝剂，可以省力。

施工与采用湿喷的粉条速凝剂一样，能够采用同样的喷射机进行喷射，但与一般采用的粉条速凝剂不同，混凝土到喷嘴前是用泵压送的，在喷嘴内用适量的压缩空气与之混合，而且是用压缩空气进行喷射的。此方式与粉条速凝剂比较，压缩空气量少，粉尘的发生和回弹也少。原则上施工要采用专用的喷嘴。

速凝剂标准的添加量，是单位水泥用量（单位结合材质量）的 8%～12%，但在涌水地段和低温地段，要增加 1.5 倍的添加量。

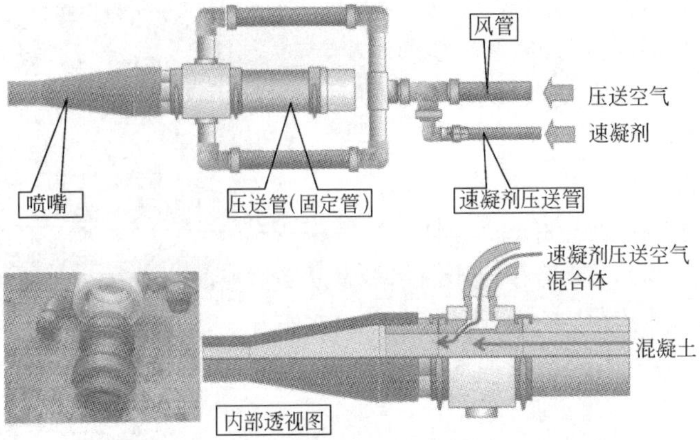

图 7-20　液体速凝剂专用喷嘴

速凝剂的运送、补给原理示于图 7-21。

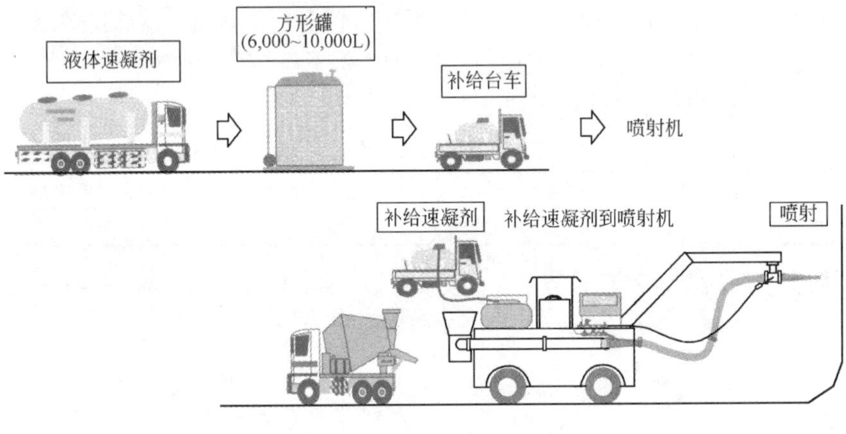

图 7-21　速凝剂运送、补给原理图

3. 回转力方式的喷射系统

此喷射系统，是指不使用压缩空气，而利用回转叶轮头的打击力把混凝土投射出去的施工方式，称为无空气喷射机。因为混凝土喷射不用压缩空气，与过去的喷射系统比较，发生粉尘少，电力消耗也小。在标准系统中，速凝剂是通过喷嘴外部的喷射喷嘴喷雾，添加到投射中的混凝土中。

本系统与过去的系统比较有以下优点。照片 7-10 表示无空气喷射机的叶轮头的概貌。

照片 7-10　无空气喷射机的叶轮头

- 混凝土压送不需要压缩空气；
- 省能；
- 产生粉尘量约为过去系统的 1/10；
- 回弹率约为 10%；
- 钢纤维的残存率能够达到 90%。

无空气喷射机的构成列于表 7-11。在通常的喷射系统中，配合喷嘴的位置，投射混凝土的叶轮头的构造示于图 7-22。

无空气喷射机的构成（液体速凝剂的场合） 表 7-11

构 成 系 统	主要组成部分
混凝土压送系统	混凝土泵压送系统
叶轮系统	叶轮、驱动液压马达、叶轮回转数控制盘
液体速凝剂供给系统	速凝剂罐、泵、控制阀、配管、喷射嘴

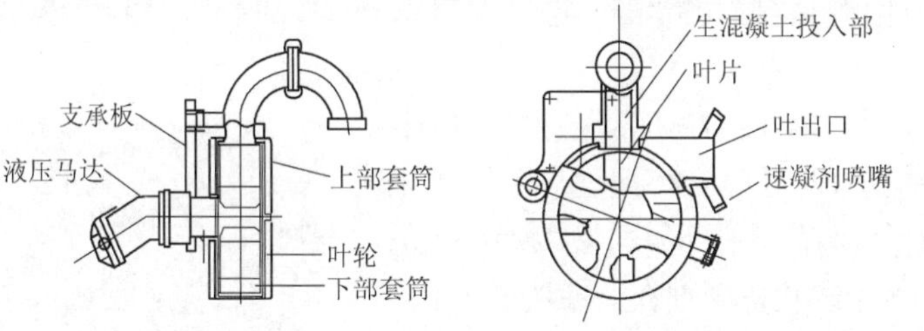

图 7-22 叶轮头的构造

本系统使用的速凝剂是液体速凝剂，但也可使用浆状速凝剂。各种速凝剂的添加方法如下：

(1)液体速凝剂的添加

使用液体速凝剂的场合，为打击投射的混凝土，液体速凝剂的喷射形状，应该确认成扇状喷射到投射的混凝土上。图 7-23 是液体速凝剂的添加状况。

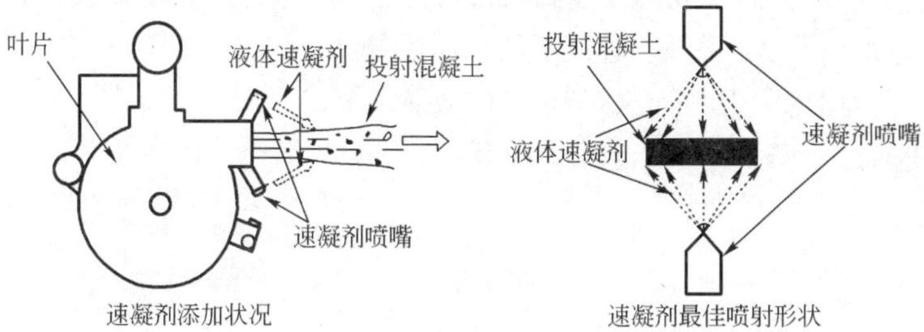

图 7-23 液体速凝剂添加状况

(2)浆状速凝剂的添加

使用浆状速凝剂的场合，在到达安装在叶轮头前的混凝土投入管的 Y 字管前，是以粉体状态用空气压送的，在 Y 字管内与水混合成浆状添加到混凝土中，投射开始前，用目视观察投射的混凝土性状，确认与浆状速凝剂充分混合后开始施工。

浆状速凝剂的添加要点示于图 7-24。

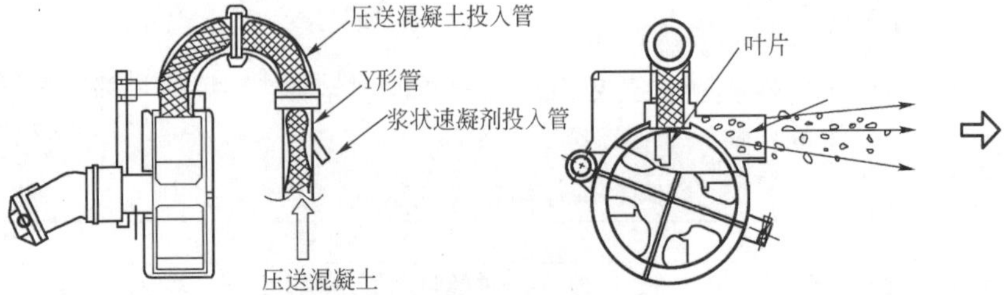

图 7-24 浆状速凝剂的添加

施工时，由于叶轮头的回转（打击投射）而吐出混凝土，视回转数，决定着喷混凝土的附着性及回弹。到目前为止，吐出量为 $12m^3/h$ 的场合，回转数采用 2 000rpm 比较合适。

喷射施工性，与采用粉体速凝剂比较，发生粉尘少、回弹率也小，此外强度特性等与采用液体速凝剂和浆状速凝剂的场合同样。喷射作业完成后，要注意不要让浆状速凝剂存留在叶轮头内部。喷射完成后，不仅对叶轮头，还要尽可能早地对压送投入管等用高压水洗净。

对于易磨耗的配件，如叶轮板等要定期更换，以保证稳定的喷射施工性。

照片 7-11 回转力方式喷射系统的施工状况

施工状况示于照片 7-11。

4. 离心力方式的喷射系统

本系统的喷射方式是利用高速回转的叶轮获得的离心力，把混凝土投射到围岩上，因此称为离心力喷射系统。速凝剂的添加，用机械式混合搅拌方式进行，离散性小，比较可靠。因为不使用压缩空气，与过去的喷射系统比较，粉尘少，消耗电力也少。

本系统与过去喷射系统比较有以下优点：

- 不需要空气压缩机；
- 粉尘、回弹少；
- 不需要选择速凝剂；
- 如用泵压送混凝土，则可适应多种类的混凝土。

照片 7-12 是离心力式喷射机的照片。

离心力喷射机头部的构造示于图 7-25，由以下 3 部分构成。

- 材料供给部：用混凝土泵把混凝土压送到接受混凝土的供给管，同时用极少空气量把速凝剂送到速凝剂供给管；

• 混合搅拌部：由低速回转的锥形内筒管及高速回转的搅拌翼构成；

• 吐出部：用高速回转的叶轮产生的离心力，把混合的喷混凝土投射到围岩上的吐出部。

混凝土和速凝剂从混合搅拌部入口一边用搅拌翼混合搅拌，一边受到沿回转锥形内筒管的离心力，被移送到混合搅拌部的出口，导入叶轮部。

照片 7-12　离心力式喷射机

在叶轮处，其外周覆以追随叶轮回转的环形带，进入叶轮各叶片的混凝土受到附加的离心力作用，由开口部吐出投射到另一个方向。此突出口能够 360°回转，同时喷射机的头部也能左右前后转动，因此，能够进行任意方向的喷射。

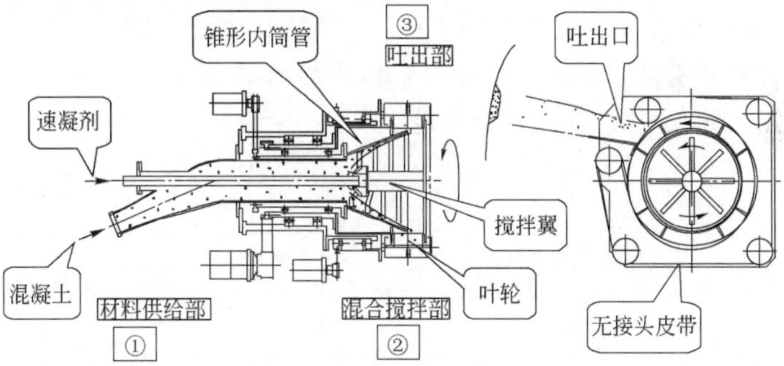

图 7-25　离心力喷射机头部构造

使用材料是一般配比的混凝土和一般的粉条速凝剂。同时，对液体速凝剂和黏性大的高强混凝土也能施工。

系统的构成示于图 7-26，喷射机头部安装在轮台式走行机械底盘上的机械手前端，粉体速凝剂供给机、混凝土泵及运转控制盘等也搭载于其上。不需要空气压缩机。

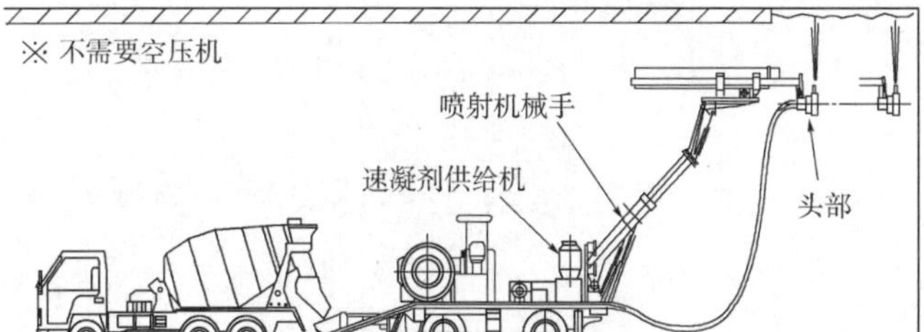

图 7-26　离心力式喷射系统概况

离心力喷射机的各项指标和特征列于表 7-12。

本系统的速凝剂，液体、浆状及粉体速凝剂皆可。

2002 年进行的评价试验，模拟 80m 断面的隧道。该时的喷射状况示于照片 7-13。

离心力喷射机的各项指标和特征　表 7-12

项　目	内　容
实际喷射能力	16～6(m^3/h)
速凝剂搅拌方式	强制搅拌方式
使用速凝剂	粉体速凝剂(液体速凝剂也可)
混凝土供给	混凝土泵(吐出量 20m^3/h)
台车	轮胎式
使用电源总量	110kW

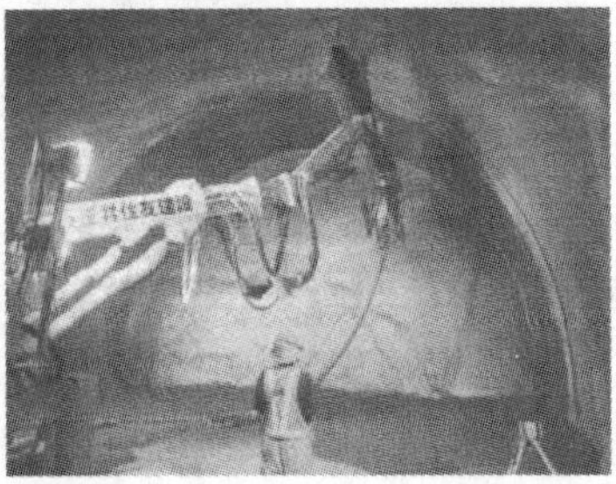

照片 7-13　离心力喷射机的喷射状况

喷射试验用了 360kg/m^3 的混凝土配比，采用粉体速凝剂，在掌子面后方 50m 处进行试验，其粉尘浓度是 0. 7～1. 74mg/m^3，喷混凝土 24h 的拉拔强度是 12. 8N/mm^2，28d 抗压强度是22. 9N/mm^2，单位容积质量是 2. 24g/cm^3。按 EFNRC 基准，附着强度是 0. 83N/mm^2。强度完全满足要求。

第8章　喷混凝土的施工

在认识喷混凝土支护作用及其材料特性和配比的基础上，如何进行喷混凝土的施工作业，成为确保喷混凝土性能和质量的关键。本章主要说明喷混凝土施工中应该关注的问题以及各种条件下的喷射施工的要点。

喷混凝土施工作业包括：喷射面的事前处理、喷射作业的基本原则、喷射过程中的控制以及喷射施工性能的确认等。

喷混凝土施工应根据施工计划进行。

喷射作业开始前，应首先确保喷射人员安全，然后按照施工计划的作业步骤，进行喷混凝土的运送、喷射等作业。

8-1　喷射面的事前处理

喷射作业，原则上应在开挖过后尽早用喷混凝土覆盖开挖工作面。此时可以获得与围岩附着良好的喷混凝土，充分发挥作为支护构件的功能。

特别是在不能确保充分附着的场合，喷混凝土品质的劣化不仅会发生浮石和喷混凝土的剥落，对掌子面的作业人员也有一定的危险。

因此对开挖面要进行喷射前的处理。

1. 开挖壁面的涌水

喷射面有涌水时，不仅喷混凝土的附着性变差，喷混凝土也会流失、剥落，使作业效率降低。因此进行适当涌水处理后，再喷射混凝土是必要的。涌水处理最好在限定的涌水地点进行。

有涌水的场合，会降低喷混凝土的附着性，造成喷混凝土流失以及硬化后背后水压的增加等，是导致喷混凝土品质降低和开裂、剥离的重要原因。为此，有涌水的场合，要设置排水管和排水过滤材等进行排水处理。此外，在寒冷地区的洞口附近施工的场合，要注意不让喷射面冻结。

2. 开挖壁面的清扫

开挖壁面可能有浮石，并附着黏土，以及开挖时的粉尘。在喷射施工时如不进行处理，很难保证与围岩的附着，还会在喷混凝土和围岩间产生空隙，也不能充分发挥支护的功能。因此喷射前要用压缩空气和水冲洗，除去黏土、浮石等。

为了确保喷射作业时的安全及喷混凝土与围岩成为一体，事先应对有可能落下的浮石，加以清除。

在北欧，作为喷射前的准备，开挖面的冲洗是一个义务。照片 8-1 是用喷射机冲洗的例子。

照片 8-1 喷射前冲洗状况

3. 确保开挖壁面平顺度

开挖后的壁面、喷混凝土的表面应平顺，不要产生极端的凹凸，以减少喷混凝土量。喷射面凹凸不平多，回弹也大。

光面爆破对获得平顺的壁面是有效的。采用计算机控制的凿岩台车来控制壁面的超挖等情况也有效果。

喷混凝土表面极端凹凸的场合，二次衬砌背后易产生空隙，也不能确保衬砌厚度，也是衬砌发生开裂的原因之一。因此，喷混凝土表面应修整使之平顺，平顺度最好满足图 8-1 的凹凸容许范围。

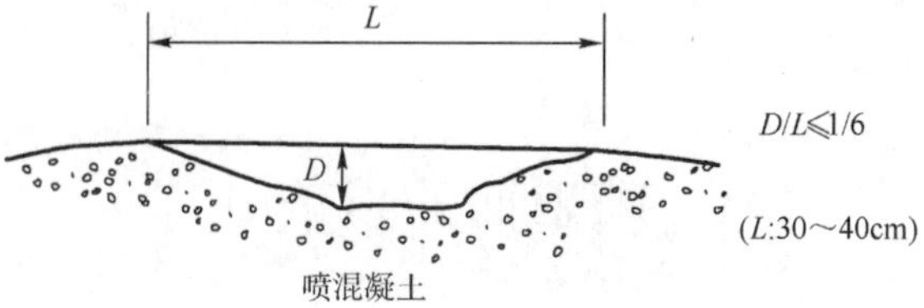

图 8-1 喷混凝土的凹凸容许范围

8-2 喷 射 作 业

喷混凝土应在开挖后尽快喷射。

喷射作业，应由经验丰富的，熟悉喷射机、熟悉喷射机械手性能的喷射工操作或在其指导下进行。

喷混凝土的性能，受到添加速凝剂前的混凝土性质及压送性极大的影响。为此喷混凝土应尽可能地在开挖后迅速喷射。对短隧道和城市隧道在现场制造混凝土有困难而采用商品混凝土的场合，要加入缓凝剂进行喷射。在这种场合，要确保长距离搬运和长时间拌置过程中所要求的性能。

喷射作业的好坏对喷混凝土的品质及回弹率、粉尘浓度等施工性均有影响，因此，在喷射作业时要很好地控制压送量、压送压力、喷射距离、喷射角度等。

喷射作业的步骤，首先是从左右的侧壁脚部开始喷射，到0.5～1.0m左右高度前，从下向上喷射，并确保喷射的厚度。为此，要避免回弹物的混入。其次是从左右侧壁向拱顶方向进行喷射。此时向一处集中喷射会造成喷射过厚的混凝土剥落和喷射面凹凸扩大。因此，根据围岩条件，最好采用一边移动喷嘴一边薄薄地反复喷射来确保其厚度。特别是围岩脆弱，喷混凝土会剥落的场合，薄层反复喷射方法是很有效的。如图8-2所示，回弹物易于堆积在支护的脚部，从上向下喷射时一旦混入回弹物，混凝土会变得疏松，固结不良，因此，一定不要把回弹物混入。

因此，喷射工要选定具有丰富经验和知识的人员。

除了材料和配比外，喷射方法(喷射作业)也是决定喷混凝土品质的重要因素。例如，采用高品质材料的混凝土，即使事先拌和后喷射，施工的好坏，也会使喷混凝土的品质有显著的差异。

如图8-3所示，喷混凝土施工时的状态是变化的，即：拌和好的混凝土是一个连续体，而从喷嘴喷出到壁面间则是非连续体，附着在壁面后又成为连续体。其中从非连续体成为连续体的过程，是决定喷混凝土品质的关键。为了确保喷混凝土的品质，要求进行喷射作业时注意以下事项：

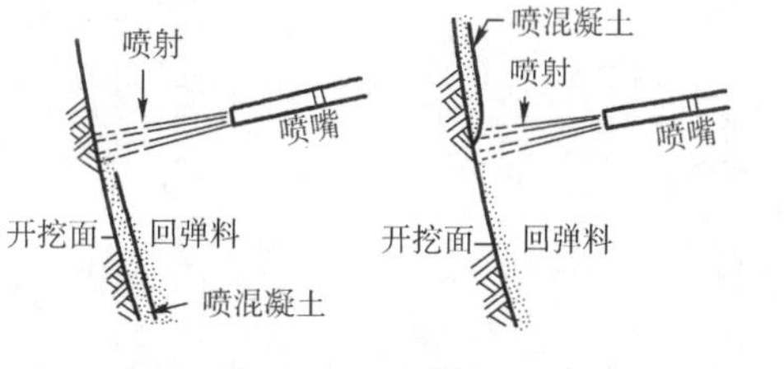

图8-2　侧壁喷射

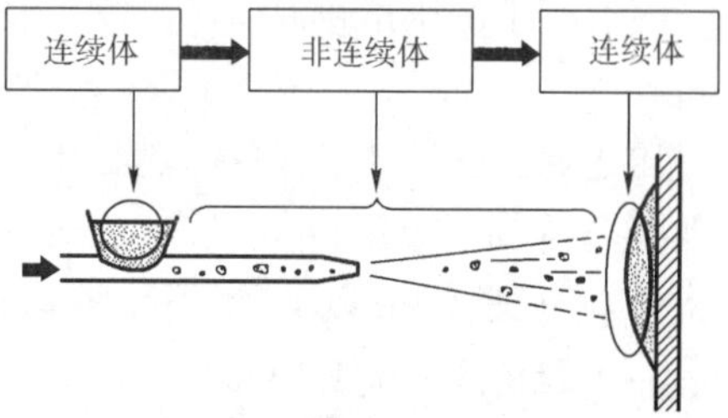

图8-3　喷混凝土的状态变化

- 围岩与喷混凝土附着要良好；
- 喷射的混凝土回弹要少；
- 喷射的混凝土要密实；
- 喷射面要平顺，球状的块要少。

为了更有效的进行喷射作业，要注意选择喷射方式和速凝剂的种类以及添加方法等，但喷射工的喷嘴作业对有效的喷射，有很大影响。

在喷射过程中，为了确保喷混凝土的质量，喷射工应充分掌握以下几点：

1. 压送量和压送压力

喷混凝土的压送量和压送压力，应以满足喷混凝土的要求性能为准。

混凝土的压送量及压送压力不合适的场合，回弹率及粉尘量要增加，也会引起压送管的堵塞，从而影响喷混凝土的品质。喷射时的吐出压，如过大，回弹增多，材料以很大的速度冲击喷射面，很难附着，反之，吐出压过小，混凝土的密实性差，也会降低与围岩的附着性，因此决定适当的吐出压是很重要的。

喷混凝土设备的压送能力，湿喷的场合约为 6～20m^3/h，干喷的场合约为 5～12m^3/h。但实际施工的压送量，一般湿喷的场合是 10～15m^3/h，干喷的场合是 8～10m^3/h。喷射量大于上述的场合，喷射厚度的控制比较困难，回弹率会增加并引起堵塞。

压送压力（在压缩空气插入位置的管内压力），湿喷的场合是 0.3～0.6MPa，干喷的场合是 0.2～0.5MPa，与压送量有关。压送压力过高的场合，回弹率和粉尘量都增大，相反地，过低的场合，混凝土自捣固的效果不足，回弹率也增加。图 8-4 表示压送压力与回弹率的关系。

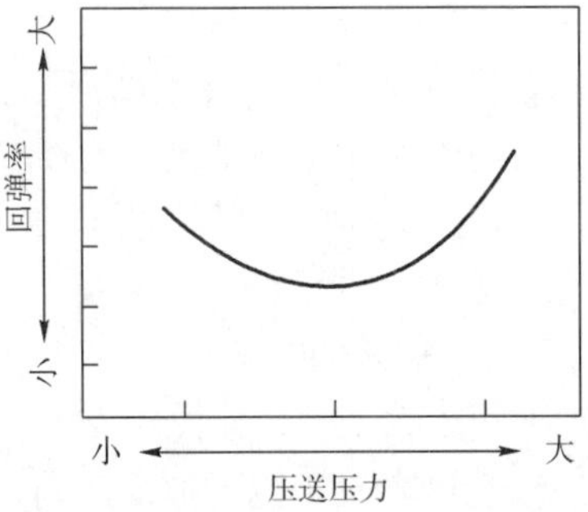

图 8-4　压送压力和回弹率的关系概念图

在实际施工中，因材料、喷射面的状况均不相同，最好根据实际的喷射状况设定使回弹率最小的压送量及压送压力。

2. 压送距离

喷混凝土的压送距离要考虑喷射设备的性能，配合选定的喷射方式，使之尽可能地短。

压送距离越长，阻力越大，越易于堵塞。因此，压送距离应尽可能地短。压送可能的距离，在水平的场合，干喷时约为 150～300m，湿喷时约为 100m 左右。在实际施工中，干喷是 50m 以下，湿喷在 30m 以下。

3. 喷射角度和喷射距离

喷混凝土的附着和回弹，喷嘴的操作影响极大。从回弹角度看，喷嘴和喷射面的距离、喷射角度的关系，示于图 8-5。

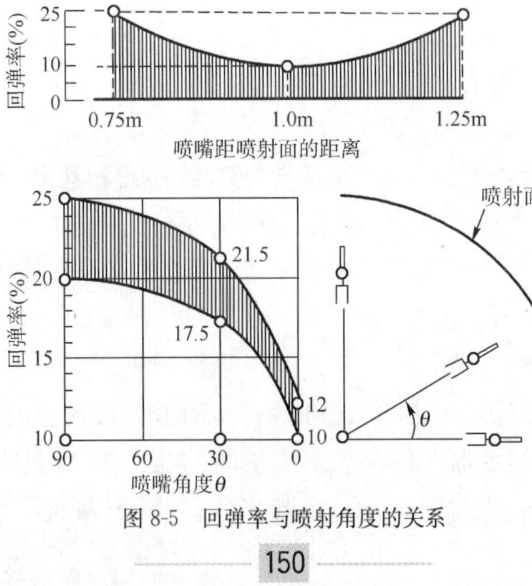

图 8-5　回弹率与喷射角度的关系

喷嘴与喷射面的角度，宜经常保持直角，并保持适当的距离。

回弹率受到喷嘴与喷射面角度及喷射距离的影响，根据研究，如图 8-6 所示，圆周方向的角度和隧道纵向的角度越大，回弹率越大。在同样条件下，与抗压强度的关系验证的结果如图 8-7 所示，圆周方向与水平方向的角度超过 45°，沿隧道纵向即使成直角，强度也要降低。图 8-8 表示出喷射距离与回弹率的关系。

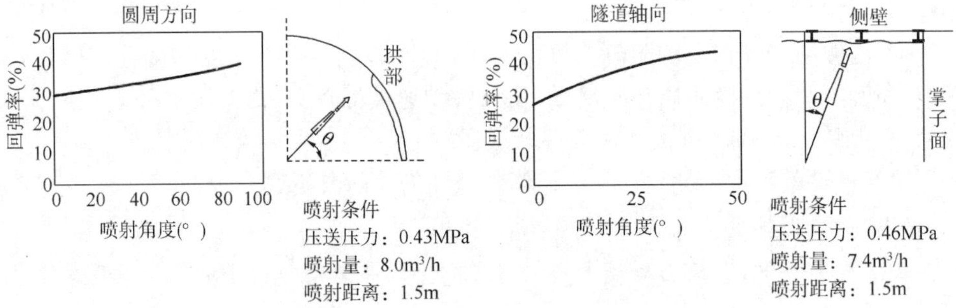

图 8-6　喷嘴与喷射面角度和回弹率的关系

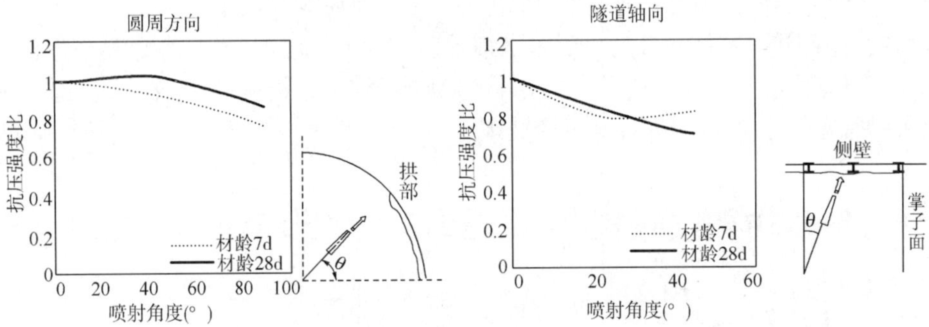

图 8-7　喷射角度与抗压强度比的关系

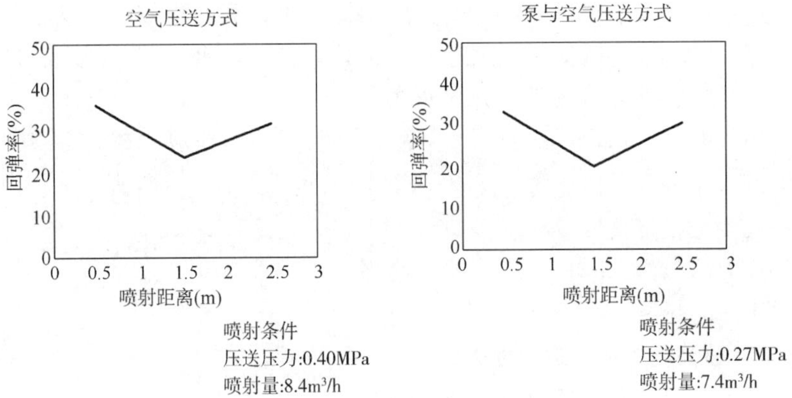

图 8-8　喷射距离与回弹率的关系

因此，喷嘴与喷射面的角度尽可能地保持直角是很重要的，其距离控制在1.0～2.0m左右。最佳的喷射距离受混凝土喷射量、压送压力、喷射面状况的影响。因此，在喷射作业中要根据回弹状况调整喷射角度和喷射距离使回弹最小。特别是向上喷射时，由于重力的影响，混凝土吐出速度会降低，即使喷射距离一定，材料冲击喷射面的速度也会降低。因此，向上喷射时的最佳喷射距离，要比水平方向喷射的场合小些。

据此，喷嘴与喷射面的距离大致在1.0～1.5m左右，喷射角度保持直角比较好。其中，喷嘴与喷射面的距离与吐出量、喷嘴移动速度等有关，因此随着喷射机吐出量的增大，保持1.5～2.0m的实例也逐渐增多。

填充凹部的喷射，要靠近一些；而修整壁面的喷射要稍远一些。

4. 一次喷射厚度

一次喷射厚度，应从喷混凝土由于自重而不与围岩剥离、剥落的角度考虑，决定适当的厚度。

喷射混凝土一次喷射厚度，标准值是5～10cm，超过后要分层喷射。特别是拱顶，一次喷射过厚会因自重而剥落，从经济性、安全性考虑都应避免。

喷混凝土的喷射作业，是一项非常细致的作业。上述的喷射要点，是一般的原则，在具体的喷射过程中，还要根据实际的地质情况、隧道构造、初期支护的构成以及过去的工程实际等，有针对性地灵活处理。

8-3　喷射过程中经常遇到的情况及其喷射要点

1. 钢架设置地点的喷射

向设置钢支撑或格栅处喷射时，要尽量把钢架和围岩间的空隙填满，务必使钢架与围岩成为一体。为了使钢架与围岩成为一体，喷射时要尽可能地在钢架背后不留有空隙，仔细地喷射。特别对钢架相互联系的构件背后和钢架的脚部要格外注意。

在背后空隙的填充上，格栅是比较好的。

钢支撑处的喷射，如图8-9所示，从钢支撑背后进行，充填完成后再向围岩上喷射。喷射厚度比钢支撑高度薄的场合，要按图8-10那样喷射成拱形。

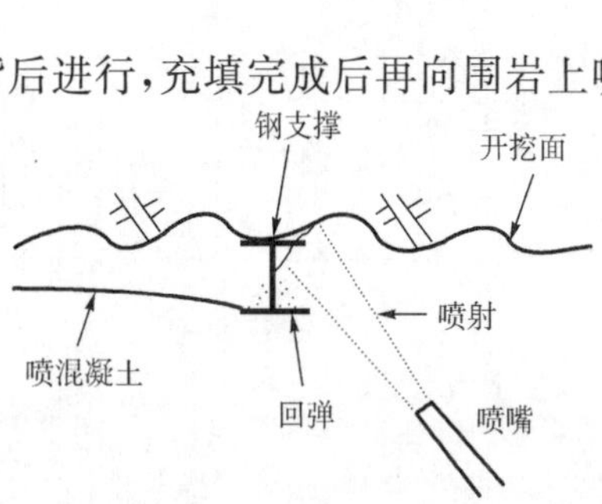

图8-9　钢支撑处的喷射

有钢支撑时，在其里侧易于产生空隙，会降低传递土压的效果，或者不能形成一个连续体等，施工时要极力避免空隙的发生。

防止的方法是喷射前要减少开挖时的超挖，并使开挖面平顺。当开挖面凹凸不平时，应先喷平补齐。对钢支撑，喷射时要注意以下几点：

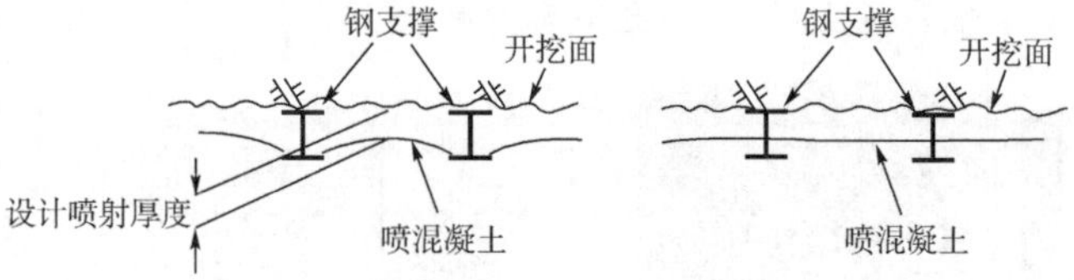

图 8-10　设计喷射厚度比钢支撑高度薄的情况的处理

• 喷射时因易于留有空隙，喷嘴要尽可能接近支撑，喷嘴的角度要与围岩保持锐角进行喷射。

• 有金属网的场合，喷混凝土与围岩附着前先附着在金属网上，会有空隙残留，特别是在拱顶附近。因此要把金属网固定好，再进行喷射。

• H 型钢支撑易在翼缘和腹板间产生空隙，按图 8-11 所示的步骤向围岩喷射前，先对腹板喷射。同时要注意把前次喷射时残留在腹板的混凝土凿除，以确保紧密的填充。

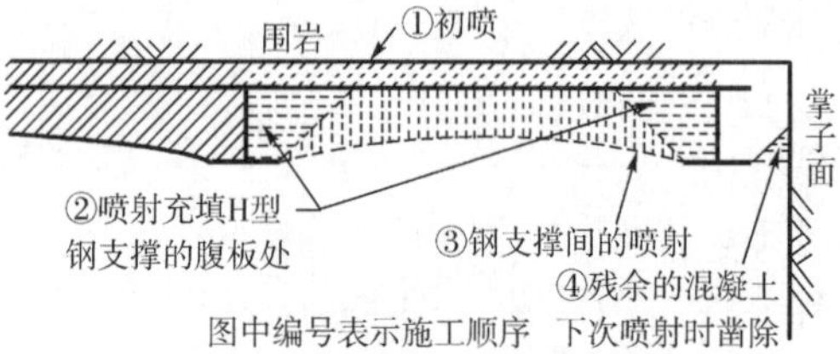

图 8-11　钢支撑周边喷射的施工步骤

• 如钢支撑采用图 8-12 所示的 U 型(或 L 型)钢支撑的场合，是比较容易喷射的。

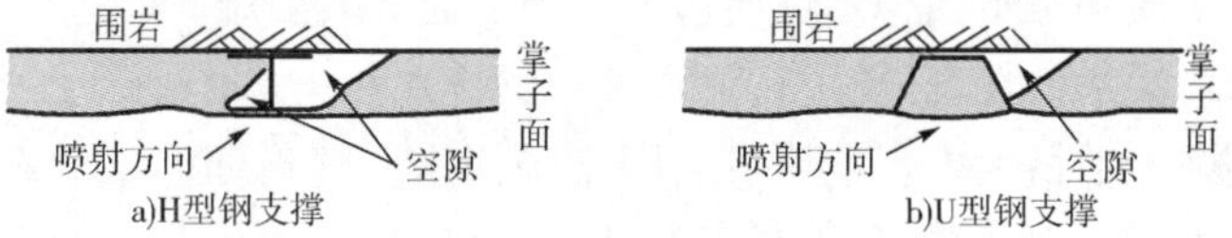

图 8-12　钢支撑的空隙发生图示

• 采用超前支护等辅助工法的场合，要很好的充填钢支撑和围岩间的空隙，日本经常采用的一个方法是预加荷载法。此法是在钢支撑架设后，在围岩或者一次喷层和支撑间布设特殊的耐压袋，向袋中充填砂浆，填充空隙的方法(图 8-13、照片 8-2)。此法富有柔性，空隙充填性好，最近应用较多。

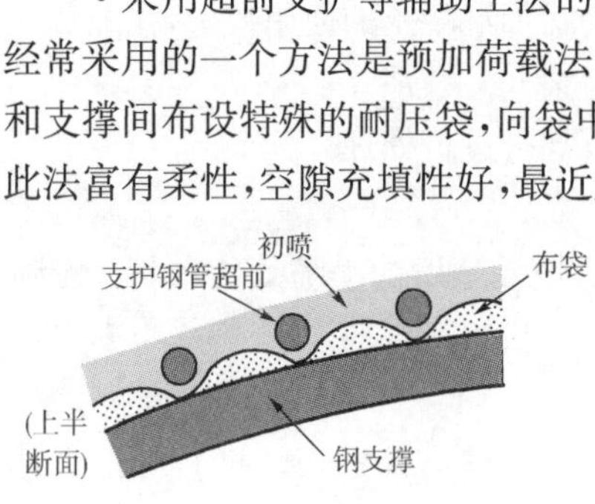

图 8-13　预加荷载法概念图

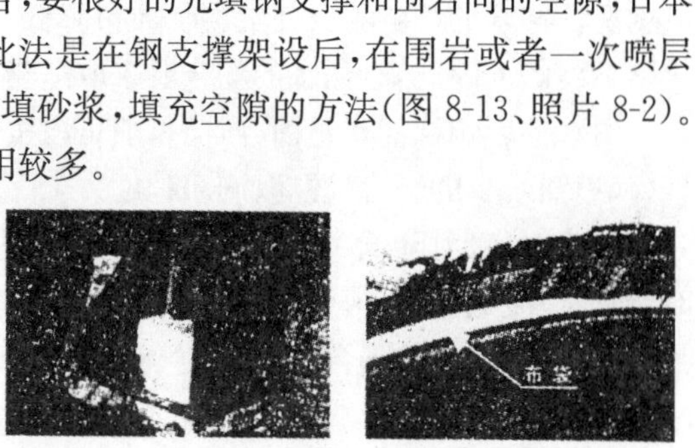

照片 8-2　预加荷载法施工状况

采用格栅(照片 8-3)和加筋喷混凝土(RRS)(图 8-14)的场合,围岩、喷混凝土、格栅可以形成一个很好的支护体系,在欧洲这种支护得到了广泛的应用。

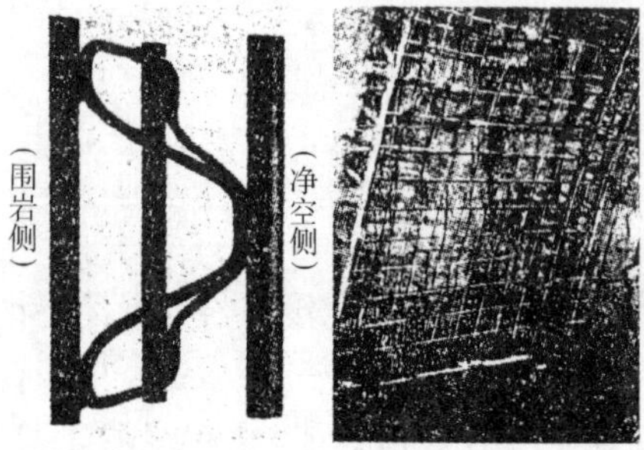

照片 8-3　格栅支护

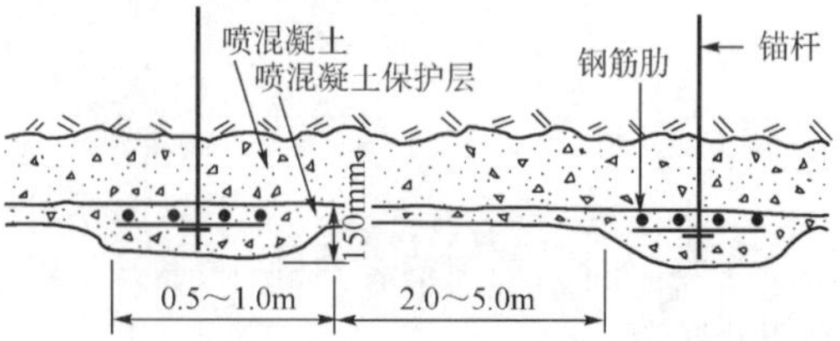

图 8-14　加筋喷混凝土支护

2. 涌水地点的喷射

有涌水的场合,为了使围岩与喷混凝土成为一体,应采取适当的对策。

隧道开挖时发生涌水的场合会有以下问题:

①掌子面稳定性变差;

②土压增大;

③支护功能降低;

④需进行涌水处理;

⑤施工的安全性差;

⑥降低质量;

⑦维修管理困难;

⑧特别是损伤掌子面稳定性会造成施工上的极大困难。

因此在大量涌水的场合,要进行涌水处理的排水和止水作业。

喷混凝土施工上最大的影响质量的因素是涌水。喷射面涌水的态势各式各样。如果任其涌出进行喷射作业,则视涌水的程度,会使混凝土水灰比发生变化,砂浆也会流失,造成质量降低。此外,围岩与喷混凝土间会形成水膜,使附着性显著下降,造成剥离。涌水的影响不仅使混凝土质量降低,也会增加混凝土的使用数量,在经济上也是不利的。因此,有涌水的场合要采取适当的对策。

涌水的影响视涌水量而异,但一般可以按以下划分进行处理。

(1)涌水少的场合(湿润、滴水程度)

干喷时,喷射降低 W/C 的浆液,涌水被吸收后慢慢地增加喷嘴处的水量。湿喷时,增加速凝剂,采用液体速凝剂的场合,最好变更为粉体速凝剂。

(2)局部涌水的场合

涌水局部涌出、形成几条水流的场合(图 8-15),因是局部的,暂时的,可留下涌水处进行喷射,涌水超过一定量的场合,要用塑料管导水后喷射。

(3)大范围的涌水

在全面涌水流出的场合，如图 8-16 所示，为了提高喷混凝土的附着性要增加金属网，局部设过滤材或排水板等固定在围岩表面上边进行背后排水边喷射。

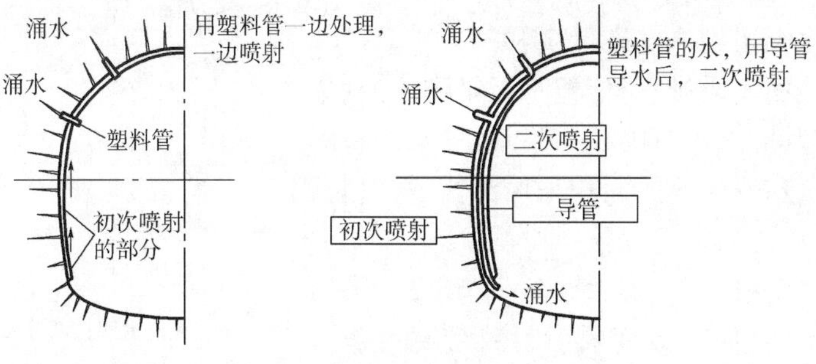

图 8-15　局部涌水的处理方法例

(4)从围岩节理涌水的场合

水从喷射面全面流下，同时从涌水地点喷出。此场合，要沿节理面设盲沟或设半圆形的管等把水引到下部进行喷射(图 8-17)。

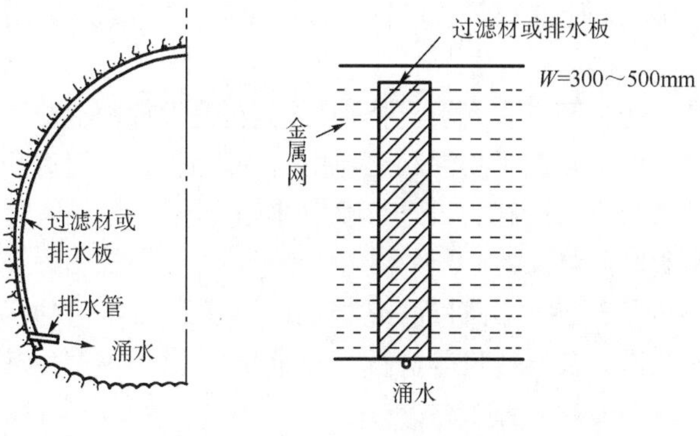

图 8-16　大范围涌水的处理方法例

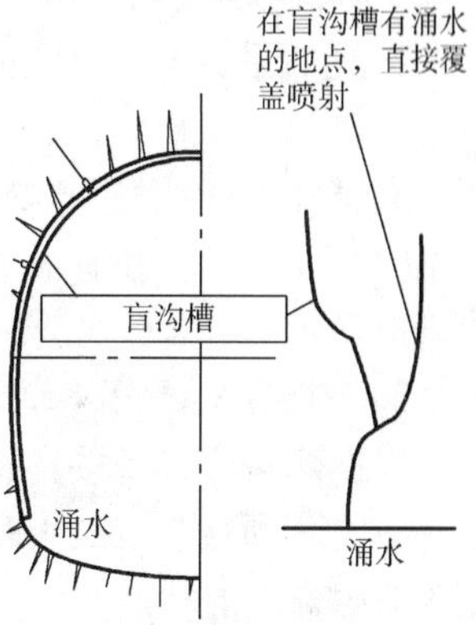

图 8-17　大范围而且从节理面涌水的处理方法例

(5)局部大量涌水的场合

此状态，即使设盲沟等处理也不能形成导水能力，因此要采用排水钻孔(图 8-18)。涌水地点沿隧道全长很多的场合，应事前研究、选定排水钻孔等适当工法是非常重要的。

在这种场合，应采用排水和止水相结合的工法，使喷射作业几乎是在无水状态下进行，才能确保喷混凝土的质量。

但是排水和止水工法对工费、工期影响很大。能够不采取排水和止水工法的涌水量，视围岩状况而异，不能一概而论。但在这种场合进行喷射作业是在有水状态下进行的。此时对喷混凝土的影响主要是降低喷混凝土与围岩的附着力，因喷混凝土与围岩附着力的降低使回弹量增加，材料流失增大了材料的消耗等。因此，要采取以下对策：

①把涌水汇集到一处进行喷射

在围岩表面安设排水材，把水汇集到一处（集水、导水），在其周围进行喷射。集水、导水的材料可根据涌水量和发生源的面积采用沟槽、塑料管、导水束等。

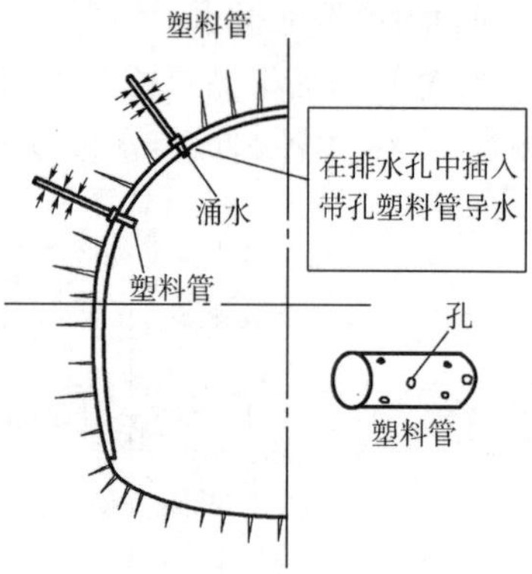

图 8-18 大范围而且部分大量涌水的处理方法例

②改变喷射材料

少量涌水的场合，改变喷射材料就有可能应对。改变材料的方法就是使在材料离析、流出之前已经固结，或者提高喷混凝土的黏性，防止材料离析及提高附着力。

实际上，使离析、流出之前固结的方法就是增加速凝剂，采用早期强度出现早的水泥，以及采用速凝砂浆等方法。

③提高喷混凝土的黏性

一般都采用降低水灰比的方法，但也有添加粉尘降低剂、混入微粉末等方法。

大家知道，喷射的基本要素是：附着、密实和充填。特别是附着，是发挥喷混凝土效果的重要要素。在有涌水的场合，由于降低了喷混凝土与围岩的附着力，所以有滴水以上涌水的场合，一定要采用排水和止水措施后再进行喷射才好。

3. 长距离压送、长距离运送和长时间拌置

根据隧道施工条件，喷射机不能靠近掌子面附近，混凝土需要长距离压送的场合，应对喷射方式、混凝土配比、压送压力及压送量等进行充分研究，使之不易产生堵塞等故障。

如前所述，压送可能的距离，在水平场合，干喷是 150～200m，湿喷是 100m 左右。根据现场条件超过此能力以上压送的场合，参考实际的调查，要设中继设备，事前要进行充分研究。

根据现场条件混凝土制造地点距离很远、搬运距离很长，在规定的搬运时间内不能供给的场合，要研究延迟混凝土凝结的对策，并要确保所要求的力学性能及喷射的施工性。

一般说，混凝土从拌和开始到浇注完成的时间，外界气温超过 25℃时在 1.5h 以内，25℃以下时在 2h 以内。湿喷混凝土可以此时间，作为搬运距离的大致标准，但喷混凝土的单位水泥量比较多，又较少使用缓凝剂，因此搬运时间可以比其短些，尽可能在 1h 以内。

在短隧道和城市隧道，现场制造混凝土比较困难而多利用商品混凝土的场合，混凝土的搬运时间也有可能在规定时间不能到达的情况，可采用缓凝减水剂的喷混凝土施工。喷混凝土在夜间施工时，而湿喷混凝土工厂不能制造时，可采用凝结调整剂拌置混凝土，但在此场合，要事前确认混凝土的品质。

4. 竖井及斜井的喷混凝土施工

竖井和斜井的喷混凝土施工，要仔细编制混凝土压送计划，使之满足喷混凝土的要求性能。

竖井和斜井的喷混凝土施工，可在地面设置喷射设备。特别是，湿喷的混凝土，从低处(垂直向下配管及斜向配管)用泵压送的场合，易于产生脉动和粗骨料的材料分离。为此，要参考过去的施工实际，确保良好的压送性。

5. 偏平、大断面等隧道的喷射

偏平大断面隧道，拱顶附近的松弛区增大，为使松弛区稳定需要支护结构。其中喷混凝土可以发挥从开挖后稳定到完成后稳定的各种作用和效果。在偏平大断面隧道中，要求喷混凝土有较大的弯曲强度、抗剪强度。从早期支护的观点看，重要的是要缩短喷射时间、早期出现喷混凝土初期强度。同时，从维持完成后的长期稳定看，因松弛范围大，支护上可能作用很大的荷载，为了支持这个荷载需要充分的强度。因此，在同样厚度的条件下，提高弯曲强度和抗剪强度就十分重要。可采用高强度喷混凝土增强或采用钢纤维喷混凝土也非常有效。

近年，在山岭隧道中，三车道公路隧道等大断面隧道屡屡出现，而大断面隧道的喷射要求的基本项目是：

- 随喷射面积的增大，喷射量急剧增加；
- 伴随大断面化，喷射范围扩大。

因此，为了在大断面条件下进行有效率的喷射，应根据以上两点进行喷射。

喷射面积的增大，从喷嘴吐出的喷射量也要增加，其对应的方法就是：在泵送的场合，要增加混凝土的压送量，在回转喷射的场合，要提高回转数，提高搬送能力。此外提高空气量、空气压也能提高吐出能力。其次也可在加大配管直径方面下工夫，但要注意与材料管接续部的混凝土闭塞。

此时要注意的是：从喷嘴吐出量过高，除了喷射表面粗糙外，也会出现喷射厚度过厚，喷射混凝土剥落的现象。为此，要与喷射作业配合设定混凝土压送量、空气量、空气压等。此外，因速凝剂的添加量达10%，比较高，最好搭载能够添加比较多的速凝剂的装置。混凝土吐出量的增加，速凝剂均匀的混合比较难，在选择速凝剂时也要注意。

由于伴随大断面化的喷射范围扩大，采用支持喷嘴的手动支架，喷射范围大，可以覆盖包括高度、宽度的很大面积，臂的根部有摆动机构的机种和加长向隧道纵向方向的滑动量。最好的机种可以实现最大350m^{2}大范围的喷射作业。

第二东名、名神的超大断面的喷射作业示于照片 8-4。在掌子面处设 2 台喷射机，是一个确保大面积喷射的事例。此时也要同时提高喷混凝土的制造能力。

照片 8-4 第二东名隧道的喷射状况

因喷射机械手是大型的，会损害臂的操作的灵活性，其结果有可能降低喷射的吐出能力。今后在提高臂的刚性的同时，要尽量使其轻量化。

6. 破碎带的喷射

在破碎带中，荷载比较大，或者发生很大的变形，同时断面内会出现局部偏压。因围岩劣化要求早期被覆和支护。此外，一般的破碎带都伴有涌水。在这种条件下对喷混凝土的要求是：对应大荷载和偏压，喷混凝土的抗压强度、弯曲强度要大；在破碎带中抑制松弛的扩大是极为重要的，因此增加初期刚性、控制初期位移是有效果的，为此，可采用高强度喷混凝土及纤维喷混凝土；对于涌水，紧密地与开挖壁面附着非常重要。为了确保附着力应采用增加水泥用量和速凝剂量，变更配比的喷射方法。大量涌水的场合，要事前进行导水处理。

7. 膨胀性围岩

在膨胀性围岩中，开挖后立即喷射混凝土，能够防止围岩的松弛与风化，喷混凝土的效果是很大的。因荷载大，变形也大，要求喷混凝土具有追随变形的性能。对此采用纤维喷混凝土是有效的。

8. 其他特殊条件

埋深大，围岩应力高的场合，采用纤维喷混凝土可以增加支护的韧性，减少剥落的危险性。在交叉部因发生应力集中，可采用高强度喷混凝土和纤维喷混凝土进行补强。特殊条件和特殊围岩的隧道施工，事前解析和研究，预测其动态是十分困难的，作用在支护上的荷载也有许多不明确的地方，因此考虑隧道的稳定、作业的安全，最好使喷混凝土高强度化和采用纤维补强的构造。

9. 土砂等未固结围岩的喷混凝土喷射

在土砂围岩等未固结围岩中，因围岩强度低，与一般围岩比，以下的现象是比较显著的。

• 喷混凝土和围岩喷射面不能充分附着而落下；

• 喷混凝土因自重和不能承受喷射压力的围岩一起剥落。

在固结度低的围岩中喷混凝土剥落现象(图 8-19)有：不能承受喷混凝土自重而剥落；因喷混凝土的冲击而剥落。

为了防止这些剥落可采用以下方法：

(1)减少对围岩的冲击

在土砂等未固结围岩中，喷射对围岩的冲击会发生剥落等现象。因此，应尽可能地以不给予围岩冲击作为前提，具体地说，就是喷射时降低喷射的空气压，加大喷射面与喷嘴的距离。

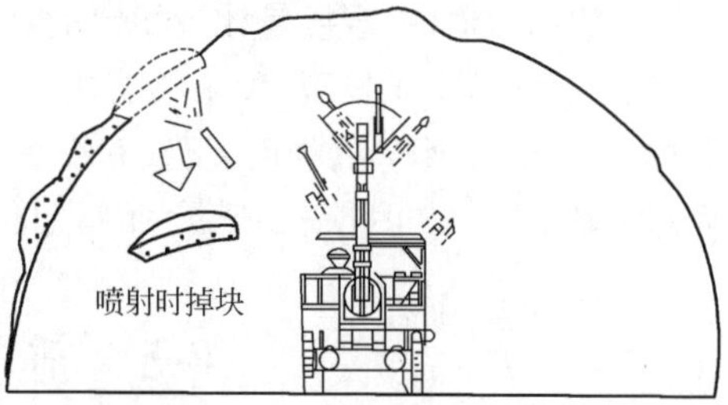

图 8-19　未固结围岩的剥落例

(2)剥落前固结

要全面实现薄层喷射，慢慢地重复喷射的方法是很有效的。此时应从易于自稳的侧壁向拱顶，依次喷射。

在这种场合，喷混凝土尽可能早的出现强度是很重要的。可采用增加速凝剂的方法。特别是希望早期出现强度的场合，要变更配比和材料。混入纤维也是一个有效的方法。

(3)临时支护围岩

开挖后，在喷射完成之前的开挖面，可以用其他材料临时支护的方法使之稳定。例如，用背板和金属网与钢支撑支护的方法。为了开挖面的稳定，也可以考虑采用小断面分割施工的方法。

(4)改良围岩

既使采取以上对策，也有可能发生围岩剥落。如这种状况继续发生，不仅超挖和回弹大，不经济不说，而且会降低整个隧道的质量。因此，应采用开挖前的超前支护等辅助工法改良围岩。

8-4　养　　护

许多规定都指出：喷混凝土施工后也需要养护。特别对喷射薄的、表面需要平顺的、水灰比小的喷混凝土更为必要。对养护有如下建议：

• 采用特殊规格的喷混凝土时，或在特殊环境条件下的喷混凝土，需要养护；

• 相对湿度在 85％～90％以下时，需要养护；

• 周边气温超过 25℃时，或空气流会引起快速干燥的场合需要养护；

• 养护时间：通常 3～7d，水化作用到一定程度或达到一定强度基准的时间；

• 养护方法：每 4h 洒水一次，用纤维网覆盖，采用被膜养护剂等。

喷混凝土，有可能受到低温、干燥及急剧温度变化等有害影响的场合，必要时应研究适当的养护方法。

施工后的混凝土，因水化热而出现强度，发挥其要求的性能。因此，施工后一定时期内，应保持混凝土适当的温度处于湿润状态。

通常在隧道内，温度是比较稳定的，湿度比较高。另外喷混凝土的表面因为不平顺，微细的开裂很难发现，确认收缩开裂和干燥开裂等也非常困难。一般说，喷射后，1h 内会出现几 MPa 的强度，泌浆和下沉等开裂发生的可能性非常小。在洞口地段，根据气象条件，有可能受到低温和冻融的影响，要采取保温对策。

8-5 施工管理

应该说，喷混凝土喷射质量与严格的施工管理有十分密切的关系。

喷混凝土的施工管理，应根据施工计划进行。

一般说，施工管理包括进度管理、品质管理、喷射施工性能管理、安全管理及环境管理等。此处仅对喷混凝土品质的管理和喷射施工性能的管理加以说明。

1. 喷混凝土的品质管理

喷混凝土是开挖后立即与围岩附着，防止围岩松弛的重要支护构件。喷混凝土不仅要具有长期强度，为了发挥开挖过后的支护效果也要具有充分的初期强度。为此，品质管理是十分必要的。

喷混凝土品质管理，可分为以下两大类：

①喷混凝土材料的管理试验(见表 8-1)

喷混凝土材料品质管理试验项目 表 8-1

试验项目 \ 管理试验的划分		基准试验	定期管理试验	日常管理试验
水泥		○	○	—
水		○	—	—
细骨料	粒度	○	○	—
	比重	○		—
	吸水率	○	○	—
	单位容积重量	○	○	—
	实积率	○	—	—
	黏土块	○	—	—
	冲洗试验丧失的	○	—	—
	石炭、亚炭等浮在比重 1.95 液体上的	○	—	—

续上表

试验项目＼管理试验的划分		基准试验	定期管理试验	日常管理试验
细骨料	有机不纯物	○	—	—
	耐久性	○	—	—
	海砂中的盐分含有量	○	—	—
	表面水率	—	—	○
粗骨料	粒度	○	○	—
	比重	○	○	—
	吸水率	○	○	—
	单位容积重量	○	—	—
	实积率	○	—	—
	粒形判定实积率	○	—	—
	黏土块	○	—	—
	冲洗试验丧失的	○	—	—
	石炭、泥炭等浮在比重 1.95 液体上的	○	—	—
	耐久性	○	—	—
	表面水率	—	—	○
	碱性骨料	○	—	—
混合剂		○	○	—

喷混凝土的品质管理试验应确认其满足品质规定值的要求，同时也要获得配比设计时的要求值。

②喷混凝土性状的管理

表 8-2 是一些国家有关喷混凝土性状的试验项目。此表按材龄划分后，大体上分为以下三个阶段。

关于喷混凝土性状的试验项目 表 8-2

材　龄		试 验 项 目	日本	其他国家
还未固结的混凝土试验	湿喷	和易性试验	○	○
		空气量试验	△	○
		单位体积重量试验	○	○
	干喷	水灰比测定	○	○
	纤维喷混凝土	纤维混入率测定	□	○
		塌落度试验	○	○
		空气量试验	△	○
		单位体积重量试验	○	○

续上表

材　龄		试 验 项 目		日本	其他国家
初期材龄时	抗压强度	拉拔试验		○	○
		施密特锤试验		—	○
		梁切片的压缩试验		○	—
		修正贯入试验		—	○
		螺栓拉拔试验		—	○
		射钉贯入试验		○	—
短期及长期材龄时	品质管理试验	抗压强度	钻孔取样	○	○
			梁模取样	○	—
	混凝土性状确认试验	抗拉强度	割裂试验	△	○
			直接抗拉试验	—	○
		附着强度试验		—	○
		弯曲强度试验		□	○
		弯曲韧性试验		□	○
		抗剪强度试验		△	—
	其他试验	冻融试验		—	○
		密度试验		○	○
		化学抵抗性试验		—	○
		透水试验		—	○

注:○一般实施的;△必要时实施的;□高强度、钢纤维喷混凝土实施的;
初期材龄指喷射后24h以内的;短期材龄指喷射后1～28d的;长期材龄指喷射后28d以后的。

- 还没有固结时的混凝土试验;
- 初期材龄时的试验;
- 短期及长期材龄时的试验。

表中的品质管理试验,主要指短期及长期材龄时的压缩试验。抗压强度试验一般从喷射面直接取样或制模取样进行。

初期材龄的混凝土可采用间接方法推定强度,如拉拔试验法(图8-20),梁的初期强度试验法(图8-21)以及最近开发的射钉贯入试验法。低材龄混凝土的压缩试验中,材龄与抗压强度的关系示于图8-22。

实际上,进行喷混凝土抗压强度试验时,因配比条件、施工条件等不同而有一些差异,但大致在20～25N/mm^{2}之间,大的场合可达30N/mm^2,不满足基准值的情况是很稀少的。但不满足基准值的原因,可从施工、养护、试验中去探讨,可能有以下几方面:

- 为了泵的压送性和施工性容易而加水;
- 过量添加速凝剂;

• 与试件的养护条件不一致；
• 试件顶面不平，试件中有空隙等。

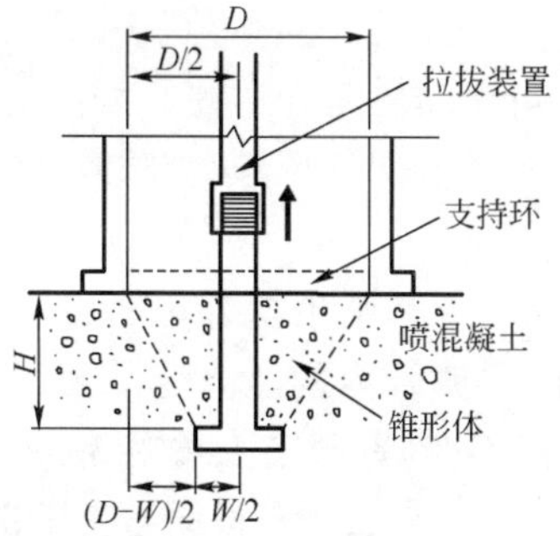

图 8-20　拉拔试验法

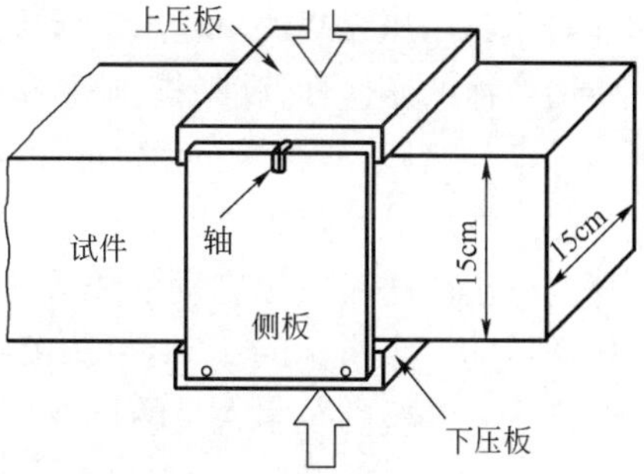

图 8-21　梁初期强度试验法

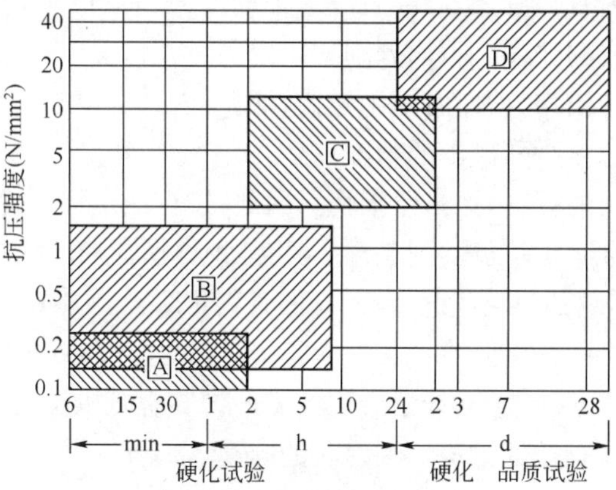

图 8-22　澳大利亚的试验法分类

2. 喷射施工性能管理

喷射施工性能指压送性及与喷混凝土品质有密切关系的回弹和粉尘的管理。从各国的喷混凝土施工实践中，可以看出，都把喷射过程中的回弹和发生的粉尘作为评价喷混凝土品质的重要指标。因此，在实际施工中，必须对喷混凝土的回弹和粉尘进行测定和评价。

一般说，喷混凝土的施工性能可按表 8-3 的方法和标准进行管理。

喷射施工性能的管理方法和标准　　表 8-3

项　目	试验、管理方法	试 验 频 率	标　准
压送性	目视	施工中规定的频率(必要时)	无脉动、状态良好
回弹率	实地测定	施工中规定的频率(必要时)	没有超过规定值
粉尘浓度	实地测定	隧道开挖距离在 50m 以上时；施工中规定的频率	$3mg/m^3$ 以下

(1)压送性的管理

从施工特征上来说,混凝土施工的好坏,影响硬化后混凝土品质的好坏,这是因为喷混凝土是用压缩空气喷射施工所致。

所谓合适的压送性,就是指:喷射机种类、混凝土吐出量等是合适的,管内不引起显著的脉动和堵塞、能够进行稳定的喷混凝土施工。为了确保其压送性,压送方法的选定和压送性的确认是重要的。

喷混凝土压送时发生脉动的原因之一,就是喷混凝土从喷射机吐出时发生的。作为压送性的一个指标的脉动,可用喷嘴附近位置的管或管内的压力变动来评价。这种评价与有经验的技术人员的目视观察有很高的相关性(参照第 5 章图 5-4)。因此,可以事前进行考虑实际施工条件的喷射试验,以不产生显著脉动或堵塞的压送状态,作为目视确认的标准。

管路损伤的原因有:泵压送后浮游搬送中的磨耗造成的损伤和混凝土堵塞时管内压力急剧上升造成的破裂。下面分别加以说明:

与混凝土磨耗的损伤,喷射时用手触摸管路可以感觉出来。传递到手上的振动,可以感觉到混凝土骨料激烈碰击的状况。

最近多使用粒状的骨料,更易于损伤。因此,进行压送性管理是很必要的。

减轻这种损伤的对策有:选定骨料时,尽可能地选择圆顺形状的骨料和小粒径的骨料。但考虑到目前骨料的供给状况,粒形好的骨料很难获得,因此,提高管路自身的耐磨性是一个有效的对策。最近,在内面贴陶瓷套提高耐磨性的管路也在市场上出现了。

喷射时发生的堵塞,从脉动开始会逐渐激烈。要想减少这种堵塞造成的损伤,首先防止产生脉动是最有效的方法。喷射时的脉动、堵塞的原因根据喷射方式的不同,列于表 8-4 和表 8-5。

湿喷时的脉动、堵塞的原因　　表 8-4

项　　目	原　　因
混凝土材料及配比	• 混凝土具有易于从罐内流入活塞和管内的性状
	• 混凝土材料离析
混凝土能力 (泵压送的场合)	• 泵的吐出能力、压力与压送距离不适应
	• 罐内的搅拌机磨耗、混凝土附着,搅拌效果降低
	• 部件磨耗
	• 罐内电机不能正常工作
配管	• 配管接头弯曲
	• 压送距离过长
	• 配管直径不够大
	• 清扫不充分、管内有混凝土附着

续上表

项　目	原　因
压缩空气	· 速凝剂混合部的空气压、空气量不合适
	· 空气量、空气压不合适
	· 空气压缩机的容量不足
速凝剂	· 速凝剂添加量过多
	· 添加位置到喷嘴的距离过长
	· 供给和混合状态不好
存在错误	· 喷射开始时，速凝剂比压缩空气送得早
	· 喷射完成时，速凝剂、混凝土、压缩空气的供给没有停止

干喷时的脉动、堵塞的原因　　表 8-5

项　目	原　因
混凝土材料及配比	· 骨料表面水多
	· 干拌和物拌和后放置时间过长
	· 混入直径大的骨料和异物
喷射机械	· 转子附着混凝土
	· 转子磨耗
	· 接头板磨耗
配管	· 配管接头弯曲
	· 压送距离过长
	· 配管直径不够大
	· 清扫不充分、管内有混凝土附着
压缩空气	· 速凝剂混合部的空气压、空气量不合适
	· 材料供给口的空气量、空气压不合适
	· 空气压缩机含有湿气
速凝剂	· 速凝剂添加量过多
	· 添加位置到喷嘴的距离过长
	· 供给和混合状态不好
存在错误	· 喷射开始时，速凝剂比压缩空气送得早
	· 喷射完成时，速凝剂、混凝土、压缩空气的供给没有停止

最近，增加单位水泥用量等胶结材，实现高强度化及低回弹、低粉尘的喷混凝土的技术已经实用化了。但这些喷混凝土的黏性高易于附着在管内，因此喷射后不仅要充分清扫，还要增加空气量，缩短速凝剂添加位置到喷嘴的距离、改善速凝剂的添

加方法、增加速凝剂添加的压缩空气量等。

(2)喷混凝土回弹物管理

喷混凝土的作业形态是从喷嘴向喷射面喷出混凝土,用附着力形成规定的厚度,没有留在喷射面上而脱离的物质,一般称为回弹物。在混凝土喷射过程中,回弹是不可避免的。

回弹的形态有3种:

• 到达喷射面立即回弹落下;

• 从喷嘴出来,没有到达喷射面就落下:

• 虽留在喷射面,但由于喷射压力而飞散落下,或因自重和涌水等影响而剥离落下。

①回弹率的测定方法

喷混凝土的回弹,一般用回弹率表示。其测定方法大体上有两种,因两种方法的测定目的不同,所以要根据测定目的选择测定方法。一般说,回弹率是实际喷射的混凝土重量与上述前两种情况回弹物的重量之比,不包括最后一种情况回弹物的重量。

a. 直接采取回弹物的计量方法(图8-23)

此方法测定的目的是:定量掌握模拟施工和试验施工中的回弹率。测定步骤如下:

• 设定喷射范围;

• 在飞散范围内设置板;

• 喷射混凝土;

• 收集板上的回弹物;

• 测定重量,求回弹率。

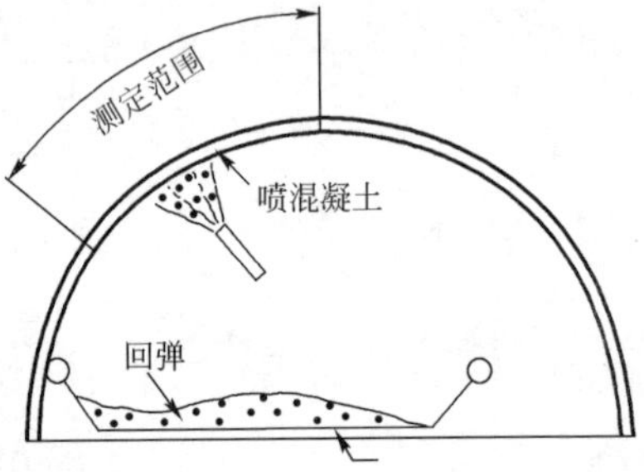

图8-23 回弹率的测定方法

回弹率(X_1)用下式求出。

$$X_1=(W_1/W_0)\cdot 100\% \quad (8\text{-}1)$$

式中:X_1——回弹率(%);

W_1——回弹物重量测定值;

W_0——根据配比推定的或实测的喷射重量。

在测定时应注意的事项:

• 因为在掌子面附近作业,与围岩状态无关,可正面喷射;

• 适当设定一次测定的喷射量(日本铁道建设公团规定0.5～1.0m^3);

• 板的设置范围要大一些,不要有涌水等进入;

• 事先在板的下方设置钢丝网兜,以便以后吊起网兜,测定回弹物重量;

• 观察记录喷射面的状态,以掌握全体平均和不同条件下的回弹率值;

• 二次喷射时和一次喷射时要合计测定;

• 因设备故障而等待时间长的场合,因与通常作业状况不同,要停止测定。

b.用喷射面附着量求回弹率的方法

此方法测定的目的是:作为施工管理的一个环节定性的掌握回弹率。测定步骤如下,回弹率由式(8-2)求出。

• 用设备的计量装置掌握混凝土量;

• 用喷射厚度检测针和断面测定仪测定附着的混凝土量;

• 从使用的混凝土量减去附着量和损失量,求出回弹率。

$$X_2=(W_0-W_2-W_3)/W_0 \cdot 100\% \tag{8-2}$$

式中:W_0——从配比推定或实测的喷射量;

W_2——附着的喷混凝土量;

W_3——损失的喷混凝土量。

测定时应注意以下问题:

• 检测针的间隔或断面测定仪的测定范围要尽可能小;

• 要正确的掌握、记录测定中发生的混凝土报废的一次拌和量,以便反映损失的测定值。

从配比推定 W_0 时,必须掌握喷射机的小时吐出量。为此,要测定每罐的小时吐出量。此时,可以测定泵的转子的回转数等,来确认试验时的喷射量。塌落度和配比有很大变化的场合,小时吐出量也会变化,要加以注意。此外,回弹率测定试验,多把速凝剂添加量作为变量来看待,因此确认速凝剂吐出量也很重要。

②测定结果的评价

回弹因喷射方向、喷射面的表面性状、涌水状况、钢支撑和金属网的有无、设计喷射厚度、一次喷射或二次喷射、喷射工的技术等而异。因此,回弹率的测定,要掌握喷射作业全体的平均值。所以,回弹率的测定结果,可能是很离散的,最好进行多次测定。

回弹率测定结果的评价,一般采用与使用材料的比值。喷混凝土使用数量的构成要素有:设计数量、回弹数量、超喷数量、作业损失数量等,采用对使用数量的全量是合适的。

表 8-6 表示喷混凝土使用数量的构成。

喷混凝土使用数量的构成 表 8-6

<table>
<tr><td rowspan="7">使用数量</td><td rowspan="5">实喷射数量</td><td rowspan="2">附 着 量</td><td>设计量</td></tr>
<tr><td>超喷量</td></tr>
<tr><td rowspan="3">喷射损失量</td><td>粉尘量</td></tr>
<tr><td>回弹量</td></tr>
<tr><td>剥离落下量</td></tr>
<tr><td rowspan="2">作业损失量</td><td>一次喷射作业的残留量</td><td></td></tr>
<tr><td>故障的损失量</td><td></td></tr>
</table>

喷混凝土的作业形态，是用气压从喷射机的喷嘴把混凝土喷出，因材料的附着力在壁面形成一定厚度的混凝土。在此作业形态下，会出现没有留在喷射面而脱离的，也有没有到达喷射面而落下的以及少量浮游在空中的情况。

其中一旦到达喷射面但没有留在喷射面而脱落的，一般称为“回弹”。而一旦留在喷射面形成一定厚度后而脱落的称为“剥离”。但测定回弹时，由于明确的将“剥离”与“回弹”分开很困难，因此在计量时，多以到达后脱落的为准(见图 8-24)。因此造成回弹、剥离的主要原因是材料没有达到要求的附着力和附着后强度不足。

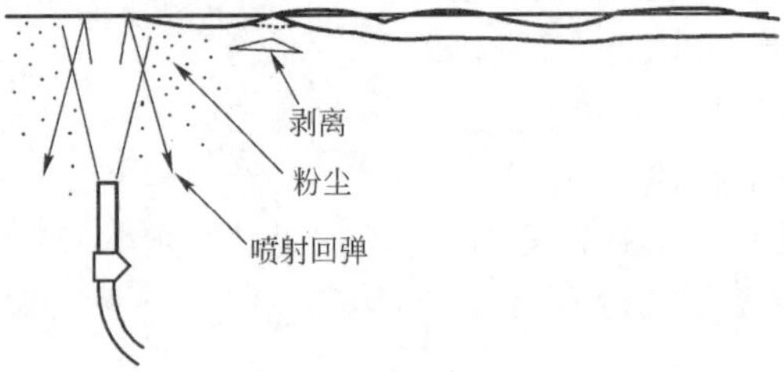

图 8-24　回弹、剥离的状态

决定回弹、剥离的因素有：围岩的状态；混凝土的配比；施工方法；有无针对钢支撑、金属网；喷射方式(干喷、湿喷)等。为了减少回弹就要了解这些因素，有针对性地采取必要的对策。

a. 围岩状态

回弹量大小与开挖后壁面的平滑性有关。回弹物的大半是在向附着面喷射时发生的，开挖面多数是凹凸不平的，因此，回弹量也会增多。这也与喷嘴不能保持与壁面垂直有关。浮石的存在也会造成剥离。因此，使开挖后的壁面尽可能的平滑，清除浮石是很重要的。

围岩有涌水时，与喷混凝土的附着性也会显著恶化，因此喷射前要进行涌水处理。同时变更配比和采用附着性良好的材料。

b. 混凝土配比

影响回弹、剥离的要因之一是混凝土的黏性、粗骨料的大小、形状，速凝剂添加量等。近年混入硅粉或石灰石微粉末的高品质喷混凝土和高强度喷混凝土的应用对增加黏性，减少回弹是有效果的。添加粉尘降低剂也是有效的。

c. 施工方法

施工方法对回弹影响极大，其影响因素有：压送压力、喷射距离、喷射位置、喷射角度、吐出量、喷射工等。根据研究，材料以很大速度冲击壁面时，没有附着壁面的要回弹，因此要适当地设定吐出压力与喷射距离的关系。此外喷射位置和喷射角度也有影响，拱顶附近的喷射回弹就多，与壁面近似垂直喷射回弹就少(见图 8-25)。

一旦形成一定厚度的喷层后，如果附着强度不能承受自重也易于发生剥离，因此,多层喷射是重要的。一般对凹部要先喷平,喷嘴靠近喷射。为使壁面平顺,可稍远些喷射,让材料分散些。

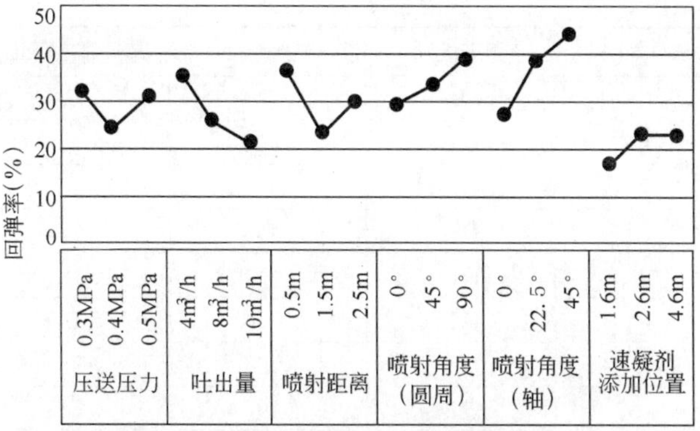

标准条件:压送压力0.4MPa,吐出量:8m³/h、喷射角度(圆周、轴向):0°、速凝剂添加位置:2.6m;喷射角度(圆周)0°=拱顶位置

图 8-25 施工方法与回弹的关系

由于粉尘会使喷射工的视力变差,从安全考虑,喷射工很难靠近喷射,因此要充分进行照明和通风,也可以采用带有工作台的喷射机(图 8-26)喷射。

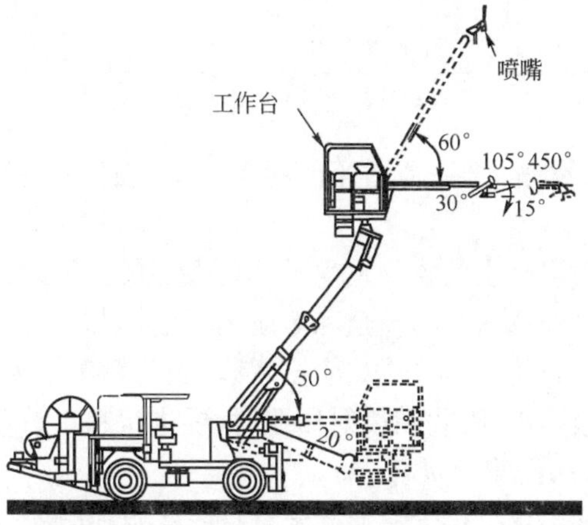

图 8-26 喷射机

d. 有无钢支撑、金属网

采用 H 型钢支撑的场合,喷射时不要在背后留有空隙。此时,从钢支撑的回弹会增多,只从回弹量看,钢支撑最好采用 U 型的或采用格栅。

另外,引起回弹的要因之一是金属网的振动。为此,固定金属网或采用代替金属网的钢纤维喷混凝土,对降低回弹也是有效的。

e. 喷射方式

一般说,湿喷的回弹较少。但最近因喷嘴和喷射机械的改进,干喷的回弹与湿喷差不多。另外也出现用模板进行喷射的方法。

作为参考,表 8-7 列出日本建设省预算基准中的回弹率。

预算基准中的回弹率 表 8-7

开挖工法	分部	围岩级别	设计喷射厚度(cm)	超喷厚度(cm)	回弹率(%)
爆破方法	上下半断面	B	5	4	25
		CⅠ	10	5	25
		CⅡ	10	7	25
	上半断面	DⅠ	15	7	30
		DⅡ	20	7	30
	下半断面	DⅠ	15	7	20
		DⅡ	20	7	20
机械方法	上半断面	CⅠ	10	5	30
		CⅡ	10	5	30
		DⅠ	15	5	30
		DⅡ	20	5	30
	下半断面	CⅠ	10	5	20
		CⅡ	10	5	20
		DⅠ	15	5	20
		DⅡ	20	5	20

(3)粉尘管理

对喷射作业产生的粉尘要采取适当的对策。要定期进行粉尘浓度的测定,保持良好的作业环境。

在喷射作业中,喷混凝土的粉尘发生是不可避免的。因此,在喷射作业时,要注意刺激性材料、粉尘对作业人员的安全和健康的影响,同时要配备适当的保护用具。保护用具主要有:防尘眼镜、防尘口罩、尘土手袋、长筒靴等。因隧道等的闭锁空间,粉尘的排出、稀释都很困难,因此在喷射作业时,要进行粉尘浓度的测定。测定在从掌子面向洞口方向 50m 距离处进行。

一般说,粉尘浓度不仅决定于喷混凝土自身的性能,也与喷射方式、施工机械、及通风设备等有关。也就是说,即使喷混凝土采用的材料和配比是一定的,因施工方法和通风设备不同,也会产生不同浓度的粉尘:

①喷射时粉尘的成分

喷射作业发生的粉尘的成分,水泥成分约占 55%,骨料的微粒成分占 35%,两者占了绝大部分。干喷中与水混合不充分的粒子、湿喷中与速凝剂混合的粒子都会成为粉尘,在喷射面混凝土材料的相互冲突也会造成粉尘的发生。

②粉尘的性状和有害性

不限于喷混凝土的粉尘,发生的粉尘中粒径自 10μm 程度以上的会比较快的落下来，但 10μm 以下的微细粒径粉尘就会以浮游粉尘形式在洞内浮游。洞内有害物的粒径如图 8-27 所示。其中，吸入性粉尘量可用空气体积($1m^3$)中含有的粒径 7.07μm 以下的粉尘质量(mg/m^3)评价。

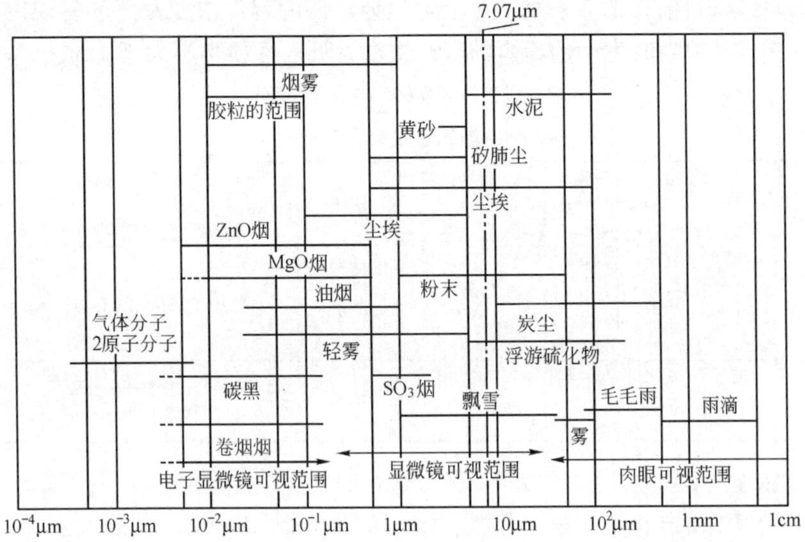

图 8-27 洞内有害物的粒径

图 8-28 是喷混凝土粉尘粒径分布与其他工种的比较，喷射时的粉尘粒径是比较大的。

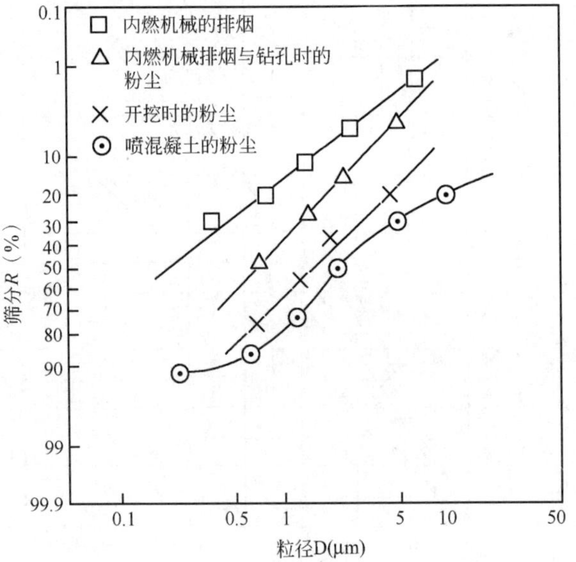

图 8-28 洞内粉尘的粒径分布

人吸入的粉尘中，10μm以上粒径的，大部分落在鼻腔和上呼吸器官中，由痰排出，但5～10μm粒径的都吸入到气管中沉着。0.5～2μm粒径的微细粒子达到肺，根据情况，肺和其周围的组织会引起病理变化 形成纤维状的结节和肺硬化，即成为"矽肺病"。

作为参考，目前日本多采用产业卫生学会建议的容许浓度及劳动省规定的管理浓度。一般说，喷射时发生的粉尘的容许浓度为吸入性粉尘不大于1mg/m³，总粉尘不大于4mg/m³。作为参考各国规定的粉尘容许浓度列于表8-8。

各国的粉尘容许浓度 表8-8

美国	吸入粉尘的*TLG*值 $D_r=10(Q_t=2$时$)$mg/m³ Q_t：游离二氧化硅含有率（%）	法国	5μm以下的粒子限界值N 15 400/10+Q Q：游离二氧化硅含有率（%）
德国	游离二氧化硅含有率（%） 1%以下：8mg/m³ 1%～4%：4 mg/m³ 4%以上：0.15 mg/m³	瑞典	石英粉尘（5μm以下）0.2mg/m³
澳大利亚	游离二氧化硅含有率（%） 0%：4mg/m³ 含有：0.15 mg/m³	英国	石英10%以下：6mg/m³ 石英10%以上：3mg/m³

粉尘浓度的确认，在隧道开挖没有充分进行的场合，用试验确认是不现实的。因此，日本规定用根据推定的粉尘发生量的数据计算的通风量予以确认。图8-29是其确认方法。

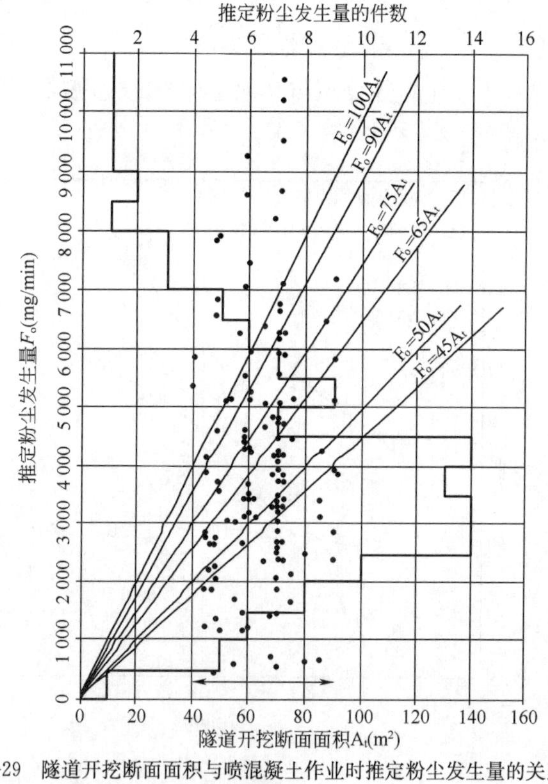

图8-29 隧道开挖断面面积与喷混凝土作业时推定粉尘发生量的关系

在隧道内，喷混凝土作业发生的粉尘，所需要的通风量 Q_o 与根据现场测定的粉尘浓度值及掌子面通风数据推定的粉尘发生量 F_o 的关系可用式(8-3)、式(8-4)表示。

$$F_o = \alpha(90 \cdot A_t) \tag{8-3}$$

$$Q_o = F_o / G_a \tag{8-4}$$

式中：F_o——喷混凝土作业时粉尘发生量(mg/min)；

90——常数(mg/min/m^2)；

A_t——隧道开挖断面面积(m^2)；

Q_o——需要通风量(m^3/min)；

G_a——粉尘浓度目标值(3mg/m^3)；

α——粉尘降低对策的降低效果系数，α=0.5～1.0。

德国对现场的粉尘浓度规定了容许值和规准值。其值指空气中的有害气体、蒸汽、或粉尘达到毒物学和劳动卫生学上的经验值的最大容许值，即：*MAK* 值(最大现场浓度值)。

关于粉尘的限制有以下规定：

- 如果现场的空气中怀疑发生二氧化硅粉尘时，施工者应将其控制在上限值以内。
- 施工者，应采用通风等技术保持没有二氧化硅的现场空气。
- 施工者不要使用含有二氧化硅结晶的添加剂和混合物。
- 保持没有二氧化硅粉尘的现场，在技术上不可能时，施工者应采用呼吸保护器。
- 施工者，不仅对工作服装，对机械和设备也要清洗。
- 送入的空气，除以下场合外，二氧化硅不能超越限界值。

a. 使用特殊方法、设备的场合；

b. 送入的空气含有大量石英的场合。

采用通风设备时，新鲜含气量，每一作业人员不少于 2m^3/min，采用内燃机时，每 1kW 不少于 4m^3/min。

芬兰对空气中的矿物质粉尘的限界值的规定列于表 8-9。

矿物质粉尘的限界值 表 8-9

石英(5μm 以下)	0.2mg/m^3	总粉尘量	10mg/m^3
硅酸盐水泥粒子	1 000 个/cm^3		

日本规定粉尘量应在 5mg/m^3 以下。

此外，在隧道开挖充分进行的场合，最有效的粉尘量确认方法是利用事前在实际隧道进行的喷射试验予以确认。

确认的结果，认为不能满足其性能的场合，要采取以下对策。

③粉尘发生源对策

a. 采用粉尘发生少的喷射方法

• 不使用压缩空气，采用回转力或离心力喷射系统；

• 实施适当的喷射作业(喷嘴与喷射面的距离、喷射角度、压送压力选择要适当)；

• 降低压送空气流量。

b. 选择粉尘发生少的材料

• 采用粉尘降低剂；

• 采用分批拌和方式和混入微粉末，增大混凝土的黏性；

• 采用液体速凝剂；

• 粉体速凝剂浆体化。

④发生的粉尘对策

• 利用通风排出、稀释；

• 设置集尘装置(大容量 2 000～3 000m^3/min)；

• 在粉尘发生源附近设置局部集尘装置；

• 使用防尘口罩等有效的呼吸保护用具。

下面说明，目前采用的主要的粉尘对策：

a. 通风

通风大体上有送风方式和排风方式两种。

送风方式是把新鲜空气用风管直接送到掌子面附近，污染空气通过隧道排出的方式。因为能够稀释掌子面附近的污染空气，可以及早地降低掌子面附近的粉尘浓度。但因整个隧道是一个排气坑道，一直到洞口的全长都有粉尘移动，这是一个缺点。此方式多在短隧道和集尘机同时使用。

排风方式是把掌子面附近发生的粉尘通过风管直接排出的方式。此方式新鲜空气从洞口流入隧道，隧道的空气是比较新鲜的。但单独使用风管的场合，因为是在风管前端的狭小范围内吸入，因此需要与局部风扇并用。设置的局部风扇其送风量应在排气风扇吸入风量以下，要距吸入风管前端 10m 左右，设置在洞口侧，以避免污染空气的停滞。

在长大隧道中，也有采用送排风并用的方式，但喷射时的粉尘是在比较狭小的范围内发生的，对粉尘来说，采用与局部风扇并用的排风方式比较合适。决定通风方式时，要综合考虑隧道规模、施工方法、周边环境等因素。

对喷射时发生的粉尘，需要风量可按下式求出。

$$Q = q/E \tag{8-5}$$

式中：Q——需要风量(m^3/min)；

q——掌子面附近的粉尘发生量(mg/min)；

E——目标浓度(mg/m^3)。

粉尘发生量由现场测定的粉尘浓度乘以通风量求出，但目前还没有 q 的准确值。

b. 集尘

对通风设备起补充作用的是集尘机，在很多现场都使用了，但现场的评价并不高，理由是：

- 相对隧道断面来说容量太小，能力不足；
- 机体大而重，喷射作业时与其他机械干扰，很难设置在有效的位置处；
- 维修管理麻烦。

但在有限范围内进行处理还是一个合理的对策。

近几年，比过去的集尘机(500m^3/min)大的大容量(2 000～3 000m^3/min)集尘机开始应用，比较适合实际的工程。为了有效的集尘，要把集尘机设置在能够迅速收集到发生粉尘的位置，同时也要与通风风量适应。

c.粉尘发生源对策

喷混凝土材料是由于冲击壁面而附着的。在冲击速度过小的场合，材料还没有充分捣固，没有附着的材料就落下。冲击速度过大的场合，材料发生从壁面回弹的状况。同时喷嘴在移动间材料也会离析坠落下或处于浮游状态。因此，落下的材料成为回弹物，浮游状态的材料成为粉尘。为了降低这种情况的粉尘发生量，减少材料分离是最重要的。

- 合适的喷混凝土配比；
- 材料离析少的拌和方法；
- 有效的搬运、压送；
- 提高速凝剂的混合效率；
- 喷射工确保合适的喷射速度。

具体的粉尘发生源对策有：

(a)利用粉尘降低剂

粉尘降低剂的主成分是纤维素系或丙稀酰胺系的高分子材料，用其凝集作用或增黏效果可抑制粉尘。

湿喷时，通常添加在混凝土中，干喷时，可以添加在拌和的混凝土中，也可以添加在水中。

表8-10为一配比实例。通常在湿喷时，采用水泥重量的0.1%～0.3%添加粉尘降低剂。

湿喷混凝土配比实例 表8-10

粗骨料最大尺寸(mm)	含气量(%)	水灰比(%)	细骨料率(%)	高性能减水剂(C×%)	粉尘降低剂(C×%)	粉体速凝剂(C×%)
15	4±1.5	65.0	60.0	1.3	0.25	7.0

采用粉尘降低剂的注意事项如下：

- 喷混凝土中添加粉尘降低剂的场合，因其增黏效果而使黏性增加，但和易性会

恶化,会发生脉动和喷发,不能充分发挥粉尘降低剂的效果。为此,使用粉尘降低剂的场合,要与减水剂并用;

• 湿喷时,添加粉尘降低剂会增加黏性,会出现拌和不良的现象,因此要进行试验拌和予以确认。

(b)高效率、低粉尘喷混凝土工法

高效率、低粉尘喷混凝土工法是从材料选择、配比,到机械的选择、配置及作业方法形成一个完整的喷射系统。

• 平均回弹率在25%以下;

• 距喷射地点5m处的粉尘浓度降至5mg/m^{3}以下;

• 设计基准强度增18N/mm^{2}以上,并有足够的初期强度,采用的混合材对喷混凝土的耐久性没有损伤;

• 喷射能力在过去的喷射能力(5m^3/h)以上,费用增加不多;

(c)高品质喷混凝土

最近在一些工程中开始采用高品质喷混凝土。此工法基本上是在现行的湿喷配比上,混入石灰微粉末(C_aCO_3)、硅粉(SF)等微粒成分,用高性能减水剂控制增加大黏性和分批拌和方法制造的湿喷混凝土。粉尘量、回弹率都降低了,而且提高了施工性和耐久性。其标准配比列于表8-11。

高品质喷混凝土标准配比 表8-11

粗骨料最大尺寸(mm)	塌落度范围(cm)	水胶比W/D(%)	细骨料率S/a(%)	单位水泥用量C(kg)	石灰石微粉末(S×%)	混合剂		
						速凝剂(D×%)	硅粉(SF)(D×%)	减水剂(D×%)
10~15	82~142	55~60	60~65	342	15	4~7	5	必要量

(4)温度管理

喷混凝土与一般混凝土不同之处是:

• 因添加速凝剂,能够早期出现强度;

• 不用模板。

与一般混凝土一样,在寒冷条件下,凝结时间和硬化反应也会推迟。也就是说,隧道支护需要的初期强度出现迟。为了解决这个问题,即使增加速凝剂量,速凝剂的效果也会降低。图8-30表示温度对速凝剂效果影响的试验结果。

这是用贯入试验测定的645mm^{2}的贯入针,10s间贯入混凝土25mm深时的阻力值。此阻力值与抗压强度是相关的。贯入阻力值越大,抗压强度越大。这样一来,温度高速凝性也高,反之温度低,速凝性也低。

速凝剂效果降低后,喷射时的附着力也降低,回弹增大,喷混凝土会产生剥离和剥落。此外,速凝剂量过大,对长期强度的增长也会产生不良影响。即使喷射时有效果,也会出现达不到规定材龄时必要强度的情况。因此配合气温进行试验,决定上限值是很必要的。为了能够期待速凝剂的长期效果,要提高拌和混凝土时的温度,直到喷射完成前都要把温度维持在一定温度内。

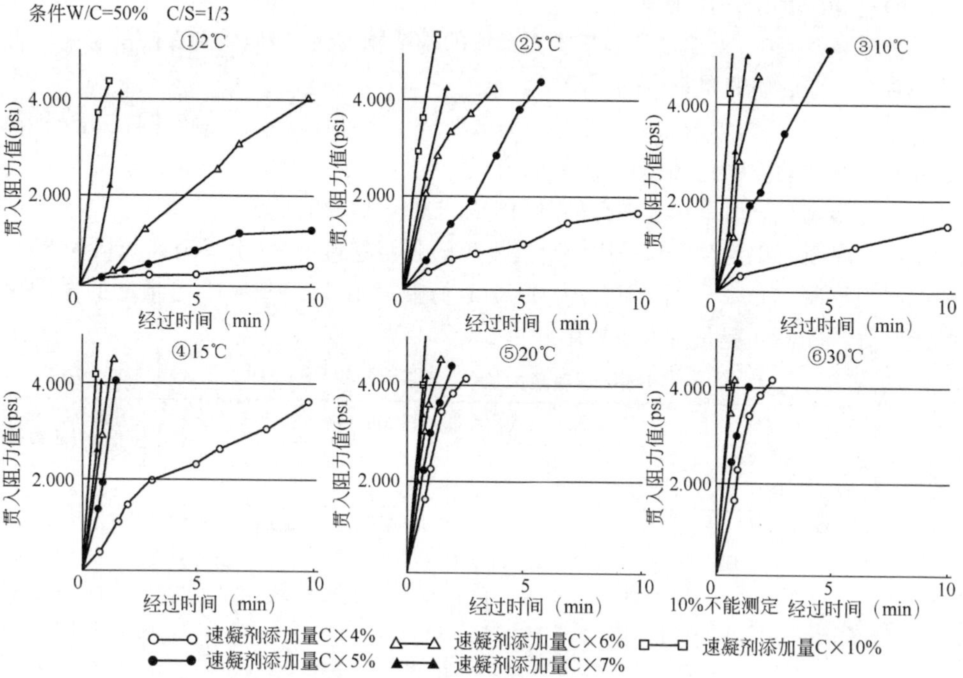

图 8-30　温度对速凝剂凝结的影响

因喷混凝土不需要模板,施工后直接受到周边气温的影响。因此,在洞口段等易受外界气温影响的场所,洞口应张挂保温板等,以防止洞内温度降低的同时,也可用暖房等防止冻结,也要考虑施工后的养生。

暑中喷混凝土,因温度高会引起塌落度的降低,也有可能引起速凝剂的异常凝结。因此,要采取降低温度的措施。

喷混凝土施工气温低时,会发生凝结硬化反应延迟,初期强度出现推迟的情况;气温高时,会出现塌落度损失引起施工性降低及异常,促进凝结硬化反应等不良情况。在隧道中进行喷混凝土施工时,要多注意低温时的拌和温度,所以,这里主要说明拌和温度低的情况。喷混凝土的拌和温度出现问题的场合,主要有以下两种情况:

- 洞外气温和洞内温度低时进行喷混凝土施工的情况;
- 洞口附近和隧道贯通后进行喷混凝土施工的情况。

上述两种情况,可能相当于“冬季混凝土”的情况。但一般在隧道中使用的喷混凝土,由于施工、养护等和通常的混凝土浇筑不同,因此不要作为冬季混凝土处理。

但是，关于混凝土的材料、拌和、运送等，最好参考冬季混凝土，把受洞外气温等的影响控制在最小限度内的混凝土运到开挖面为宜。

(5)喷混凝土的爆破管理

在爆破开挖中，支护是靠近掌子面最近的构造物，会强烈地受到爆破的影响。但过去对此问题的研究是很少的。

根据文献记载，爆破振动一般是周波数在数十至数百赫兹、持续时间在几毫秒至数秒的单发波动。因此，最初的波动应力，虽然会造成开裂的发生，但不会产生动摇结构物的影响。下面是日本进行的对喷混凝土的爆破影响试验。

在一座断面积为 $76m^2$，采用台阶法施工的公路隧道中，一次爆破炸药量为 80～132kg，喷混凝土距掌子面的距离为 0.75m，材龄为 1.5d。表 8-12 是量测的振动速度最大值。图 8-31 是量测布点置图。

振动速度最大值(上半断面开挖)　　表 8-12

上半断面	掌子面距离(m)	喷混凝土材龄(d)	振动速度最大值(kine) A(拱顶) X			B(肩部) X	Y	Z	C(侧壁) X	Y	Z	(岩层) X	Y	Z	掏槽药量(kg)	总药量(kg)
			X	Y	Z											
U1	0.75	1.5	53.2	21.7	38.5	56.3	25.5	24.7	36.4	24.7	23.4	65.6	99.8	58.8	5.4	123.0
U2	2.25	1.8	23.9	24.0	14.2	35.1	21.4	18.1	26.0	20.2	15.3	47.3	29.4	37.1	6.6	109.9
U3	3 75	2.0	28.7	24.0	12.1	27.2	19.2	10.9	24.6	14.3	10.3	24.7	21.4	17.2	6.0	109.3
U4	5.25	2.5	33.2	32.3	15.7	20.8	20.8	11.5	27.7	14 0	9.3	16.8	12.2	11.3	6.6	121.9
U5	27.7	6.0	2.9	2.4	2.9	2.9	2.8	2.5	2.9	2.3	2.9	2.2	2.6	2.4	6.4	83.5
U6	30.7	7.6	1.2	0.7	1.0	2.4	1.1	0.7	1.8	0.7	0.8	0.7	0.7	0.7	6.4	80.0

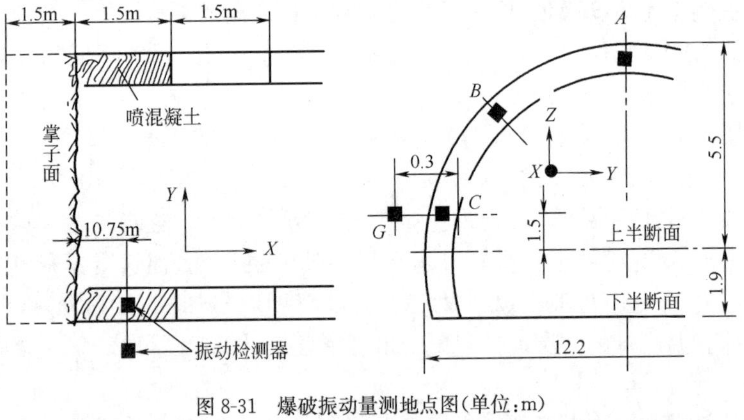

图 8-31　爆破振动量测地点图(单位:m)

此结果说明：爆破后在喷混凝土中产生最大 56.3cm/s 的振动速度，但没有发生有害的开裂。此速度相当于过去采用的衬砌应力推定式求出的限界振动速度 24cm/s (材龄 1.5d，弹性波速度 c=3km/s)的 2.3 倍。这样，爆破振动对喷混凝土的影响是不大的，几乎不会出现问题。低龄喷混凝土，强度出现小，变形也大，很难发生大的开裂。虽然目前还没有相应的规定，但一般认为，爆破振动速度控制在50cm/s以下是容许的。

(6)喷射面的管理

喷混凝土最大的缺点是喷射后的表面不平整，凹凸不平。作为初期支护的喷混凝土，喷射面极端凹凸的场合，不仅防水板铺设困难，而且在浇注二次衬砌混凝土时还会对防水板产生局部的、很大的拉力，在衬砌背后也会残留空隙。

采用喷混凝土作为永久支护(例如，单层衬砌)时，更要求喷射面平坦。

因此，为了满足喷射面平整的要求，喷射施工时要注意以下几点：

• 喷射作业地点应有充分的照明；喷射时，为了判断围岩的状况、进行喷射的品质管理以及安全的进行喷射作业，适当的照明是必要的。

• 喷嘴要经常保持与喷射面成直角、适当的距离和喷射压力。如前所说，喷射时，喷嘴射出的材料，以适当的速度成直角地冲击壁面时，压密性最好，附着性也好。喷射角度斜向时，会伤害已喷射的混凝土，使回弹、剥离增多。喷射距离应按冲击速度和附着密度处于最佳状态条件来规定，过近，会伤害已喷射的混凝土；过远，骨料易于分离，回弹增多，不能获得规定强度的混凝土。一般说，为了使喷射面平顺，喷嘴离得近一些，效果较好。

• 要在不使混凝土流淌的厚度范围内进行喷射，反复喷射到规定的厚度；一次喷射的厚度，因喷射面的位置、干湿状态、喷射材料的不同，以及有无使用速凝剂，喷射方式、喷射工技术等的不同而异，但应以喷射的材料不流淌、不剥离的厚度为限，最好在先喷的混凝土硬化后再喷射下一层混凝土。分开几层喷射时，先喷的混凝土表面上附着的粉尘等，要用压缩空气清扫后再喷射。目前因喷射机械的吐出量增大，要多在喷嘴的移动速度上下工夫。

• 喷射厚度，因喷射面的凹凸，很难是均匀的，而且也不好发现。因此，喷射后要确认其厚度，不足的场合，要补喷。

• 喷射面除有特别要求外，原则上均用喷混凝土整平。喷射完成后进行表面处理时，要尽可能地不损伤构件表面。

(7)喷混凝土的塌落度管理

塌落度试验是在湿喷场合进行的。为了确保喷混凝土使用的生混凝土的质量及泵送性，首先要确认生混凝土的和易性。喷混凝土的稠度指添加速凝剂前的拌和混凝土的稠度。

①塌落度管理的意义

塌落度试验因为是确认新鲜混凝土的稠度，可以作为判定喷混凝土泵送性好坏的一个指标。

混凝土的和易性因定位水量、骨料的粒度、粒形、细骨料率、混合材料、拌和时的计量误差等不同而变动。因此，塌落度试验不仅仅是判定泵送性好坏的一个指标，也是确认拌和的混凝土是否满足规定配比的一个大致标准。

②塌落度的变动要因

塌落度变动的原因很多，但主要的有以下几点：

a. 骨料的表面水

对应细骨料表面水1%的变化，新鲜混凝土塌落度可能有2～4cm的变动。此变动要配合表面水率达测定要求进行配比修正。在储藏中细骨料的状态发生变化的场合，要按规定进行细骨料表面水率的测定。

粗骨料的表面水比细骨料易于处理，因为比表面积小，变动也小。如果粗骨料表面水不能忽视，可按0.5%左右进行配比修正。

b. 骨料的粒度、粒形

细骨料的粗粒率和塌落度的关系，一般说，同一配比的场合，粗粒率越小，塌落度也越小。骨料的粒形对混凝土的和易性有影响，骨料越接近球形混凝土的流动性越好，塌落度越大。采用粒度级配的骨料，骨料的粒度、粒形对塌落度的影响变小。

c. 计量误差

喷射材料(水、水泥、骨料)的计量误差，不仅造成塌落度的变动，对混凝土的质量、性质也有影响。为此，对喷混凝土的计量设备要定期进行管理试验。使计量误差控制在规定值之内。

作为参考，水的1%计量误差，塌落度变动约在0.4～1.0cm。细骨料2%的计量误差，塌落度的变动约为0.5～1.0cm。

d. 混合剂

湿喷场合，为了获得适当稠度，要采用减水剂、AE减水剂、高性能减水剂或高性能AE减水剂。

目前商品减水剂种类繁多，其质量和性能对塌落度的影响不一，因此充分理解采用的混合材质量和性能是非常重要的。

拌和时计量误差的最大值，对于一次计量要控制在3%以内。

e. 硅粉

在近年的隧道施工中采用硅粉以控制速凝剂的使用量，获得高强度、高耐久性、低粉尘的喷混凝土实例逐渐增多。一般说，采用硅粉的混凝土的塌落度，随着硅粉量的增加而减小。

f. 温度

混凝土拌和时的温度越高，塌落度越低。例如拌和时温度提高10℃时，塌落度可降低2～3cm。

③塌落度的管理基准值

塌落度一般是由新鲜混凝土的泵送性决定的，一般为8cm左右。表8-13是日本各企业的灌注喷混凝土塌落度的规定值。

喷混凝土塌落度的规定值(cm)　　表 8-13

种　类	铁道建设公团	道 路 公 团
标准喷混凝土	8～12	8±2
高品质喷混凝土	泵送:8±2 空气搬送:14±2	—
高强度喷混凝土	—	18±2

④调整塌落度的拌和设备

塌落度是决定混凝土质量和施工性的要素之一。最近出现了能够预测拌和时的塌落度,而自动调整获得接近希望塌落度的拌和设备。这种装置可以把同样材料进行同样拌和能够获得同样性质的混凝土,搅拌机的负荷也大致一定。所以,根据过去拌和时的负荷数据,编制范围曲线,在推定拌和中塌落度值的同时,根据推定的塌落度变动倾向和表面水的变化状态,求出表面水修正值,来控制塌落度。

(8)喷射厚度的管理

喷射厚度的管理方法是由各企业事先决定的,喷射厚度的判定基准有平均厚度和最小厚度两种。对于坚硬的围岩,侵入围岩突出部位测定喷混凝土厚度,日本铁道建设公团规定该厚度为设计喷射厚度的 30%,日本道路公团规定该厚度为设计喷射厚度的 1/3。

表 8-14 是日本规定的喷混凝土标准及厚度的检查方法。

喷混凝土厚度标准表　　表 8-14

管理要点	规 定 值	检测间隔、数量	检 测 方 法
日本铁道建设公团	采用最小厚度的场合,在设计厚度以上 采用平均厚度的场合,在平均厚度以上	长度 20m 以内,1 个断面 拱部 5 个,边墙左右各 1 个,计 7 个	ϕ32mm 以上的检测孔 开挖后检测位置用检测钉表示设计厚度
日本道路公团	在设计喷射厚度以上	每 20m 1 个断面 拱部 5 个,边墙左右各 1 个,计 7 个	φ32mm 以上的检测孔

①喷射厚度的离散性:

喷混凝土应满足以下要求:

- 确保要求的喷射厚度;
- 确保要求的初期和长期强度;
- 壁面平滑。

喷混凝土的优点是不需要模板,可在任意方向施工,但其缺点也是很明显的,如很难获得平滑的喷射面,因施工条件和喷射工技术等的影响,喷射厚度离散性很大等。因此,喷混凝土的厚度要能确保隧道的承载能力、稳定性和作业安全性是最重要的。

②喷射厚度的测定方法

图 8-32 是喷射厚度管理方法的调查结果。据此喷射厚度的管理方法是以检测孔的方法为主体的,其次是检测钉方法。

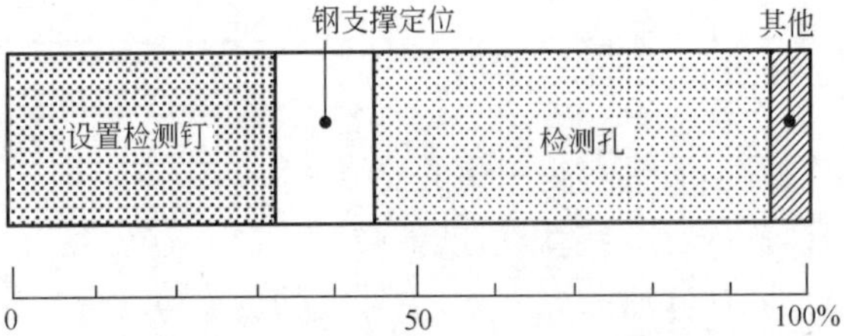

图 8-32 喷射厚度管理方法(调查结果)

一般说喷混凝土的厚度是由支护模式决定的,喷射厚度的管理方法有施工中进行的方法和施工后进行的方法两种。

a. 检测孔方法

此方法作为施工后喷射厚度的管理方法,是用电钻钻一个 ϕ32mm 以上的钻孔,来测量喷射厚度的方法。检测部位和数量如表 8-14 所列,以 7 个断面为准。不管用什么方法检测,厚度不足时,都要立即采取措施。这种检测最好在喷混凝土施工后尽快进行。

b. 检测钉方法

作为施工中管理喷射厚度的方法,可在围岩中设置标准的检测钉,按其刻度进行检测。但要注意检测钉会因喷射的吐出压力而脱落,要固定好。

c. 利用钢支撑定位的方法

钢支撑在喷混凝土施工时可以起到导向的作用。因此,可以以适当间隔设置导向的钢支撑。

d. 隧道断面测试系统

目前,隧道断面测试系统的性能有所提高,可以利用其进行喷射厚度的检测。例如激光断面测试仪就是一例。就是一般的测量方法也可以进行厚度检测。

e. 非破坏性的喷射厚度检测方法

超声波和电磁波的非破坏检查,在测定二次衬砌厚度中,已经应用,测定精度上没有问题。但因喷混凝土厚度离散性大,传感器设置比较困难,再加上测定误差大等原因,在喷混凝土厚度检测上还没有得到应用。

f. TBM 施工时的喷混凝土厚度检测

在 TBM 施工中,一般喷层厚度比较薄,而且喷射量也小,设置检测钉等方法需要时间和人力,因此一般都采用喷射量的管理方法。

③喷射厚度不足时的对策

一种方法是增喷，但增喷的混凝土一定要确保与既有喷混凝土的附着，另一种方法是增加钢支撑和锚杆。

(9)速凝剂的品质管理

①速凝剂的品质

喷混凝土是隧道开挖过后立即与围岩紧密附着，防止围岩松弛的重要支护构件。因此，决定喷射后初期强度的速凝剂起着重要的作用。

一般说，速凝剂要求的品质，可举出以下几项：

- 促进喷混凝土的凝结硬化；
- 对喷混凝土长期强度的出现影响小；
- 提高喷混凝土的施工性(压送性好、附着性高、回弹少)；
- 对喷射人员健康无影响；
- 对锚杆、钢支撑、金属网及钢纤维等不会促进腐蚀。

②品质管理方法

为了确保上述要求的速凝剂的品质，在制造、搬入、施工的各个阶段都要保持速凝剂的品质。确认速凝剂品质的方法可根据有关规定，按表 8-15 所示的检查标准进行。表 8-16 是日本土木学会规定的速凝剂品质规格。

速凝剂品质试验检查标准 表 8-15

种类	项目	试验、检查方法	时期、次数	判定标准
速凝剂	品质	JSCE—D102	施工开始前、施工中及改变批量的场合	见 JSCE—D102 规定

喷混凝土用速凝剂规格(JSCE—D102) 表 8-16

项目	凝结时间(min)		抗压强度(kg/cm²)		
	始发	终结	12h	24h	28d
规格值	5 以内	15 以内	10 以上	90 以上	75%以上

不符合品质规格的速凝剂，因为对喷混凝土长期强度有影响，尽量避免使用，不得已采用的场合，事前要进行性能试验，确认其效果。

在施工阶段，没有特别规定的试验，如何保持速凝剂的品质，可参考以下各点间接的确认。

- 现场保管中有无吸湿、变质；
- 从速凝剂罐内的压送量控制状态；
- 喷混凝土的附着状况；
- 喷混凝土粉尘发生状况；
- 喷射机械的压送管有无堵塞等。

速凝剂应防止因湿气、温度而变质以及异物的混入而品质劣化。特别是储藏量要考虑施工数量、进度等,不要过剩。要设置适当的储藏设施,防止品质劣化。

a. 粉状速凝剂

• 粉状速凝剂吸湿后,会结团,速凝剂的压送性会降低,与水泥、骨料的搅拌也不会充分,不能获得要求的初期强度。同时也会出现喷混凝土不能附着和作业中止的情况。

• 长时间放置的场合,有可能风化而不能保持硬化特性。

因此,一般采用以下的方法进行管理。

现场内设置通风良好的速凝剂专用小屋,避免直射日光进行储藏,喷射时将需要量的速凝剂搬运到使用场所。不得已时,在隧道内临时放置的场合要用钢材等制作平台,距地面 1m,通风良好不受湿气影响。其次,可覆盖塑料布防止涌水和滴水。因速凝剂多用纸袋包装,不开封可以保持 2 个月,使用前要进行充分检查。

b. 液体速凝剂

• 液体速凝剂,长期储藏在钢容器中,一般不会变质,可采用不锈钢的容器。

• 储藏中受到振动的影响,会离析、沉降,成分会变质、劣化,因此贮藏罐内要设搅拌机。

• 低温冻结和高温变质等,易受温度的影响,因此也可采用加热器等措施。

(10)细骨料表面水的管理

细骨料的表面水率是支配实际的水灰比的重要因素。为了获得良好的喷混凝土施工,就要正确地掌握这点,确保水灰比和和易性。其管理方法大体上有两种,一种是适当监测砂的表面水率并调节拌和时投入水量,另一种是保持砂的表面水率一定。

监测砂的表面水率的方法有:适量抽样的方法和骨料运送过程中用传感器连续测定的方法。前者主要有用样品很难对全体碱性正确评价,要得到正确评价,就要多抽样,在实施上有一定困难而且费用也高。用传感器的监测法可自动调整拌和的骨料量及水量,能够确保稳定的和易性及水灰比。

(11)商品混凝土的管理

①商品混凝土的必要性

隧道一般是昼夜施工的,考虑夜间混凝土的供应,都在现场配备喷射设备。从隧道稳定的角度出发,喷射作业应在开挖过后立即进行,因此在现场配备喷射设备是有利的。但在场地有困难的场合或现场设置不经济的场合,就必须使用商品混凝土。

②湿式混凝土的搬运时间

从混凝土拌和到灌注(喷射)结束的时间在外界气温超过 25℃的场合,是 1.5h,25℃以下的场合是 2.0h。但因喷混凝土比一般混凝土的单位水泥用量多,水灰比大,细骨料也大等条件,其塌落度的变化也大,因此最好缩短拌和及放置时间,特别是高强度喷混凝土。

③喷混凝土用凝结延迟剂

最近开发出可以任意调整拌置时间的喷混凝土用的凝结延迟剂，在实际工程中得到应用。因此在白天制作的混凝土有可能在夜间使用。因此可以利用商品混凝土昼夜施工。

表 8-17 是拌置时间与使用量的关系。图 8-33 是采用粉状凝结延迟剂的混凝土塌落度的时间变化。

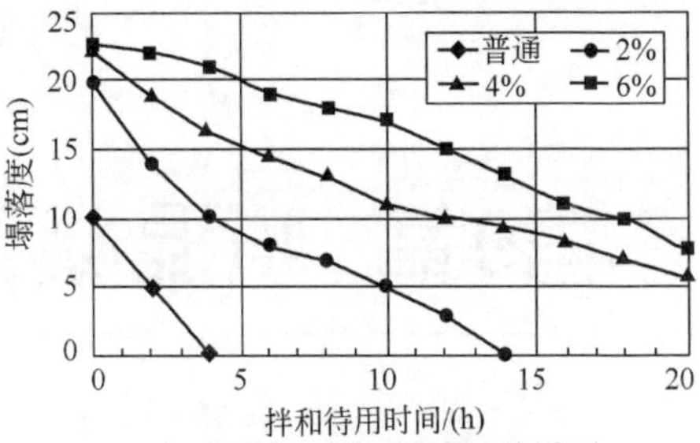

（通常配合下添加喷混凝土的例子）

图 8-33 粉体凝结延迟剂添加量不同时塌落度的变化

喷混凝土用凝结延迟剂 表 8-17

商品名	性状	拌和待用时间(h)	标准使用量(%)
1	液体	1～16	0.2～2
2	粉体	2～24	1～7

表 8-17 示添加液体凝结延迟剂场合的混凝土性状实例。拌置后或比预计时间早喷射，都可以确保其品质。在干喷中也可以采用凝结延迟剂。

第9章　喷混凝土试验和检查方法

喷混凝土性能的检查和试验是确保喷混凝土具有要求的力学性能和施工性能的最基本的、不可忽视的作业之一。熟悉和掌握喷混凝土性能的检查、试验方法和要求对隧道技术工作者来说,是十分重要的。特别是对初期材龄喷混凝土的强度的检查,尤为重要。

9-1　概　　述

应该指出,喷混凝土的检查与试验方法,与浇筑混凝土的检查和试验,在许多方面都是相同的。本章仅就喷混凝土特有的,与普通混凝土不同的检查和试验方法,加以说明。

与浇筑混凝土的检查和试验不同之处,是由于采用喷射方法和喷混凝土要求的特性所引起的。例如,由于喷射方法与喷射工的技术水平不同,制成喷混凝土质量的离散性比浇筑混凝土大,因此不得不强化施工中喷混凝土性能的检查和管理。此外,喷混凝土要求具有一定的初期强度,因而,初期强度的检查和试验,也成为喷混凝土强度检查的一个重点。这也是喷混凝土检查和试验中的一个难点。喷混凝土,不管是湿喷还是干喷,都会产生材料的回弹和粉尘的发生,这是影响喷混凝土质量的重要因素之一,也需要进行检查和试验。而我们在实际施工中,却常常忽视这一点。因此,为了确保喷混凝土具有要求的力学特性和施工特性,就必须采用合适的方法进行必要的检查和试验。

喷混凝土的检查和试验是评价隧道稳定性的重要指标,其判定方法和判定标准都应客观。但现状是还没有完善的检查和试验方法,而且检查和试验都需要费用,因此,追求十分完善的检查和试验体系,也是不经济的。要有针对性地进行必要的检查和试验,必须在保证质量的前提下,建立灵活的检查和试验体制。

喷混凝土性能的检查和试验,许多国家都有相应的规定和要求,并设定了统一的试验和检查方法。如美国的 ACI 的标准、ASTM 的试验方法以及日本的 JSCE 有关喷混凝土的一些标准等。下面主要介绍在上述标准中规定的一些做法,可以作为我们确立喷混凝土检查和试验方法的借鉴。

9-2 检查和试验计划的编制

日本要求在编制施工计划的同时，为了确保喷混凝土的要求性能也应编制喷混凝土性能的检查和试验计划。

检查和试验计划应包括人员配置、试验和检查方法、时期及频率等内容。编制时，除考虑喷射时及喷射后的计划外，还要考虑作业环境及经济性等。标准施工的场合，可根据表 9-1 的项目进行编制。

喷混凝土的检查和试验项目　　表 9-1

<table>
<tr><th colspan="4">项　目</th><th>检查和试验项目</th><th>备　注</th></tr>
<tr><td rowspan="8">制造</td><td rowspan="6">湿喷</td><td rowspan="2">混凝土材料</td><td>现场设备</td><td rowspan="2">混凝土材料的进场检查</td><td></td></tr>
<tr><td>外部购入</td><td></td></tr>
<tr><td rowspan="2">制造设备</td><td>现场设备</td><td>制造设备的检查</td><td></td></tr>
<tr><td>外部购入</td><td>搅拌机的检查</td><td>基本上不需要</td></tr>
<tr><td rowspan="2">到现场的搬运</td><td>现场设备</td><td rowspan="2">混凝土材料的进场检查</td><td>出场时实施</td></tr>
<tr><td>外部购入</td><td>进场时实施</td></tr>
<tr><td rowspan="2">干喷</td><td colspan="2">混凝土材料</td><td>混凝土材料的进场检查</td><td></td></tr>
<tr><td colspan="2">制造设备</td><td>制造设备的检查</td><td>搅拌机检查不需要</td></tr>
<tr><td colspan="4">补强材</td><td>补强材的进场检查</td><td></td></tr>
<tr><td colspan="4">喷射后的混凝土</td><td>抗压强度
初期强度
弯曲韧性
喷射厚度
喷混凝土表面的状态及形状
变异状况</td><td></td></tr>
</table>

喷混凝土的检查和试验大体上分为材料进场检查和试验、制造设备的检查和试验、喷混凝土施工前和施工中检查和试验以及喷混凝土结构物的检查和试验等。其中，喷混凝土表面状态和形状、喷射厚度等的混凝土结构物检查，可在喷混凝土施工的掌子面进行早期检查，强度等的品质检查有时间性的要求(早期、长期，如 3h、24h、7d、28d 等)，要进行要求龄期的检查和试验，其试验结果可以反馈到隧道施工中，在施工计划中要考虑这一点。

为检查采用的试验方法和判定标准，应在合同中事前设定。过去是不管施工条件如何，都采用统一的检查方法。今后随着设计方法的发展、施工方法自由度的增加，检查和试验方法已经不能用标准方法予以应对。因此，要在编制“施工计划”阶段，与发包者协商共同编制合适的“检查和试验计划”。

检查方法因隧道种类、使用材料、使用机械、施工方法等而异。因此为了进行有效率、切实的检查，首先，事前应对检查项目、试验方法、频率等进行研究、计划。其次，检查可用目视和试验等方法进行，但要研究试验的可靠性和费用、需要时间等。

一般说，试验方法不同，试验结果也会不同，因此要提示检查的判定标准值。为此，各种试验最好以规范或有关规定的方法为标准。

检查的最终目的是确认喷混凝土是否具有满足隧道稳定性的要求性能。检查计划本身是决定表列项目的行为，但为达成目的的检查体系不是一个而是无数个。例如，在同一种材料反复使用，或者同一工法反复使用时，可在开始进行频率大的检查，如无问题可减少检查频率，这是比较合理的。此外，在许多工程中可以看到开始采用新的配比和工法时，都有严格的检查体系，而随着实际施工次数的增加，检查频率也可降低。

根据隧道的重要性或者喷混凝土性能的要求，检查方法也要改变。特别是在要求喷混凝土具有长期的耐久性和有涌水地点等情况下，都要进行严格的检查。关于材料的可靠性，目前有采用考虑材料特性的检查方法，例如强度特性离散性比较小，可以基本上用混凝土试验方法予以确认。

检查和试验计划应能够灵活应对围岩等状况的变化。发生超过预计状况的变化的场合，为了能够变更喷混凝土的要求性能，应修正检查计划。

喷混凝土的检查，根据其施工形态，多数属于过程检查。要对应围岩的变化，用合理的支护来确保喷混凝土的性能。

检查计划要基于施工计划设定，如施工计划变更，检查计划也要修正。因此，适用围岩状况的工法及喷射材料等变更多的场合，要迅速地变更检查计划。

9-3　喷混凝土的喷射试验

几乎所有的国家都规定在进行喷混凝土施工前，必须进行喷混凝土的喷射试验。日本明确规定，在喷混凝土施工前，必须进行喷射试验以确认喷混凝土的力学性能、喷射的施工性能以及耐久性能等。因为喷混凝土施工情况的好坏，对喷混凝土施工后的品质有极大的影响。而喷射前的混凝土和泵送混凝土虽然进行了各种试验，但用其评价施工后的喷混凝土性能还是有困难的。过去虽然也有关于喷射试验的一些规定和指南，但不统一。因此，日本针对喷混凝土的喷射试验编制了喷混凝土的喷射试验方法标准(JSCE-F 565—2005)。

该标准规定，喷射试验包括两类，即：

• 仿照实际施工现场的喷射试验；

• 实际施工时的喷射试验。

试验喷射要采用实际施工中预计采用的材料，喷射前材料保管的准备方法等，要和施工时的条件一致。混凝土的配比也要与施工时的一样。

仿照实际施工现场的喷射试验，要能够再现混凝土制造设备、运送设备、喷射机、空气压缩机、速凝剂添加机、喷嘴等，在与施工时条件接近的模拟空间进行。

实际施工时的喷射试验，要采用实际施工的材料、混凝土制造设备、运送设备、空气压缩机、速凝剂添加机、喷嘴等，在与施工时一致的条件下进行。

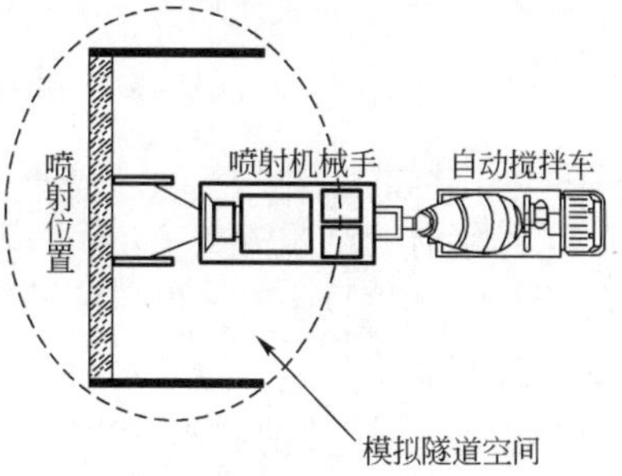

图 9-1 隧道喷射试验示意图

图 9-1 是隧道中进行喷射试验示意图。

喷射试验的项目列于表 9-2。

喷混凝土试验项目 表 9-2

用途	力学性能				喷射的施工性能				耐久性能
	抗压强度	初期强度	弯曲韧性	附着强度	压送性	回弹率	粉尘浓度	填充性	
隧道	○	△	△		△	△	△		△
边坡	○		△		△	△			△
补修、补强	○	△	△	○	△	△	△	△	△

注：△必要时实施；○实施。

试件的制作方法及试验方法，均采用日本土木学会规定的及下面列举的方法进行。

试验结果应以报告的形式提出，报告内容包括：

• 试验年月日；

• 试验种类；

• 采用的机械设备；

• 喷射条件（压送距离、喷射方式、喷射方向、喷嘴距喷射面的距离、吐出压力、设定吐出量、喷射对象等）；

• 采用材料的种类和品质；

• 混凝土配比；

• 试验日的气温和湿度；

• 力学性能的试验结果（抗压强度、初期强度、弯曲韧性、附着强度等）；

• 喷射施工性能的试验结果（压送时有无脉动和堵塞、回弹率、粉尘浓度、填充性等）；

• 耐久性能的试验结果。

9-4 混合材的试验方法

在混合材的试验方法中，日本主要针对喷混凝土采用的速凝剂规定了其品质规格的标准(JSCE-D 102—2005)。包括采用粉体速凝剂、浆状速凝剂及液体速凝剂的试验方法。试验方法中鉴于速凝性能的提高和近几年新型速凝剂的不断涌现，对试验的拌和方法、试件的制作方法以及试验用的模具的尺寸都做了规定。

(1)试验材料

水泥：选择不同厂家的 3 种硅酸盐水泥，等量混合；

骨料：其粗粒率在 2.6%～2.8%范围内。试验时细骨料的表面水率在 2%～5%范围内调整使用；

水：拌和用水采用上水道用水或其他符合要求的水。

(2)砂浆配比：砂浆配比采用水灰比 50%，细骨料与水泥质量比取 3.0。一次拌和砂浆的各种材料用量：水泥(750±2)g、细骨料(2 250±5)g(表面干燥饱水状态的质量)及(375±1)g(细骨料表面水修正前的量)。此数量可做一份材龄(抗压强度用试件 6 个)和一份凝结试验用。

速凝剂添加量采用厂家推荐值。

(3)拌和

拌和原则上采用拌和机机械拌和。拌和时拌和机的速度取表 9-3 中的“高”及“低”。速凝剂效果极高，不能机械拌和时可采用人工拌和。

拌和机的速度(单位：rpm) 表 9-3

速　度	回　转	游星运动
低	140±5	62±5
高	285±10	125±10

拌和步骤如下：

• 粉体速凝剂的场合

①把水泥及细骨料加入拌和杯中，在“低”速下空拌 10s；

②接着投入粉体速凝剂，再空拌和 10s；

③在“低”速下，10s 内一边回转一边加入拌和水，全量投入后在“高”速下拌和 10～15s。

• 浆状速凝剂的场合

①把水泥及细骨料加入拌和杯中，在“低”速下空拌 10s；

②在“低”速下，10s 内一边回转一边加入浆状速凝剂、浆化水及拌和水，在 10s 内完成。全量投入后在“高”速下拌和 10～15s。

• 液体速凝剂的场合

①把水泥及细骨料加入拌和杯中，在“低”速下空拌 10s；

②在“低”速下，一边回转一边加入液体速凝剂及拌和水，在 10s 内完成。全量投入后在“高”速下拌和 10～15s。

(4)砂浆的抗压强度试验

①试件：取 40mm×40mm×160mm 的角柱形试件；

②试件制作：捣固采用振动台，分上下两层用拌和棒拌和和平整表面。

(5)试验及养护温度

①拌和、凝结试验及抗压强度试验用试件的制作，在温度为(20±2)℃、湿度为50%以上的室内进行。

②材龄 24h 以内的试件，储藏在温度为(20±1)℃、相对湿度为 90%以上的环境中，脱模在试验开始前进行。

③材龄 24h 以上的强度试验用的试件，在温度为(20±1)℃、相对湿度为 90%以上的环境中储藏，脱模在 24h 内进行，其后在温度为(20±3)℃的水中养护，达到材龄后从水中取出，立即进行抗压强度试验。

④试验方法及材龄

试验按材龄 12h、24h 及 28d 进行。其他材龄可选择 3h、6h、3d、7d。一次试验数为 6 个。

(6)砂浆凝结时间

试验两次，取平均值。试验结果离散性大的场合，可适当增加试验次数。

(7)速凝剂品质规格的要点

• 速凝剂的品质

①初期的抗压强度：材龄 12h 以内 10MPa 以上，材龄 24h 达到 9MPa 以上；

②材龄 28d 的抗压强度：添加速凝剂的砂浆强度除以基本砂浆强度的百分比大于 75%以上；

③凝结性能：始发时间在 5(10)分钟以内，终结时间在 15(60)分钟以内。()内是 EFNARC 的规定。

• 试验方法

①细骨料表面水率调整在 2%～5%；

②各种材料量：要提示一次试验用量；

③拌和：以采用机械拌和为准。

9-5　喷混凝土性能的试验方法

喷混凝土的性能试验包括两个方面：一个是喷混凝土力学性能的试验，另一个是喷混凝土的施工性能的试验，两者具有同等重要的地位。有关喷混凝土施工性能的试验,可参考第7章。

有关喷混凝土性能的试验方法,各国都有相应的规定。作为参考,此处介绍日本土木学会编制的《喷混凝土指南(隧道篇)》(2005年版)中列举的有关喷混凝土试验的方法。

1.喷混凝土的力学性能试验用试件的制作方法

喷混凝土设计基准强度的检查,与一般混凝土不同,不能采用圆柱模板的浇筑混凝土试件,原则上采用大型大板喷射的混凝土取样试件进行试验。喷混凝土与浇筑混凝土相比,品质的离散性大。试件品质对试验结果具有不可忽视的影响,我们在进行喷混凝土的检查和试验时,必须确保试件符合试验的要求,这是非常重要的。下面说明日本采用的喷混凝土抗压强度、附着强度以及弯曲韧性试验用的试件的制作方法,以供参考。

(1)喷混凝土抗压强度试验用试件的制作方法(JSEC-F 561—2005)

试件应在实际喷射的地点或规定的大板(图9-1)上,从喷射机喷射的混凝土中采取或者从喷混凝土中切取。

试件的上下表面要研磨成不影响混凝土试验的平滑程度。

试件的尺寸和数量规定如下:

• 试件取圆柱体:试件的直径要在粗骨料最大尺寸的3倍以上,高度在2倍以上。但在试件的高度小于直径的2倍的场合,试验得到的抗压强度,要进行修正;

• 试件数量取3个以上。

切取试件的大板的材料、尺寸、构造规定如下:

• 大板的材料,采用具有模板材质的材料,或用木材、合成板材、金属材料,应具有喷射时不变形的刚性和厚度;

• 大板如图9-2所示,有底板,为了防止喷射时回弹材料的混入,一端有开放的构造,但向上喷射的场合,不在此限;

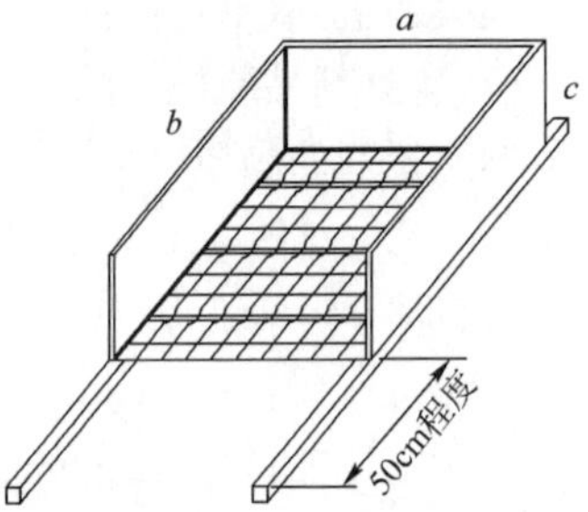

图9-2 大板构造

• 不采用速凝剂的场合,底板上要铺金属网;

• 大板的最小尺寸示于表9-4。

大板的最小尺寸(mm) 表9-4

用途	A	B	C
隧道	500	500	150
坡面	300	300	200
补修、补强	300	300	150

大板厚度，采用合成板材时，多采用 12mm 左右。

大板采用木材的场合，为了不被喷射压力损伤，应用角材对其补强。

大板的最小高度，考虑底板铺设金属网决定之：

喷射方法规定如下：

• 在大板上喷射的场合，如图 9-3 所示，应把大板按实际喷射面的坡度立好，开放端在下让回弹材料不能混入；

• 喷嘴与喷射面成直角，保持适当距离进行喷射。

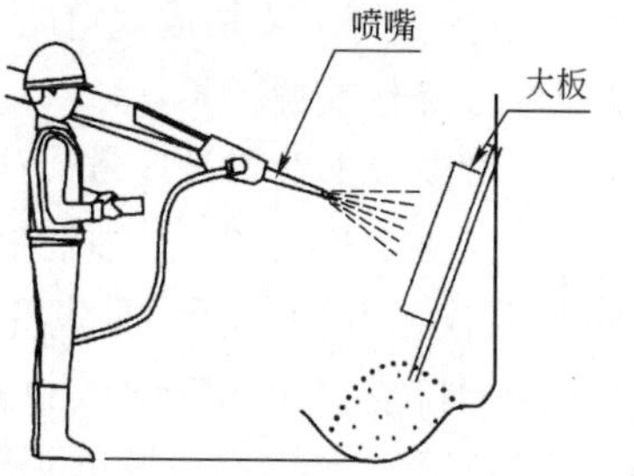

图 9-3　喷射方法

(2)喷混凝土附着强度试验用试件制作方法(JSEC-F 566—2005)

试件的制作方法规定如下：

• 使用喷射机向基板上喷射混凝土。喷嘴应与喷射面成直角，保持适当距离喷射，喷射面应修整平滑；

• 喷射混凝土的喷射方向，是水平方向和向上方向，根据附着强度试验的目的而定；

• 喷射的混凝土试件，要静置 24h，而后在温度为(20±2)℃、相对湿度为 60%的条件下养护。

(3)钢纤维喷混凝土强度及韧性试验用试件的制作方法(JSCE-F-553—1999)

此标准适用于钢纤维喷混凝土的抗压强度试验、弯曲强度试验、抗剪强度试验、压缩韧性试验及弯曲韧性试验用试件的制作。

喷混凝土试件采用在事先准备好的大型大板上喷混凝土中切取的试件。不宜采用一般品质管理采用的从小型大板(100mm×100mm×400mm)上切取的直接喷射的混凝土试件。

制作试件的器具包括：

• 能够切断试件混凝土的刀具或者采取混凝土用的取样钻机；

• 喷射混凝土用的大型大板，视试验目的，应具有相应的尺寸，至少要比试件尺寸大 50mm。

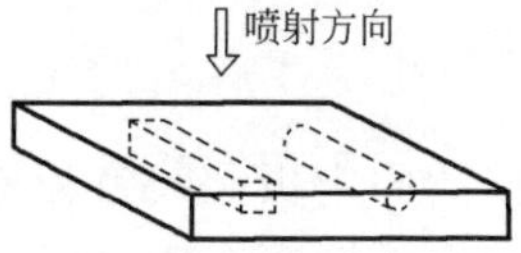

图 9-4　试件的切出方向示意图

制作试件时，混凝土的喷射，原则上要垂直于大型大板，喷射方法视试验目的而定。一般采用与实际施工相同的方法和设备。

试件的切出方向，原则上按其目的选定。一般说，在隧道工程中，多按图 9-4 的方向切出。

切出时要在混凝土充分硬化，钢纤维、粗骨料等与混凝土附着好的时期进行。切出的试件要不破损、粗骨料和钢纤维没有松动。一般说最好在材龄 14d 后进行。

切出时有破损、钢纤维和粗骨料松动的试件不能用于试验。

切出时必须记录喷射方向，根据试验目的进行加载。

试件，原则上要切成规定的尺寸，但在切断面凸凹不平，平行度很差的场合，加载部要进行修整或者研磨。

2. 喷混凝土初期强度的试验和检查方法

喷混凝土初期强度是喷混凝土最重要的力学性能之一。喷混凝土初期强度的检查时期、次数和判定标准见表 9-5。日本对材龄在 24h 以内初期强度的试验方法基本上采用拉拔力初期强度试验方法(JSCE-G 561—2005)、梁法初期强度试验方法(JSCE-G 562—2005)以及近年开发的空气压式的钉贯入初期强度试验方法。

初期强度试验的检查时期、次数和判定标准 表 9-5

时期、次数	判 定 标 准
开挖前及施工中配比条件变化时	3h 抗压强度达到 1.5N/mm^2 24h 抗压强度达到 5N/mm^2

下面简要说明 3 种试验方法的基本内容：

(1)喷混凝土初期强度试验方法(拉拔法)(JSEC-G 561—2005)

此方法适用于进行喷混凝土及钢纤维喷混凝土初期强度的检验。此处的初期强度指喷射后 24h 以内的强度。

此试验方法是核定混凝土初期强度标准的方法，不一定用抗压强度的绝对值表示。

①装置

拉拔装置由反力台架、拉拔钉夹具及拉拔夹具构成，具有能够把钉的头部紧密地安装在支持环或模板背后的构造。反力台架：是一个中空的圆筒，能够把液压千斤顶的反力传递到支持环或模板背后的台架；拉拔钉夹具：以适当的方式与钉的头部联结，在加载过程中，不应该产生过大的变形、破断、脱出等；拉拔夹具：一端安在液压千斤顶上，一端安在拉拔钉夹具上，以便给予拉拔力。

手动式液压泵用于操纵液压千斤顶的动作，应安装能够确认拉拔力最大值的视认装置的压力计。手动式液压泵与液压千斤顶连动，具有使试件确实承受剪切破坏的作用。

②试件的制作方法

采用制作器具试验的场合，制作器具由底部有圆形开口的固定板和装钉板构成，用适当的夹具组装好(图 9-5)。制作器具，应平行地安装在喷混凝土面上进行喷射。

在喷射地点直接进行试验的场合，把安装钉用的板固定在试验地点(图 9-6)，安装好拉拔钉后进行喷射，并平整拉拔钉的周边。

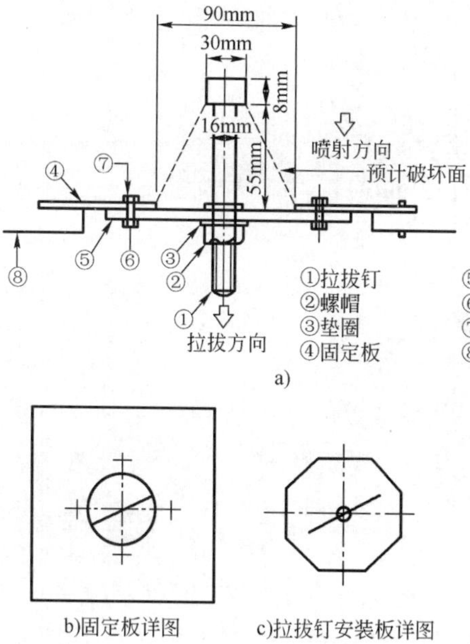

图 9-5　拉拔钉固定方法

③试验方法

a. 达到规定材龄时，安装拉拔装置，用液压泵的拉拔力拉拔拉拔钉；

b. 拉拔力应均匀加载，不给试件以冲击；

c. 读取试件的拉拔力(P)的最大值，两方向测定破坏锥体的上部直径(D)、下部直径(W)、混凝土厚度(H)(图 9-7)。

d. 试件个数 3 个以上。

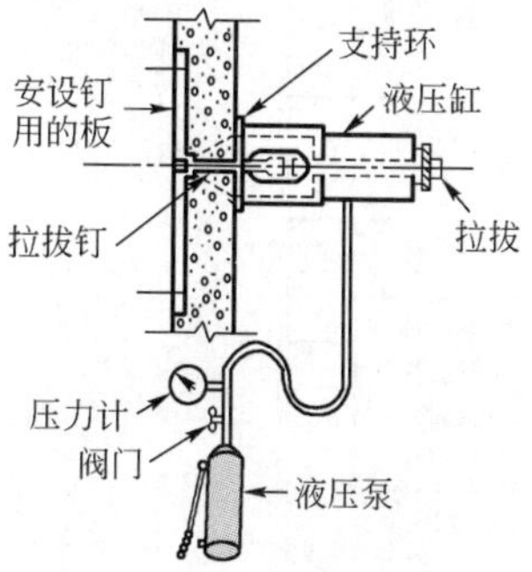

图 9-6　拉拔试验装置

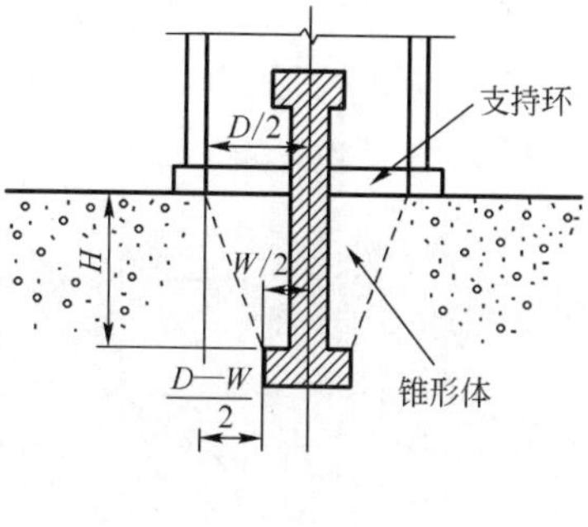

图 9-7　试验方法

④计算

a. 破坏锥体上部直径、下部直径、混凝土厚度，用下式计算，有效数字取 4 位，第 4 位四舍五入，剩 3 位有效数字。

$$D = (D_1 + D_2)/2 \tag{9-1}$$

$$W = (W_1 + W_2)/2 \tag{9-2}$$

$$H = (H_1 + H_2)/2 \tag{9-3}$$

式中：D——破坏锥体上部直径 (mm)；

D_1，D_2——求出的两方向的直径(mm)；

W——破坏锥体下部直径 (mm)；

W_1，W_2——求出的两方向直径 (mm)；

H——喷混凝土厚度(mm)；

H_1，H_2——求出的两方向厚度 (mm)。

b. 喷混凝土的拉拔强度，由下式计算：

$$\tau = P/A \tag{9-4}$$

式中：τ——拉拔强度(N/mm^2)；

P——最大拉拔力(N)；

A——破坏锥体的表面积(mm^2)，$A=\pi(D/2+W/2)\sqrt{H^2+(D/2-W/2)^2}$。

c. 计算各试件的拉拔强度的平均值，作为混凝土的拉拔强度。

过去用拉拔方法测定初期强度，是基于拉拔钉和反力架的剪力计算的，混入钢纤维后是否还可以这样做，是有疑问的。但从到目前为止的试验结果看，拉拔方法获得的强度和圆柱形试件的抗压强度的关系，钢纤维在混入 1.5vol%的情况下，与不含钢纤维的混凝土是相同的。图 9-8 的结果是以浇筑混凝土为对象的，对混入钢纤维后的混凝土强度几乎没有影响。因此，上述方法也包括钢纤维喷混凝土在内。

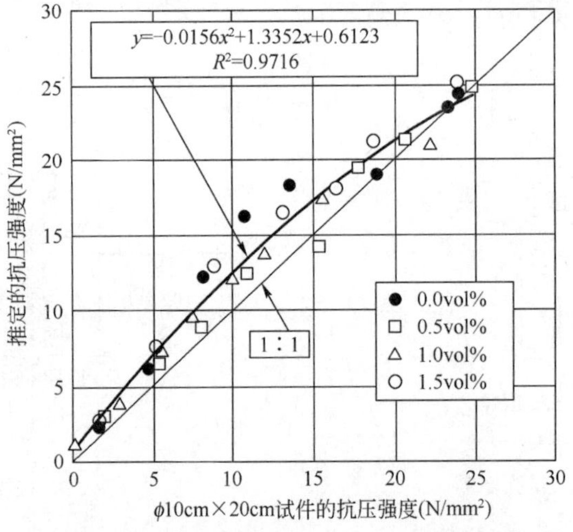

图 9-8　拉拔强度和圆柱形试件抗压强度的关系

⑤抗压强度的换算

本试验方法作为初期强度的大致标准，是以测定拉拔强度表示的，并不是抗压强度的绝对值。但在实际施工中，现场多按4倍拉拔强度作为抗压强度。这是否合适，存在疑问。日本道路公团的规定是取4倍关系，在普通混凝土中，10cm×20cm的圆柱形试件的抗压强度与拉拔强度的相关关系是 $f=4.19\tau-7.79$。因此4倍关系是有根据的。

(2)喷混凝土初期强度试验方法(梁法)(JSEC-G 562—2005)

此方法适用于测定喷混凝土初期强度。

• 试件采用通常弯曲试验用模具(150mm×150mm×530mm)，以70°角度静置在壁上，使用喷射机喷射混凝土；

• 喷射完成后，取下喷混凝土上面的三角铁。

①试验方法

a. 在试件上下压缩面的两端附近，测定试件的宽度，精确到0.1mm，取有效数字3位的平均值，作为试件宽度；

b. 在试件的两面，测定试件的高度，精确到0.1mm，以有效数字3位的平均值，作为试件高度；

c. 试件的中央部的上下面用压缩板夹注，置于试验机加压板的中央，此时，压缩面是制作试件时的侧面。上下压缩板，其一组平行的边，要与梁的轴向成直角，而且上下方向要正确。压缩板和试件的压缩面要直接接触，其间不设缓冲材；

d. 不能使试件受到冲击，加载速度，随着压应力的增加值，标准情况是每秒(0.1～0.2)N/mm²。

②计算

混凝土初期抗压强度由下式计算，四舍五入取有效数字3位。

$$F'_c = P/bB \tag{9-5}$$

式中：F'_c——初期抗压强度(N/mm²)；

P——最大荷载(N)；

b——试件宽度(mm)；

B——压缩板宽度(mm)。

(3)空气压钉贯入法(射钉法)

该系统系日本开发的以气压射钉枪原理为基础的强度测试系统APP Tester。检测过程为：在恒定空气压力下将经过特殊标定的射钉打入被检测的喷混凝土之内，由其射入深度标定公式推算其强度。气压射钉枪系统如图9-9所示。整个系统由射钉枪、空压计、空压管、空压机、数显深度游标卡尺等组成。

射钉枪是该检测系统的主要组成部分之一，用于混凝土强度检测。射钉是经过特殊标定的合金钢钉，其形状尺寸和机械性能离散性很小，根据检测强度范围的不同，射钉分为射钉A和射钉B两种。射钉A：10～30MPa，射钉B：10MPa以下。图9-10是混凝土强度与射钉贯入深度的关系。

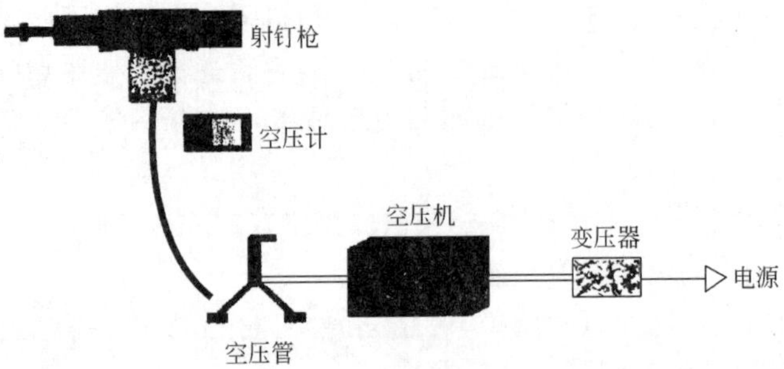

图 9-9　射钉法概况

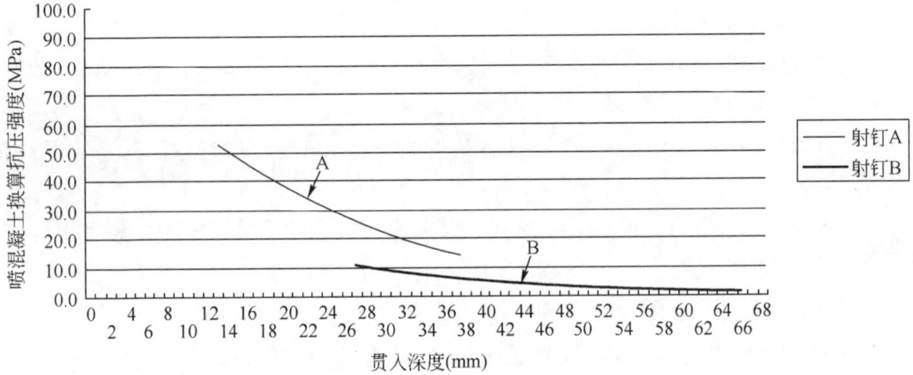

图 9-10　喷混凝土强度与射钉贯入深度的关系曲线

拉拔力法和空气压钉贯入法的一个试验结果比较示于图 9-11。

澳大利亚对低龄喷混凝土的特性，针对不同的强度出现状况，也基本上采用图 9-12 的试验方法。

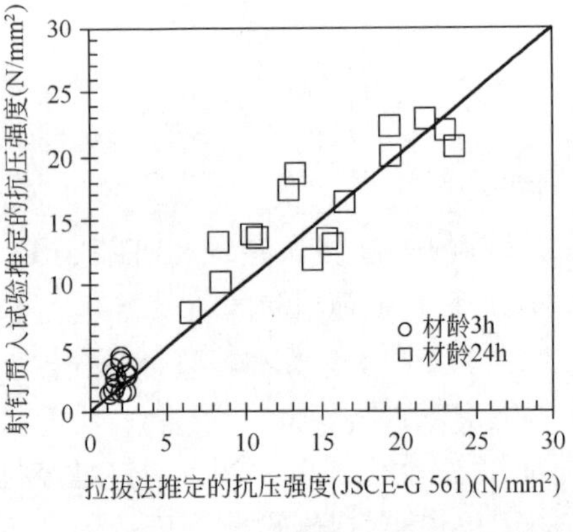

图 9-11　喷混凝土初期强度推定比较图

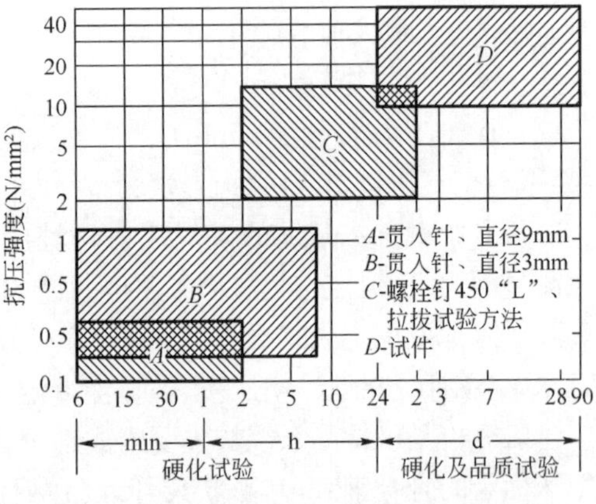

图 9-12　低龄喷混凝土的抗压强度测定方法的范围

指定的试验方法如下：

• 喷射后立即进行的试验使用前端平坦的 9mm 钉；

• 对最大强度达到 1.5N/mm^2 的混凝土，使用前端是尖的(60)、3mm 的钉；

• 按 2min、4min、6min、8min、10min、20min、30min 的间隔记录强度；

• 向混凝土中打入锚栓后，立即拔出，测定拉拔力。拉拔力与贯入深度之比，是决定压力的变量；

• 采用带螺纹的器具，喷射混凝土后拔出，可以检查硬化各阶段的强度。强度大于 5MPa 的场合，采用钻取岩心的方法。

低龄喷混凝土通常指混凝土强度达到 10MPa 前强度出现的状态。这主要是考虑喷射初期状态的冻结、爆破以及支护作用等的影响而规定的。为了承受爆破的影响，芬兰规定喷混凝土至少要达到最终强度的 60%(喷混凝土的标准强度为 30MPa)。

喷射后的喷混凝土对爆破碎片的容许速度与经过时间的关系如表 9-6 所示。

喷混凝土对爆破碎片的容许速度 表 9-6

经过天数(d)	碎片速度(mm/s)	经过天数(d)	碎片速度(mm/s)
0～3	10	大于 7	110
3～7	35		

这要通过爆破试验予以确定。

(4)欧洲 EN14488—2(2006)标准提出两种在现场决定初期喷混凝土抗压强度的方法

一种方法(A 法)用以决定 0.2～1.2MPa 范围的抗压强度，一种方法用以决定 3～16MPa 范围的抗压强度。两种方法的基本内容如下：

①A 法：贯入针法

这个方法的原理是先量测把固定尺寸的针贯入到喷混凝土中(15±2)mm 深度需要的力，用贯入计的指数表示，然后通过厂家给定的曲线变换为抗压强度，从而检测到喷混凝土的抗压强度。

方法中采用的仪器有：能够把针贯入喷混凝土并记录精度为 10N 的贯入计和一个经核准的、如图 9-13 所示的与决定抗压强度有关的曲线。

图 9-13 曲线中 a)用于骨料最大尺寸为 8mm 的，b)用于骨料最大尺寸≥16mm 的。

贯入针的直径为 3mm±0.1mm，针尖有(60±5)°的角度。

试验过程是量测任意位置的抗压强度。但试验的喷层厚度不能小于 100mm。

试验步骤如下：

• 记录喷射完成的时间、位置以及试验开始的时间；

• 将力的指数设置为零；

• 将贯入针放到喷层的表面，并稳定地、不间断地压入到 15mm 深度。如果因为碰到大的骨料而遇阻，则应在附近另换位置；

• 从指示器上读阻力值并记录到数据表中，并把指针回归到初始位置；

• 如果不需要，将针清除；

• 在喷射范围内有代表性的喷层上，尽可能快地把试验重复 10 次(1 分钟内强度低于 0.5MPa)；

• 记录各次试验结束的时间；

• 计算 10 次量测的平均阻力；

• 如果需要，可以从厂家提供的曲线获得抗压强度。

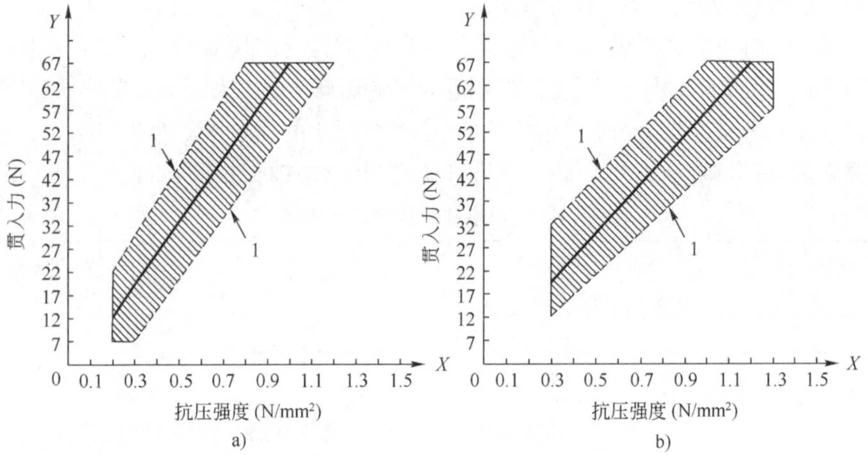

图 9-13　贯入力与抗压强度的关系曲线

注：图中，X 轴表示抗压强度(MPa)；Y 轴表示贯入力(N)；1 表示变动范围。

②B 法

这个方法是把螺钉压入喷混凝土中，并确定压入深度。拔出螺钉并量测拉拔力。拉拔力与压入深度的比值可以用来根据厂家提供的校正曲线决定抗压强度。

方法中采用的设备有：螺钉压入设备：用以把螺钉压入到喷混凝土中。螺钉压入设备具有至少把螺钉压入喷混凝土中 20mm 的能力；拉拔设备：具有把作用杆上的拉力通过承载环传递到混凝土表面的能力，其加载系统以精度 5%指示最大拉拔力。

试验可以量测任意位置的抗压强度。但试验的喷层厚度不能小于 100mm。

试验步骤如下：

• 根据厂家操作说明安装螺钉压入设备；

• 把设备安装在混凝土表面并压入螺钉。如果最长的螺钉全部压入，需要等待一些时间，当混凝土变硬后废除。不能够穿透混凝土。共压入 10 个螺钉，其间距如图 9-14 所示，保持在 80mm 以上；

• 量测螺钉压入的长度并记录到数据表中，其例示于图 9-15；

• 把拉拔设备牢固地设在螺钉螺纹部的尾端；

• 记录每个螺钉试验开始和结束的时间和拉拔力读数，并记录到数据表中；

• 用下列公式将读数换算为抗压强度：

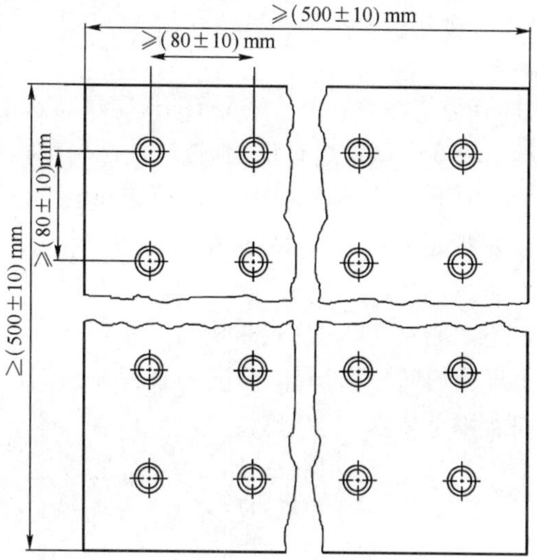

图 9-14　螺钉间距

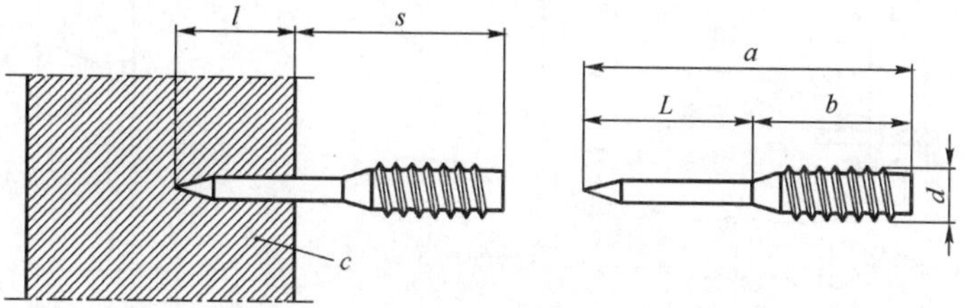

图 9-15　螺钉压入深度及其尺寸

l-压入深度；s-螺钉露出混凝土的长度；c-混凝土；a-总长度；L-钉身长度；b-螺纹部长度；d-螺纹部宽度

用于石灰岩骨料最大尺寸为 8mm 的场合：

$$R_{estim} = (E/l + 2.7)/7.69 \tag{9-6}$$

用于石灰岩骨料最大尺寸为 16mm 的场合：

$$R_{estim} = (E/l + 0.02)/6.69 \tag{9-7}$$

用于硅质骨料最大尺寸为 16mm 的场合：

$$R_{estim} = (E/l - 3.32)/5.13 \tag{9-8}$$

式中：R_{estim}——抗压强度；

l——螺钉压入深度；

E——读数。

• 确定拉拔力(P)与压入深度(l)的比值；

• 计算 10 次量测的拉拔力平均值；

• 如果需要，在 P/l 平均值的基础上，利用厂家提供的曲线求出抗压强度。

3. 喷混凝土附着强度的试验方法

EFNARC(European Specification for Sprayed Concrete)建议的附着强度试验方法，如图 9-16 所示。

有的国家规定，取样直径约在 80mm 左右；有的规定任意选定喷混凝土表面 $1m^2$ 的面积，最早经 10d 以后，取 6 个试件进行试验，把试件运到试验室的过程中，要用塑料布包裹好，测定其材龄大于 14d 的平均中心抗拉强度；有的规定附着强度大于 1.5MPa可以中止测定，并规定对附着不良的场合，要调查其原因并确定是否需要处理。

欧洲标准(BS EN 14488－4:2005)规定采用直接拉伸的方法检测附着强度。建议从喷层和围岩中取出直径约50～100mm、高度为直径 2 倍的试件。试件尺寸规定示于图 9-17。试件应符合以下要求：

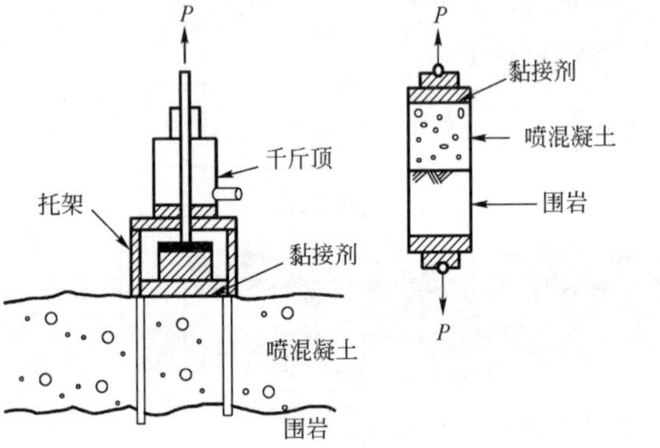

图 9-16　附着强度的试验

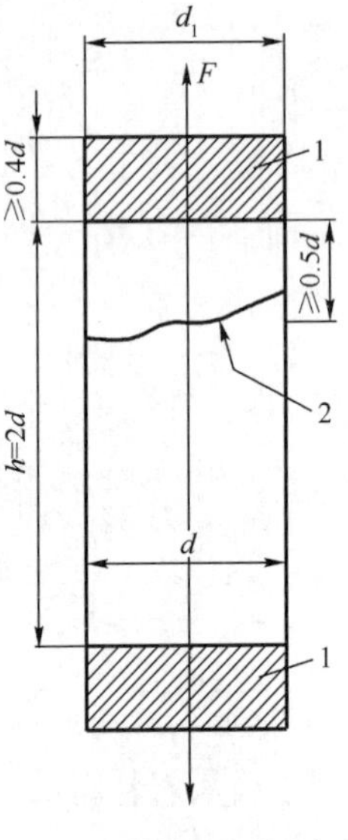

图 9-17　试件及垫块的几何尺寸

- 直径 d 至少比喷混凝土最大骨料尺寸大 4 倍；
- 试件高度为直径的 2 倍；
- 不大于喷层厚度的 4 倍；
- 附着面距试件每一端面的距离至少在 $0.5d$ 以上。

试验时在试件上下端面黏结垫块。垫块直径与试件直径相等，垫块厚度不小于垫块直径的 0.4 倍。然后放在试验机上以(0.05±0.01)MPa/s 的速度加载进行拉伸试验。

最大荷载除以横断面积的值就是附着强度。

如果 80%的断裂出现在附着面上，其值就可作为附着强度。如果断裂不在附着面上，说明围岩强度低于附着强度。

4. 钢纤维喷混凝土弯曲强度及弯曲韧性的试验方法(JSCE-G552—1999)

此标准适用于钢纤维喷混凝土的弯曲强度、弯曲韧性的试验。

试验机原则上采用最大容量 1 000kN 以下的液压试验机。

采用 3 等分点荷载加载的装置进行弯曲试验。

图 9-18 表示试验装置。弯曲支承在试件的纵长方向，采用能够转动的一组钢棒(直径 30mm 左右)。因为钢纤维混凝土有较大的变形，弯曲支承最好采用钢棒和船底形接点的构造。

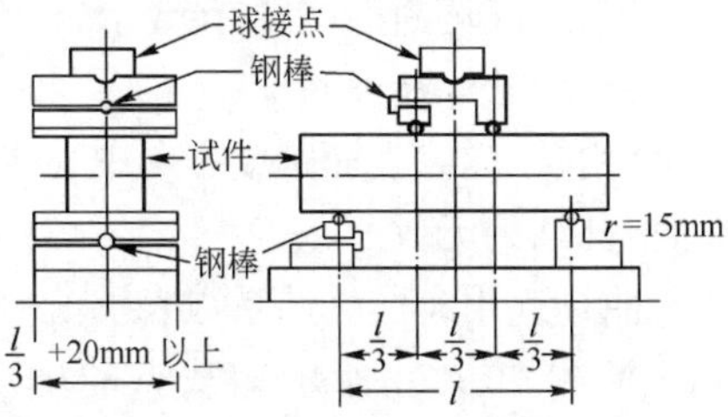

图 9-18　弯曲试验装置

试件的荷载-挠度曲线采用由电气位移计及其附件构成的挠度计测定。图9-19是挠度测定装置。

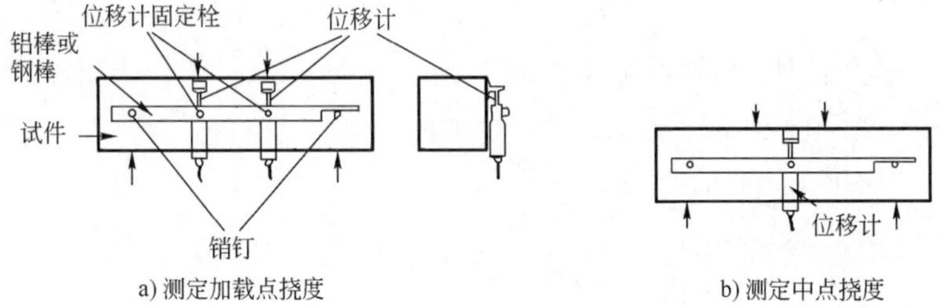

图 9-19　挠度测定装置

试件应按 JSCE－F553 的要求制作，并在达到规定的养护时间后进行试验。

试验方法如下：

• 试件以模板包围的侧面作为上下面，置于支承宽度的中央，跨度的 3 等分点接触上部加压装置。此时加载装置的接触面和试件间应确认不能有空隙；

• 跨度通常取试件高度的 3 倍；

• 要对试件进行没有冲击、均匀地加载。到达最大荷载前的加载速度，以 JIS A 1106 为准。测定最大荷载以后的挠度的场合，要保持挠度增加速度大致一定的速度加载。此时，挠度增加速度取每分钟为跨度的 1/1 500～1/3 000 的范围；

• 试件破坏前，试验机表示的最大荷载取有效数字 3 位；

• 破坏断面的宽度，在 3 处测定到 0.2mm，求出其平均值，取有效数字 4 位；

• 破坏断面的高度，在 2 处测定到 0.2mm，求出其平均值，取有效数字 4 位；

• 弯曲强度及弯曲韧性值，用 4 个以上的试件的平均值表示，具体计算方法如下：

试件在拉伸侧表面的跨度方向的中心线的 3 等分点间破坏时，弯曲强度用下式计算，取有效数字 3 位。

$$f_b = Pl/bh^2 \tag{9-9}$$

式中：f_b——弯曲强度(N/mm^2)；

P——试验机的最大荷载(N)；

l——跨度(mm)；

b——破坏断面宽度(mm)；

h——破坏断面高度(mm)。

试件在拉伸侧表面跨度方向中心线的 3 等分点外侧破坏时，其结果无效。

弯曲韧性用弯曲韧性系数表示。

• 量测图 9-20 所示加载点的挠度在到达跨度的 1/150前的荷载-挠度曲线下的面积(T_b)，取有效数字 3 位；

• 用下式计算换算的弯曲强度，取有效数字 3 位。

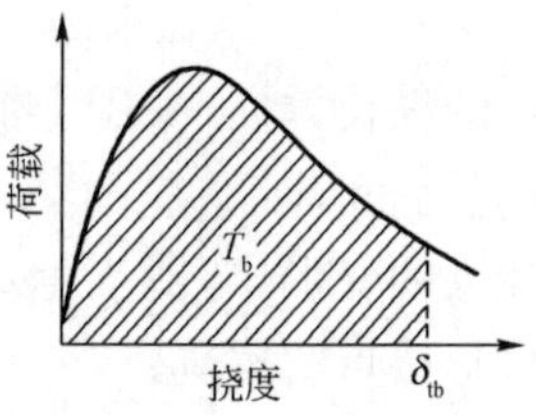

图 9-20　荷载-挠度曲线

$$f_b = T_b/\delta_{tb} \cdot l/bh^2 \tag{9-10}$$

式中：f_b——弯曲韧性系数(N/mm^2)；

T_b——图 9-19 所示的 δ_{tb}的面积(N · mm)；

δ_{tb}——跨度 1/150 的挠度(mm)；

l——跨度(mm)；

b——破坏断面的宽度(mm)；

h——破坏断面的高度(mm)。

为了更为精确地确定钢纤维喷混凝土的弯曲强度，美国 ACI C 1550—05 建议用圆板试件进行检验钢纤维喷混凝土弯曲强度的试验。试验方法的概貌示于图 9-21。圆板放在试验机上，进行中心加载，用特制的量测传感器(LVDT)测定位移，而后通过计算确定弯曲强度及韧性。详细内容可查阅相应参考文献。

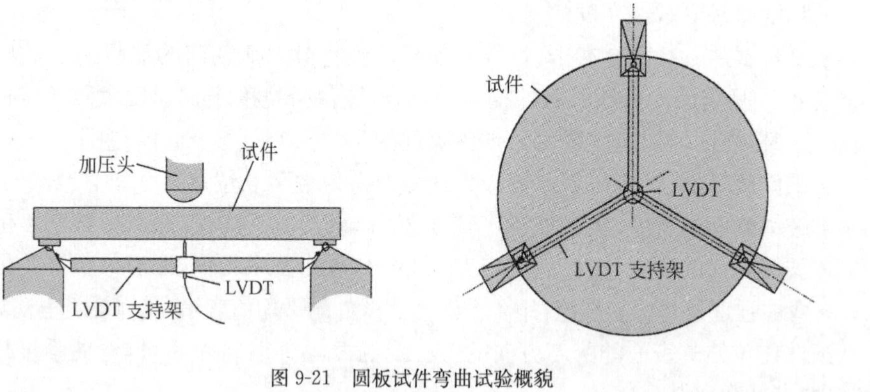

图 9-21　圆板试件弯曲试验概貌

9-6 喷混凝土耐久性的试验方法

当喷混凝土用于永久支护的场合，应进行耐久性试验。目前，对喷混凝土耐久性的讨论颇多，而且对喷混凝土耐久性能的试验研究也刚刚开始，因此作为喷混凝土耐久性问题研究的开始，首先对进行耐久性试验用的试件的制作方法，作出规定，是必要的。耐久性试验，有的采用圆柱形试件，有的采用角柱形试件，其试验结果不尽相同。图 9-22 是试件形状对冻融试验结果的影响图。这说明试件形状对耐久性试验结果是有影响的，因此，试验前要考虑采用最佳的试件形状。

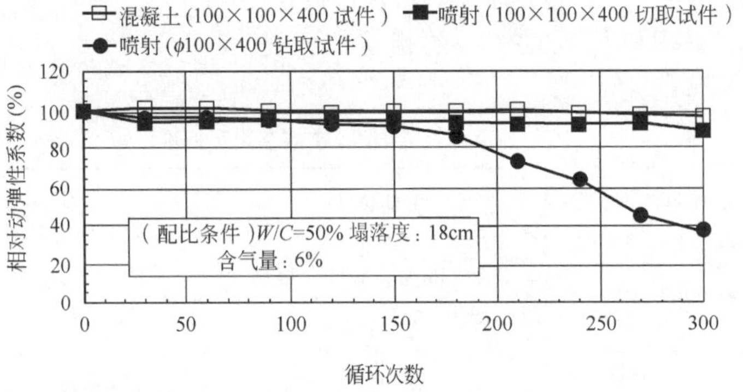

图 9-22　试件形状对耐久性试验结果的影响

喷混凝土耐久性试验的试件通常是从大板上的喷混凝土采取。试件的采取方法和种类如下：

试件应在实际喷射的地点或在规定的大板上，从实际喷射机喷射的混凝土（砂浆）中采取，并制作成用于下列各种耐久性试验的试件。切取试件的场合，要用喷射面作为试验面，并应满足其试验条件。

喷混凝土的耐久性试验方法包括：

- 混凝土中氯离子实效扩散系数试验方法（电气泳动法）；
- 混凝土中氯离子似扩散系数试验方法；
- 混凝土长度变化试验方法；
- 混凝土冻融试验方法；
- 混凝土促进炭化试验方法；
- 结构物耐火试验方法；
- 混凝土碱性反应判定试验方法。

有关喷混凝土耐久性能的各种试验方法，目前基本上采用与混凝土耐久性试验相同的方法。此处从略，详情可参考有关文献。

9-7 喷射厚度的检查

喷射厚度，可用检测钉检测或者喷射后钻孔取样确保喷射厚度，并在施工中的适当时期及工程完成后进行检查。喷射厚度的检查，在钢支撑能够明确确认的场合可以省略。

喷射厚度的检查时期、次数及判定标准列入表 9-7。

瑞典规定喷混凝土厚度用钻孔方法进行检查。钻孔的配置，采用样板（图 9-23）的指定位置进行钻孔。

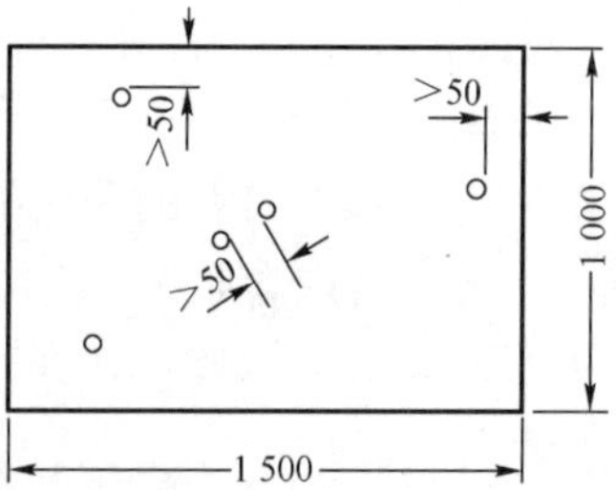

图 9-23 测定喷混凝土厚度的样板

喷射厚度的检查时期、次数及判定标准 表 9-7

试验、检查方法	时期、次数	判 定 标 准
·用电钻钻 ϕ32mm 以上的钻孔	长度 20m 以内设 1 个断面，至少拱部设 5 个点	·设计厚度为最小厚度时，量测厚度≥设计厚度
·设检测钉喷射或打入检测钉	左右侧壁各设 1 个点进行量测	·设计厚度为平均厚度时，量测厚度的平均值≥设计厚度

9-8 检 查 记 录

喷混凝土施工的进度、制造及施工状况、洞内环境、施工管理及检查结果等应做好记录，选定其中必要的数据，进行施工记录并妥善保存。

维修管理需要的施工记录，在隧道运营期间，要保存好。

记录内容如下：

·喷混凝土品质的记录：记录配比、材料、品质管理及检查结果；

·喷混凝土施工的记录：记录喷射方式、制造设备规格或商品混凝土工厂名、喷射机类型、施工数量、方法、喷射时间、洞内温度、湿度、施工人员、体制等；

·喷混凝土构造的记录：记录隧道支护模式、有无二次衬砌等；

·材料检查结果记录：记录混凝土各种检查结果（塌落度、含气量、混凝土试件强度、氯离子含量、拉拔法喷混凝土初期强度试验结果等；

·外形检查记录：记录喷射厚度等；

• 施工时的隧道变异记录：记录净空位移量测结果、有无混凝土剥离、有无增喷混凝土、有无涌水对策等；

• 粉尘对策记录：记录有无采用粉尘降低剂、通风设备、集尘设备、粉尘浓度测定结果等；

• 其他记录：记录混凝土品质、施工变更内容等。

第10章　钢纤维喷混凝土

一般说，在普通喷混凝土厚度过大的场合、或者需要增加喷混凝土韧性的场合都采用钢纤维喷混凝土予以处理。因此，在不良地质条件下，钢纤维喷混凝土得到了广泛的应用。

10-1　概　　述

钢纤维喷混凝土，顾名思义是在喷混凝土中掺入钢纤维形成的喷混凝土。与普通喷混凝土比较具有以下特点：

- 弯曲强度、抗拉强度及抗剪强度高；
- 峰值强度后的残余强度高；
- 变形能力及韧性大，开裂后也能传递拉力。

因此，钢纤维喷混凝土被广泛用于下述场合：

- 断层破碎带、褶皱带等地壳构造上有很大地压的情况；
- 膨胀性围岩及易引起塑性流动的围岩；
- 埋深极浅的情况；
- 埋深极大的情况；
- 洞口段、分叉部、扩宽部、近接隧道施工等，构造上易于不稳定的地段；
- 作为永久衬砌的场合；
- 在既有隧道的补强、补修等厚度受到限制，而要求高性能的场合。

在断层破碎带中，开挖会释放出较大的潜在应力，因地质软弱，会对支护产生较大的异常地压。在有膨胀性黏土矿物和埋深极大的情况下，会产生极大的膨胀性地压。此外，埋深极小，围岩应力强度比也小，会在隧道周边产生较大范围的塑性区域。在这些情况下，会降低掌子面的稳定性，产生侧壁挤出、上半断面脚部下沉、底部凸起等现象。为降低这些现象的不良后果，除选择合适的施工方法外，还要采取增打锚杆、增喷混凝土，使仰拱早期闭合，必要时，还要早期修筑混凝土衬砌，变形超过变形富裕量时，要反复扩挖才行。因此，事前掌握围岩强度、变形特性，研究包括钢纤维喷混凝土在内的支护结构是必要的。

洞口段、谷底段等埋深极小的地段，因难于形成承载拱，隧道上部围岩的重量会直接作用在隧道的顶部。在这种情况下，提高支护的承载能力是必要的，钢纤维喷混凝土就是一个有效果的措施。

此外，钢纤维喷混凝土与普通喷混凝土比较，具有较大的变形能力。因此，有可能减小结构厚度，而取得一定的经济效益。

为参考方便，根据日本最近的施工实际案例，将其按钢纤维喷混凝土的使用目的进行整理，结果如图 10-1 所示。

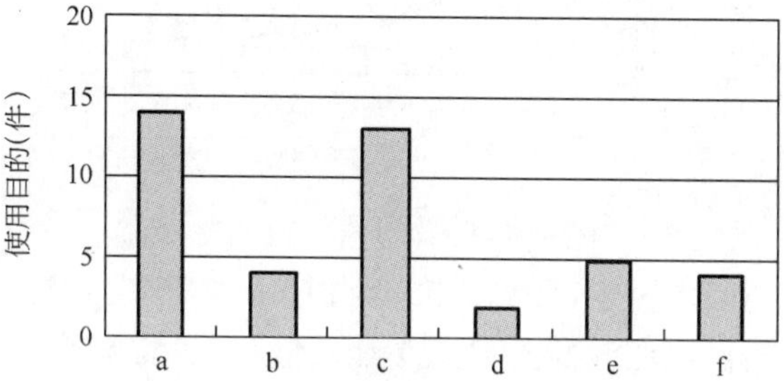

图 10-1　钢纤维喷混凝土的使用目的

a-不良地质的发生塑性变形处；b-膨胀性围岩对策；c-结构不稳定处；d-永久衬砌；e-补修、补强；f-其他

在山岭隧道施工中，极力减小围岩的松弛是最重要的。为此，开挖后尽快地进行支护是必要的。钢纤维喷混凝土具有较好的抗弯强度和变形能力，施工的机动性高，与围岩密贴，能早期发挥支护效果，所以，是重要而有效的支护构件。

在通常的情况下，喷混凝土主要是承受轴力，即使发生开裂，也会形成开口比较小的多铰的拱形结构，来适应围岩的变形。而只在最终不能保持稳定时，才发生破坏。

根据构件的弯曲实验结果，钢纤维喷混凝土与普通喷混凝土比，开裂发生后直到破坏，其弯曲强度和变形能力是非常优越的，开裂后还能传递拉应力。如图 10-2 所示，钢纤维混凝土开裂发生后，达到最大荷载后的承载能力是逐渐减低的。

从这些特点看，钢纤维喷混凝土比普通混凝土会承受较大的土压，即使局部发生开裂，也会一边承受土压，一边跟踪围岩变形。因此，钢纤维喷混凝土是适合应用于大土压、大变形的围岩条件的。

在钢纤维喷混凝土的设计和施工中，充分地利用这种特点极为重要。包括临时闭合在内，尽可能地让断面及早闭合以求结构体的稳定，增大轴力是合适的。

开挖后，发生超过预计的地压，而变形不收敛时，采用增喷钢纤维喷混凝土的方法，会有效地控制位移，促使收敛，使围岩稳定的例子也不少。

由此可见，钢纤维喷混凝土除可以促使围岩及早稳定外，还可防止因喷混凝土开裂引起的事故，具有改善施工的安全性和减少衬砌厚度，提高经济性等多方面的效果。在隧道工程中，被寄予了很大的希望。

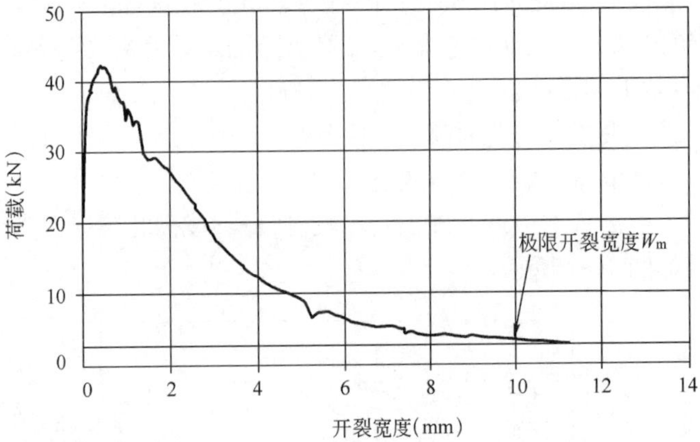

图 10-2　荷载及开裂宽度的关系

为了推行钢纤维喷混凝土，日本 2002 年改订了“钢纤维混凝土设计施工手册”。该手册包括总论、设计、浇注混凝土、喷混凝土、预应力混凝土四篇。以下内容主要根据该手册的第三篇“钢纤维喷混凝土”及我国在这方面的研究成果编写的。

10-2　配比设计

1. 基本规定

(1)配比应确保附着的喷混凝土具有规定的性能。

钢纤维喷混凝土，其吐出配比和实际的附着配比要求的钢纤维混入量是不同的。一般说，附着配比的混入量比吐出配比少些。其程度，视钢纤维的形状尺寸、混入率条件而定。所以，决定标准配比时，要充分研究能满足附着混凝土所需性能的钢纤维形状、尺寸、混入量等。

钢纤维喷混凝土，只用抗压强度是不能评价其性能的。决定配比时，还要考虑抗弯强度、韧性及耐久性等条件。此外，如需要更高性能的钢纤维喷混凝土时，还应考虑抗拉强度、抗剪强度等。

(2)配比应按能够满足密实、附着性好、粉尘和回弹尽可能少、施工性良好的要求来决定。

钢纤维喷混凝土要求的和易性，视其对象而异。一般说，为获得密实、附着性好的混凝土，应尽可能地使回弹小。特别是，钢纤维喷混凝土的钢纤维，因回弹而减少，不仅不能得到目标性能的混凝土，在经济上也是一个损失。

(3)配比，原则上以吐出配比为准，用质量表示。

喷射混凝土的配比，有从喷嘴吐出的吐出配比和附着在喷射表面的附着配比之分。为管理钢纤维喷混凝土的质量，最好规定出附着配比。但一般说这是很困难的。所以，多以容易管理的吐出配比的质量来表示。

(4)速凝剂添加率，应控制在最小限度内。

速凝剂的混入，对长期强度的增长，有时会有所妨碍，所以，考虑经济性，最好采用最小限量。

(5)配比应能够获得要求的性能，达到适合于采用材料、采用机械、围岩状况的效果。

钢纤维喷混凝土的现场配比，应充分考虑使用的喷射机械性能、压送性等施工条件。为使配比能适应各个现场的使用材料、使用机械、围岩状况等，事前应进行现场试验决定合理配比。一般因混入钢纤维，混凝土的流动性、分离阻力会有所降低。因此，在进行配比设计时，要考虑运输方法的施工性和施工设备等条件。

最近，以提高喷混凝土品质及耐久性为目的，出现了采用硅灰和高炉矿渣等混合材的试验施工案例。同时，用硅灰、石灰石微粉末等混合材提高混凝土的黏性，用减水剂调整施工可能的软度，以提高喷混凝土施工性的例子也有所增加。这些方法对改善钢纤维喷混凝土施工性能也是十分有效的。

2. 配比强度

钢纤维喷混凝土的配比强度，考虑现场喷混凝土品质的离散性，应按结构物要求的强度和设计基准强度乘以适当的系数决定。

钢纤维喷混凝土与钢纤维浇筑混凝土比较，其强度离散性要大些。离散程度视配比、施工条件而异。但抗压强度的变异系数，根据统计在良好管理条件下约在10%～15%，一般情况在15%～20%。

钢纤维喷混凝土的配比强度，与钢纤维浇筑混凝土不同，试验是不容易进行的。另外，其强度也会受到施工条件的很大影响。因此，在指定结构物强度的情况时，要根据事前试验决定的值和实际经验值加以确定。根据目前的实践，在钢纤维计划混入率为1%～1.5%的条件下，其强度多在以下范围内变化：

抗压强度：20～50N/mm^2；

抗弯强度：4～9 N/mm^2。

这些值也会因施工条件、材料品质不同而变化。因此，最好在施工前进行试验获得大致的标准。

钢纤维喷混凝土的特征之一是附着的钢纤维大部分为平面方向(与喷射面平行的方向)，而且随机呈二维分布。因此，其性能(强度及变形性能)也具有各向异性的特点，事先要很好地加以考虑。

最近的施工实例，钢纤维喷混凝土的抗压强度和抗弯强度的关系示于图10-3。

3. 配比设计

在进行配比设计时，应在满足附着的钢纤维喷混凝土强度和韧性的范围内，极力减少回弹率和粉尘发生量，而且具有良好的作业性，为此，应研究以下项目：

• 钢纤维混入率；

• 水灰比；

• 粗骨料最大尺寸；

• 细骨料率；

• 单位水泥用量；

• 混合材料的种类和单位用量。

钢纤维喷混凝土的配比和质量的关系，到目前为止还不十分明确，但决定配比时，只考虑附着的钢纤维喷混凝土所要求的性能是不够的，还要考虑其经济性，极力减少回弹，而且要具有良好的作业性和作业环境等。同时，混合剂不能采用对钢纤维有腐蚀的产品。

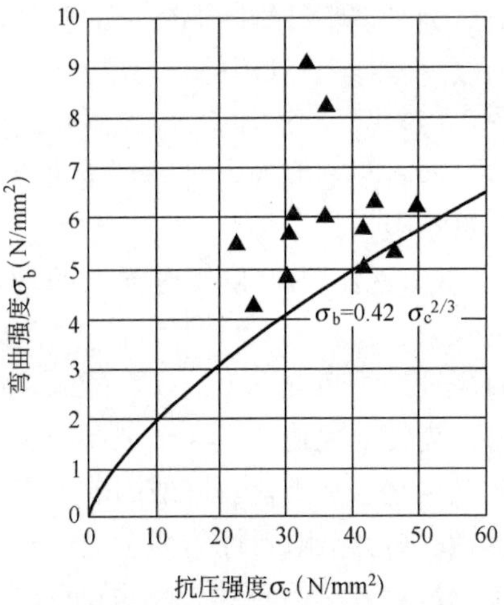

图 10-3 抗压强度和抗弯强度的关系（钢纤维喷混凝土）

钢纤维喷混凝土的作业性，应特别考虑以下几点：

• 提高新鲜混凝土的黏性，在压送过程中，极力控制从喷嘴喷出时的材料离析；

• 要确保拌和后 30～60min 的可使用塌落度保持时间；

• 压送中，脉动不仅是速凝剂空吹的原因，也是造成堵塞的原因，要尽可能维持喷射的连续性；

• 回弹及粉尘要少；

• 喷射的混凝土不要发生剥离、剥落、表面流淌等现象。

为提高钢纤维喷混凝土的作业性，在提高新鲜混凝土黏性的同时，还要确保可使用塌落度的保持时间。此时，可考虑以硬、软作为衡量黏性特性的尺度，也可用一体性、结团性作为衡量黏性特性的尺度。因此，除此之外还应按具有适度的屈服值和适度塑性黏度来调整喷混凝土的配比。

高塌落度喷混凝土的施工，其抗离析性降低了，钢纤维的附着性也变差，粉尘的发生量也会增加，要引起注意。

在进行配比设计时，应在施工前进行喷射试验。

根据到目前为止的各研究机构的试验结果，钢纤维喷混凝土的品质，因配比的不同而变动，也因使用的喷射机械性能和种类不同而变动。为此，对特别重要的结构物和工程量比较大的场合，施工前，要在现场进行试验喷射，或者在施工初期边施工边试验，降低最终的配比。性能的确认试验可根据有关标准进行。

材料和使用机械的选用也很重要，泵压送方式和空气压送方式差异很大。前者根据压送性的关系，水泥用量要多些。为此在进行配比设计时，一定要考虑施工方法、施工设备及施工环境。

(1)钢纤维混入率

①钢纤维混入率,应按要求的性能决定。

根据表 10-1,钢纤维混入率约在 0.5%～1.02%之间,通常为 1.0%。现场的钢纤维多是袋(箱)装的,以箱(1 箱 20kg)计量。此时,作为单位量比 1%(78.5kg)要多一点。最近的施工实际例子示于图 10-4。

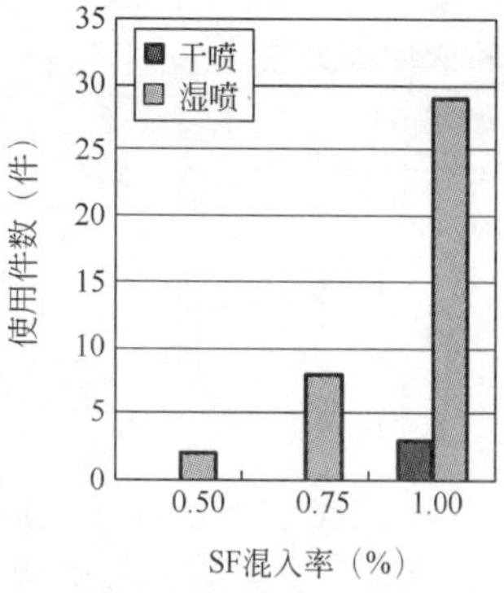

图 10-4 钢纤维混入率

为获得要求的效果,钢纤维的形状尺寸,还没有明确的规定。目前多采用 20～30mm 的钢纤维,但其长度及混入率对施工性是有影响的。此外,抗弯强度和韧性也受到钢纤维的扁平比和最大粗骨料尺寸的影响。与粗骨料最大尺寸比,钢纤维长度小时,难于获得所要的效果,因此,钢纤维的长度应在粗骨料最大尺寸的 2/3 以上。

选定钢纤维的种类和混入率时,要用事前选定的机械进行试验或参考过去的经验决定。最近的施工实例示于图 10-5 和图 10-6 及表 10-1。

钢纤维喷混凝土的基本配比 表 10-1

钢纤维的形状尺寸(mm)	钢纤维的混入率(%)	粗骨料最大尺寸(mm)	塌落度范围(cm)	空气量范围(%)	W/C(%)	S/a(%)	单位用量(kg/cm³)					
							钢纤维	W	C	S	G	混合剂
—	0	15	15±2.5	2±1.5	57.0	53.0	—	205	360	896	810	3.24
φ0.8×30	0.5					55.0	40	211	370	917	765	3.33
	1.0					58.0	80	217	380	953	704	3.42
	1.5					62.0	120	222	390	1 006	629	3.51

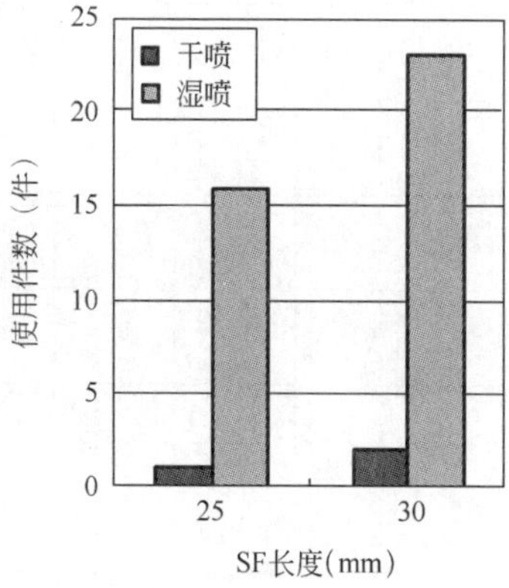

图 10-5 钢纤维长度的使用实况

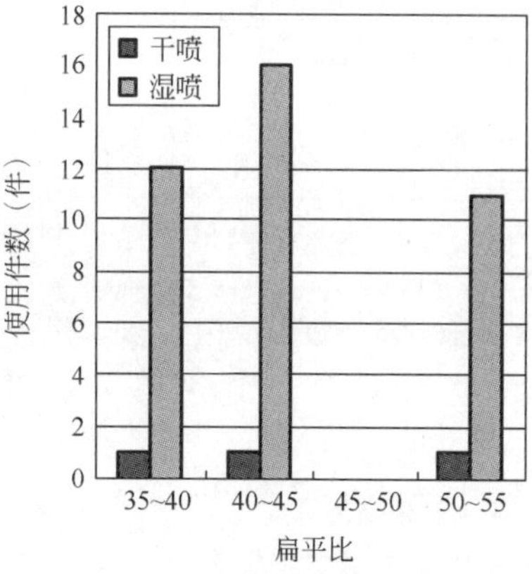

图 10-6 扁平比的使用实况

表 10-1 的配比例子，钢纤维混入率对抗压强度和抗弯强度的影响示于图 10-7 和图 10-8。抗压强度几乎没有受到影响，保持一定。但抗弯强度随着钢纤维混入率的增加而增大。

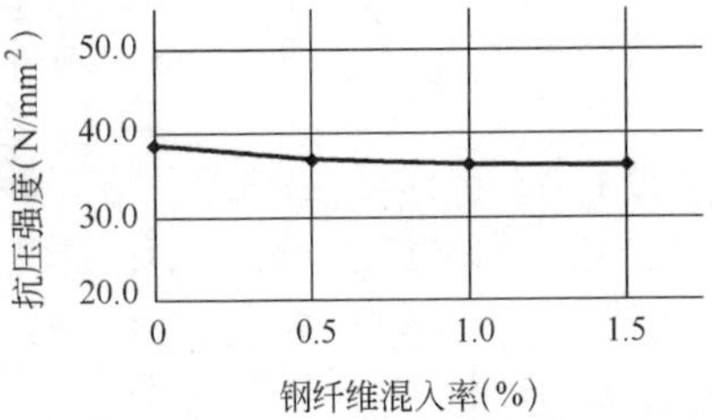

图 10-7　钢纤维混入率和抗压强度

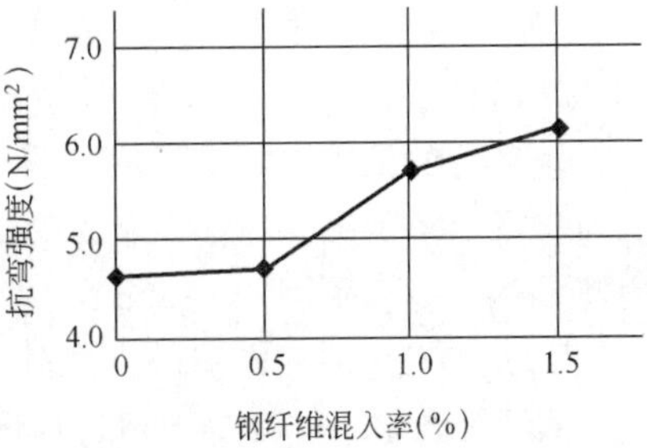

图 10-8　钢纤维混入率和抗弯强度

②钢纤维混入率应采用附着配比的混入率

钢纤维的混入率对钢纤维喷混凝土的性能有很大的影响，因此，要采用筛洗分析等方法，很好地掌握附着配比的实际混入率和配比设计的计划混入率之间的关系，这是很重要的。

根据目前的施工水平，在具有合适的施工机械和良好的施工管理的前提下，可以保证拌和时有混入率的 80%～90%的钢纤维的混入，这最好要通过试验加以确认。

根据试验结果，钢纤维喷混凝土及钢纤维浇筑混凝土的钢纤维混入状况，见照片 10-1。这是高 150mm、宽 150mm 的试件断面中，长 25mm 钢纤维的分散状况。在钢纤维喷混凝土的抗弯试验中，钢纤维贯通破断断面和未破断断面的钢纤维根数列于表 10-2。

钢纤维根数的测定结果　　表 10-2

钢纤维混入率(%) / 项目	0.5		1.0		1.5		平均	
	浇筑	喷射	浇筑	喷射	浇筑	喷射	浇筑	喷射
破断断面的钢纤维根数(F)	157	98	317	176	366	277		
未破断断面的根数(H)	289		490	291	619	430		
(F)/(H)	0.54		0.65	0.60	0.59	0.64	0.59	0.59
喷射 F/浇筑 F	0.62		0.56		0.76		0.65	
喷射 H/浇筑 H	0.63		0.60		0.69		0.61	

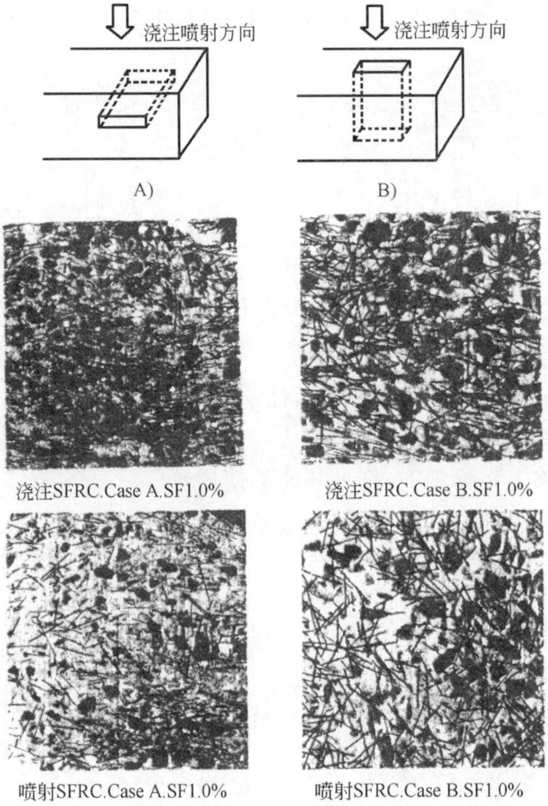

照片 10-1　钢纤维的贯通状况

与表 10-2 相对应的钢纤维喷混凝土的配比列于表 10-3。

钢纤维喷混凝土配比表　　表 10-3

钢纤维的形状尺寸(mm)	钢纤维的混入率(%)	粗骨料最大尺寸(mm)	坍落度范围(cm)	空气量范围(%)	W/C(%)	S/a(%)	单位用量(kgf/cm^3)					
							钢纤维	W	C	S	G	混合剂
—	0	15	15±2.5	4±1	55	80	—	215	390	1 293	337	3.9
ϕ0.6×25	0.5						40					4.7
	1.0						80					5.1
	1.5						120					5.9

(2)水灰比

钢纤维喷混凝土的水灰比,应考虑要求的性能和施工机械合理地决定。

喷射方式有干喷、湿喷之分,其水灰比是不同的。

湿喷时,水灰比对钢纤维喷混凝土质量的影响,可按普通混凝土同样考虑,但其施工性,视喷射机械的性能而定,如水灰比选择不当,会造成压送管堵塞,喷射出的钢纤维混凝土易于流淌和分离。

干喷时,因是在喷嘴处视喷射面的状态调节水量,所以,要根据施工性决定水灰比的范围值。

最近施工的钢纤维喷混凝土的水灰比多在45%～60%之间。因湿喷和干喷的水灰比不同,在设定水灰比时,最好根据试验加以确认。作为参考,根据最近的施工实际案例,将水灰比的使用范围及水灰比和抗压强度或抗弯强度的关系示于图10-9～图10-11。

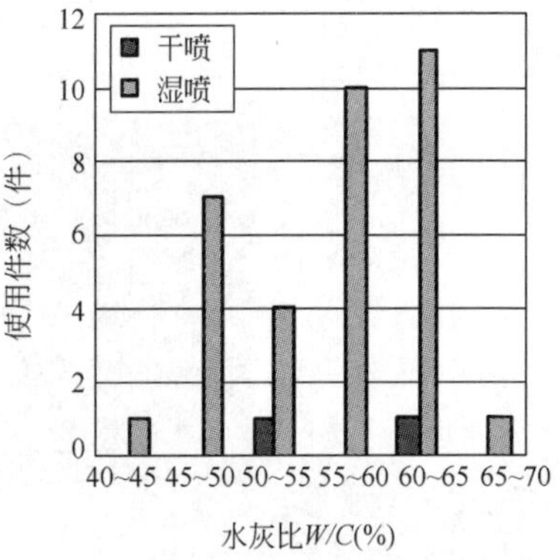

图10-9　水灰比的实况

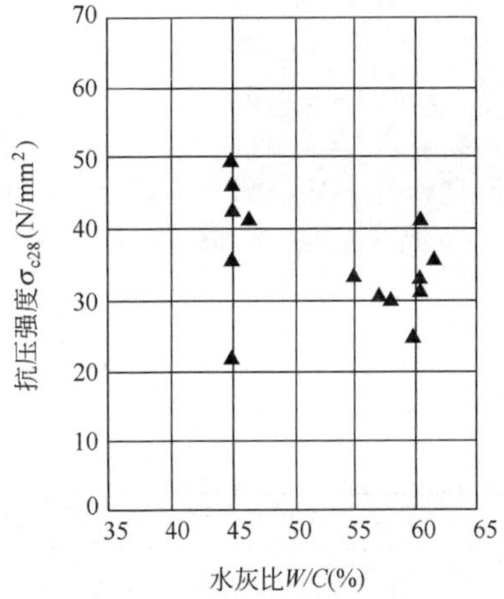

图10-10　水灰比和抗压强度的关系

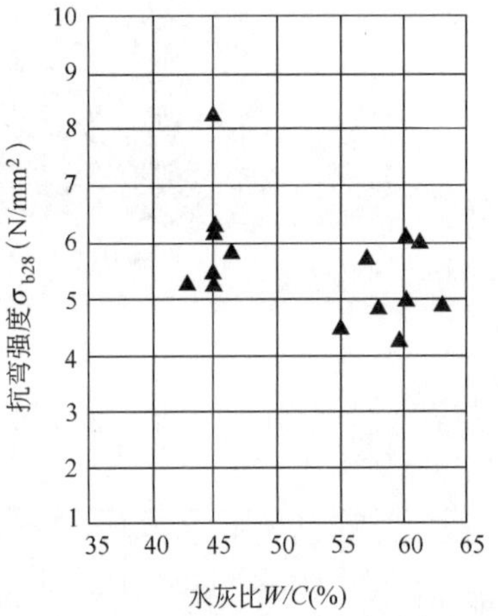

图10-11　水灰比和抗弯强度的关系

(3)单位水量

钢纤维喷混凝土与普通混凝土一样,在作业范围内应使单位水量尽可能地少。为得到所需的和易性,单位水量视钢纤维的形状尺寸、混入率、粗骨料的最大尺寸、细骨料率及混合剂种类等而定。为此,原则上事前应进行试验再决定。

(4)粗骨料最大尺寸

粗骨料最大尺寸取钢纤维长度的1/3,而且不能超过构件最小尺寸的1/4。

在钢纤维喷混凝土中,粗骨料最大尺寸和钢纤维的长度的关系对抗弯强度和韧性有很大的影响。根据目前研究的结果，粗骨料的最大尺寸约在钢纤维长度的1/2时，抗弯强度及抗剪强度变大，比其值小时或大时，强度都会有所降低。为此，粗骨料的最大尺寸，根据物理上和经济上的制约，建议采用钢纤维长度的2/3以下。

到目前为止的施工实例，粗骨料的最大尺寸多在10～15mm的左右。粗骨料的最大尺寸考虑施工机械的性能和压送管径等，多在15mm以下。补强、补修的场合，可不试验粗骨料，而以砂浆作底层。考虑粗骨料最大尺寸和质量的关系，最大尺寸越大，单位水量可以小些。但在施工上，骨料尺寸大，回弹可能增加，对作业的喷嘴也是危险的。导致管内堵塞的可能性也高，因此，粗骨料最大尺寸太大是不现实的。

作为参考，粗骨料最大尺寸和钢纤维长度的关系示于图10-12。

(5)细骨料率

钢纤维喷混凝土的细骨料率，应在要求的和易性及性能范围内，考虑单位水量最小的同时，再考虑回弹等施工性来决定。

细骨料率越大，回弹越小，表面越光滑，但是，超过一定限度后，将加大单位水量，是不经济的，而且因干燥收缩和水泥发热而使温度应力的影响变大，不能得到所需性能的混凝土。反之，细骨料率过小，回弹变大，也易于堵管。此外，钢纤维喷混凝土的最佳细骨料率只考虑和易性决定时，其值在60%以下时，是不能获得预期的性能的。

细骨料还应考虑采用的粗骨料的最大尺寸和细骨料的粒径分布决定。一般细骨料率多在60%～80%范围之内。最近的施工实例示于图10-13。

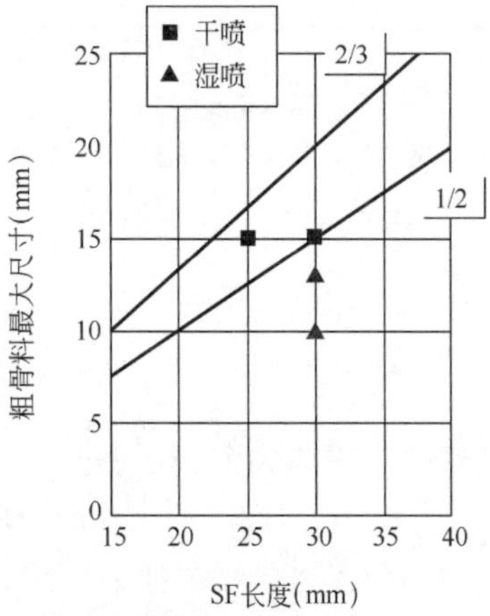

图10-12 钢纤维长度和粗骨料最大尺寸的关系

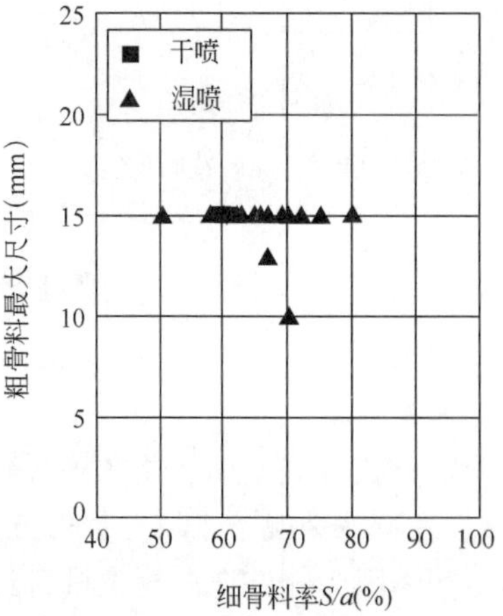

图10-13 细骨料率和粗骨料最大尺寸的关系

(6)和易性

湿喷的钢纤维喷混凝土的和易性，除要满足要求品质及性能外，还要特别考虑施工性。

湿喷的钢纤维混凝土的塌落度，考虑压送性及喷射作业性等施工性，应尽可能地取小些，以防止钢纤维和骨料的分离，这是很重要的。一般说，增加单位水泥量，采用混合剂提高其黏性，可以防止钢纤维和粗骨料分离。为此，在评价新鲜混凝土的和易性时，可参考塌落度值等进行评价。

最近施工的塌落度的范围值示于图 10-14～图 10-16。实际施工时，多采用较小的值，但实际上采用 12cm 以上塌落度的情况居多。此例采用高性能 AE 减水剂的水灰比为 45%左右，因钢纤维混入率大，水灰比达到 60%左右。

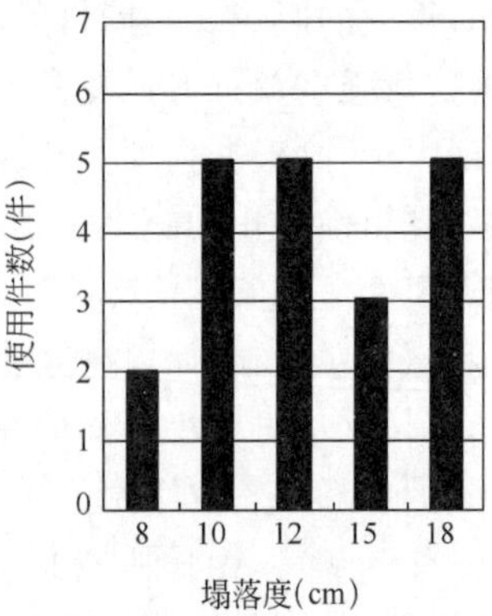

图 10-14　钢纤维 RC 的塌落度的使用频率

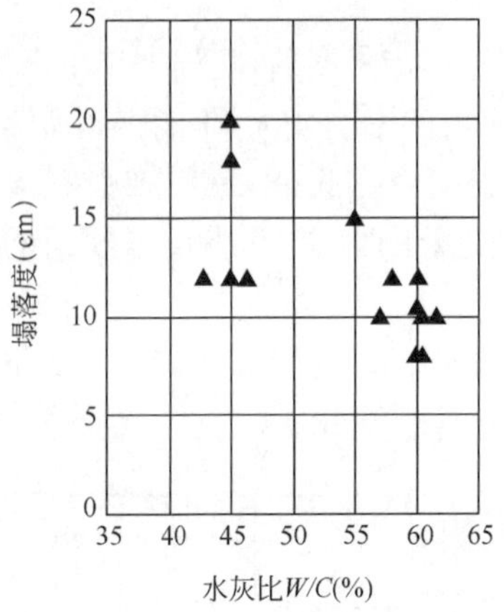

图 10-15　水灰比和塌落度的关系

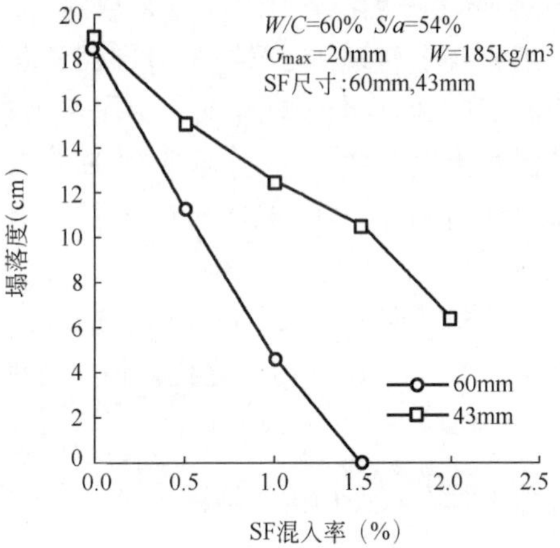

图 10-16　钢纤维 F 混入率和塌落度的关系

10-3　施　　工

1. 喷射方式

喷射方式有湿喷和干喷之分，目前现场多采用湿喷。干喷因混凝土搬运困难等原因，多在特殊情况下采用。喷射方式的选择要充分考虑围岩状况、涌水状况及施工性等。干喷因为能够把混凝土材料长距离输送，在向洞内搬入生混凝土有困难的场合是有利的。但由于操作者在喷嘴处添加水，水量不好控制，品质管理比较困难，因此，多采用湿喷。湿喷时，水可以事先正确计量，能够获得稳定的品质。一般说，粉尘发生量和回弹也比较少。

因混入钢纤维，管路易引起堵塞，回弹也会增加。此外，喷射机械的部件、管路等的磨耗也大。所以，对喷射钢纤维混凝土要比喷射普通混凝土进行更为细致的管理。

2. 施工设备

钢纤维喷混凝土可以采用与普通喷射混凝土同样的施工机械施工。但是,因钢纤维的形状尺寸和混入率,可引起吐出量的减少和堵塞,使部件的磨耗加大。因此,要充分注意设备(机种、输送管尺寸等)的选定和整修。此外 钢纤维的回弹率视喷射机械的能力而有所变化,所以,要参照过去的施工实际经验,事前进行喷射试验,以确认所要求的性能。

附属机械有空气压缩机、速凝剂添加装置、水的供应装置、钢纤维的投入设备等。空压机因钢纤维的混入,其压送负荷要大些,并有充足的容量。压力和吐出量不足时,易产生堵塞,钢纤维的回弹也将增大。

速凝剂等混合剂的添加装置,有时会出现得不到合适的混合率和附着性能差,不能获得要求的钢纤维喷混凝土的情况,因此,在选择时要格外注意。干喷时,要选择能够获得稳定水量的供给装置。

3. 计量和拌和

喷射混凝土的材料原则上以质量计量,钢纤维也是同样。

钢纤维的计量误差,考虑到用罐计量,应在 2%以下。最近采用自动供给装置的搅拌车逐渐增多,可以短时间内大量投入,其管理范围最好在−0%~+4%之内。

箱装的钢纤维一箱全部使用时,可采用制造商表示的质量。但不足一箱时,要用计量装置进行质量计量。

钢纤维的投入和拌和方法不合适时,钢纤维的分布不均匀,会造成纤维空洞和特定方向的排列,不能确保所要求的性能,这要特别注意。

混凝土材料和钢纤维投入搅拌机时,材料的投入顺序如图 10-17 所示,有钢纤维

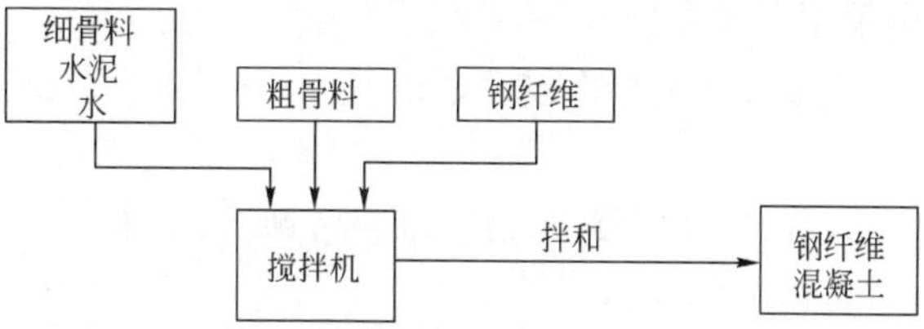

a)SF同时投入的场合

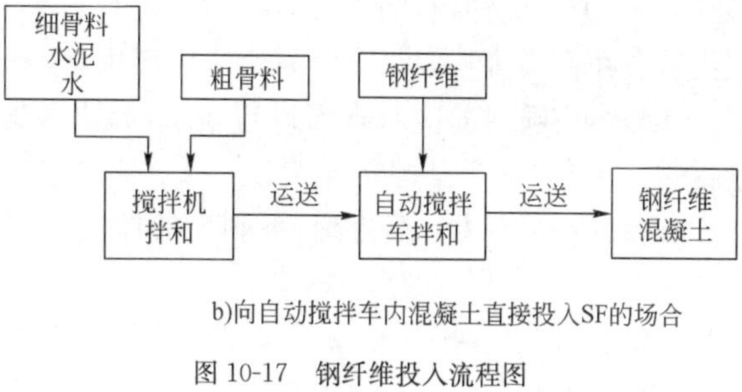

b)向自动搅拌车内混凝土直接投入SF的场合

图 10-17　钢纤维投入流程图

和其他材料同时投入的方法和先拌和混凝土后投入钢纤维的方法。但选择何种方法最好根据配比、生产设备、施工方法等并通过拌和试验决定。

钢纤维的投入最好采用供给机等投入机器。供给机等投入机器可以确保钢纤维均匀投入、提高其分散性,能够更好地保证施工质量,而且省力。

钢纤维喷混凝土的拌和时间,因钢纤维的混入使负荷加大,故所需时间比普通混凝土的拌和时间要长些。为此,采用拌和能力低的搅拌机,会影响钢纤维喷混凝土的质量。所以,要采用具有足够能力的搅拌机。

最近采用拌和能力优越的二轴强制搅拌机拌和钢纤维喷混凝土的情况比较多。此时的拌和负荷,与普通混凝土差别不大。

为使钢纤维均匀分散所需的拌和时间,视钢纤维的类型、钢纤维的混入率、投入方法、钢纤维喷混凝土的和易性等不同而异。要事前通过拌和试验确认获得要求品质的必要的拌和时间。

为改善和易性和防止材料分离,在使用混合剂时,视其种类,要选定合适的拌和时间。

4.运送

钢纤维喷混凝土的运送,与普通混凝土基本相同,但要充分考虑配比的特性。

在湿喷中,钢纤维喷混凝土的输送方法与普通混凝土情况一样,可用自动搅拌车输送和泵压送。但是因钢纤维的投入,自动搅拌车的负荷比普通混凝土要大些。用泵压送时,泵的选定与普通混凝土同样,应考虑混凝土的质量、喷射地点、喷射量、压送距离等。同时应注意以下几点:

- 考虑到管道中的阻力大,要增大泵的能力;
- 柔性管比普通混凝土时的磨耗大,应研究其材质、口径及壁厚等;
- 曲管应尽量采用大曲率的。

在干喷中,运送生混凝土的场合与普通混凝土一样,可以长距离运送。

5.喷射作业

(1)为了确保喷射作业的安全性、钢纤维喷混凝土的附着性良好及其品质和性能,喷射面事前要进行适当处理。

喷射面有突起物或浮石时,喷射时有可能发生飞散、落石等事故,如不进行处理,喷射材料会在此处形成空隙。此外,有涌水时,不仅附着性变差,在钢纤维喷混凝土硬化前会流淌,硬化后会在钢纤维喷混凝土背后有水压作用,这是造成钢纤维喷混凝土劣化的原因之一。因此,在喷射前应对表面进行集水,导水等处理,以保证密实的附着性,这是很重要的。

(2)喷射时,应以钢纤维喷混凝土不流淌、不剥离的厚度,反复喷射到规定厚度为止。

移动一次喷嘴能够附着的钢纤维喷混凝土的厚度,视配比、施工条件而异。为此,在喷射时,要一边仔细观察喷射面的状态,一边喷射不引起剥离的厚度,而且,在即将开始硬化的时间间隔内喷射下一层钢纤维混凝土。

(3)喷嘴要经常保持与喷射面垂直,并保持适当距离喷射。

喷射时,从喷嘴吐出的材料以适当的冲击速度和与喷射面成直角喷射到喷射面时,混凝土能够致密地附着。喷射角度变斜时,易使已喷射部分附着性变差,回弹和剥离也增多。

喷射距离(喷嘴和喷射面的距离),根据材料的冲击速度和材料附着的最佳状态决定。

(4)设置钢支撑的场合,围岩和钢支撑、钢支撑和喷混凝土之间不能留有空隙,而且要充分注意使之成为一体。

喷射厚度比钢支撑薄时,要确保支撑和壁面接触的连续性是很困难的。此外,受到围岩变形影响的钢支撑,有把喷射的钢纤维喷混凝土引离的危险。因此,最好按图10-18a)那样进行喷射。

a)良好喷射　b)不良喷射

图 10-18　钢纤维喷混凝土的表面状况

(5)进行喷射作业时,应极力减少回弹的同时,也不要让回弹材料混入混凝土中。

回弹量视喷射方式、施工位置、空气压力、材料配比、骨料的最大尺寸和粒径、喷射厚度等的不同而异。应采用适宜的配比和施工方法,尽量减少之,以提高经济性。此外,回弹材料会积存在喷射面的凹处和喷射各层间、接头处等,在不损害附着力和结构物的前提下,应清除之,并用水把附着在上面的粉尘冲洗掉,进行适当的处理。

(6)钢纤维喷混凝土的表面,除非必要时,只用喷射方法进行平整。

喷射完成后,要进行表面修整。修整时,应尽量避免对表面的损害。表面有针状突出的钢纤维时,会破坏防水板,要十分注意。此时,用适当厚度的无纺布作为缓冲层是很有效的。

6.品质管理及检查

(1)喷射材料要注意保管,其品质不能降低;

(2)材料要通过试验确认其要求品质;

(3)施工开始前,要确认规定配比的品质,同时也要确认施工采用的机器及设备的性能;

(4)施工开始前及施工中,要进行以下试验及测定:

- 钢纤维喷混凝土的和易性试验;
- 钢纤维喷混凝土的含气量试验;

• 钢纤维喷混凝土的单位容积质量试验；
• 钢纤维喷混凝土的氯化物含有量试验；
• 钢纤维喷混凝土的压缩试验；
• 钢纤维喷混凝土的弯曲试验；
• 钢纤维喷混凝土的钢纤维混入率试验；
• 钢纤维喷混凝土的喷射厚度测定；
• 钢纤维喷混凝土表面变异等的规模测定；
• 其他试验。

(5)工程完成后，必要时要进行钢纤维喷混凝土的非破坏试验、从结构物采取试件的试验等。

在喷射材料中，应特别注意的是速凝剂的质量降低。速凝剂有粉状和液体状两种。粉状速凝剂吸湿后质量会降低，对施工性也有影响，必须注意保管。液体速凝剂在保存中成分易分离，也要注意。

速凝剂的使用目的有以下两种：

①提高施工效率(防止回弹、剥落)；

②确保作为支护的早期效能(耐爆破振动、促进混凝土硬化)。

速凝剂的性能要求有：

①促进凝结硬化；

②使长期强度降低少；

③不损害作业人员的健康；

④不会促进钢纤维的腐蚀。

速凝剂的最佳添加量，视钢纤维喷混凝土的材料特性、使用环境(水泥的种类和新鲜度、水灰比、钢纤维喷混凝土的温度、洞内温度等)、喷射面的状态、施工方法等的不同而异。除参考工程实践外，应通过现场试验确定。

使用材料的试验，应根据有关规定进行。对于细骨料，因为其表面水率的大小对钢纤维喷混凝土的施工性及品质影响极大，要定期地进行试验。特别是，干喷的场合，要进行充分的管理。

附着的钢纤维喷混凝土的配比与标准配比是不同的，为获得所需要的品质，在施工前应采用使用的机械进行喷射实验。也可以参考过去的施工实际经验决定。

这些试验要根据有关规定进行。

钢纤维喷混凝土的和易性等的试验，基本上与普通混凝土一样，但干喷时和添加速凝剂后，和易性很难通过试验确认。因此，事前最好要充分掌握喷射后的钢纤维喷混凝土的性状。

钢纤维喷混凝土的性能受到配比、作业人员的技术、作业时的施工条件、围岩状况等的影响，故强度试验是必要的。试验方法，在干喷时，可用喷大板而后取样的方法进行试验，湿喷时，可用试件进行试验。喷射的钢纤维混凝土，一般说比浇筑的钢纤维混凝土的性能低些，对试验结果的评价要加以注意。

喷射厚度的测定方法有：安设检测钉的方法；喷射后立即插入检测钉的方法；喷射后钻孔检测的方法等。检查强度的方法主要采用：从结构物取试件进行各种强度试验的方法。钢纤维混入率的测定方法一般都采用筛洗的方法。钢纤维喷混凝土完工后的状况，主要是对开裂、变形、漏水等进行定期的观测。其他如钢纤维的配向、分散等可用X线检查和计算机的图像处理等方法。

7. 安全卫生

喷射作业时，一般说，都采用防护眼镜、防水服、防尘口罩等。钢纤维RC的场合，钢纤维的回弹对作业人员会造成危害，对颜面等部位要采取相应的措施。钢纤维喷混凝土硬化后，表面突出的钢纤维也可能对作业人员造成损害，要慎重地加以管理。

在隧道内，对发生的粉尘进行稀释，比较困难。为此，要测定调查粉尘量、粉尘性状（成分、粒径分布等）等。必要时，要进行适当的粉尘处理。通常粉尘的测定，采用数字粉尘计进行。

粉尘对策可采用以下几种：

(1)对粉尘发生源的措施

• 研究喷射系统（例如：喷射机械的改良）；

• 材料的选择和管理（例：合适的速凝剂、粉尘抑制剂、骨料的粒度、表面水的管理等）。

(2)对粉尘的处理

• 通风扩散稀释；

• 设置集尘装置等。

10-4 补强、补修

1. 补强补修前要进行调查

既有隧道的补强、补修，具有恢复隧道既有功能或者附加必要功能的目的。进行补强、补修的设计和施工时，事前应掌握该隧道使用后的维修经历及现状，为此，要进行充分的调查。

事前应进行的调查项目除维修养护经历、劣化状态、作用土压外，还有以下事项：

• 净空断面的测定；

• 是否需要防护设施；

• 衬砌内面的状态（煤烟，劣化程度等）；

• 涌水状况等；

• 其他。

2. 补强、补修方法

劣化隧道衬砌的补强、补修采用内衬法(钢纤维喷混凝土、钢纤维浇筑混凝土、预应力钢纤维混凝土)时,适用于劣化面积在 $10m^2$ 以上大范围的情况。其中,喷混凝土适用于限界净空富裕小,不能采取大厚度衬砌的情况。一般的喷混凝土适用的厚度是 70～150mm。

采用钢纤维喷混凝土不仅能获得耐久性好的结构物,还可适当减小衬砌厚度。

采用喷射法时,要注意以下几点:

- 应确实地除去既有衬砌的劣化部分;
- 采取可靠性高的防水措施;
- 与既有衬砌结合牢固。

(1)设计和施工

①钢纤维喷混凝土的补强设计,要基于劣化状态,围岩及土、水压状态等的调查结果,考察确保断面净空的限界富余量,慎重选择合适的厚度。

②施工时,基于测定净空断面的结果,事前要切实地进行施工范围的防护、喷射面的清扫、劣化部分和漏水的处理、喷射面基底的处理等。

③施工前,应设置锚栓,力求与既有衬砌成为一体。

④施工时,因大部分是在营运条件下施工,要采取防止事故的必要措施。

采用钢纤维喷混凝土进行衬砌的补强、补修时,净空断面有富裕的条件下,通常采用素混凝土喷射,最小喷射厚度为 70mm。净空断面无富裕和弯曲补强的场合,为了与既有衬砌形成一体,最好采用钢纤维喷混凝土施工。最小喷射厚度不得不采用很小的情况下,可采用钢纤维喷射砂浆。

净空断面无富余的场合及承受土压和水压的场合,要采用抗拉强度高、韧性好、耐久性好的钢纤维喷混凝土。为此,根据表 10-4 和图 10-19 所示的实例,钢纤维喷混凝土的喷射厚度可采用 70mm 以上作为大致的标准。能够确保净空富余的场合,也可采用浇筑钢纤维混凝土和预应力钢纤维混凝土,要通过经济性、施工性的比较决定。

标准的钢纤维喷混凝土厚度 表 10-4

<table>
<tr><th colspan="2">工法、材料</th><th>厚度(mm)</th><th colspan="2">备　注</th></tr>
<tr><td rowspan="5">喷射工法</td><td>添加高分子材料的砂浆</td><td>30 以下</td><td></td><td rowspan="5">与金属网并用</td></tr>
<tr><td>砂浆</td><td rowspan="2">30～70</td><td></td></tr>
<tr><td>玻璃纤维混凝土</td><td>最近抗拉强度的场合采用</td></tr>
<tr><td>混凝土</td><td rowspan="2">70～150</td><td></td></tr>
<tr><td>钢纤维混凝土</td><td>增加抗拉强度的场合采用</td></tr>
<tr><td colspan="2">浇筑混凝土</td><td>125 以上</td><td></td><td></td></tr>
</table>

钢纤维喷混凝土的配比，要确保要求的强度、附着性。

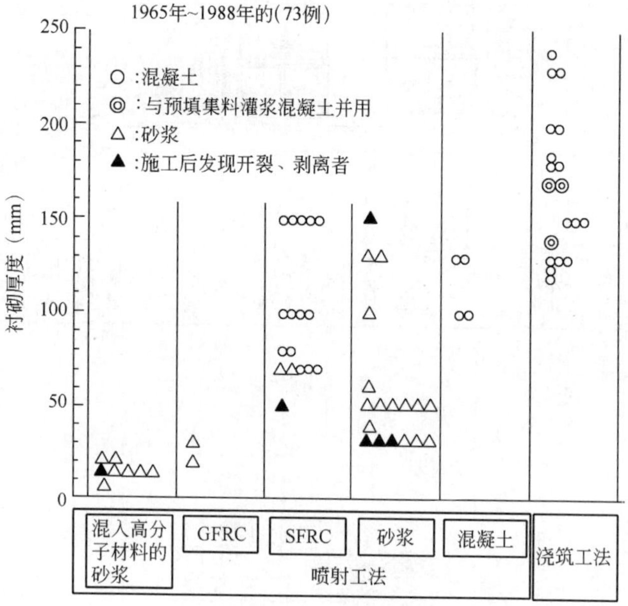

图 10-19　钢纤维喷混凝土厚度的实况

(2)事前处理按以下步骤进行：

•施工范围有使用设备，可能有阻碍的场合，事先要进行充分的防护；

•施工面附着的煤烟、尘土、劣化部分，事先要全部清除。有大的开裂事先也要进行填充；

•施工面有漏水的场合，应切实地进行漏水处理；

•进行净空断面测定确认建筑限界外的富余。

(3)施工时，应注意以下几点：

•喷射工法有干喷和湿喷，各有利弊，应根据施工场所的条件(搬运距离、左右场所等)选择；

•保持钢纤维喷混凝土自重的同时，要控制干燥收缩，喷射面要能够确实地传递外荷引起的剪力，为此可设置锚栓。锚栓的设置原则上是 1 根/m^2。

•喷射时，考虑粗骨料最大尺寸和施工面的状态，以适当厚度数层喷射；

•钢纤维喷混凝土、钢纤维喷砂浆，比通常的喷混凝土、喷砂浆要薄，而且单位水量要大。为此，要避免急剧的干燥，初期养护就特别重要。施工后的温度，最好不要小于 5℃。

图 10-20 是洞内作业实例。图 10-21 是上半断面喷射台车实例。

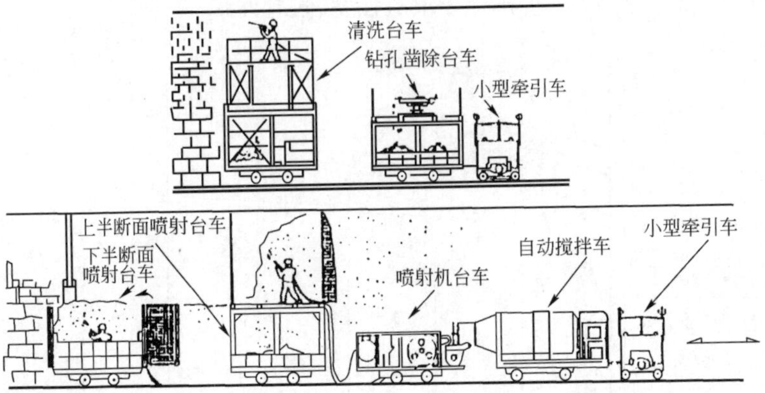

图 10-20　洞内作业状况

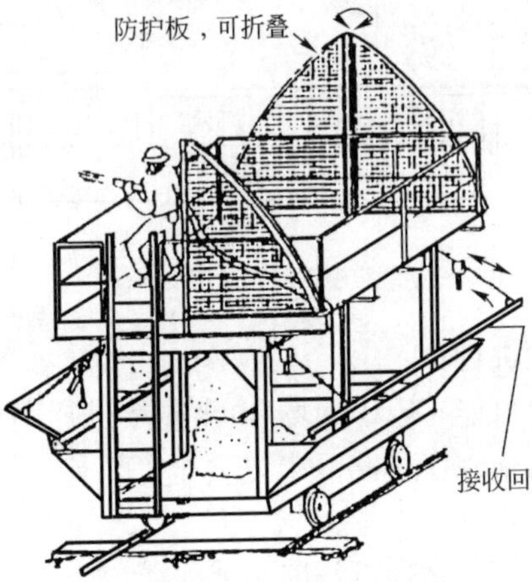

图 10-21　上半断面喷射台车

第11章 高性能喷混凝土

喷混凝土性能是可以改变的。根据围岩的特性,改变喷混凝土的性能,如耐久性、防水性以及强度、变形特性等是目前喷混凝土技术的重要发展趋势。这里所指的高性能喷混凝土是指具有较高强度和很好耐久性的喷混凝土。

日本在"高性能喷混凝土设计施工指南"(1997)中定义的高性能喷混凝土是指在现行的湿喷配比混凝土中掺入石灰石微粉末($CaCO_3$)、硅灰(SF)等微粒成分,用高性能减水剂控制其增加的黏性,采取分批拌和方法制造出来的湿喷混凝土。这种方法可以降低回弹和粉尘发生量,同时由于微粒子的掺入可使硬化体致密化,从而具有较高强度和很好耐久性。

石灰石微粉末是石灰石(主成分 $CaCO_3$)经过粉碎,粒度级配易于调整的硅酸盐成分,可用于制造水泥、道路铺装,产生饲料、肥料等,用途广泛。在隧道中使用的石灰石微粉末,不要含有黏性等对混凝土有害的物质,比表面积在 3 000cm^2/g 以上,$CaCO_3$ 的纯度在 95%以上。

11-1 材料的品质

高性能喷混凝土采用的材料,除应符合普通喷混凝土的要求外,还应符合以下要求:

1. 细骨料的物理性质

(1)细骨料用砂的绝对干比重,原则上应在 2.5 以上;

(2)细骨料用砂的吸水率,原则上应在 3.5%以下;

(3)要求具有抗冻性混凝土用的细骨料,其稳定性试验反复操作 5 次时的损失质量,原则上应在 10%以下。

其有害物质含有量限度应符合表 11-1 的规定。

不能采用化学和物理不稳定的细骨料。但根据其使用实际经验、使用条件、化学或物理的稳定性试验结果等,没有出现有害影响的场合,也可采用。

细骨料的有害物含有量的限值(质量百分率)　　表 11-1

种　　类	最大值	种　　类	最大值
黏土块	1.0	煤等浮在比重 1.95 液体上的	—
冲洗试验损伤的	—	混凝土外观重要的场合	0.5
混凝土表面受作用的场合	3.0	其他场合	1.0
其他场合	5.0	氯化物(氯离子量)	0.02

2. 粗骨料的物理性质

(1)粗骨料的绝对干比重,原则上应在 2.5 以上;

(2)粗骨料的吸水率,原则上应在 3.0%以下;

(3)要求具有抗冻性混凝土用的粗骨料,其稳定性试验反复操作 5 次时的损失质量,原则上应在 12%以下。

其有害物质含有量限度应符合表 11-2 的规定。

不能采用化学和物理不稳定的粗骨料。但根据其使用实际经验、使用条件、化学或物理的稳定性试验结果等,没有出现有害影响的场合,也可采用。

3. 石灰石微粉末

不应含有黏土等有害物,$CaCO_3$ 含量应在 95%(CaO 应在 53.2%)以上,比表面积值应在 3 000cm^2/g 以上。

关于石灰石微粉末的品质,目前还没有统一的标准。表 11-3 是 European Prestandard(ENV 197-1—1992)关于石灰石微粉末的标准。

粗骨料的有害物含有量的限值(质量百分率)　　表 11-2

种　　类	最 大 值
黏土块	0.25
冲洗试验损伤的	1.0
煤等浮在比重 1.95 液体上的	5.0
混凝土外观重要的场合	0.5
其他场合	1.0

石灰石微粉末的规格(ENV 197-1—1992)　表 11-3

项　　目	规 格 值
$CaCO_3$ 纯度	≥75%
黏土含有量	≤1.2g/100g
全有机碳素含有量	≤0.2%(按质量计)

日本要求采用的石灰石微粉末的品质如下:

- 不含有表土、黏土矿物、有机物、微粒子团等;
- 水分控制在 1.0%以下;
- 比表面积在 3 000cm^2/g 以上;
- 比重在 2.6 以上;
- 成分换算为 $CaCO_3$ 不小于 95%以上。

4. 混合材料

(1)硅粉

硅粉的品质应符合表 11-4 的规定(JSCE D 106)。

硅灰的品质　　表 11-4

品质		规定值
比表面积(m^2/g)		10 以上
活性指数(%)	材龄 7d	95 以上
	材龄 28d	105 以上
二氧化硅(%)		85 以上
氧化铝(%)		5.0 以下
三氧化硫(%)		3.0 以下
强热减量(%)		5.0 以下
湿分(%)		3.0 以下

(2)其他活性微粒子

其他活性微粒子有高炉矿渣微粒子、活性陶土、火山灰微粉末、钙矾石合成混合材等。使用时,要预先进行试验确认其品质。

5. 速凝剂

速凝剂选择的条件:

• 促进混凝土的凝结作用;
• 对长期强度、耐久性影响小;
• 附着性好;
• 吸湿性小,现场容易保存;
• 喷射面有涌水时,也有效果;
• 对作业人员健康的有害影响小;
• 采用钢支撑、钢纤维、金属网等场合,不促进其腐蚀。

6. 混合剂

混合剂包括 AE 剂、减水剂、AE 减水剂及高性能 AE 减水剂等。采用高性能减水剂时,应预先进行试验,确认其品质。

11-2 配比设计

决定高性能喷混凝土配比时,应考虑使用目的、围岩条件、施工性等,发挥作为支护构件的必要功能。

选定配比时,应考虑隧道的各种条件,充分研究以下项目:

• 强度;
• 塌落度;

- 水胶比；
- 单位胶合材量；
- 粗骨料最大尺寸；
- 细骨料率；
- 石灰石微粉末单位用量；
- 含气量；
- 粉体比表面积。

喷混凝土比浇筑混凝土易受施工条件的影响。此外，根据隧道规模的不同，需要的初期强度的水准也不同，初期强度也会受到季节的温度变化的影响，因此设计条件应根据具体隧道的情况而定。

喷混凝土的配比考虑施工条件的影响，应在强度、耐久性等品质要求的范围内，尽量减少回弹及粉尘发生量，避免压送时的堵塞、脉动等。

(1)强度

高性能喷混凝土的强度规定如下：

喷混凝土抗压强度，材龄 3h 为 1.5N/mm^2，材龄 24h 为 8N/mm^2，材龄 28d 为 18N/mm^2。

(2)塌落度

高性能喷混凝土的塌落度，根据混凝土的搬送方式以下列值为标准：

①泵送的场合：(8±2)cm；

②空气搬送的场合：(14±2)cm。

根据现场条件，采用的骨料性状有差异，不能确保上述塌落度的场合，应事先进行喷射试验，确认满足规定性能的数值。

(3)水胶比

高性能喷混凝土的水胶比的标准取 55%～60%。

(4)单位胶合材量

高性能喷混凝土的单位胶合材量的标准取 360kg/m^3，其中硅灰在单位合材量内的标准含量为 5%。

高性能喷混凝土的胶合材是水泥及硅灰的合计，与过去的喷混凝土的单位水泥用量同样，取 360kg。硅灰的添加率根据过去的试验结果(见图 11-1 和 11-2)，5%左右就能够确保具有充分的施工性，因此以 5%为标准值。

(5)粗骨料最大尺寸

粗骨料的最大尺寸标准取 10～15mm。

(6)细骨料率

细骨料率的标准取 60%～65%。

(7)石灰石微粉末单位用量

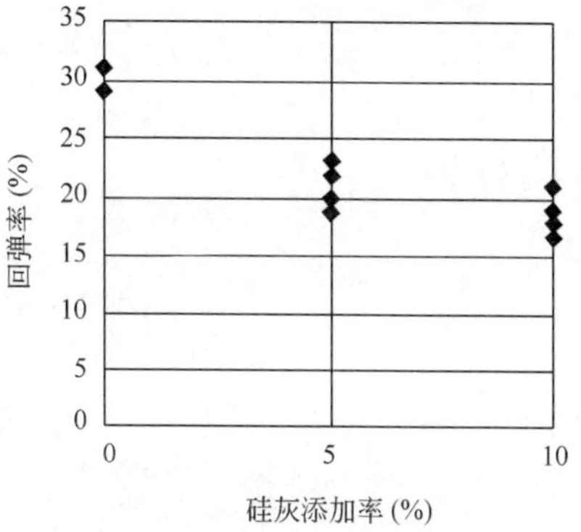

图 11-1 硅灰添加率与回弹率的关系

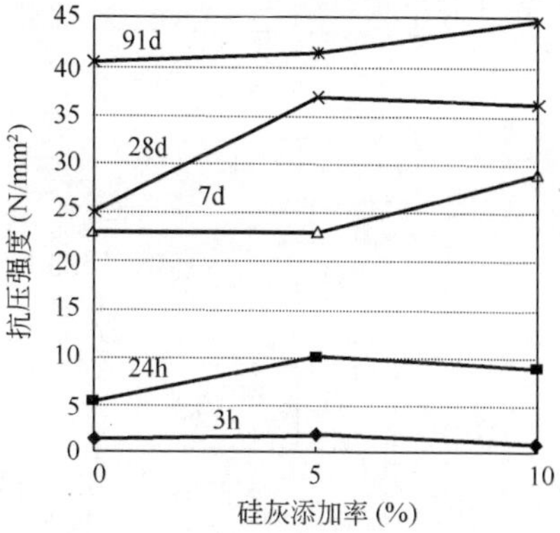

图 11-2 硅灰添加率与抗压强度的关系

石灰石微粉末置换一部分细骨料，加上细骨料的 0.15mm 以下的含有量，细骨料重量大概调整在 15%的单位用量。

有无石灰石微粉末的砂浆强度的试验结果列于表 11-5。

有无石灰石微粉末的砂浆强度试验结果 表 11-5

C/S	W/C(%)	石灰石微粉末(S×%)	砂浆流动性(mm)	抗压强度(N/mm²)	
				7d	28d
1/3	60	0	197	30.6	44.5
		10	194	36.0	47.7

注：石灰石微粉末按砂处理。

(8)含气量

高性能喷混凝土的含气量，特别是在要求抗冻性的场合，以 4.5%±1.5%为标准，其他场合可不考虑。

高性能喷混凝土的含气量一般与 AE 混凝土同样，采用 4.5%左右。高性能喷混凝土作为初期支护的场合，没有必要要求抗冻性，与一般喷混凝土同样，不考虑含气量。

(9)粉体比表面积

各粉体的比表面积：水泥 3 000cm²/g、细骨料 900 cm²/g、硅灰 200 000cm²/g、石灰石微粉末 3 000～6 000 cm²/g。粉体比表面积与回弹率、粉尘浓度和吸水率的关系示于图 11-3～图 11-5。

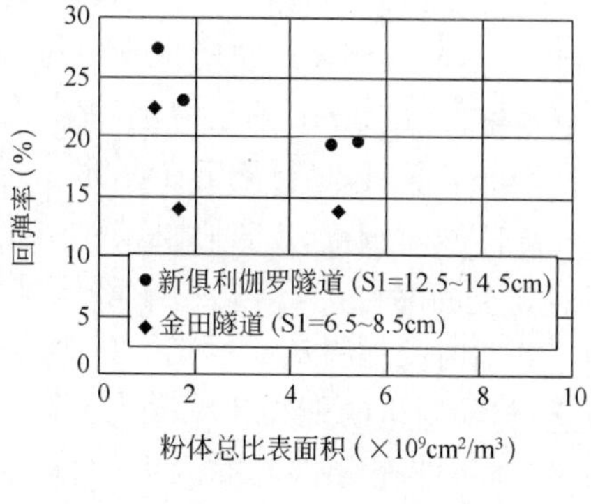

图 11-3 粉体比表面积与回弹率的关系

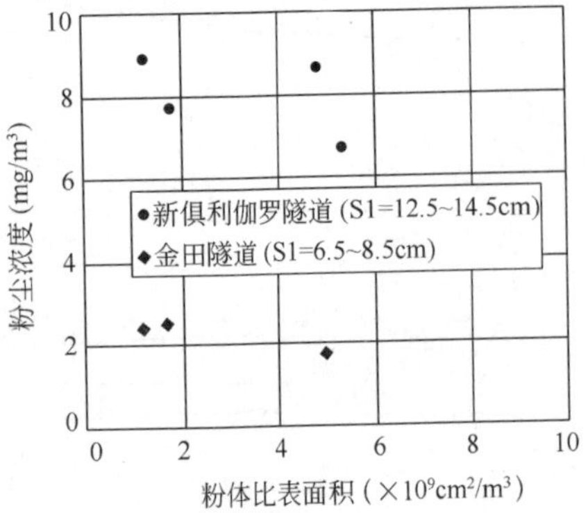

图 11-4　粉体比表面积与粉尘发生率的关系

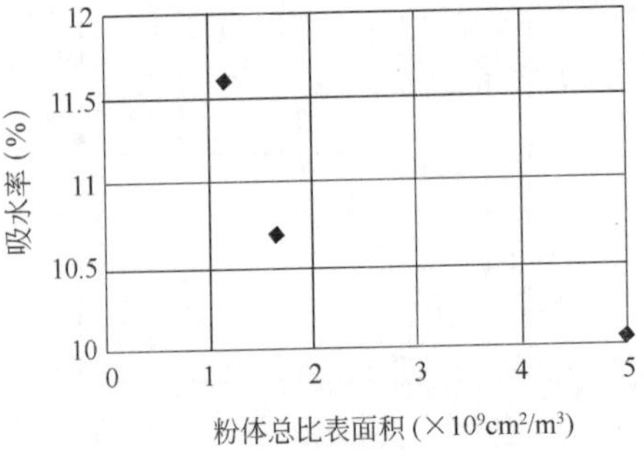

图 11-5　粉体比表面积与吸水率的关系

11-3　混凝土品质

高性能喷混凝土应具有要求的作业性、强度、耐久性、水密性及对钢材的保护性，其离散性要小。

高性能喷混凝土是在喷混凝土中掺入微粒子(石灰石微粉末、硅灰)，基本上采用分批拌和方式制造的。增加新鲜混凝土的黏性和改善作业性，能够进行效率高的喷混凝土施工从而提高喷混凝土的品质。因此，高性能喷混凝土应具有比一般喷混凝土高的作业性、强度及耐久性。为了构筑耐久的结构物，要提高其水密性，同时也要具有保护钢材的性质。但喷混凝土比浇筑混凝土品质的离散性要大些，因此，要进行精心的施工管理。

1. 新鲜混凝土品质

高性能喷混凝土的塌落度，应在标准范围内，根据有效率的施工，尽可能地小。

进行高性能喷混凝土的砂浆流动性试验时，应在掌子面采取自动搅拌机排出的新鲜混凝土，通过 5mm 筛获得到砂浆，利用流动性指标($f_{1\sigma}$/S1)进行施工性评价。

高性能喷混凝土是利用微粒子增加新鲜混凝土的黏性的，因此当塌落度过大时，由于喷射时的材料离析而增大回弹和粉尘，反之，与喷射机的能力比混凝土的黏性过大时，管内不能充分供应混凝土，而造成脉动和喷发，从而在喷嘴处发生大量的粉尘。

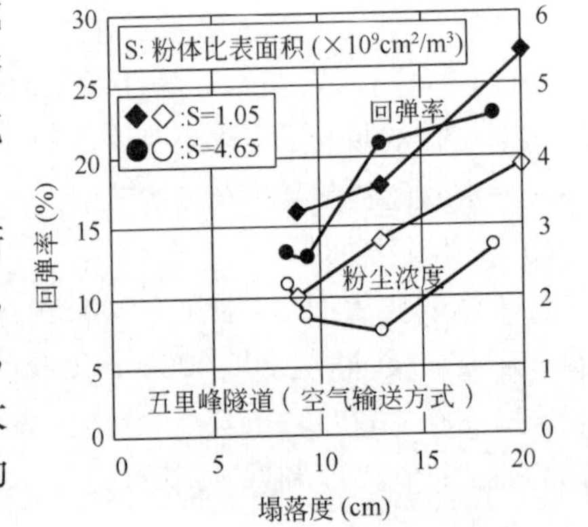

图 11-6　塌落度与回弹率、粉尘浓度的关系

图 11-6 是从在隧道中进行的空气搬运

方式的施工试验中获得到塌落度与回弹率和粉尘浓度的关系。在此试验中，塌落度不满 10cm 时，会发生脉动和喷发。粉尘浓度因粉体比表面积不同而异。粉体比表面积小的场合（$1.06\times10^9 cm^2/m^3$），大致与粉体比表面积成比例，粉体比表面积大的场合（$4.65\times10^9 cm^2/m^3$），呈下凸关系。塌落度在 13cm 附近，呈最低值。也就是说，在塌落度不满 13cm 时，不能正常地进行喷射作业，粉尘浓度变大。这样一来，可以看出随着塌落度的变化，黏性增减对施工性产生很大影响。因此，根据施工实际经验规定了表 8-13 的塌落度范围值。

有效利用高性能喷混凝土的黏性的目的是减少回弹和粉尘，因此要对喷混凝土的黏性进行评价。把喷混凝土按流变体进行处理的场合，一般认为混凝土近似为宾卡姆流体。宾卡姆流体的流动模式称为宾卡姆流动，如图 11-7 所示。滑动应力达到一定值前，流动没有开始，但应力达到限界值就产生一定的滑移速度，此滑移速度（变形速度 γ）超过屈服值（θ_f）后与滑动应力成比例。

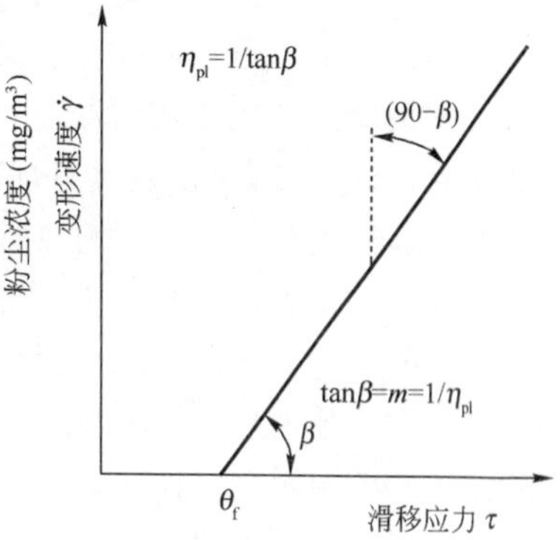

图 11-7　宾卡姆流动

$$\dot{\gamma}=m(\tau-\theta_f) \qquad (11\text{-}1)$$

式中：$\dot{\gamma}$——变形速度；

m——塑性黏度的倒数，$m=1/\eta_{pl}$；

τ——滑动应力；

θ_f——屈服值；

η_{pl}——塑性黏度。

一般说，屈服值是引起流动的限值，而塑性黏度则表示流动的限值。混凝土塌落度的静变形与屈服值有密切关系，砂浆流动性的动变形则与塑性黏度有密切关系。因此砂浆流动性可用塑性黏度的特性、塌落度可用屈服值的特性表示。流动性指标（f_{15}/S1）是可以表现宾卡姆流体的这两种特性的。砂浆流动性一定的场合，塌落度越小流动性指标越大。混入高性能减水剂的喷混凝土的塌落度变大，屈服值则变小，塑性黏度对其影响是不大的。

高性能喷混凝土因黏性增大，施工性也将提高，因此由塌落度和砂浆流动性决定的流动性指标，可用来评价高性能喷混凝土的黏性。在掌子面进行的试验说明，混凝土的塌落度（屈服值）随拌和后的时间长短而变，就是如此。

图 11-8 和图 11-9 表示流动性指标与回弹率、粉尘浓度的关系。据此，可以看出，随着流动性指标增大，施工性也提高了。调查在掌子面解析的高性能喷混凝土的流动性指标，可以知道，施工性良好的场合，其指标大致在 21 以上，目前以确保 21 以上的目标，解析现场配比，并进行日常管理是比较合适的。

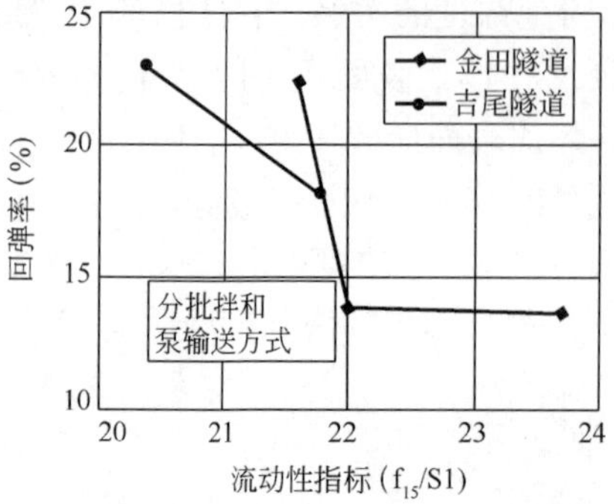

图 11-8 流动性指标和回弹率的关系

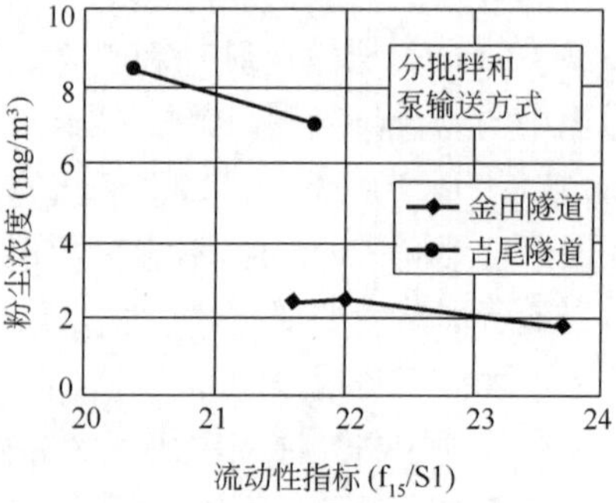

图 11-9 流动性指标和粉尘浓度的关系

喷混凝土用的新鲜混凝土，在搬运时要有适度的流动性，喷射后要与围岩有良好的附着性。也就是说，要具有加外力(振动等)时黏性降低，外力撤除后黏性瞬时提高(难于流动)的性质。这种性质一般称为触变性。

具有触变性的物质的变形速度能够逐渐增加，达到某一变形速度后，反而降低，测定的滑动应力如图 11-10 所示，上升曲线与下降曲线不一致，有滞后现象。喷射具有触变性物质的场合，滑动应力流动时在 τ，此时喷射，喷射前后的塑性黏度 η_1 和 η_2 的关系如图所示，η_1 小于 η_2，因应力释放变形速度急剧降低。也就是说，触变性好的新鲜混凝土的塑性黏度，从 η_1 变化到 η_2，接近于静止状态。另外由于加大速凝剂的硬化作用，所以在喷射面处高性能喷混凝土达到稳定。

高性能喷混凝土的新鲜混凝土具有这种触变特性是非常重要的。

2. 硬化混凝土品质

高性能喷混凝土的抗压强度要在规定值以上。

高性能喷混凝土的抗冻性，应根据试验，300 次循环后其相对动弹性系数在 60% 以上。

喷混凝土的抗压强度随洞内气温和养护条件而变，但高性能喷混凝土的抗压强度，可以达到图 11-11 指南所列数值以上。图 11-11 是抗压强度的历时变化。

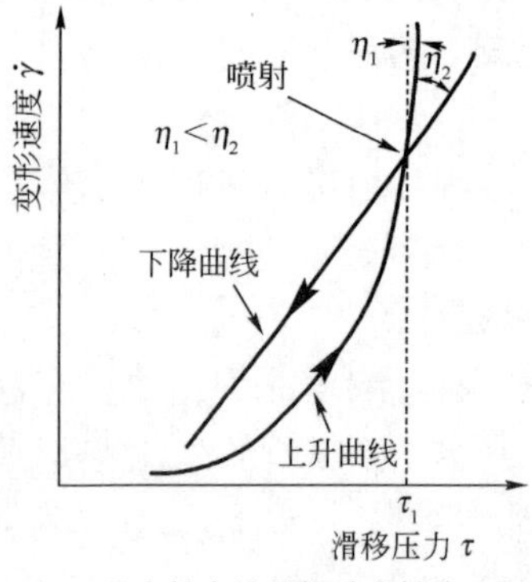

图 11-10 具有触变性的物质喷射前后的变化

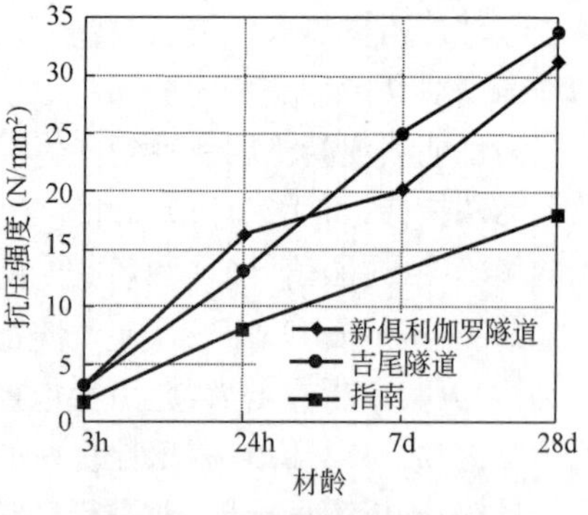

图 11-11 抗压强度的历时变化

高性能喷混凝土属于 AE 混凝土的场合，具有充分的抗冻性，已为试验所证实(图 11-12)。

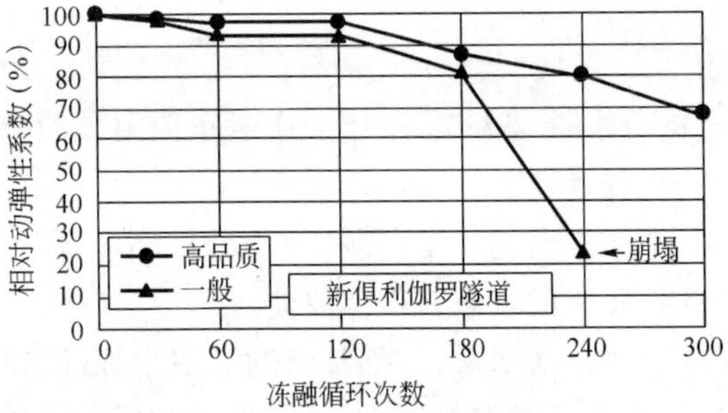

图 11-12　冻融试验结果

图 11-13 是高性能喷混凝土的气泡直径分布情况。不采用速凝剂的场合，制作的试件(管理试件)和取样试件的气泡直径的度数相比较，直径不满 300μm 的小径的气泡度数，喷射后没有减少，直径在 500μm 以上的气泡度数则减少。也就是说，采用 AE 剂后混凝土中的连行的微小的气泡由于喷射难于消失，因而提高了喷混凝土的抗冻性。

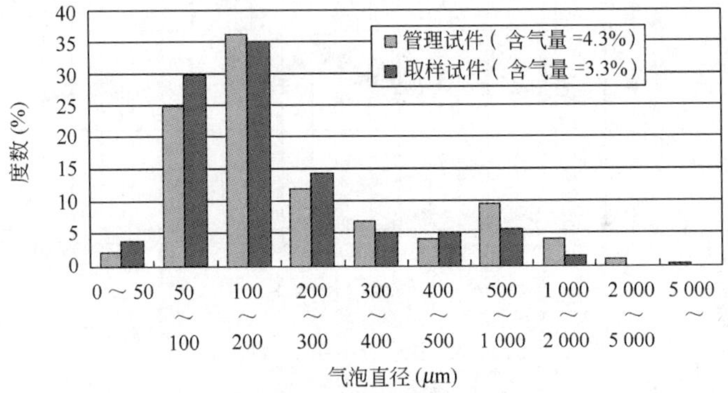

图 11-13　气泡直径分布的比较

11-4　制造方法及设备

高性能混凝土是用石灰石微粉末($CaCO_3$)置换细骨料的一部分，并混入胶合材的硅灰，添加适量的减水剂，以增加混凝土黏性的工法。为了更有效地发现和利用黏性，基本上采用分批拌和的方法制造混凝土。

为此，其制造方法要事先规定向搅拌机投入材料的顺序，特别是水要分批投入。其制造设备，要选定安全而有效的计量设备、搅拌机、储藏设备等。计量方法也要管理在规定的范围内。

分批拌和方法，根据采用的搅拌机能力的不同，有砂浆先行拌和和全骨料造壳二种。

1. 分批拌和方法

高性能喷混凝土的分批拌和方法，基于一次水量决定试验结果，决定使用材料的一次水量，根据适当的步骤进行。

高性能喷混凝土，基于规定的水量，要有效地分散微粉末，使新鲜混凝土保持稳定的黏性。为此，一次拌和时的状态是很重要的。

也就是说，根据规定的一次水量，与细骨料的吸附水和混合粉体（水泥、石灰石微粉末、硅灰）的吸附水能够形成共有的液膜，处于最大的拌和能量状态，或者说处于粉体和液体的毛细管相的拌和状态（以下称为触变）。

图 11-14 是混合粉体的扭矩试验结果图。

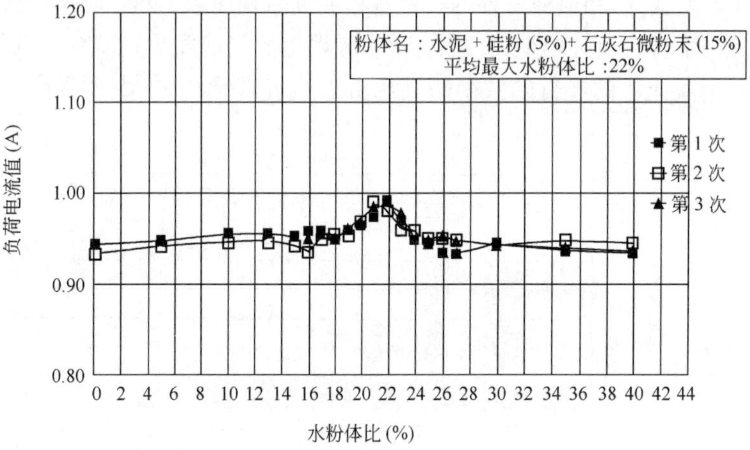

图 11-14　混合粉体扭矩试验结果图

而细骨料的吸附水，根据细骨料固有的材质、形状、粒度等有不同的约束水量。混合所需的一次水量，是在细骨料吸附水量上增加与混合粉体形成毛细管相所需的水量，这是决定一次水量的关键所在。

关于混合粉体的触变性可如下推测：

• SF（硅灰）混合率低的场合，混合的硅灰大部分有 $C+CaCO_3$ 的吸附水膜，混合粉体的吸附水率受 $C+CaCO_3$ 的吸附水率支配。此时，SF 在 $C+CaCO_3$ 的吸附水中呈浆状状态，起着减少混合粉体的实质吸附水量的作用。

• SF 混合率高的场合，吸附水膜外的 SF 量变多，SF 本身也具有吸附水，因此混合粉体的吸附水率逐渐接近 SF 的吸附水率。

SF 混合率在 5% 的场合，根据 $C+CaCO_3$ 的表面积和吸附水的平均膜厚的计算结果,C+$CaCO_3$ 表面的吸附水膜中,硅灰占有的比例约为 30%左右,不会逸出水膜以外。

图 11-15 表示高性能喷混凝土的触变模式。

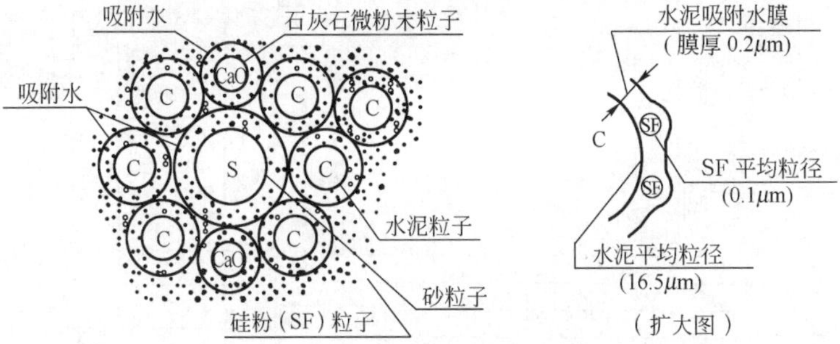

图 11-15　高性能混凝土触变模式

2. 制造设备

(1)计量设备

各材料的计量设备要适应混凝土的制造条件,而且应在各材料规定的计量误差内进行计量。

各材料的计量设备,使用开始前及使用中要定期检查、调整。

水的计量器应能够适应分批拌和,采用能够分一次水和二次水、计量和排出的计量器。

(2)搅拌机

搅拌机,应进行拌和性能试验,确认其要求的拌和性能。

强制拌和搅拌机,原则上应具有能够适应一次拌和时负荷的动力。

搅拌机,应具有能够迅速将拌和混凝土排出,并在排出时,不引起离散的构造。

(3)储藏设备

水泥、混合材(硅灰等)及石灰石微粉末的储藏设备应具有防湿构造,同时能够分品种进行储藏。

骨料的储藏设备,应具有分种类、粒度等分类储藏功能,具有底部能够排水、表面水率易于稳定的构造。

混合剂的储藏设备,应具有分类储藏、防止不纯物混入、变质、液体混合剂分离的构造。

(4)分批拌和制造系统

适用于高性能喷混凝土的分批拌和制造系统,应采用具有要求性能,安全而有效率的系统。

图 11-16 及图 11-17 分别表示罐式搅拌机及二轴搅拌机的制造系统。

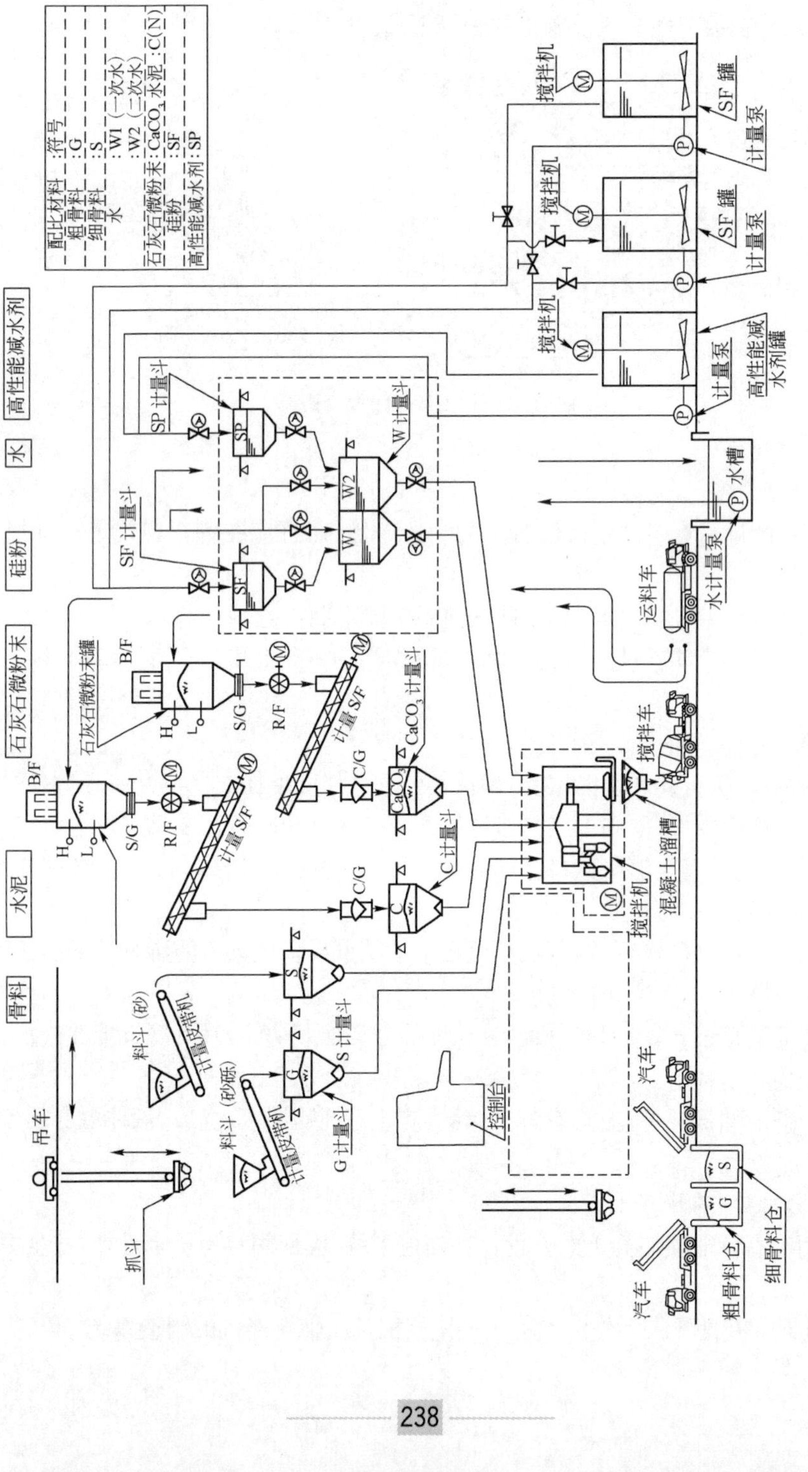

图 11-16 罐式搅拌机的制造系统图

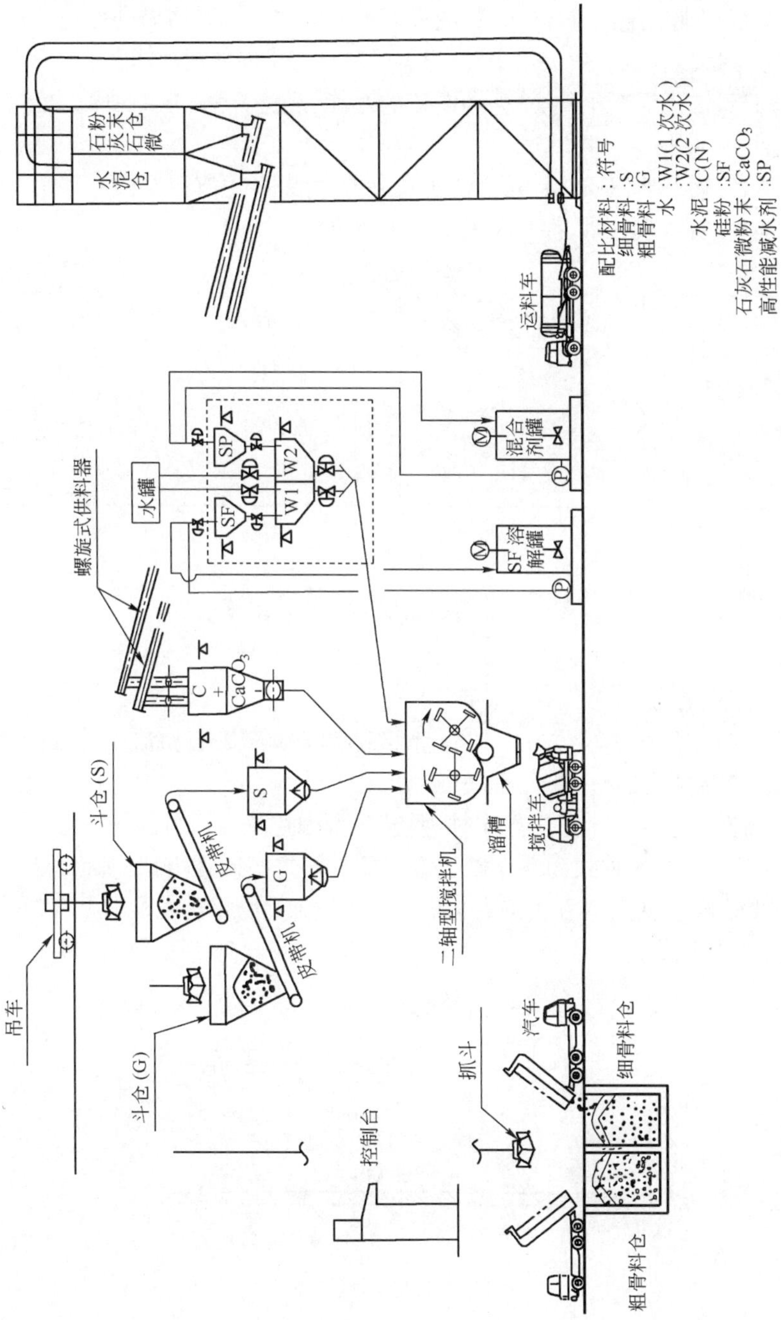

图 11-17　二轴搅拌机的制造系统图

3. 计量

计量应根据现场配比进行。骨料的表面水率应根据试验结果进行补正。

骨料在干燥场合的有效吸水率，应根据骨料适当的吸水时间求出。

一罐的量，考虑混凝土种类、拌和设备的性能、运搬方法、施工种类、混凝土浇注量等决定。

各材料，每罐都要以质量计量。但水及混合剂溶液，可按容积计量。

计量误差，对每次计量，都应在表 11-6 所示的值以下。

计量误差的最大值　　表 11-6

材料种类	计量误差的最大值(%)	材料种类	计量误差的最大值(%)
水	1	混合材	2
水泥	1	混合剂	3
骨料	3		

11-5　施工方法及设备

1. 搬运方式的选定

高性能喷混凝土的搬运方式，应选定能够连续搬运高黏性混凝土的设备。

高性能喷混凝土是粉体比表面积在 $4.5\times10^{9}\mathrm{cm}^{2}/\mathrm{m}^{3}$ 左右的黏性高的混凝土。因此，选定高性能喷混凝土搬运方式时，要充分考虑这一点。目前，搬运方式大体上有图 11-18 所示的泵送方式和空气搬运方式两种。这些搬运方式，都已经喷射试验所证实。如前所述，两搬运方式在能够充分发挥施工性的塌落度范围上有些差异，在实际施工中要加以注意。

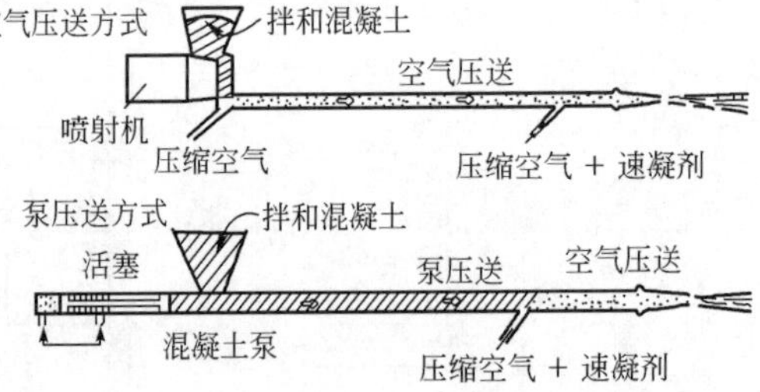

图 11-18　喷混凝土的搬运方式

2. 喷射距离

高性能喷混凝土的喷射距离，根据粉尘及回弹等施工性，应适当。

3. 喷射设备

(1)搬运设备

高性能喷混凝土的搬运设备,应选定能够连续搬运、喷射高黏性混凝土,不产生脉动和堵塞的设备。

(2)其他喷射设备

其他喷射设备应选定能够充分发挥要求性能的。

4. 养护

高性能喷混凝土,应不受干燥、低温及急剧温度变化等有害影响,因此必须进行充分的养护。

为了不使高性能混凝土干燥,必要时应进行初期养护。

过去工法中的喷混凝土,一般不进行散水养护。但是,高性能喷混凝土的场合,因硅灰的初期活性高,散水养护可以提高其品质。因此考虑围岩状况等,最好散水养护7d以上。要求高性能喷混凝土具有抗冻性和化学抵抗性的场合,充分的养护是很重要的。图11-19是对现场采样的试件进行初期养护的抗压强度比较图。

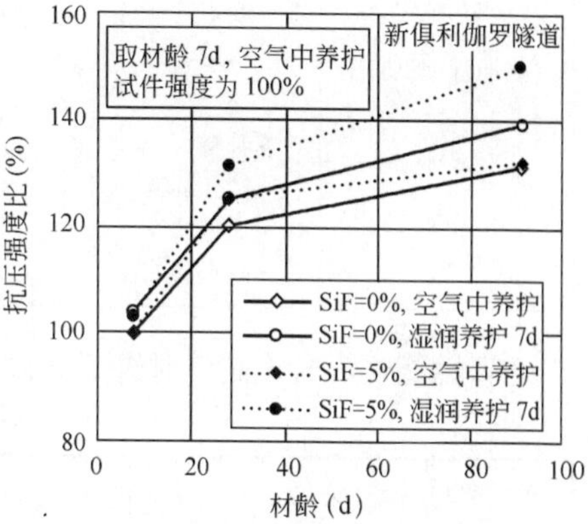

图11-19 初期养护的抗压强度比较图

11-6 施工管理

施工时,为了能够有效地利用高性能喷混凝土的支护作用,要进行适当的施工管理。

1. 混凝土的材料管理

高性能喷混凝土材料,要注意保管,不使其品质劣化。

高性能喷混凝土材料,要进行规定的试验和检查,确认其品质合格后方可使用。

喷混凝土中的速凝剂,一般采用粉末状的,易于吸湿,使用时要注意保管。硅灰和石灰石微粉末,保管时不要使其固化。

高性能喷混凝土用材料的品质管理以上述为标准,日常及定期管理试验列于表11-7。

2. 混凝土制造管理

制造高性能喷混凝土时,要对材料计量器的精度、拌和机的性能进行必要的检查和管理。

日常及定期骨料试验表　　表 11-7

试验类别	试验内容	试验频率
日常管理试验	•砂的表面水率试验	1次/日以上
	•骨料进场时的粒度状态 •泥、尘土等有害物的混入状况	适宜频率
定期管理试验	细骨料 •筛分试验 •比重试验 •吸水量试验 •水洗试验	适宜频率或者采取地变更时
	粗骨料 •筛分试验 •比重试验 •吸水量试验	

高性能喷混凝土制作时进行的检查列于表 11-8。

制造时的管理及检查　　表 11-8

种类	项目	试验、检查方法	时期、次数	判定标准
计量	计量设备的计量精度	静荷载、动荷载	施工开始前 1 次适宜频率	计量误差的最大值 水、水泥:1% 混合材:2% 混合剂、骨料:3%
拌和	材料的投入顺序	目视	适宜频率	规定的投入顺序
	拌和时间	认定值的确认		规定值
	拌和量	设定值的确认		规定值

3. 施工中的管理

高性能喷混凝土的日常管理,应根据规定的精度、方法予以确认。

在高性能喷混凝土施工中的管理,应确认其施工特性。

高性能喷混凝土施工中的管理,一般以表 11-9 为标准。

喷混凝土的施工性受到喷射机种类、供给空气量、空气压、速凝剂供给装置、速凝剂口部混合装置和喷射面状态、喷嘴与壁面的角度、距离等许多因素的影响,是变化的。设定最佳喷射条件是比较困难的。但为了掌握最佳的施工条件,收集大量的工程实际数据是很重要的。

高性能喷混凝土的品质管理标准 表 11-9

种别	管理项目	管理内容及试验	试验频率	备注
日常管理	配比	配比及使用量检查	适宜频率	根据现场配比
	和易性	混凝土温度		
		塌落度试验		
		砂浆流动性试验		
		V漏斗或O漏斗试验		
	施工状况	喷混凝土附着状况 回弹等的观察	施工频率	
	喷射厚度	目视、喷射量、检测钉等		
	变异等	开裂等的观察	1次/日以上	根据现场量测结果采取对策
施工特性	回弹率测定	根据NATM指南	适宜频率	
	粉尘发生量		适宜频率	
	单位时间实喷射量	喷射时间及喷射量的测定	适宜频率	
	喷射条件	喷射机、喷嘴等的规格、性能	适宜频率	

在今后的施工中，参考施工条件的比较，例举图 11-20、表 11-10，图 11-21、表 11-11的喷射条件，供参考。

喷射机的规格 表 11-10

空气压	喷嘴供给空气压	管径	L_1	L_2	L_3
4.8kgf/cm	4.5kgf/cm^2	65mm	约10m	约10m	约5m

注：L_1 为从铲斗到空气供给口的距离；

L_2 为从空气供给口到速凝剂供给口的距离；

L_3 为从速凝剂供给口到喷嘴前端的距离。

喷射面的条件 表 11-11

壁面	喷射面状态	喷射周长	喷嘴与壁面的角度	喷嘴与壁面的距离
壁面 A	喷射面干燥	4m	90°	2.0～2.5m
壁面 B	喷射面干燥	4m	60°～80°	2.0～2.5m
壁面 C	喷射面干燥	3.5m	90°	2.0～2.5m

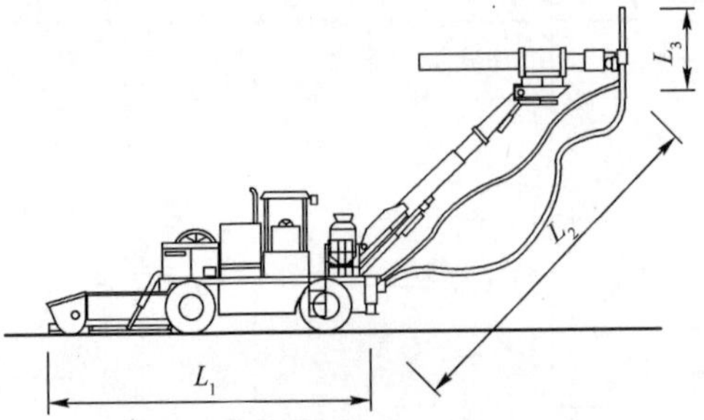

图 11-20　喷射机的规格

注:L_1-铲斗到空气供给口的距离;L_2-空气供给口到速凝剂供给口的距离;L_3-速凝剂供给口到喷嘴前端的距离

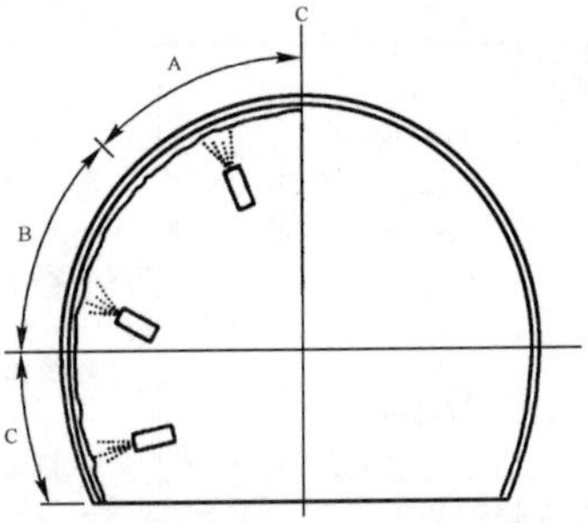

图 11-21　喷射面的条件

4. 硬化混凝土的品质管理

硬化混凝土的品质管理,一般以表 11-12 为标准。

硬化混凝土的品质管理基准　　表 11-12

种　别	管 理 项 目	管理内容及试验	试 验 频 率	备　注
日常管理	厚度	喷射厚度的检测	隧道纵向每隔 20m	喷混凝土回弹管理指南
	长期强度	抗压强度试验	开挖初期每隔 20m,以后每隔 50m	σ_{28d}强度试验 $\sigma_{28d} \geqslant 18N/mm^2$ • 直接取样 • 采用管理试件
	低材龄强度			$\sigma_{3h}\sigma_{24h}$强度试验 $\sigma_{3h} \geqslant 1.5N/mm^2$ $\sigma_{24h} \geqslant 8N/mm^2$
其他	吸水率	吸水率试验 煮沸吸水试验	适宜频率	
	抗冻性	冻融试验	适宜频率	
	初期养护效果	初期养护效果确认试验	适宜频率	

5. 成品管理

喷射厚度因喷射表面凹凸不平,其厚度管理是很困难的,因此规定以下标准:

• 在围岩级别很差的场合,设计厚度按最小厚度管理;

• 其他场合均按平均厚度管理。

喷射厚度的检测原则上采用检查孔的方法进行。

检测间隔:每隔 20m 设一个断面;

检测地点(见图 11-22)至少拱部 5 个点,侧壁左右各 1 个点。

检测方法可采用检测孔的方法,用电钻、钻机等钻 ϕ32mm 以上的钻孔检测。不得已时可采用检测钉的方法,开挖后在检测位置打入检测钉用以确认喷射厚度。

图 11-23 是喷混凝土和二次衬砌的坚硬岩石突出部分的厚度表示方法。

如果是采用平均厚度,最低要确保设计厚度的70%。

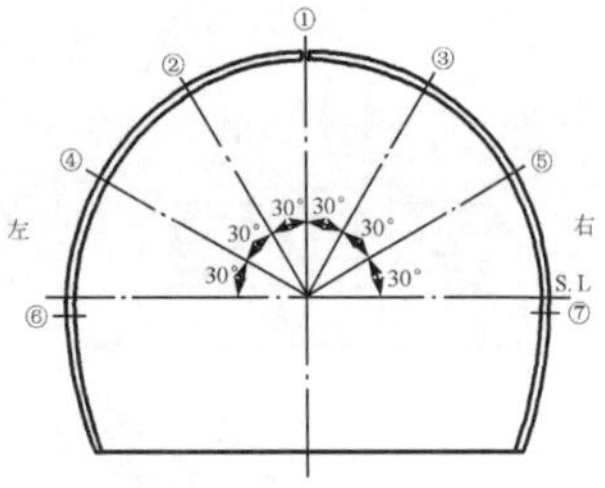

图 11-22　喷混凝土喷射厚度检测点布置

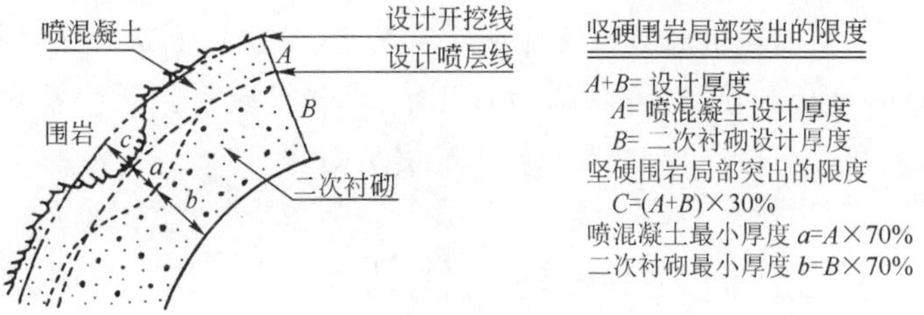

图 11-23　喷混凝土、二次衬砌混凝土的最小厚度

11-7　试验及测定

高性能喷混凝土用的材料特性的掌握、分批拌和时的一次水量的决定,应根据规定的试验方法进行。

1. 材料特性的试验

掌握材料特性的试验,事先应根据规定的试验方法以规定的频率予以进行。

2. 分批拌和混凝土制造的试验

决定分批拌和时的一次水量的试验,应根据规定的试验方法和时期予以进行。

第12章　喷混凝土技术的应用

喷混凝土是不需要模板的施工性良好的混凝土，不仅在地下工程的初期支护和永久支护中，也在边坡防护、既有结构物的补修、补强中获得广泛和多方面的应用。下面将用一些工程实例，说明喷混凝土技术的发展趋势。

12-1　用高强度喷混凝土代替钢支撑的试验施工——日本北陆新干线的峰山隧道

在隧道开挖－支护的施工循环中，钢支撑的架设所占用的时间比例是比较大的。因此，为了实现隧道的高速施工，日本有关人员提出取消钢支撑的建议，并在北陆新干线的峰山隧道($L=7\,090m$)进行了用高强度喷混凝土、取消钢支撑的支护体系的开发和试验，获得初步成果。

峰山隧道的地质条件：泥岩、砂质泥岩、砾岩等。围岩抗压强度平均在10MPa左右，属于易变形的软弱围岩。

取消钢支撑，是适应高速掘进的支护体系之一。如图12-1所示，采用了新开发的初期高强喷混凝土（10min的强度为$3N/mm^2$）和锚杆的支护体系，取消了钢支撑以缩短开挖循环的作业时间和提高施工的安全性。喷混凝土的技术特征如下：

• 超低龄强度，10min达$3N/mm^2$以上，使围岩早期稳定，从而能够进行大断面开挖；

• 和易性及黏性好，回弹和粉尘少；

• 获得的混凝土耐久性高；

• 可采用既有的施工系统。

1. 预备试验

为了开发，在主洞使用前进行了预备试验。照片12-1～照片12-3是预备试验的概貌。表12-1是预备试验的内容。

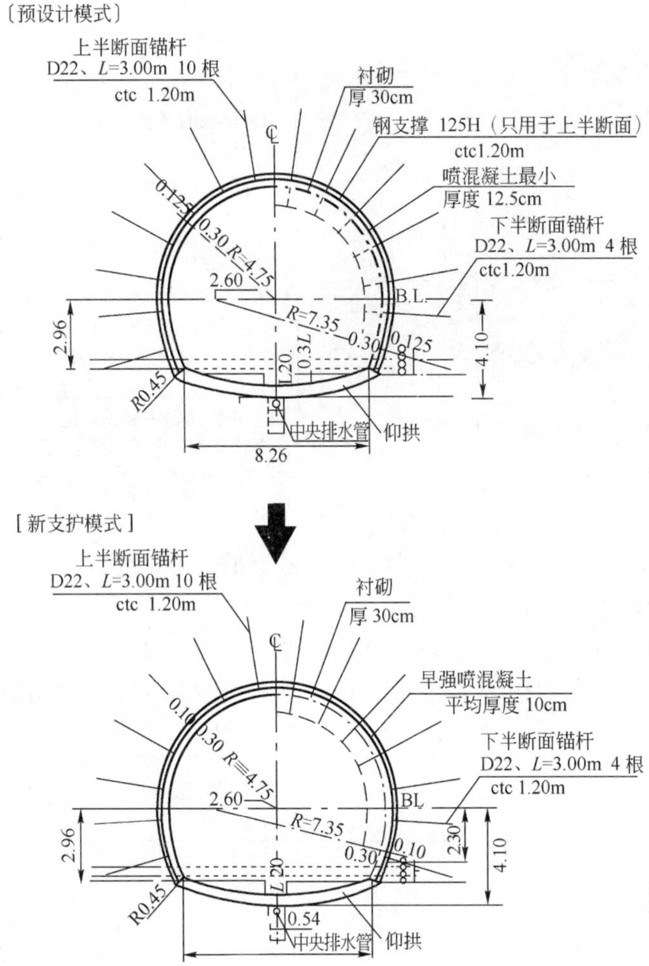

图 12-1　支护模式图

照片 12-1　预备试验概貌

照片 12-2　塌落度试验

照片 12-3　喷射作业概貌

预备试验内容表　　表 12-1

试验内容	评价项目
室内试验 砂浆的基本配比研究	强度出现性 作业性
模拟隧道的试验 喷射机的选择 不同配比的比较	压送性、施工性 喷射性状 回弹率 强度出现性
横洞试验施工 混合材、速凝剂的添加量的研究 围岩和支护动态的确认 塌落度及塌落度损失的研究	压送性、施工性 粉尘浓度 回弹率 强度出现性 净空位移量测
最佳配比、施工机械的选定	

预备试验的结果如下：

• 喷射机采用空气压送式有利；

• 获得 10min 3N/mm² 强度的高强喷混凝土的配比：水泥 380kg/m³、硅灰 20kg/m³、速凝剂添加量为胶合材的 9%；

• 最佳塌落度，采用空气压送式喷射机时，为 20～22cm。

表 12-2、表 12-3 列出根据试验施工的试验配比和支护体系采用的配比。

强度试验结果　　表 12-2

试验	施工机械	强度(N/mm²)							
		试件						基本混凝土	
		10min	1h	3h	1d	7d	28d	7d	28d
1	泵送	5.7	5.8	6.7	19.1	37.0	49.2	31.6	57.9
2	空气压送	6.3		6.8	25.1	36.5	50.7	35.1	60.7
	泵送	5.4		6.4	25.8	43.5	58.2		

初期高强度喷混凝土的配比　　表 12-3

塌落度(cm)		W/胶合材(%)	S/a(%)	材料单位用量(kg/m³)							
拌和时	投入时			水(W)	水泥(C)	硅灰(SF)	细骨料(S)	石灰石微粉末(L)	粗骨料(G)	高强度混合材(C+SF)	速凝剂添加量(C+SF)×9%
24～26	20～22	45	70	200	380	20	1 073	127	530	44	36

工程试验中制造高强度喷混凝土采用了分批拌和(SEC)的方法，其特征是：

• 因为泵的压送性好，压送低塌落度的混凝土故障少，易于施工；

- 能够降低回弹率和粉尘量；
- 能够获得耐久性好的混凝土；
- 同样的细骨料场合，单位用水量减少，混合剂使用量也比较少。

在 SEC 拌和中，因为要用水泥裹砂，所以要通过试验求出最佳一次水量，进行一次拌和是非常重要的。因此，要采用表面水自动补偿装置。

2. 高速掘进的对策

高速掘进采用以下对策：

- 采用取消钢支撑的支护体系，缩短作业时间；
- 开发大型施工机械，缩短作业时间；
- 采用平行作业，节省作业时间。

在下面的研究内容中，基于设定的围岩等施工条件，试算开挖循环时间（见表12-4，图 12-2）。

表 12-4 中的施工条件如下：

- 围岩强度 10MPa 左右，无涌水；
- 短台阶法（台阶长度 2～4m）；
- 月工作日：23 天；
- 一班作业时间：540min；
- 一次掘进长度：1.0m；
- 喷混凝土：厚度 10cm，一次喷射；
- 锚杆：上半断面 10 根，下半断面 4 根；
- 参考：开挖能力（SLB350-S）$150m^3/h$；
  出渣处理能力：$180m^3/h$；
  喷射能力：$13m^3/h$；
  锚杆：3min/根。

隧道开挖循环时间表 表 12-4

种别			时间	分	0　30　60　90　120　150　180	计算式
左侧半断面		机械移置、就位	7	分	7 (7)	开挖断面积（含超挖）：$74m^2$
	①	下半断面开挖	7	分	7 (14)	$(22.7m^2\times1.5m)/2\times(60min)/$
	②	上半断面开挖	15	分	15 (29)	$(150m^3/h)=7min$
	①②	出渣	0	分	7 19	$(51.3m^2\times1.5m)/2\times(60min)/$
右侧半断面		机械移置、就位	7	分	7 (36)	$(150m^3/h)=15min$
	③	下半断面开挖	7	分	7 (43)	$(74m^2\times1.5m)/2\times(60min)/$
	④	上半断面开挖	15	分	45 (58) 7	$(180m^3/h)=19min$
	③④	出渣	26	分	7 19 (84)	
		喷射准备	7	分	7 (91)	喷射量（含超挖）：$6.8m^3$
	⑤	喷射混凝土	32	分	32 (123)	$(5.1m^3\times1.7m^3)/(13m^3/h)/(60min)=32min$
		锚杆准备	7	分	7 (130)	锚杆：≤3.0m n=14 根
	⑥	打设锚杆	21	分	21 (151)	(3min/ 根 ×14 根)/2 台 =21min
合计			151	分		

注：1个循环用时151分，7.5个循环1天，246m / 日。

3. 隧道的施工概况

（1）开挖顺序

此次是按平行作业进行机械编组和开挖的，即：分开左侧半断面和右侧半断面，一侧用单臂掘进机开挖，另一侧用装渣机连续出渣（图 12-2）。

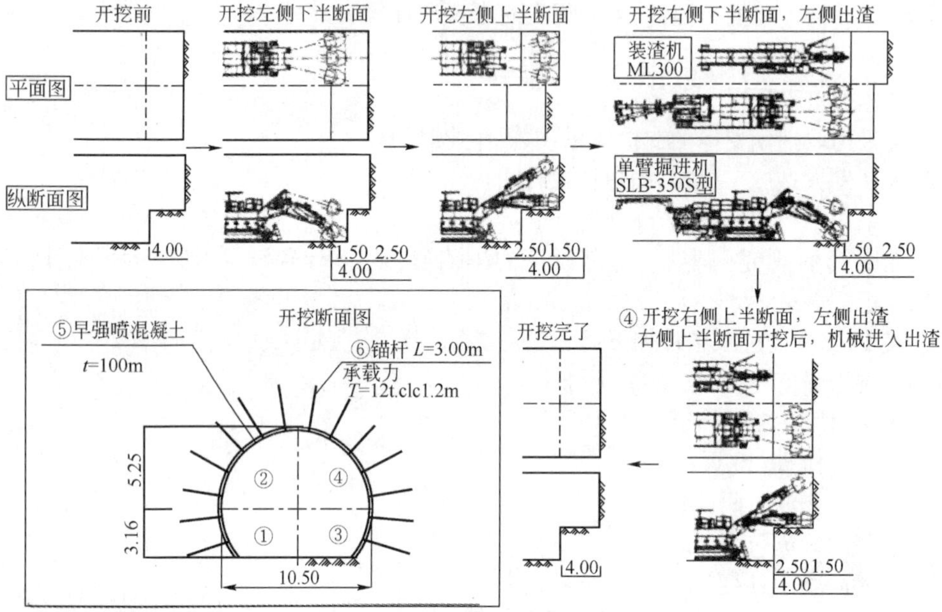

图 12-2　开挖顺序图

（2）机械编组

采用的机械编组示于图 12-3。主要机械有：开挖用的单臂掘进机（照片 12-4）；连续出渣的装渣机；喷混凝土一体型喷射机；打设锚杆用的二臂液压台车；模板台车、仰拱栈桥，一次浇注 12m。

照片 12-4　开挖用的单臂掘进机

（3）自动开挖控制系统

为了提高作业效率和缩短作业时间，在单臂掘进机上搭载了近几年开发的自动开挖控制系统。此控制系统是按开挖的三维坐标进行管理的。不受技术熟练程度的

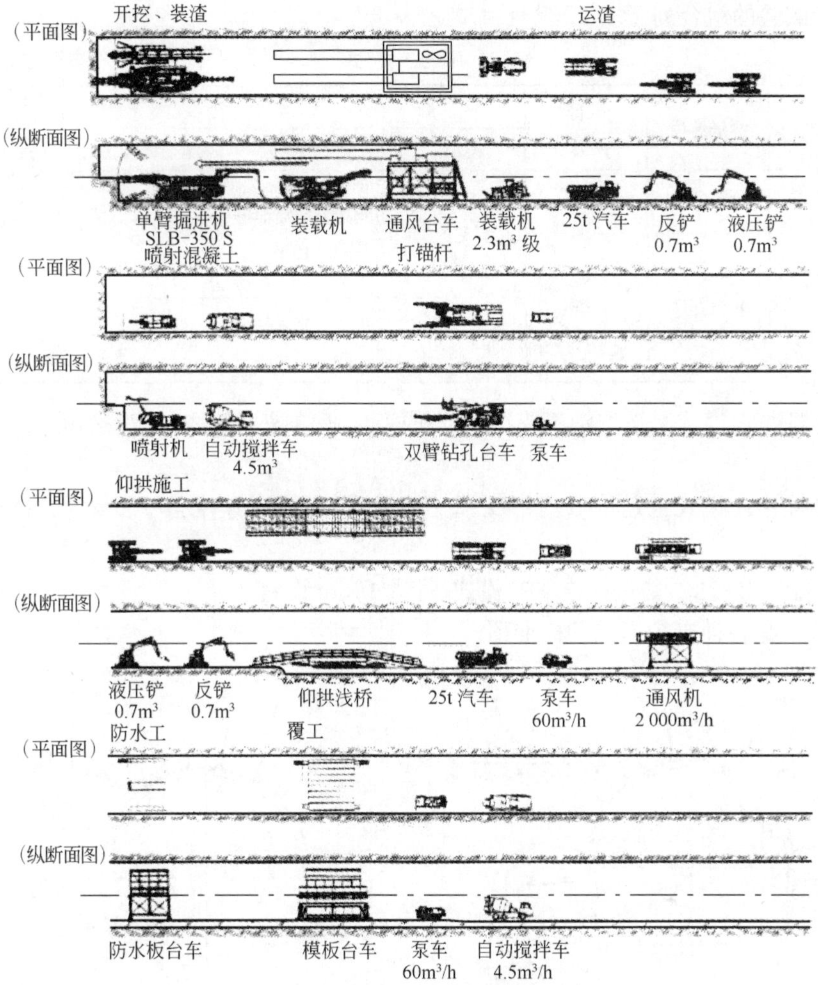

图 12-3 施工机械构成

影响。可按设定的断面进行高精度的机械开挖。

系统的特征如下：

- 可自动测量，实现降低超挖和高精度开挖；
- 确认开挖断面的测量，极为简便；
- 由于缩短测量时间，所以可缩短循环时间；
- 不需要在掌子面附近进行测量，提高了安全性。

通过上述的研究和开发，随着技术的成熟，隧道曾取得最高月进 304m 的记录。

4. 比较试验

为了研究新的支护模式的性能，在峰山隧道西工区地质条件比较匀质的新第三纪的泥岩、一部分凝灰岩和砾岩区间（长度约 121m），进行了改变支护模式和掘进速度的试验。

比较试验的组合列于表 12-5。

试 验 施 工 模 式 表 12-5

试验模式	掘进速度	一次循环进尺	支护模式			
			类别	喷混凝土	锚杆	钢支撑
高速掘进 A	250m/月	1.5m	新支护	初期高强度喷混凝土 t=10cm	L=3.0m n=14 根 c=1.0m	
通常掘进 A	100m/月	1.0m				
通常掘进 B			标准支护	高品质喷混凝土 t=15cm	同上	H-125ctc=1.0m

高速掘进 A 模式是按取消钢支撑的支护模式，掘进速度按 250m/月(10.9m/日)设定的。

通常掘进 A 模式也是按取消钢支撑支护模式，但掘进速度按 100m/月(4.3m/日)设定的。

通常掘进 B 模式，是按标准支护模式、月进 100m 设定的。

图 12-4 是各种支护模式的标准图。

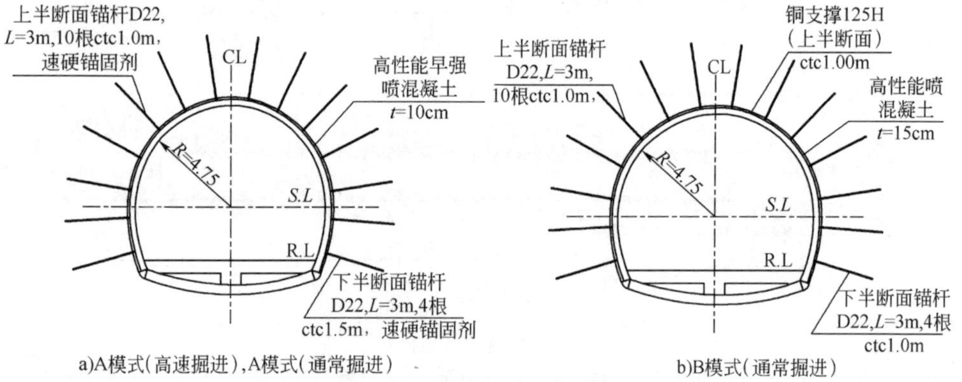

图 12-4 各种施工模式的支护标准图

在比较试验区间进行了图 12-5 的量测和围岩调查。其中包括垂直位移和净空位移测定、地中位移测定、喷混凝土应力应变测定以及锚杆轴力和钢支撑应力测定。量测仪器的配置试验见图 12-6。

围岩调查都是在量测 A-①断面进行的。包括采取试样进行室内试验、各钻孔的原位试验等。围岩调查结构判明试验区间的围岩特性如下：

• 围岩属于新第三纪的泥岩。单轴抗压强度为 10～20(平均 17.7)MPa，洞内水平加载试验得到的变形系数是 4 680N/mm^2。几乎没有裂隙，泥岩属于软质围岩；

• 主要黏土矿物、2μm 以下的粒子含有率、塑性指数、阳离子交换量、浸水崩解度等指标说明具有膨胀性围岩的特性，但含水比平均只有 10%，非常小，因此可以看

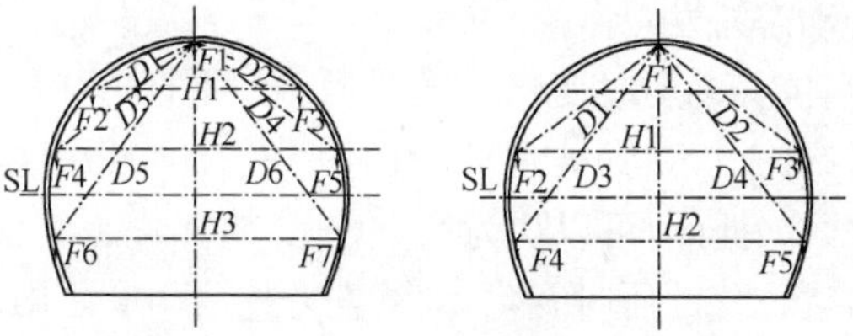

a)量测A－①　　b)量测A－②·量测A－③

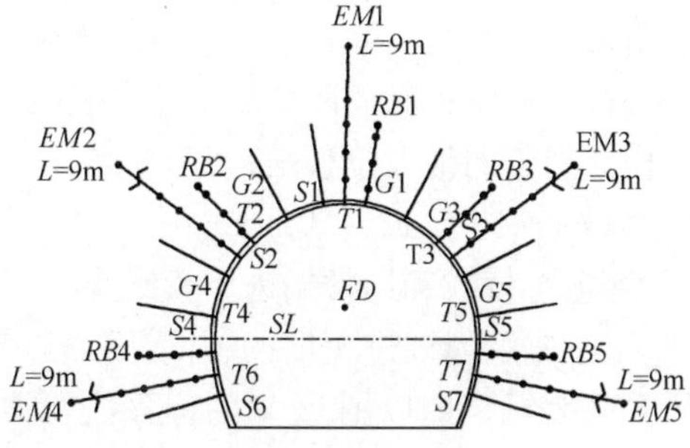

c)量测B

量测项目	记号
喷混凝土应力	*T*
钢支撑应力（B）模式	*G*
锚杆轴力	*RB*
地中位移	*EM*
喷混凝土应变	*S*
掌子面前方围岩位移	*FD*
净空位移（斜测线）	*D*
净空位移（水平测线）	*H*
拱顶下沉，拱脚下沉	*F*

图 12-5　试验施工区间的量测及位移调查位置

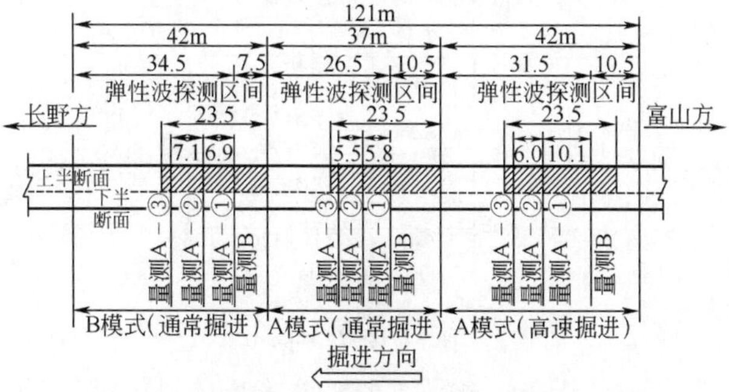

图 12-6　量测仪器配置图

作没有膨胀作用的围岩；

• 黏性倍率大约在 0.15 左右，也很小，是流变很小的围岩；

• 根据初始地压的测定结果，地压倾斜，其值约在 6.6MPa 左右。

比较试验的量测结果如下：

(1)隧道净空的动态特性

垂直位移及净空位移动历时变化示于图 12-8。垂直位移指拱顶下沉(图 12-7 中的 $F1$),净空位移指 SL+1 500mm 水平(图 12-7 中的量测 A-①的 H_2,量测 A-②、量测 A-③的 H_1)的数据。据此,可以认为:

①拱顶下沉、净空位移的历时变化,大约在开挖后 10d 之内产生。拱顶下沉在通常掘进 A 模式的断面 A-①处,除了约以 1.5mm/月的微小变形在发展外,几乎都收敛了。净空位移对所有断面几乎都是以 0.5~1.5mm/月的微小变形在发展,该区间在 2004 年 2 月前浇注了仰拱,从隧道断面闭合后 1 个月左右,位移已经收敛。

②拱顶下沉按施工模式划分的最大位移是:高速掘进 A 模式和通常掘进 B 模式约为 5~7mm,通常掘进 A 模式约为 12~20mm。另外,净空位移的最大值则相反,通常掘进 A 模式比高速掘进 A 模式和通常掘进 B 模式小。

垂直位移速度、净空位移速度因掘进速度的不同,不是以掌子面通过后的时间,而是以与掌子面距离的关系表示。即以图 12-7 的位移值与掌子面距离的函数用近似的多项式表示。量测 A-①的位移速度与掌子面距离的关系见示意图 12-8,在位移速度为 0 的附近收敛。都表现出,高速掘进 A 模式收敛最早,依次是通常掘进 B 和通常掘进 A 模式。

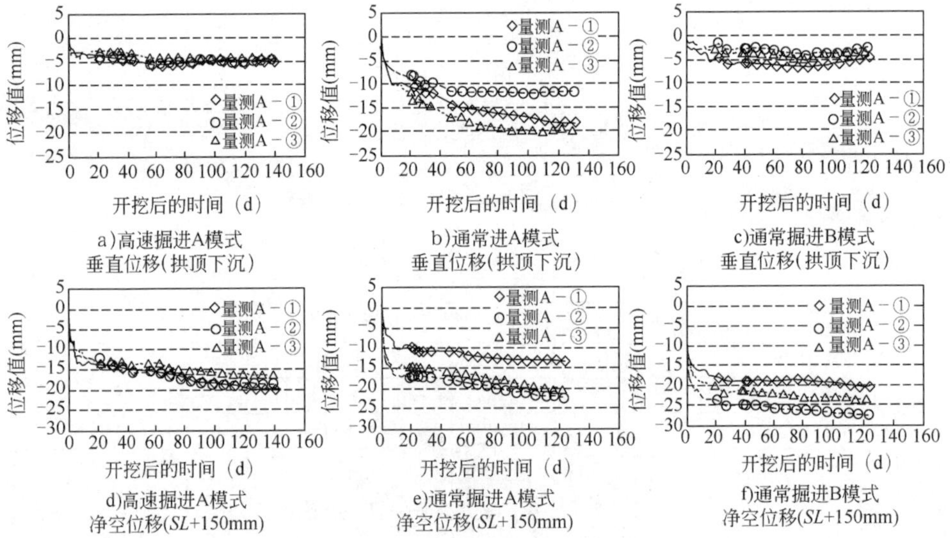

图 12-7 垂直位移和净空位移的历时变化

(2)隧道周边围岩的动态特性

弹性波探查试验结果示于图 12-9。按弹性波速度在 2.4m/s 以下为松弛区域考虑,松弛区域在试验区间约为 0.5~2.0m。拱顶的松弛区域在高速掘进 A 模式下约在 1.0m 以下,其他模式下为 1~2m 左右。在侧壁,高速掘进 A 模式和通常掘进 A 模式都在 1m 以下,通常掘进 B 模式的松弛区域变化较大。

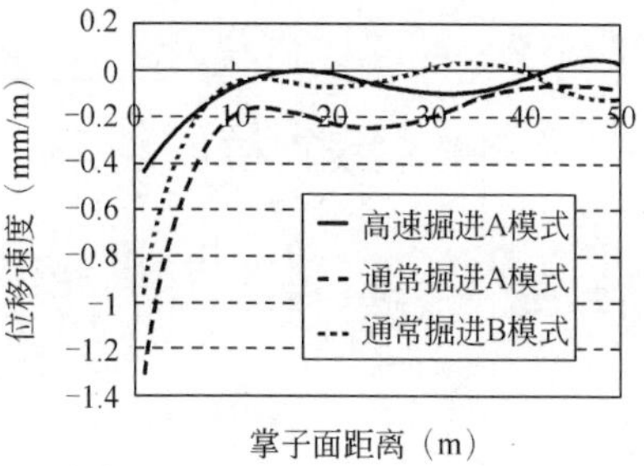

a)垂直位移（拱顶下沉）

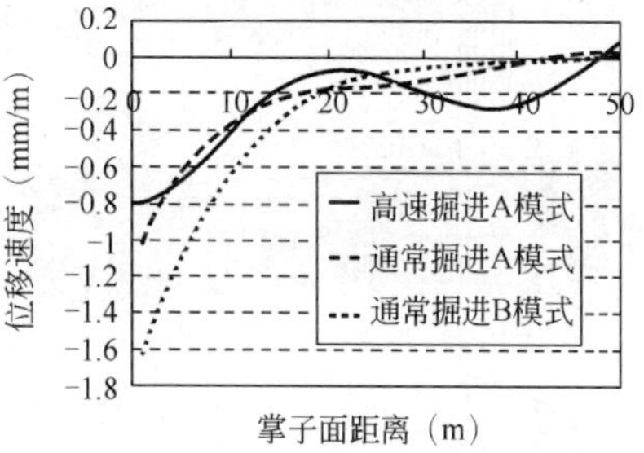

b)净空位移（SL+150mm）

图 12-8　位移速度和掌子面距离的关系(量测 A-①)

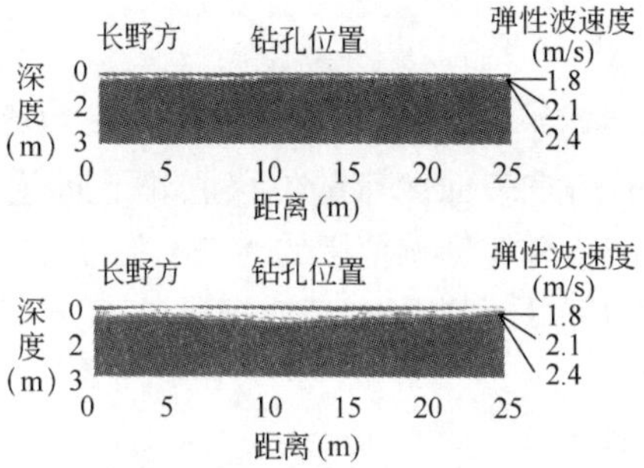

a) 高速掘进 A 模式 (上：拱顶，下：侧壁)

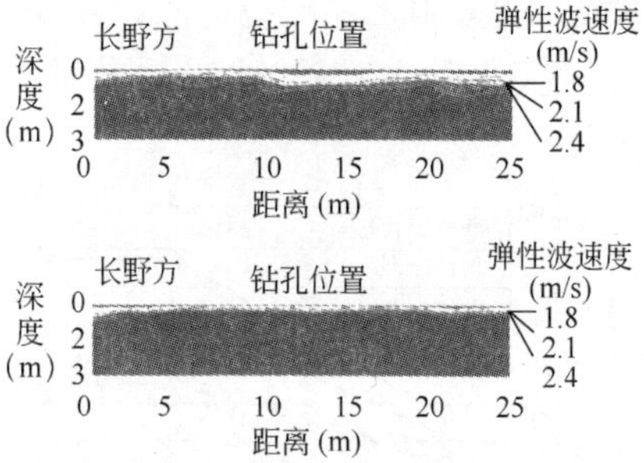

b) 通常掘进 A 模式 (上：拱顶，下：侧壁)

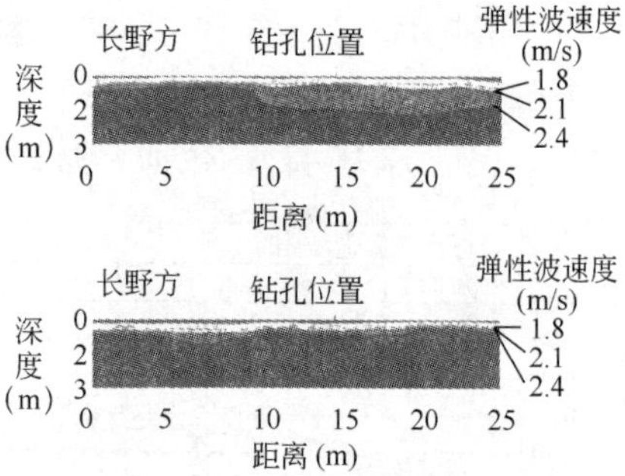

c) 通常掘进 B 模式 (上：拱顶，下：侧壁)

图 12-9　弹性波探查试验结果

地中位移分布和净空表面位移向量，在 2003 年 11 月 10 日时的数据示于图12-10。结果如下：

①高速掘进 A 模式的地中位移和净空表面测点的位移值处于同一水平。地中位移的深度 9m 为不动点，隧道开挖影响范围约为 3m 左右。

②通常掘进 A 模式的净空表面测点的位移值除拱顶外均有 2 倍左右的差异。从数据分布看，隧道开挖影响区域约为 4m 左右。

拱顶的地中位移，包括净空位移，都比高速掘进 A 模式和通常掘进 B 模式大得多。

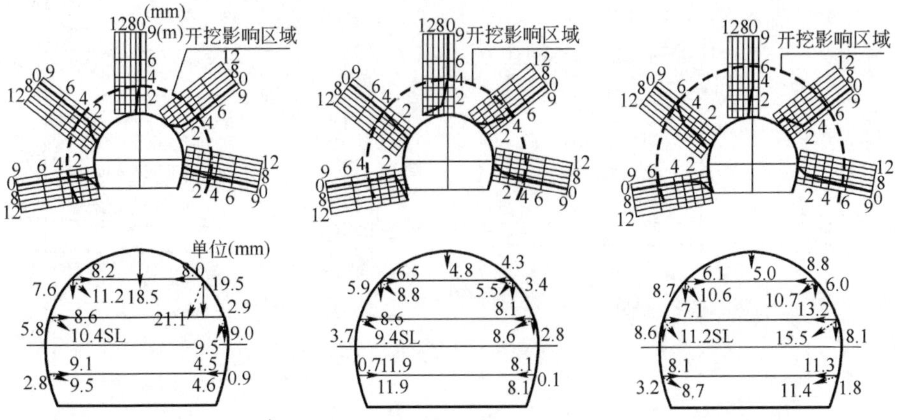

a) A模式(高速掘进)　b) A模式(通常掘进)　c) B模式(通常掘进)

图 12-10　2003 年 11 月 10 日地中位移分布和净空位移向量

③通常掘进 B 模式的净空表面测点的位移值处于同等水平。地中位移量测如以深度 9m 为不动点，则隧道开挖影响范围约为 6m 左右。

根据以上所述，隧道开挖影响范围在高速掘进 A 模式时最小，依次是通常掘进 A 和通常掘进 B 模式。

(3)隧道的力学稳定性

图 12-11 表示喷混凝土及通常掘进 B 模式的合成轴力(喷混凝土＋钢支撑)。图 12-11 中的轴力符号指图 12-6 的应力测定位置。轴力用量测的应力除以断面积，并换算为单位长度的数值。图 12-11 中表示出开挖 1d 后、10d 后、100d 后及量测终了时(2003 年 11 月 10 日)的数据。据此可以看出：

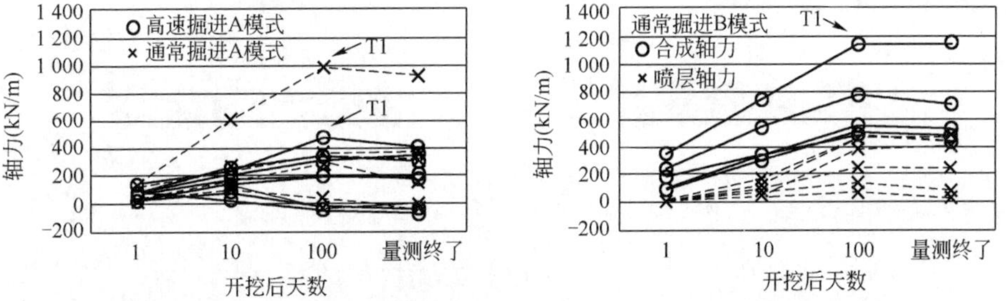

a)A模式(高速掘进)．A模式(通常掘进)　b)B模式(通常掘进)

图 12-11　支护轴力的历时变化

①支护的轴力在拱顶部(A 模式的 $T1$、B 模式的合成 $T1$)为最大。拱顶部的支护轴力大小依次为通常掘进 B 模式、通常掘进 A 模式和高速掘进 A 模式。

②在通常掘进 B 模式中，到开挖 10 天的数据合成轴力与喷混凝土轴力之差很大。此差值表示钢支撑的轴力，喷射混凝土的初期刚性很小，钢支撑受到的荷载很大。而 10～100 天的喷混凝土的轴力的增加很大。

③高速掘进 A 模式、通常掘进 A 模式没有出现拉应力的量测断面。在喷混凝土的量测中,没有发生很大的开裂,但出现了干燥收缩的局部开裂。

④在出现压应力的断面中,尽管支护模式不同,但支护中轴力的变化,却大致相同,100 天后,都收敛了。

喷混凝土的应力-应变曲线示于图 12-12。图中表示出弹性系数为 2 000N/mm^2、5 000N/mm^2、8 000N/mm^2 的应力-应变曲线。根据应力-应变曲线的初期倾斜可以计算出弹性系数,其中 A 模式的高性能初期高强度喷混凝土的弹性系数约为 5 000～8 000N/mm^2,B 模式的高品质喷混凝土为 300～600N/mm^2,比材龄试验结果小得多。其后,高性能初期高强度喷混凝土的应力-应变曲线倾斜变小,这是喷混凝土流变、构造收缩短影响所致。而高品质喷混凝土的应力-应变曲线到量测终了其弹性系数都在 3 000～8 000N/mm^2 左右。

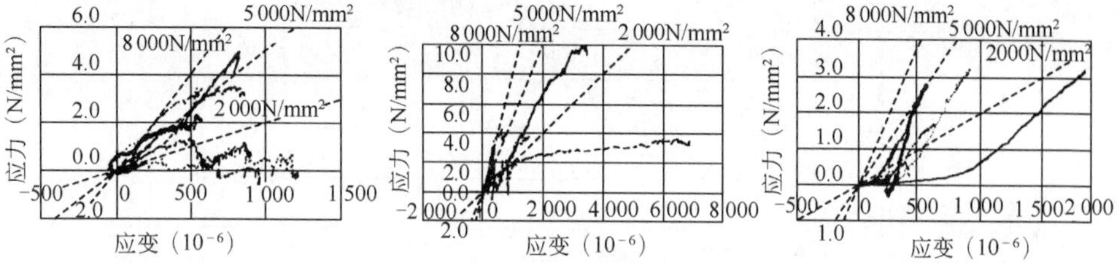

a) A 模式(高速掘进)　b) A 模式(通常掘进)　c) B 模式(通常掘进)

图 12-12　喷混凝土的应力-应变关系

(4)施工模式的比较

根据比较试验的量测结果分析不同施工模式的影响。

对高性能喷混凝土的标准支护模式来说,取消钢支撑的支护模式使开挖影响范围、位移值、拱顶部支护轴力都变小了,高性能初期高强度喷混凝土的强度、刚性的早期出现也有效果。

从掘进速度看,高速掘进比通常掘进在拱顶的位移、开挖影响范围、下沉量、位移速度的收敛期间、支护轴力等都显著减小。这是由于高速掘进比通常掘进,从开挖结束到喷射结束能够在比较短的时间内,出现早期支护效果,使开挖影响范围、围岩位移值变小所致。

从喷混凝土应力-应变曲线中,可以看出新支护模式的喷混凝土流变、干燥收缩有一点变化,其主要原因是:

- 粉体量、混合剂多的初期高强度喷混凝土配比的影响;
- 不采用钢支撑的支护模式中,低材龄喷混凝土能够承受比较大的荷载作用的影响;
- 在标准支护模式中,钢支撑约束干燥收缩的影响。

(5)取消钢支撑支护模式的适用范围

比较试验的围岩变形系数是 4 680N/mm^2,初始地压是 6.6MPa。变形系数与

CI 围岩相当,接近喷混凝土的弹性系数。净空位移值约在 20mm 左右。

围岩变形系数比喷混凝土弹性系数小的场合,初始地压大、净空位移也大,喷混凝土中发生的应力也大,在这种场合新支护模式应用比较困难。

日本从 2003 年开始在峰山隧道进行初期高强度喷混凝土的施工研究,之后又在北陆新干线的鱼津隧道进行了短时间高刚性喷混凝土的研究。峰山隧道采用的喷混凝土抗压强度,材龄 28d 强度达 $52N/mm^2$,接近规定的强度($18N/mm^2$)的 3 倍以上。其初期强度,10min 可达到 $3N/mm^2$,而过去的喷混凝土要到达此强度,大概需要 3h。两者比较列于表 12-6。

初期高强度与一般喷混凝土的比较 表 12-6

比较项目 \ 喷混凝土分类		初期高强度喷混凝土	一般喷混凝土
塌落度(cm)		20～22(喷射时)	14±2
配比(kg/m^3)	水	200	216
	水泥	380	342
	硅灰	20	18
	细骨料	1 073	966
	石灰石微粉末	127	114
	粗骨料	530	682
	其他	高强度混合材:44	添加剂:2.52
		速凝剂:36	
强度(N/mm^2)		初期:3.5(10min) 长期:52(28d)	长期:27(28d)

三者的强度特性比较示于图 12-13。

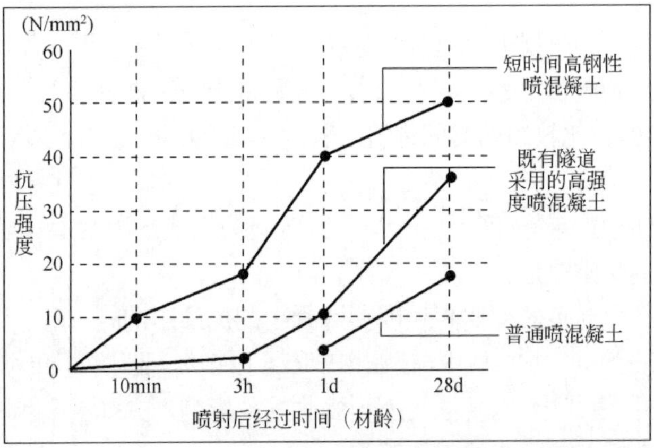

图 12-13 短时间高刚性、初期高强度喷混凝土与一般喷混凝土的强度特性的比较

12-2　短时间高刚性喷混凝土的施工试验——日本北陆新干线鱼津2号隧道

1. 概述

利用喷混凝土作为初期支护的场合，其强度和刚性是很重要的力学性能。因为喷混凝土是以隧道开挖后净空变形时的支护反力形态作用在围岩上的，而支护的刚性则是与支护反力有直接关系的性能。

喷混凝土的刚性，喷射过后是不大的，而隧道的净空位移则是在短时间发生的。两者的关系，即隧道掘进速度和喷混凝土的硬化速度(刚性增进速度)的关系，决定了喷混凝土赋予围岩的支护反力。例如根据日本学者的研究，伴随掌子面掘进的围岩变形，是随掘进速度和喷混凝土的刚性增进速度而变的，这可用三维模式具体地加以说明。

在软弱围岩中隧道的掘进速度会显著降低，此时能够发挥早期强度和刚性使喷混凝土的支护效果更为优越。

为此开发促使软弱围岩早期稳定的、具有低龄强度和刚性的喷混凝土是十分必要的。日本在北陆新干线的鱼津隧道进行了短时间高刚性喷混凝土应用的试验研究。

2. 短时间高刚性喷混凝土的目标值

短时间高刚性喷混凝土的性能，以材龄3h的刚性达到15～20MPa以上为目标值。目标值是按单轴抗压强度15～20MPa设定的。理由如下：

• 此目标性能是以5m宽度的小断面隧道，一天掘进5～10m速度确定的；

• 随着掌子面推进的净空位移的增加，其支护反力的增加原理的概念示于图12-14。在此图中，对通常喷混凝土和短时间高刚性喷混凝土的两种情况进行了对比。

• 普通喷混凝土的场合，例如材龄2～3d才能够发挥其刚性效果，而为了补足最终的刚性不足，要加厚喷混凝土，与刚性增进速度配合的掘进速度一天约1m左右，掘进速度很低。掘进速度过快的场合，围岩的松弛范围也将过大，会损伤支护的健全性。因而在强大地压条件下采用的多重支护方法就是能够追随围岩变形而让支护刚性分阶段增进的方法。

• 在同样地压条件下的短时间高刚性喷混凝土，例如在材龄3～6h就能够发挥其刚性的效果，在一般厚度时，即使一天以5～10m的速度掘进，也能够发挥其刚性的效果。

基于上述概念，设定短时间高刚性喷混凝土的目标值是材龄3h为15～20MPa。

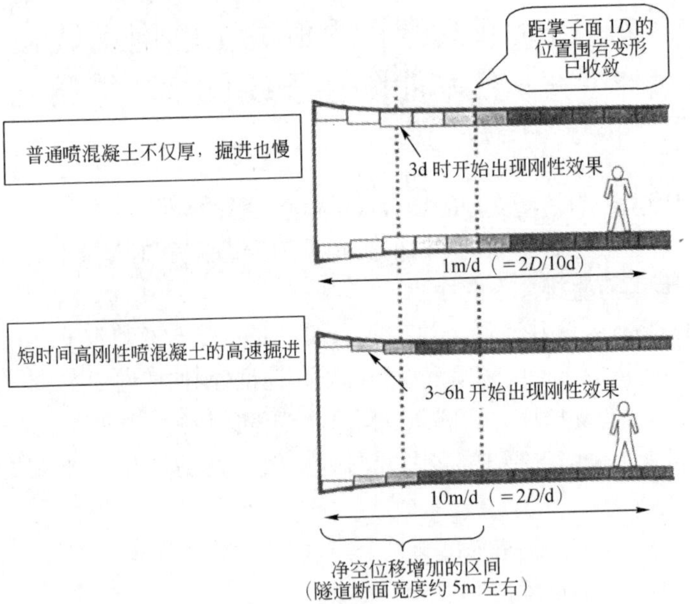

图 12-14　强大地压条件下普通喷混凝土和短时间高刚性喷混凝土的支护效果比较

注:喷混凝土颜色的浓淡表示刚性的变化。

3. 施工试验

为了确认高刚性喷混凝土的性能和施工性,在北陆新干线鱼津2号隧道进行了施工试验。鱼津隧道长3 097m,地质条件是:新第三纪及第四纪的砾岩为主。其标准的支护模式示于图12-15。

(1)施工试验的实施位置

施工试验分两次进行。第一次在下半断面的侧壁进行,第二次在上半断面拱部进行。施工试验的概况示于照片12-5和照片12-6。

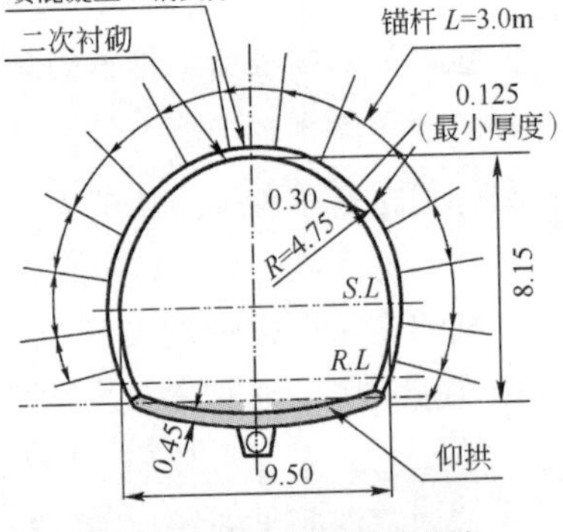

图 12-15　隧道的标准支护模式

照片 12-5　下半断面的施工试验状况

照片 12-6　上半断面的施工试验概况

(2)材料及配比

表 12-7 列出采用的材料。表 12-8 表示喷混凝土的配比。

使 用 材 料 表 12-7

种 类	规 格
水泥(C)	早强硅酸盐水泥,密度为 3.13g/cm³
细骨料(S)	密度=2.62g/cm³
粗骨料(G)	碎石(13～5mm),密度=2.67g/cm³
高强度用混合剂(Σ)	Σ－SH,密度=2.53g/cm³
高性能减水剂(SP)	FTN－30W(与 AE 剂配合)
速凝剂	10S,高强度喷射用速凝剂

喷 混 凝 土 配 比 表 12-8

目标塌落度(cm)	目标含气量(%)	$W/(C+\Sigma)$(%)	S/a(%)	单位用量(kg/m³)						速凝剂(C×12%)
				W	C	Σ	S	G	S_P(C×4%)	
20～25	6	28.5	60	185	550	100	943	641	22	66

表中的配比是根据室内拌和试验大致确定的,接着在模拟隧道中进行了喷射试验,再根据其结果决定最终的配比。

配比的特征如下:

• 在普通喷混凝土配比中,例如"喷混凝土指南"中的配比的水灰比为 55%～60%,细骨料率是 60%～65%,单位水泥用量是 360kg,速凝剂用量是 C×5.5%。而短时间高刚性喷混凝土的单位用粉体量是水泥用量 550kg 加上短时间强度促进用混合材(石膏系,表中用Σ符号表示的)100kg,合计 650kg。是粉体量比较多的配比;

• 水粉体比,普通喷混凝土是 55%～60%,而短时间高刚性喷混凝土是 28.5%,是高强度的配比,但就是这样还是不能期待取得短时间的强度和刚性的;

• 促进短时间强度用的混合材(Σ)是粉体速凝剂和超速硬性水泥矿物的组合物,是可以短时间出现强度的材料。成分是在普通水泥中加入石膏系成分为主的材料。把此混合材 100kg 事先加入混凝土中,而后在喷嘴处添加粉体速凝剂,就可以发挥其短时间的速凝性;

• 单位水泥用量也好,水粉体比也好与过去的配比都有很大差异,这样的配比因为没有流动性,均匀地拌和很困难,也没有把混凝土投入喷射机的流动性,因此为了具有施工可能的流动性,加入了高性能减水剂(SP)。

(3)施工系统

上半断面喷射施工试验的机械及其配置示于图 12-16 和表 12-9。

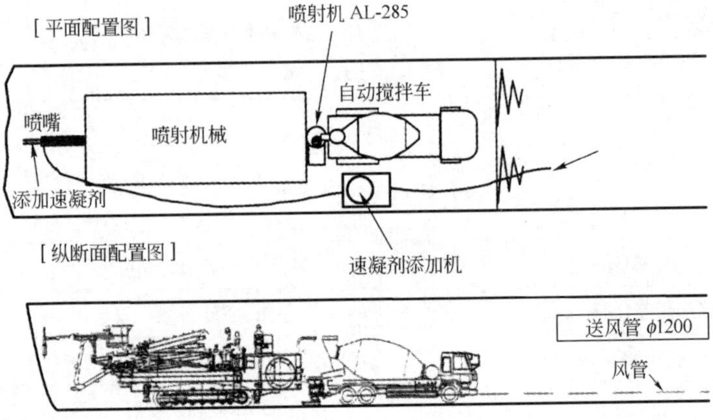

图 12-16　喷射施工试验的机械配置(上半断面)

喷射施工试验的机械　　表 12-9

机械名称	型　号	能　力
速凝剂添加机	PAC-250V	罐容量=250L,压送能力=1~8kg/min
喷射机	AL-285	最大吐出速度=$21m^3/h$
喷射机械手	FMS-3	带有举重臂的喷射机
空压机		75kW,2 台,电动式

鱼津隧道使用的喷射机是经过改造的,主要改造情况如下:

• 为了给 $1m^3$ 混凝土提供大量的速凝剂,另外准备了一个大型的速凝剂添加机;

• 从 AL-285 型喷射机到喷嘴的配管的一部分改为钢管,改善了黏性大的混凝土的压送性。为了预防喷嘴的堵塞,在上半断面施工时,从速凝剂添加位置到喷嘴前端的长度取约 1.1m;

• 配合速凝剂添加机能力的吐出速度,设定比喷射机吐出量小一些($11m^3/h$)的吐出速度,进行喷射;

• 现场的拌和设备因为受到材料的制约,从附近的混凝土工厂用自动搅拌车运送混凝土;

(4)初期强度(10min 强度)

作为性能目标,主要关注材龄 3h 的强度特性和弹性系数,但作为参考值,应对 10min、1h、3h 材龄的强度进行拉拔试验。表 12-10 是拉拔试验得到的拉拔强度的结果。()内的数值是乘以系数 4 的抗压强度的换算值。

喷射后初期阶段的拉拔试验的拉拔强度　　表 12-10

施工试验位置	N（试件序号）	拉拔强度(MPa)		
		10min	1h	3h
下半断面	1	3.23	3.65	4.13
	2	3.36	3.35	5.15
	3	3.88	4.13	5.15
	平均	3.49(14.0)	3.71(14.8)	4.81(19.2)
上半断面	1	3.62	4.69	4.56
	2	3.55	4.46	4.81
	3	3.93	3.80	5.32
	平均	3.70(14.8)	4.32(17.3)	4.90(19.6)

由表 12-10 可见，材龄 10min 的换算抗压强度达到 14MPa 以上，说明是瞬结性很好的喷混凝土。

(5)材龄 3h～28d 的强度和刚性

根据施工现场制作的大板喷射取样的试件进行的抗压强度试验结果列于表 12-11。弹性系数的结果列于表 12-12。

喷混凝土的取样试件的强度特性　　表 12-11

种　类	N（试件序号）	试件的抗压强度(MPa)				
		3h	1d	7d	28d	28d(风干状态)
下半断面	1	19.2	44.5	44.1	53.6	54.1
	2	17.3	45.7	38.7	50.5	56.0
	3	20.3	34.1	39.6	45.2	53.3
	4	22.6	30.3	34.3	—	54.1
	5	16.9	44.0	41.5	47.3	—
	平均	19.3	39.7	39.6	49.2	54.4
上半断面	1	14.7	38.3	39.7	41.3	45.9
	2	14.7	38.1	30.0	46.1	61.8
	3	17.0	32.8	37.6	41.5	46.9
	4	12.4	47.5	46.4	53.0	43.4
	平均	14.7	39.2	41.3	45.5	49.5

喷混凝土取样试件的弹性系数　　表 12-12

种类	N（试件序号）	试件的弹性系数（kN/mm²）				
		3h	1d	7d	28d	28d（风干状态）
下半断面	1	20.1	24.1	21.3	27.5	26.0
	2	20.0	31.1	20.4	24.1	27.9
	3	16.4	20.5	24.7	23.4	26.3
	4	18.1	20.3	20.7	—	24.1
	5	16.6	23.7	23.7	23.7	—
	平均	18.2	23.9	22.2	24.7	26.1
上半断面	1	18.2	22.8	23.8	21.1	23.0
	2	19.8	21.3	20.9	24.2	26.4
	3	18.6	21.3	20.7	23.3	23.5
	4	18.0	24.8	26.3	26.0	31.2
	平均	18.7	22.6	22.9	23.7	26.0

下半断面侧壁的施工试验，平均抗压强度在材龄 3h 时为 19.3MPa，上半断面施工试验为 14.7MPa。上半断面的施工试验比下半断面的抗压强度小一些。弹性系数在材龄 3h 时是 18kN/mm²。

(6)长期材龄的抗压强度

长期材龄的抗压强度如表 12-13 所示，没有出现劣化的征兆。

下半断面喷射时试件的长期抗压强度和弹性系数　　表 12-13

种　　类	N（试件序号）	91d	0.5y	1y
抗压强度（MPa）	1	53.9	55.7	55.8
	2	62.1	59.2	60.9
	3	61.8	67.6	40.3
	4	44.4	57.0	55.5
	平均	60.3	59.9	57.5
弹性系数（kN/mm²）	1	26.0	28.6	29.3
	2	27.5	28.7	29.4
	3	27.8	30.3	24.9
	4	26.8	29.8	29.4
	平均	27.0	29.3	29.4

(7)与普通喷混凝土的比较

材龄和抗压强度与普通喷混凝土的比较示于图 12-17。与过去的普通喷混凝土或高强度喷混凝土的基准强度比较，短时间高刚性喷混凝土是一种能够在短时间内出现显著高强度的材料。

4. 应变控制加载试验的应力-应变特性

除前述标准的抗压强度试验外，还进行了应变控制加载试验(变形速度设定为0.15mm/min)，各材龄的代表性的应力-应变曲线示于图12-18。

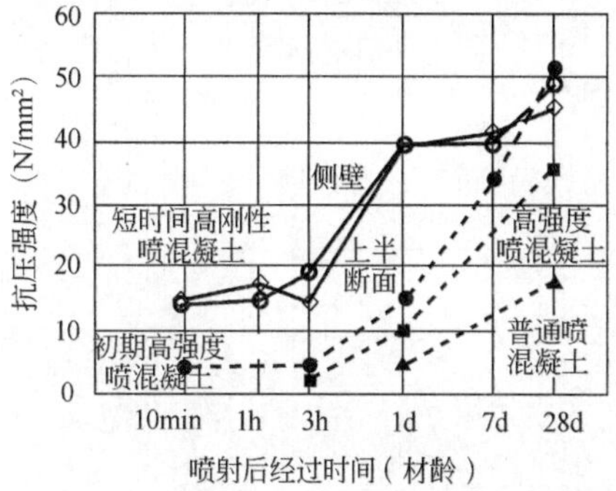

图12-17 喷混凝土的不同材龄的抗压强度的比较

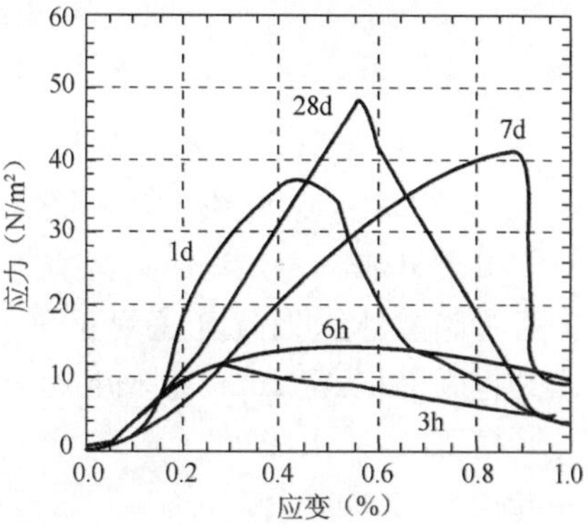

图12-18 短时间高刚性喷混凝土的应力-应变曲线

根据此试验，了解了超过相当于峰值强度的应变后试件的应力-应变特性，能够研究净空位移变大的场合，喷混凝土应力负荷的状况。根据此图可以得到以下认识：

• 材龄1d以后的材料，超过相当峰值强度的应变后，出现残余强度急剧降低的脆性材料特性，残留强度即使在应变为0.8%时，也在10MPa以上。即使隧道净空位移大的场合也具有负担一定程度应力的能力。

• 材龄3～6h的材料，超过相当附着强度的应变后没有产生应力急剧降低的情况，显示出具有延性材料的特性，即具有能够追随位移变形的特性。

5. 短时间高刚性喷混凝土的施工性

(1)混凝土的拌和

短时间高刚性喷混凝土拌和后成为黏性高的材料，用过去的混凝土拌和装置的回转扭矩是不充分的。因此，要把拌和装置的容量加大。

(2)喷射机的适用性

在模拟隧道的喷射试验中，进行了泵与空气压送方式喷射机和空气压送方式喷射机两种机型的喷射试验。压送方式的不同，其强度出现等几乎没有什么不同。

(3)回弹率

上半断面施工时测定的回弹率为16.9%，下半断面时为15.5%，与普通喷混凝土的回弹率基本相同。

(4)粉尘浓度

上半断面施工时粉尘浓度的测定结果不到基准值3mg/m³，没有什么问题。

12-3 改善耐海水性、水密性及作业环境的高强度低溶出型喷混凝土

1. 工程概况

名称：液化石油地下储备工程；

工期：2002～2008 年。

2. 隧道概况

各种储槽、竖井及隧道，总延长约 830m；

开挖断面积：宽 26m、高 30m；

开挖工法：矿山法；

开挖方式：爆破开挖；

标准支护模式：锚杆、喷混凝土；

储槽断面示于图 12-19。

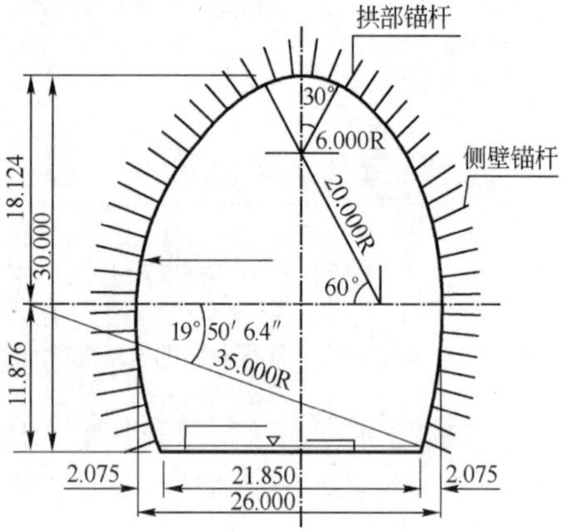

图 12-19　储槽的断面图

3. 喷混凝土

喷射方式：湿喷，泵与空气压送并用方式；

使用材料：如表 12-14 所列；

使　用　材　料　　表 12-14

材料(符号)	内　　容
水泥(C)	B 类高炉水泥，密度 3.04g/cm³
粉煤灰(FA)	FA20
高性能减水剂(SP)	FTN-30(聚乙烯系)
速凝助剂(A_s)	FTN-SD(水溶性高分子化合物)
速凝剂(A_c)	US-50(硫铝酸钙系) 浆状用水(W_s)按速凝剂混合 70%

配比条件：如表 12-15 所列。

配　比　条　件　　表 12-15

W/C	S/a	单位用量(kg/m³)						
		W	C	FA	SP	A_s	A_c	W_s
50	65	200	400	104	5.6 (C×1.4%)	0.2 (C×0.05%)	40 (C×10%)	28 (C×7%)

为了构筑海底水封式大断面空间，以提高耐海水性、水密性和改善作业环境为目的，采用了混合水泥与浆状速凝剂组合的高强度低溶出型的喷混凝土。

水泥采用B类高炉水泥，混入粉煤灰以减少混凝土中的氢氧化钙含有量，抑制钙的溶出及碳酸钙的析出。

粉体速凝剂与水混合成浆状后添加到混凝土中，由于浆状化的粉尘抑制效果和改善与混凝土的混合性，所以能够抑制起因于速凝剂的粉尘的发生。

喷混凝土的强度出现如表12-16所示，材龄3h时约为$3N/mm^2$，材龄1d时接近$10N/mm^2$，而材龄28d约达到$45N/mm^2$，91d是$54N/mm^2$。

高强度低溶出型喷混凝土强度出现试验　　表12-16

拉拔强度(N/mm^2)		取样强度(N/mm^2)		
材龄3h	材龄1d	材龄7d	材龄28d	材龄91d
2.8	9.0	24.2(99.6)	44.8(95.8)	53.8(87.8)

注：( )内数值是与基本混凝土的抗压强度比。

耐海水性是用向浸渍水的钙溶出量及混凝土硬化体中的$Ca(OH)_2$和$CaCO_3$的生成量来评价的，与一般喷混凝土(水泥量$360kg/m^3$，水灰比60%，硫铝酸钙系粉体速凝剂添加7%)比较约降低一半的数量，耐海水性是很优越的(图12-20)。

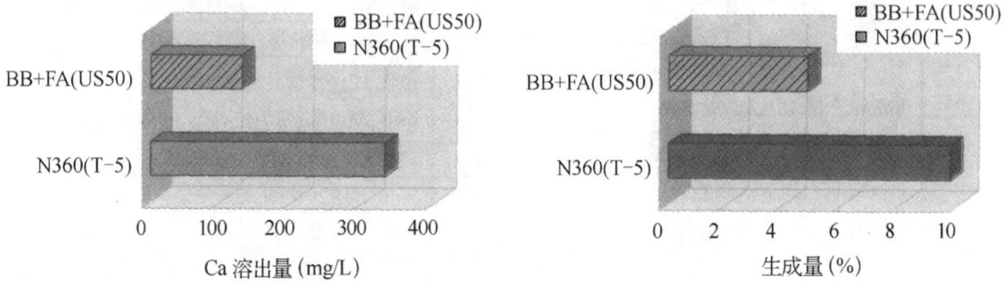

图12-20　高强度低溶出型喷混凝土与一般喷混凝土的比较

12-4　降低粉尘新喷射系统的试验喷射

日本东北新干线八甲田隧道为了控制喷混凝土作业时的粉尘发生量，改善浆状速凝剂的喷射方法使粉尘发生量和回弹大为降低，并改善了喷混凝土的施工性和品质。该项试验喷射是在八甲田隧道的斜井中进行的，斜井长1 331.8m，坡度为1.1%，比较缓。图12-21是斜井的标准断面和错车道断面。

本系统的主要规格示于表12-17。

喷射系统的规格　　表12-17

项　目	规格、尺寸	项　目	规格、尺寸
投射量	$16m^3/h$	投入管径和投射口尺寸	ϕ65mm、80mm×104mm
叶轮实用转数	2 000rpm	驱动油泵	液压泵 55kW
叶轮直径	300mm		

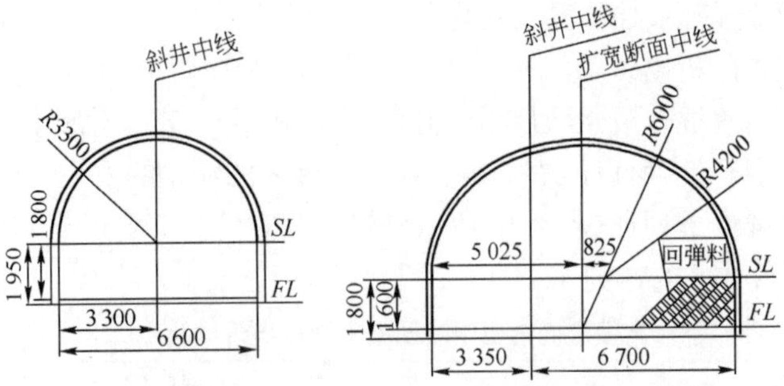

a）标准地段断面　　　　b）错车道地段断面

图 12-21　斜井的标准断面和错车道断面

喷射系统是喷射机制造厂开发的，其外貌示于图 12-22。

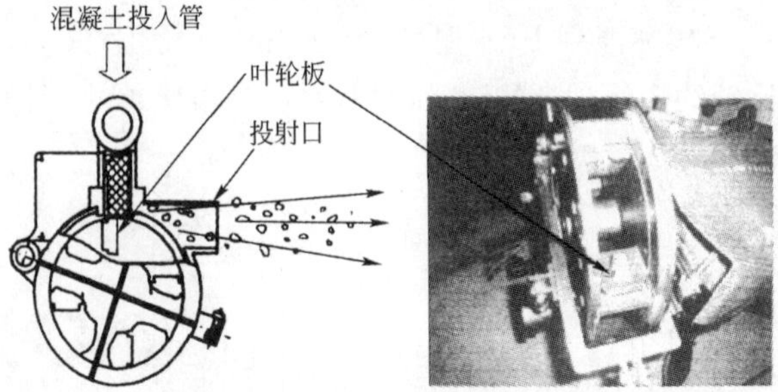

图 12-22　喷射机外貌

浆状速凝剂是用压缩空气压送到能够浆化的喷嘴处，与水混合后成为浆状。通过喷嘴后在 Y 字管与混凝土合流、喷射出去。浆状速凝剂和混凝土合流部示于图 12-23。

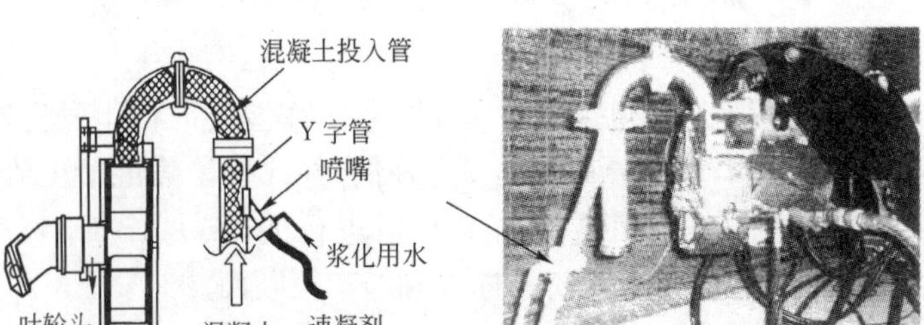

图 12-23　混凝土投入管部

把喷射系统和浆状速凝剂两者结合的设备示于图 12-24 及照片 12-7。其中包括装备有叶轮头的喷射机械手、混凝土泵、液压泵、速凝剂供给装置等，并各自单独进行试验以确认控制粉尘量和回弹量的效果。

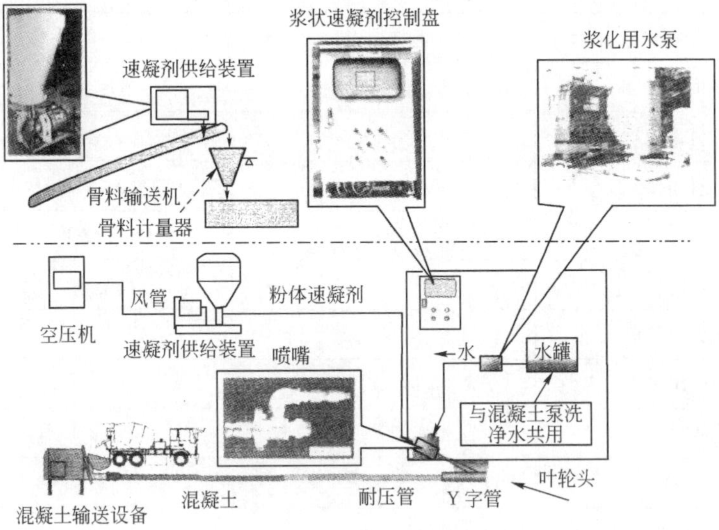

图 12-24　一体型喷射系统设备

照片 12-7　一体型喷射系统概貌

为了验证设备的性能及其效果，在斜井内进行了喷射试验。试验项目及内容列于表 12-18。

试验项目及内容　　表 12-18

试验项目	内容
新鲜混凝土性状	塌落度、含气量、温度测定
喷混凝土抗压强度	拉拔试验、试件试验
施工性确认(定性评价)	脉动的有无、速凝剂的混合状态、附着状况的目视观察
回弹量	混凝土、非钢纤维回弹率的测定
粉尘发生量	距喷射地点 50m 处的粉尘浓度测定

实施配比喷射试验采用的材料和配比列于表 12-19 和表 12-20。

使 用 材 料 表 12-19

材料(符号)	种　类	备　注
水泥(C)	普通波特兰水泥	密度=3.15g/cm^3
细骨料1(S1)	山砂	密度=2.61g/cm^3,FM=2.05
细骨料2(S2)	碎砂	密度=2.65g/cm^3,FM=3.20
粗骨料(G)	碎石	G:13mm,密度=2.70g/cm^3
纤维(PPF)		密度=0.91g/cm^3
速凝助剂(SD)	FTN-SD2	—
混合剂1(SP1)	高性能减水剂FTN-30	—
混合剂2(SP2)	AE减水剂WRDA-L15	—
水(W)	地下水	—
速凝剂1(US-32)	US-32	—
速凝剂2(T-5)	TYPE-5	—

实 施 配 比 表 表 12-20

配比	塌落度(cm)	W/C(1)(%)	W/C(2)(%)	S/a(%)	单位用量(kg/m^3)									浆状速凝剂(kg/m^3)		速凝剂T-5(kg/m^3)
					W	C	S1	S2	G	PPF	SD	SP1	SP2	US-32	浆状水	
430	18±2	48.9	54.5	70.0	210	430	358	848	529	9.1	0.215	3.87	—	30.1	24.1	—
400	18±2	50.0	55.6	70.0	200	400	369	874	545	9.1	0.200	4.00	—	28.0	22.4	—
380	18±2	52.6	58.2	70.0	200	380	372	881	551	9.1	0.190	4.75	—	26.6	21.3	—
普通	15±2	58.3	58.3	63.0	210	360	329	779	664	9.1	0.200	—	3.60	—	—	25.2

注:配比栏的数值为单位水泥用量;普通指采用一般压缩空气的喷混凝土。

在配比设计中,纤维混入率取1%(9.1kg/m^3)。为了避免因混合纤维造成堵管,塌落度设定为18cm。单位水泥用量采用标准值(430kg/m^3)及低于标准值的两种情况(400kg/m^{3}和380kg/m^3)。

1.新鲜混凝土的试验结果

与一般试验一样,在喷射作业开始前测定了塌落度、含气量等,试验结果列于表12-21。测定值均在容许范围之内。

新鲜混凝土的试验结果　　表 12-21

配　比	塌落度规定范围(cm)	试验结果			
		塌落度(cm)	含气量(%)	混凝土温度(℃)	外气温度(℃)
430	18±2	20.0	4.0	18.0	16.0
400	18±2	18.5	4.7	19.0	17.0
380	18±2	19.5	4.4	20.0	20.0
普通	15±2	15.0	4.7	12.0	16.0

2.喷混凝土抗压强度试验结果

喷混凝土抗压强度试验中,初期强度 σ 采用拉拔试验方法,长期强度采用取样试验方法,其结果列于表 12-22。

喷混凝土抗压强度试验结果　　表 12-22

配　比	塌落度范围(cm)	W/C(1)(%)	W/C(2)(%)	试验结果(N/mm^2)		
				24h	7d	28d
430	18±2	48.9	54.5	8.5	22.4	28.6
400	18±2	50.0	55.6	8.6	18.3	30.2
380	18±2	52.6	58.2	8.3	17.1	29.8
普通	15±2	58.3	58.3	8.6	22.8	27.9

3.施工性确认试验

采用目视方法对喷射机性能、施工性进行确认。观察在不同配比条件下,喷嘴前端的脉动、速凝剂混合状态、附着凝结状态等。定性评价的标准列于表 12-23。评价结果列于表 12-24。

施工性确认的评价基准　　表 12-23

评价符号	评价项目		
	有无脉动	速凝剂混合状态	附着凝结状态
○	混凝土吐出顺畅	在喷嘴前端看不到速凝剂的白筋	喷混凝土附着快,拉拔试验用钉可立即埋没
△	多少有些不顺畅	多少可以看到一些白筋	喷混凝土附着慢,但能够进行拉拔试验
×	不顺畅、管子激烈摇摆	在喷嘴前端,看到速凝剂与水分离	喷混凝土没有凝结,进行拉拔试验时费时间

施工性确认评价结果 表 12-24

配　比	施工性评价结果		
	有无脉动	速凝剂混合状态	附着凝结状态
430	○	○	○
400	○	○	○
380	○	○	△
普通	○	△	△

从评价结果看，各种情况都比较好，其中 380 的情况，因速凝剂添加量比较少，材料稍有离析，附着速凝性比较差。另外，当一体型喷射机的控制盘表示的混凝土泵压比较低而且稳定时，吐出量大体上是个定值，混凝土和速凝剂都能够稳定的供给。混入纤维也是稳定的。

4. 回弹量试验

混凝土的回弹量试验采用事先在底部铺设回收板，设定混凝土吐出量为 $10m^3/h$，在 6min 内连续在全周喷射（喷射量 $1.0m^3$），回收回弹的混凝土，测定回收的容量。对纤维喷混凝土则要用水冲洗回收的混凝土，收集纤维，干燥后计量。

与普通喷混凝土比，单位水泥用量越多，相对的回弹量越小。这是因为水泥用量大，附着速凝性也增强。380 的情况，因水泥用量少，故回弹量也大些。图 12-25 是回弹量的试验结果。

5. 粉尘浓度的测定

粉尘浓度的测定采用光散乱式粉尘测定器，用质量浓度换算系数（$K=0.04$）换算粉尘浓度。测定是在自然通风状态下进行的。风速约为 1.0～1.1m/s。粉尘浓度的测定位置在距喷射地点 50m 处。测定开始的 3min 是不稳定的除外，430 情况约为 0.8～1.4mg/m^3，400 情况约为 1.0～1.6mg/m^3，与普通喷射比粉尘降低效果是比较大的。430 和 400 的情况几乎无差别。随着速凝剂用量减少粉尘浓度有增多的趋势。380 情况与 400 情况比，粉尘浓度大为增加。这是因为的混凝土中，水泥和速凝剂用量少的关系。图 12-26 是各种情况的粉尘浓度测定结果。

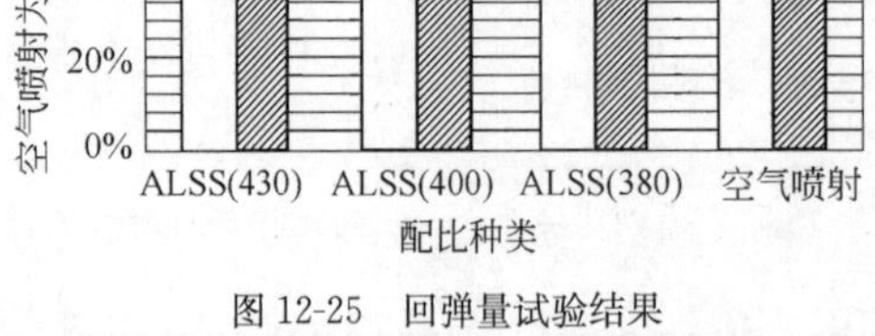

图 12-25　回弹量试验结果

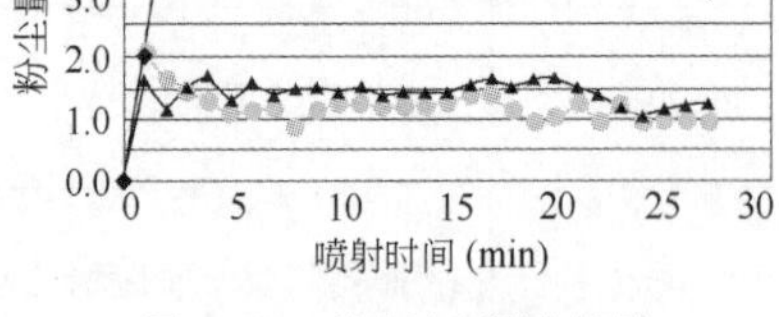

图 12-26　粉尘浓度测定结果

12-5 大变形地段的多层支护技术

在易于发生大变形的围岩中，加强初期支护的力度，特别是喷混凝土的力度是非常重要的。

大变形围岩的情况下，使开挖断面及早闭合是最有效的。因此在大变形围岩中，多设置比较大的变形富余量，但还会产生比变形富余大的净空位移。因此，就产生反复扩挖和反复支护的概念。反复开挖和反复支护后的净空位移一般比当初开挖时的要小。因此，此方法过去的施工实例是很多的，如陶恩隧道就是一个典型的实例。

从过去施工经验看，大变形地段主要采用控制和释放相互交替的方法，即采用反复开挖，反复支护的方法进行施工，直到完成开挖及支护。这种方法的最大问题是需要多次拆除已承载的支护，多次开挖与支护不仅使地层扰动过大，而且稍有不慎，也会造成掌子面的崩塌。

最近日本在东海道新干线的饭山隧道(长 22.2km)的大变形地段采用多重支护方法进行施工，取得了成功。

1. 多重支护的基本观点

饭山隧道通过的是新第三纪的泥岩，并且泥岩处于背斜破碎带、裂隙发育，属易于产生大变形的围岩。为了控制大变形的发展，采用微台阶法施工和多重支护的方法。

多重支护的基本观点如下：

• 容许一次支护损伤，设定比通常大的变形富余量。为了设置二次支护，开挖断面要考虑设置二次支护的富余；

• 进行二次支护，并形成闭合结构，控制变形的进一步发展，提高支护的安全性；

• 由于加大变形富余量，不需要拆除一次支护，二次支护是在一次支护变形到一定程度后实施的，消除了拆除一次支护可能出现的风险；

• 一次支护变形小的场合，可以不进行二次支护。

例如饭山隧道在上半断面开挖时，先设置了 4.0m×10 根、6.0m×6 根@1.00m 的锚杆，H-200@1.00m 钢支撑，喷射厚 25cm 的混凝土(带金属网 $\phi 5\times150\times150$)，变形到一定程度后，又设置了 3.0m×4 根@1.00m 锚杆，H-125@1.00m 钢支撑和喷射 12.5cm 的混凝土。下半断面开挖设置了 4.0m×16 根@1.00m 锚杆。变形富余量一次支护设 20cm，二次支护设 15cm。支护结构示于图 12-27。

这里要解决两个问题：一个问题是二次支护的设置时期。根据解析分析，一次支护在二次支护设置位置只要出现屈服就可以，这个距离大约在距掌子面 3.5D 左右。此时二次支护中的应力可以大幅度地降低。从量测结果看，二次支护距掌子面 1.0D 设置时，二次支护的净空位移值在很短时间内就达到 50mm，喷混凝土的应力也处在很大数值内。而在3.5D距离设置时，二次支护的净空位移值为19mm，应力也保持在非常富余的状态。根据以上的研究，认为二次支护自距掌子面3.5D的左右设置是合适的。另一个问题是变形富余量的设置。饭山隧道根据施工的实际情况，变形富余量按35cm设置，一次支护容许变形20cm，二次支护容许15cm。实际是，一次支护屈服时的位移值约为15～20cm，而二次支护只有1.9cm。

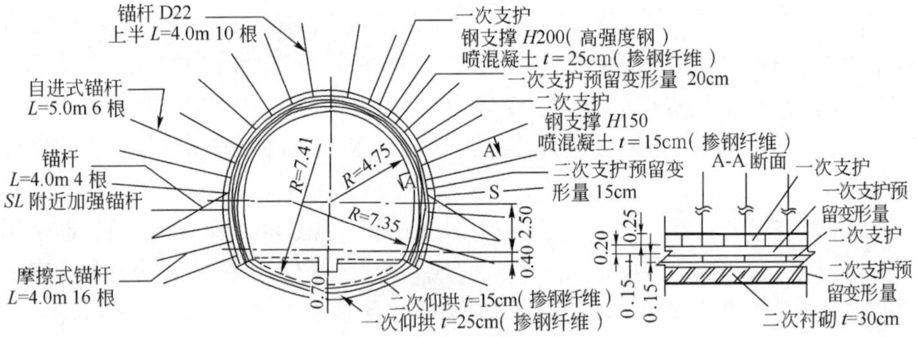

图12-27 多重支护结构图

此外，饭山隧道的喷混凝土采用的是高强喷混凝土。喷混凝土的设计基准强度为21MPa，有的还掺入钢纤维。起拱线附近的锚杆均采用长6.0m的高抗拔力的锚杆(锁脚锚杆)。为了控制掌子面的挤入和变形，在掌子面正面打了22根锚杆。

饭山隧道变形大的地段，主要出现在泥岩地段，根据试件试验，泥岩的物性指标如表12-25所示。

泥岩物性指标 表12-25

位　置	153k+485	153k+580	164k+673	165k+000
地质	泥岩	泥岩	泥岩	泥岩
粒度构成(%) (砂、粉细砂、黏土)	3、52、45	3、40、58	6、36、58	15、50、35
单轴抗压强度(MPa)	5.42	0.17	8.01	2.40
内摩擦角(°)	10.1	8.2	10.0	12.0
净空位移值(mm)	170	500～700	200～250	300～400
备注		破碎带		

2.解析研究

解析采用平面FEM弹塑性解析方法。对象围岩假定是均质、各向同性介质，其力学特性可参考表12-25。埋深取200m。

支护是马蹄形的，为了易于评价，都采用200H钢支撑(1m间距)喷混凝土(厚度25cm)。围岩物性值和输入物性值分别列于表12-26、表12-27。

围 岩 物 性 值 表 12-26

弹性系数(MPa)	泊 松 比	内聚力(MPa)	内摩擦角(°)	单轴抗压强度(MPa)	埋深(m)
50	0.3	0.64	25	2.0	200

支护输入物性值 表 12-27

弹性系数(MPa)	泊 松 比	内聚力(MPa)	内摩擦角(°)	屈服强度(MPa)
8 815	0.3	15.7	30	54.4

表 12-28 表示解析步骤。

解 析 步 骤 表 12-28

反复扩挖-支护			
解 析 步 骤	应力释放率	侧壁位移值	
1. 设定初期地压(4.6MPa)			
2. 开挖(开挖半径 580cm)	30%	u_{1p}	$U_{N2}=u_{1p}+u_{1s}$
3. 支护 S_1	70%	u_{1s}	
4. 扩挖(U_{N1})	30%	u_{2p}	$U_{N2}=u_{2p}+u_{2s}$
5. 支护 S_2	70%	u_{2s}	
多重支护			
解 析 步 骤	应力释放率	侧壁位移值	
1. 设定长期地压			
2. 开挖(开挖半径 630cm)	30%	U_{T0}	
3. 支护 S_1	47%	U_{T2}	
4. 支护 S_2	23%	U_{T3}	

表 12-28 列出反复扩挖-支护的当初开挖时及之后的位移值的解析结果。反复扩挖、支护后的总位移值比当初开挖时约减少一半,效果是明显的。

图 12-28 表示两种场合支护的塑性应变的大小。当初支护 S_1 完全屈服,出现很大的塑性应变,而后者的支护,仅在仰拱和侧壁的接续部出现塑性化。

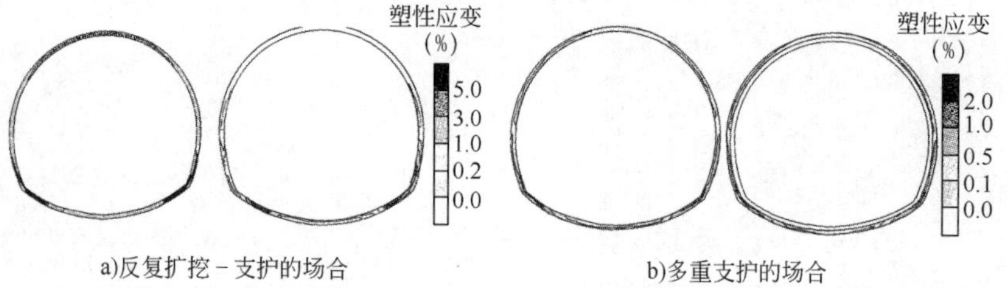

a)反复扩挖 - 支护的场合　　b)多重支护的场合

图 12-28　两种支护的屈服状况

此外，在多重支护中，其效果也很明显。表 12-29 是多重支护位移的解析结果。

坑壁位移的解析结果 表 12-29

先行位移值	一次支护位移值	二次支护位移值	一次支护累计位移值	合　计
214mm	55mm	5mm	60mm	274mm

二次支护 S_2 的位移值只有 5mm，说明支护的安全度是很高的，多重支护的二次支护完全处于弹性状态。

表 12-30 是喷混凝土应力状态的解析结果。从应力角度看，反复扩挖-支护与多重支护都有明确的效果。但在多重支护中，一次支护的应力比喷混凝土的设计强度大。因此应在一旦屈服产生塑性化的一次支护内侧设置二次支护加以约束恢复其刚性。

喷混凝土应力解析结果(单位:MPa) 表 12-30

	反复扩挖	多重支护	备　注
支护 S_1	21.2	23.5	设计强度:21
支护 S_2	16.7	5.1	

图 12-29 表示两种情况的坑壁位移值的比较。在多重支护中因没有进行再开挖，比反复扩挖-支护的先行位移值的总计小，能够抑止围岩的劣化。

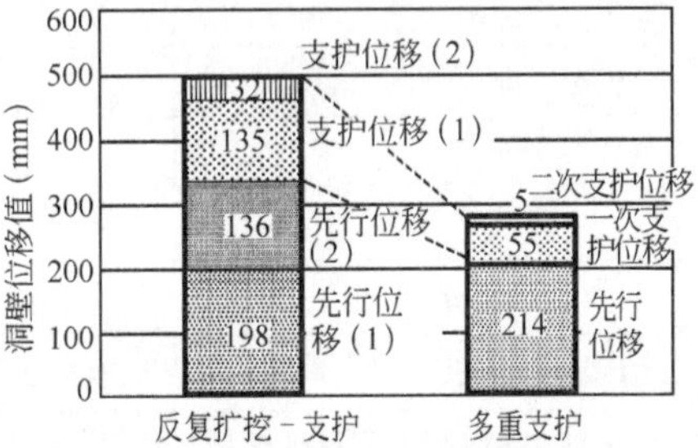

图 12-29 反复扩挖-支护与多重支护的坑壁位移动比较

3. 多重支护法的工程应用

(1)概要

在主要是新第三纪泥岩、砂岩，长22.2km 的饭山隧道中得到应用。

在该隧道东北 30km 附近的锅立山隧道施工时出现显著的膨胀压现象，两者的情况极为相似。预计饭山隧道也会发生同样的现象。

多重支护法最初用于饭山隧道富仓工区，大致在该隧道中间的位置。有一条长 765m 的斜井，隧道埋深大约是 200m 左右。斜井开挖时并没有发生很大的土压，但到达主洞附近，坑壁的变形慢慢增大，净空位移超过了 500mm 以上。照片 12-8 和 12-9 是典型的变异状况。

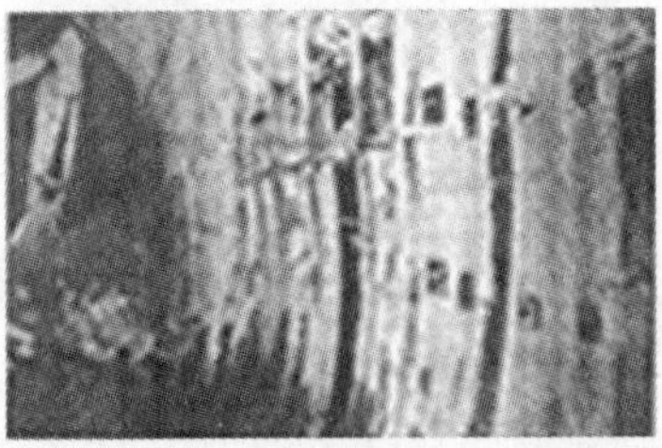
照片 12-8 支护接续部的变异

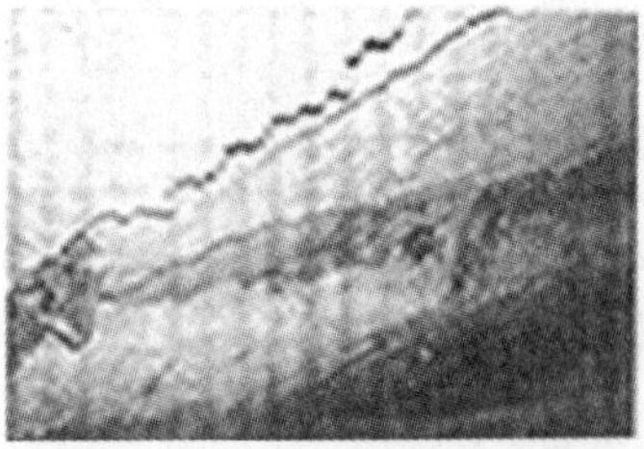
照片 12-9 支护屈服、喷混凝土剥落

上半断面开挖后，支护脚部挤出，设置下半断面支护时不能形成圆顺的形状，不能良好的传递轴力。这样变异的修复和补强是很困难的，而且也不能期待支护效果。

多重支护法是离开掌子面设置二次支护，易于构筑圆顺的闭合断面。此外，从施工角度看，因为是全断面开挖，可以采用大型施工机械，二次支护可以离开掌子面一定距离设置，因此也提高了开挖效率。

饭山隧道确定的标准的多重支护法的支护模式如图 12-28 所示。一次支护采用高规格的 200H 钢支撑，喷混凝土厚度 25cm 并加入钢纤维，锚杆在上半断面设 $L=4\text{m}\times10$根，$L=6\text{m}\times6$ 根，下半断面设 $L=4\text{m}\times16$ 根，总计 32 根。二次支护采用 150H 钢支撑和 15cm 的喷混凝土，没有设锚杆。锚杆间距都采用 1.0m。变形富余要充分，一次支护的变形富余设 20cm，二次支护设 15cm，必要时也可设置三次支护。

开挖方法采用全断面微台阶法。上下断面连续用臂式掘进机开挖，为了早期闭合，仰拱也分一次、二次构筑。多重支护的施工顺序示于图 12-30。

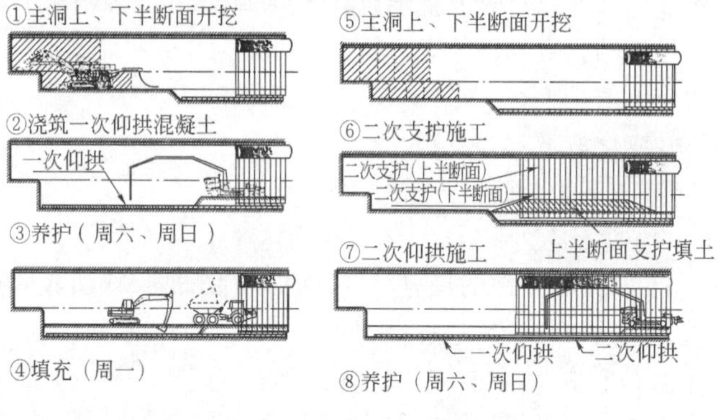

图 12-30　多重支护的施工顺序

(2)施工状况和现场量测

采用多重支护法以前的支护变异状况示于照片 12-9。喷混凝土剥落、钢支撑屈服。采用多重支护后，二次支护的位移，在整个区间都在 20mm 以下，而且完全收敛。图 12-31、图 12-32 是采用多重支护区间的喷混凝土应力和净空位移测定结果。

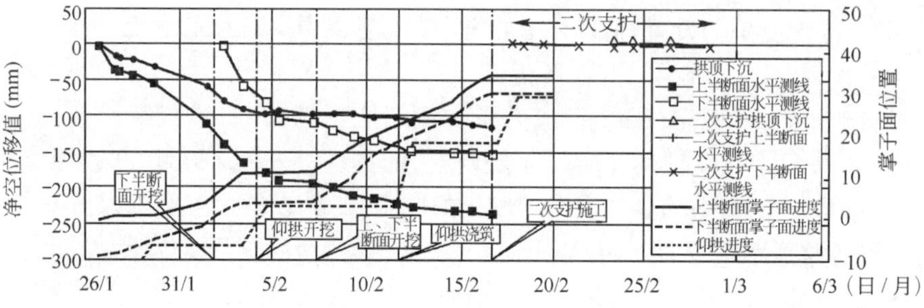

图 12-31　净空位移的历时变化(饭山隧道)

一次支护的喷混凝土应力的历时变化，因混凝土的破坏是脆性的，呈复杂的动态。

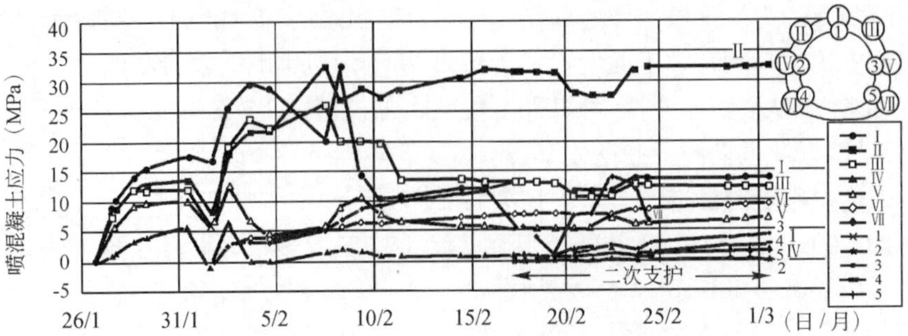

图 12-32　喷混凝土应力的量测结果（饭山隧道）

• 测定开始后，应力是增加的，下半断面开挖时暂时有所降低，随着上半断面开挖，应力再次增加；

• 拱顶和右肩部应力值超过喷混凝土设计强度 21MPa 后急剧减小；

• 二次支护设置后的一次支护的应力值，开始减小；

• 二次支护的应力值最大达 3MPa，比一次支护的应力小很多。

净空位移动历时变化如下：

• 下半断面开挖，上下半断面再开挖时，位移增加；

• 仰拱构筑后的位移比较小；

• 二次支护施工前，没有收敛的趋势，二次支护设置后，收敛到数毫米左右。

二次支护是在距掌子面 35m 左右设置的。二次支护设置后的净空位移是非常小的，二次支护的喷混凝土应力最大也在 5MPa 以下，处于十分安全的状态。照片12-10是设置二次支护的全貌。

照片 12-10　二次支护设置后全貌

(3)多重支护的设置时间

多重支护的基本观点是：容许一次支护位移，以减轻作用在二次支护上的土压，并在最内侧形成健全的壳体，使整个支护稳定。

因此，二次支护的设置，最好在围岩内应力释放到某一程度后实施。为了研究二次支护的设置时间，进行了 FEM 解析。

在解析中，掌子面先行距离和应力释放率的刚性，按图 12-33 设定。

图 12-34 是二次支护设置距离与支护应力的关系。一次支护与二次支护设置位置无关，都是发生屈服的，但二次支护发生的应力，与其设置位置有很大的变动。二次支护设置位置距掌子面 3.5D 以上时，二次支护的应力大幅度地降低。

图 12-35 是另一个与富仓工区土压地质条件类似的木成工区的试验结果。在二次支护距掌子面 1.0D 设置的场合，二次支护的净空位移在极短时间内就达到

50mm，喷混凝土应力也很大。最终二次支护也发生了开裂。在距掌子面 3.5D 的场合，一次支护屈服，二次支护的净空位移只有 19mm，应力也保持在充分富余的状态。

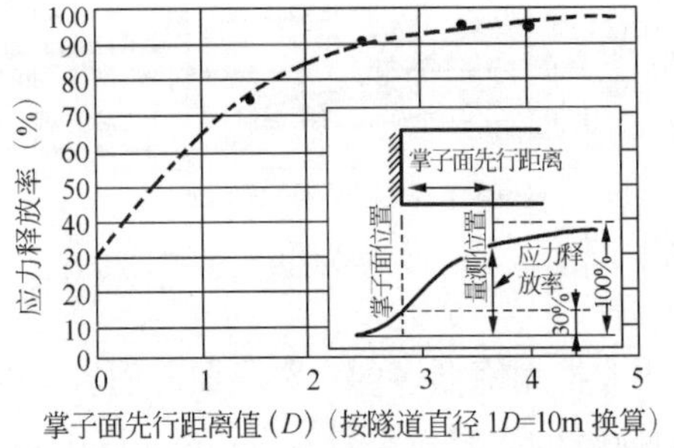

图 12-33　掌子面先行距离与应力释放率的关系

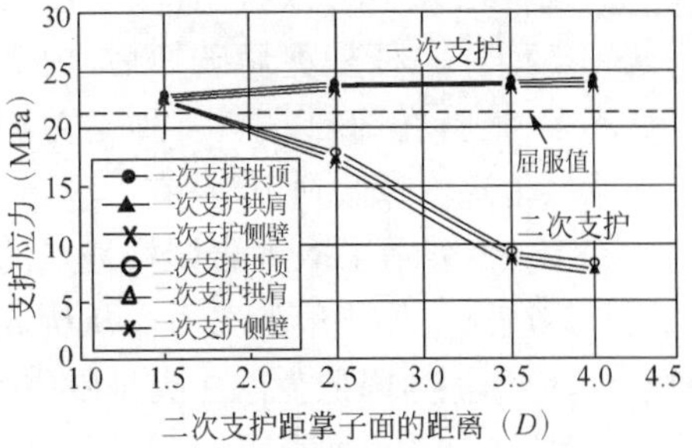

图 12-34　二次支护设置位置与支护应力的关系

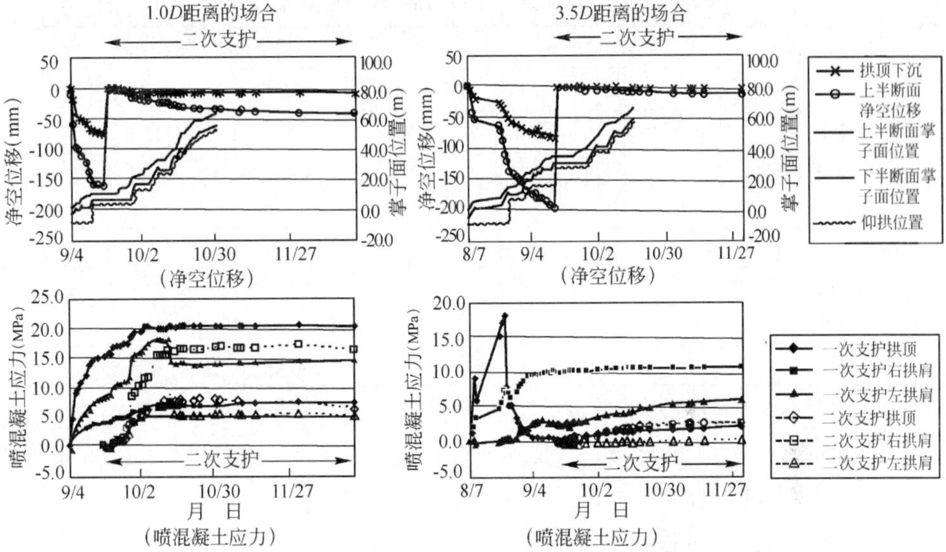

图 12-35　二次支护设置时间的试验结果

多重支护法，需要开挖比当初的开挖断面大的断面，因此要事前知道膨胀压的发生情况。因此，根据饭山隧道的施工，今后应继续研究以下课题。

①膨胀压的事前预知

软岩的土压现象，在泥质围岩和砂质围岩中有很大的不同。是根据膨胀压发生的概率来划分的。围岩类别的判定可直接根据围岩的内摩擦角求出。膨胀压的发生不仅与岩石的力学物性有关，还与节理的性质等岩体力学性质有关。因此，目前还没有确立其评价方法。也可以利用现场加载试验等方法掌握围岩的力学性质，但要投入很多的时间和费用，数据的积累也非常困难。因此，可采用更简单的方法，如室内单剪试验等。剪切面的残余强度在某种程度上可以表现围岩分离面的力学特性，可以综合评价围岩的力学特性。图12-36是饭山隧道室内试验过程中内摩擦角降低的状况。从试验结果中可以看出：围岩可以划分为两种类型。一种是剪切破坏后，内摩擦角降低不多，维持在30°以上，一种是剪切破坏后内摩擦角急剧降低到10°左右。

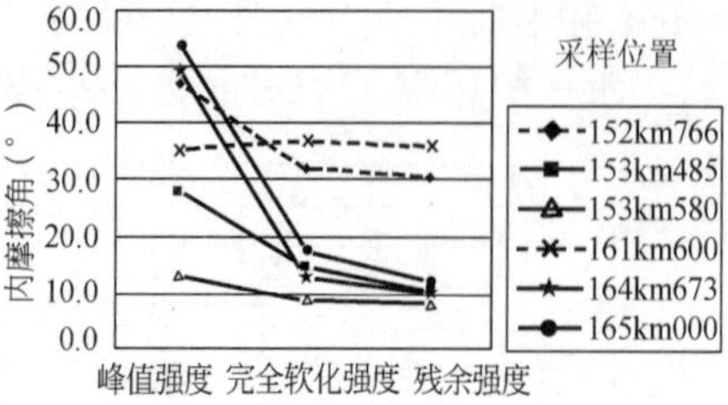

图 12-36　单剪试验时内摩擦角降低状况

表12-31表示采取围岩试样地点的围岩物性与隧道净空位移值的关系。从构成的土粒子看，内摩擦角降低少的一类是砂质围岩，内摩擦角降低多的一类是泥质围岩。因此，前者的净空位移值增50～80mm左右，而后者的净空位移值在170mm以上，最大达700mm。

采取试样地点与隧道净空位移值（饭山隧道）关系表　　表12-31

位　置	围岩小的区间		围岩大的区间			
	152km766	161km600	153km485	153km580	164km673	165km000
地质	泥质砂岩	砂岩	泥岩	泥岩	泥岩	泥岩
粒度构成（砂、粉细砂、黏土）（%）	72、19、9	72、24、4	3、52、45	3、40、58	6、36、58	15、50、35
单轴抗压强度（MPa）	8.71	2.01	5.42	0.17	8.01	2.40
内摩擦角（°）	30.6	35.9	10.1	8.2	10.0	12.0
净空位移值（mm）	60～80	50～60	170	500～700	200～250	300～400
备注				破碎带		

注：砂包含砂砾；内摩擦角指残余强度值。

从剪切破坏后的内摩擦角与隧道净空位移值的关系看，破坏后的内摩擦角与软岩地膨胀压发生机理有很大关系。

②对更大膨胀压的对策

图12-37是用Fenner-Pacher曲线表示的多重支护法的概念。

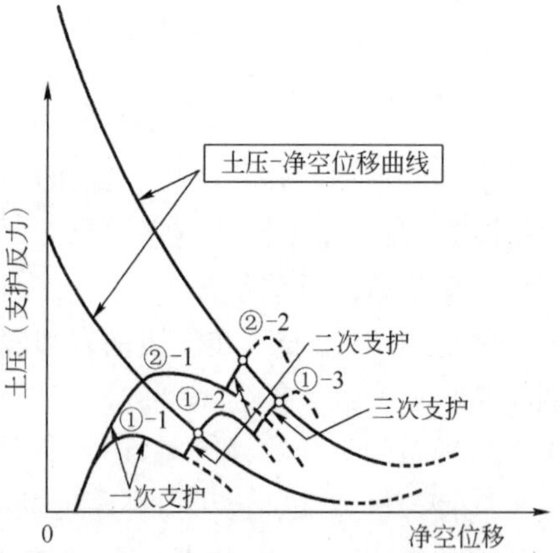

图 12-37　Fenner-Pacher 曲线和多重支护法

饭山隧道实施的对策可用图12-37中的土压-净空位移曲线的细线和①-1及①-2表示。即：一次支护①-1屈服，设置二次支护①-2，使土压与支护反力平衡，净空位移收敛。土压继续增大用土压-净空位移曲线的粗线表示。此时，因支护承载力不充分，在土压与支护反力平衡前，二次支护也屈服，如不采取措施，位移不会收敛。此时可以采取以下方法：

• 在二次支护内侧设置三次支护①-3，构筑新的壳体；

• 设置屈服承载力及屈服应变大的一次支护（②-1），在达到屈服前使之充分变形后设置二次支护（②-2）。

第一种方法是这次实施的方法的延伸，如当初预留的变形富余充分，是比较容易实施的，但要增加工期，而且施工性会差些。

第二种方法作为膨胀压的对策也是有效果的，例如采用青函隧道的钢管钢支撑就是一例。

根据以上的研究结果，归纳以下几点：

a. 膨胀压发生在泥质围岩中：即使是新第三纪的软岩，也有发生膨胀压的和没有膨胀压之分。膨胀压现象发生的主要原因是“伴随围岩的塑性化而挤出”，因泥质围岩和砂质围岩在隧道开挖中围岩应力重分配的机理不同，只有泥质围岩发生膨胀压现象。因此，即使不是新第三纪软岩，只要具有泥质性质的围岩就能发生膨胀压现象。这可以通过室内单剪试验进行判定。

b. 膨胀压受到埋深的强烈影响。围岩强度比在 1.0 以下，砂质围岩和泥质围岩的动态不同，泥质围岩有全埋深土压作用的可能。

c. 膨胀压如容许位移，土压可以减少。泥质围岩的场合，容许坑壁位移可以减少土压，而且，在很大位移条件下，也不会发生崩塌。但在砂质围岩中，容许位移，会增加松弛而导致崩塌，应极力避免。

d. 多重支护法对处理膨胀压是极为有效的。多重支护法与膨胀压现象的特性是合拍的，作为对策是有效的。特别是能减轻二次支护的负担，应力上的多重构造，增加了隧道的稳定性。

e. 二次支护的设置基本上要离开掌子面 3.5D 以上，接近掌子面设置二次支护的负担急剧增大，会导致屈服。

f. 为了确保支护的安全性，容许的净空位移值，一次支护是 150mm，二次支护是 60mm。此值是根据饭山隧道的施工实际经验决定的，同时也根据施工方法和支护的强度特性做了改变。因此，容许的净空位移值应根据不同的现场通过现场量测设定。

12-6　含有大量灰结反应的喷混凝土

1. 概述

在放射性废弃物处理场设施中，会受到从水泥系生成的高碱性（pH 值在 12.5 以上）物质的影响，可能会造成周边围岩的变质、溶解。因此，从降低浸出水的 pH 值出发，着重灰结反应，研究把 Ca(OH) 变为 CSH，因 CSH 富有二氧化硅，用硅灰（SF）和粉煤灰（FA）的灰结材料置换普通硅酸盐水泥（OPC）50％以上，形成低碱性的水泥

HFSC(Highly Fly ashcontained Silica fume Cement)，其浸出水的 pH 值会降低到 11 左右。

HFSC 从强度出发，要求水化组织的致密性和各种材料的组合，因此要设定具有一定强度的水胶比(W/B)。研究结果表明：水泥和灰结材料的组合构成比为 OPC40%、SF20%、FA40%时，可获得目标强度 HFSC-424。

2. HFSC 的 pH 特性

为了确认 HFSC 的低碱性，将水胶比设为 30%～90%的范围，并按 10%变化，在 20～50℃的温水条件下促进养护，测定其 pH 值变化。结果如图 12-38所示。在温度同样的条件下，水胶比越小 pH 值越低，温度增高降低速度有增加的趋势。

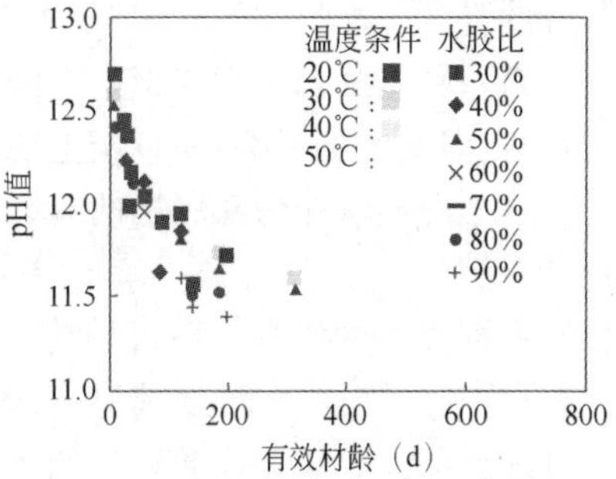

图 12-38　HFSC 的有效材龄和 pH 的关系

3. 喷混凝土的室内试验

(1)使用材料及配比

喷混凝土使用的材料列于表 12-32。支护采用的喷混凝土除要求低碱性外还要求早期强度出现早、低透水性及喷射时的施工性。

使　用　材　料　　　　表 12-32

材　　料	规　　格	备　　注
OPC	JIS A 5210	
FA	JIS A 6201	
SF	JSCE D106	
细骨料	密度：2.60mg/m^3	FM=2.90
粗骨料	密度：2.64mg/m^3	6 号碎石
减水剂		
速凝剂	硫铝酸钙系	

混凝土的配比列于表 12-33。

混 凝 土 的 配 比　　　　表 12-33

水 泥 种 类	W/B	细骨料率(%)	单位用量(kg/m^3)						
			OPC	SF	FA	W	S	G	AD(%)
OPC	0.60	60	360	—	—	216	1053	708	—
HFSC	0.50	60	160	80	160	200	976	663	1.2
	0.45		180	90	180	203	976	663	1.2
	0.40		200	100	200	200	950	645	1.1
	0.35		220	110	220	193	931	632	1.1

注：表中粗骨料最大直径，考虑施工性取 10mm。

(2)强度出现性

材龄 28d 的各种配比的抗压强度的试验结果示于图 12-39。强度大致与水胶比成比例降低。对 HFSC-424,由于水胶比小,可以获得高强度。HFSC 的抗压强度与 OPC 比较,在同一水胶比条件下比 OPC 低。一般说,隧道要求的抗压强度材龄 28d 为 18MPa。HFSC 能够充分确保此强度。在地下深部的处理场合要求高强度达 36MPa,目标强度为 48.8MPa。即使在这种场合,只要水胶比在 0.4 以下,就可以确保其强度要求。

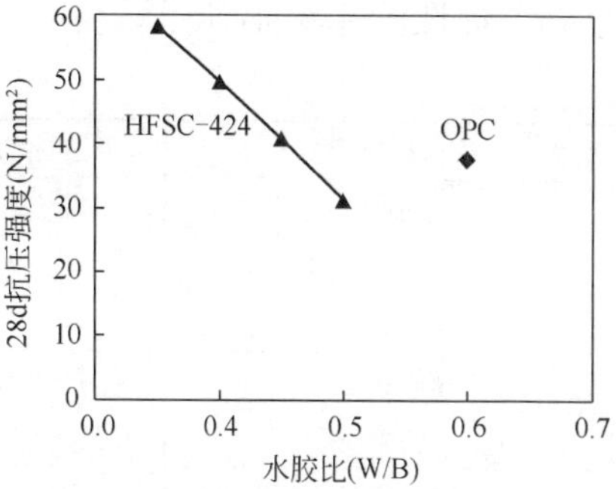

图 12-39　水胶比与 28d 抗压强度的关系

4.喷混凝土施工性确认试验

(1)喷混凝土的配比

喷混凝土的施工性及强度出现性,因实际的施工条件和环境温度而异。对 OPC 和 HFSC 而言,在模拟隧道中进行了 $2m^3$ 连续喷射施工试验,对喷混凝土的施工性和强度特性等加以评价。试验配比列于表 12-34。

喷射试验的混凝土配比　　表 12-34

编　号	水泥种类	塌落度(cm)	含气量(%)	G_{max}(mm)	W/B	S/a(%)	速凝剂(%)
1	OPC	10	2.5	10	0.6	60	7
7	HFSC	18			0.5		10
9					0.4		

(2)施工方法

基本混凝土是在工厂拌和的,而后用自动搅拌车在 30 分钟内运到施工地点。在现场用混凝土泵压送到喷嘴,在喷嘴前端加速凝剂进行喷射。喷射厚度约为 30cm,喷射时间约为 10 分钟。施工状况试验见照片 12-11。

照片 12-11　喷混凝土的施工状况

(3)试验项目和方法

在喷射试验中进行了施工性评价、回弹率、抗压强度、透水系数等 4 个项目的试验,其中施工性评价由专家评定。其他项目均按标准方法进行。

(4)结果及考察

①施工性

OPC 和 HFSC 喷射试验的施工评价结果列于表 12-35。HFSC 与 OPC 比较,SF 的效果好,粉尘、附着状态有很大改善。HFSC 的回弹率是 13%,OPC 是 15%。一般说，水胶比小于 0.4 后，OPC 的黏性增加，泵送性也变差，而 HFSC 因使用高性能减水剂，黏性没有增加，压送顺利。

喷射施工性的评价 表 12-35

水 泥 种 类	OPC	HFSC-424	
水胶比	0.6	0.5	0.4
混合状态	4.8	5	5
脉动状态	4.8	4.4	4.3
速凝状态	4.1	4.5	4.5
粉尘	2.8	4.2	5
附着状态	3.5	4.2	5
平均	3.9	4.4	4.8

②抗压强度

24h 前的初期强度示于图 12-40，到 28d 的强度示于图 12-41。

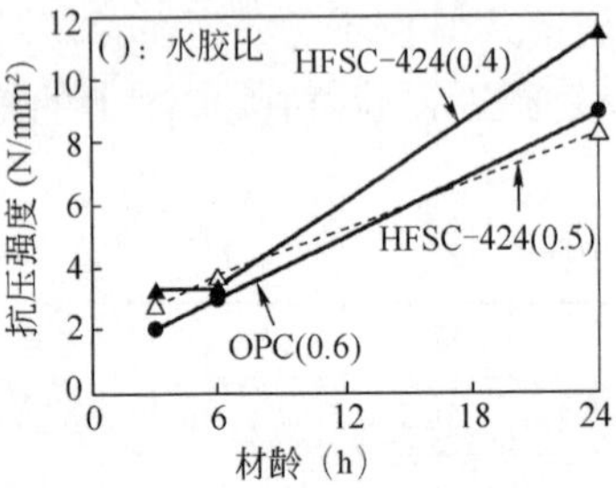

图 12-40 24h 前的初期抗压强度

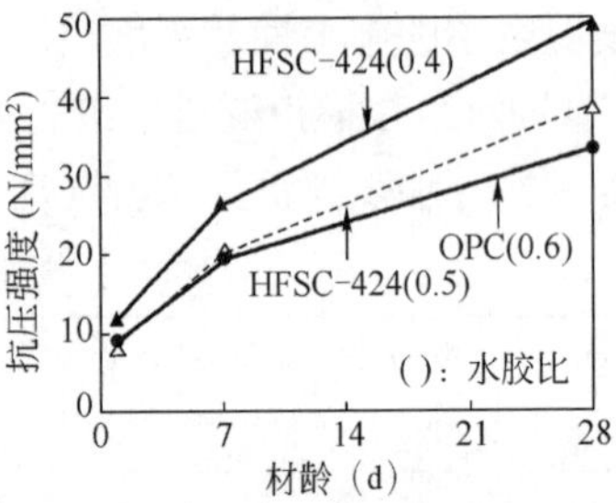

图 12-41 抗压强度的出现状况

③透水系数

在设计中，只有支护无衬砌的场合，要求支护的透水性与母岩的透水性（例如透水性在 10^{-7}m/s 以下）相当。

采用 HFSC 支护的场合，要求比通常采用的 OPC 的水胶比（0.6）小的水密性。从喷混凝土中取 15cm³ 的试件，进行透水性试验。水胶比为 0.6 的 OPC 和水胶比为 0.5 的 HFSC 的试件透水性试验的结果列于表 12-36。

透 水 系 数 表 12-36

水 泥 种 类	水 胶 比	透水系数(m/s)
OPC	0.6	$2.6 \cdot 10^{-10}$
HFSC424	0.5	$1.8 \cdot 10^{-10}$

透水系数与抗压强度的趋向基本相同，HFSC 的透水系数比 OPC 的透水系数小。为了调查其原因，又进行了水银压入法的试件孔隙率的测定，结果 HFSC 在水胶比为 0.5 的条件下其孔隙率比 OPC 的孔隙率小。

参考文献

[1] 隧道工程施工要点集. 北京:人民交通出版社,2003.1
[2] 隧道工程设计要点集. 北京:人民交通出版社,2003.3
[3] 隧道工程维修管理要点集. 北京:人民交通出版社,2004.10
[4] コンクリート标准示方书(施工编). 土木学会,2002.3
[5] 吹付けコンクリート指针(案)(隧道编). 土木学会,2005.7
[6] 钢纤维补强コンクリート设计施エマニュアル(隧道编). 2002.11
[7] 高品质吹付けコンクリート设计施工指针(案). 日本铁道建设公团,1997 .5
[8] ノルウェートンネルエ法 トンネルと地下,1995.10~12
[9] 吹付けコンクリート(特集). セメント・コンクリート,2007.8
[10] トンネルコンクリート施工指针(案). 土木学会,2001.1
[11] 吹付けコンクリート・ロックボルトに(関)するQ&A. トンネルと地下,2000.8~2002.6
[12] 特集.吹付けコンクリート,ヤリント・コンクリート,2007.10
[13] Guide for the Evaluation of Shotcrete (ACI 506.4R-2004)
[14] Sprayed concrete (BS EN 14487-1:2005)
[15] Testing Sprayed concrete (BS EN 14488:2005)
[16] Standard Specification for Materials for Shotcrete (ASTM C 1436-2004)
[17] Standard Test Method for Flexural Toughness of Fiber Reinforced Concrete (Using Centrally Loaded Round Panel)(ASTM c 1550-2005)

图书在版编目（CIP）数据

隧道及地下工程喷混凝土支护技术 / 关宝树编著 .—北京：人民交通出版社，2009.4

ISBN 978-7-114-07595-7

Ⅰ. 隧… Ⅱ. 关… Ⅲ. 隧道工程—喷射混凝土支护 Ⅳ.U455.7

中国版本图书馆 CIP 数据核字（2009）第 016403 号

书　　名：**隧道及地下工程喷混凝土支护技术**
著 作 者：关宝树
责任编辑：陈志敏
出版发行：人民交通出版社股份有限公司
地　　址：（100011）北京市朝阳区安定门外外馆斜街 3 号
网　　址：http://www.ccpress.com.cn
销售电话：（010）59757973
总 经 销：人民交通出版社股份有限公司发行部
经　　销：各地新华书店
印　　刷：北京市密东印刷有限公司
开　　本：720×960　1/16
印　　张：18.5
字　　数：340 千
版　　次：2009 年 4 月　第 1 版
印　　次：2017 年 1 月　第 3 次印刷
书　　号：ISBN 978-7-114- 07595- 7
定　　价：78.00 元